D1704866

Neun Prinzipien für erfolgreiches Dialogmarketing

Dialogmarketing ist der Treibstoff für Ihren Unternehmenserfolg. Halten Sie sich an diese Prinzipien und der Motor Ihres Geschäfts wird dauerhaft brummen.

✔ **Effizient werben:** Verinnerlichen Sie den Gedanken, mit möglichst geringem Aufwand möglichst große Wirkung zu erzielen.

✔ **Erfolg messen:** Glauben Sie nicht nur an den Erfolg, messen Sie ihn. Durch Auswertung von Reaktionen und Umsätzen aus Werbeaktionen.

✔ **Budget kontrollieren:** Was kostet Sie die Bindung eines bestehenden Kunden, wie viel investieren Sie in einen Neukunden?

✔ **Nutzen stiften:** Lernen Sie die Bedürfnisse Ihrer Kunden kennen und Sie werden wissen, welche Angebote sie wirklich ansprechen.

✔ **Involvement schaffen:** Keine Werbung ohne Dialogangebot. Binden Sie Ihre Kunden ein und aktivieren Sie sie, durch Beratungsangebote, Veranstaltungen, Befragungen und Reaktionsanreize.

✔ **Medien kombinieren:** Nutzen Sie die Stärken der verschiedenen Online- und Offlinemedien und werben Sie integriert für mehr Aufmerksamkeit, höhere Reichweiten und Synergien.

✔ **Relevant werben:** Bleiben Sie regelmäßig am Ball, aber versorgen Sie Ihre verschiedenen Zielgruppen nur mit für sie passenden Informationen und Angeboten. Ihr Ziel muss es sein, mit jedem Kontakt noch treffsicherer zu werden.

✔ **Kunden analysieren:** Durch eine kontinuierliche Kundenanalyse können Sie Ihre wirklich wichtigen Kunden identifizieren, Kundenprofile erstellen und Kunden zielgenau ansprechen.

✔ **Zustimmung einholen:** Ohne Akzeptanz ist Ihre Werbung verschenkt und bringt Ihnen nur Ärger ein. Verschicken Sie Mailings und E-Mail-Newsletter nur an Kunden, die damit einverstanden sind; auch für telefonischen Kontakt sollten Sie Zustimmung einholen.

Sieben einfache Tipps für bessere Mailings

Mailings gehören zu den beliebtesten Dialogmarketing-Instrumenten. Sie haben große Stärken im Kundenkontakt. Vor allem dann, wenn Sie einige Grundregeln berücksichtigen.

✔ **Persönlich ansprechen:** Im schriftlichen Dialog geben Sie dem Empfänger das Gefühl eines persönlichen Gesprächs. Personalisieren Sie Ihre Mailings und schneidern Sie zielgruppengenaue Angebote.

✔ **Knapp halten:** Zu viele Informationen verwirren. Nicht alles, was Sie mitteilen möchten, interessiert den Leser. Weniger ist mehr. Konzentrieren Sie sich auf eine zentrale Botschaft, den relevanten Kundennutzen und die Handlungsaufforderung.

✔ **Interesse wecken:** Heben Sie sich vom normalen Posteingang ab. Kreative Material- und Farbkonzepte sowie Hinweise auf interessante Vorteile ziehen den Leser ins Mailing hinein.

✔ **Bestandteile abstimmen:** Anschreiben, Beileger und Antwortelement müssen optisch und inhaltlich zusammenpassen.

✔ **Reaktion auslösen:** Sagen Sie deutlich, was Sie vom Leser erwarten. Zum Beispiel: »Vereinbaren Sie ein persönliches Beratungsgespräch.«, »Fordern Sie mit der Antwortkarte mehr Informationen an.«, »Faxen Sie den Fragebogen zurück und nehmen Sie am Gewinnspiel teil.«.

✔ **Porto optimieren:** Achten Sie auf das Gewicht und das Format Ihrer Aussendung, damit Sie immer in der optimalen Versandart bleiben.

✔ **Adressen aktualisieren:** Veraltete Adressen kosten Sie viel Geld. Gleichen Sie Ihre Adressdaten regelmäßig gegen Umzugs- und Sterbedateien ab. Im Businessbereich sollten Sie zusätzlich überprüfen, ob der Ansprechpartner gewechselt hat.

Dialogmarketing für Dummies - Schummelseite

Zwölf Möglichkeiten, Kundenreaktionen besser zu managen

Das Responsemanagement ist ein wichtiger Baustein, um die Wirksamkeit und Wirtschaftlichkeit Ihrer Dialogmarketing-Aktionen zu steigern.

✔ **Auswahl der Reaktionswege:** Die Kundensicht entscheidet, welche Responsekanäle Sie anbieten. Der Kunde muss Zugang zum Medium haben (etwa E-Mail, Fax) und schnell, bequem und kostengünstig reagieren können. Je sensibler die zu übermittelnden Informationen sind, desto vertrauenswürdiger muss der Reaktionsweg sein.

✔ **Koordination der Responsekanäle:** Je mehr Reaktionswege Sie anbieten, desto höher ist die Reaktionschance. Die Koordination sollte über eine zentrale Schnittstelle (Lettershop, Call Center, Kundenservicecenter) erfolgen.

✔ **Response steigern:** Senken Sie die Reaktionsschwelle, indem Sie die Kosten beim Kunden gering halten, zum Beispiel durch den Hinweis »Porto zahlt Empfänger«. Zugaben und befristete Rabatte steigern ebenfalls die Response.

✔ **Rücklaufkosten begrenzen:** Vor der Aussendung Adressen aktualisieren, um die Retourenquote gering zu halten. Die optimale Vorausverfügung auswählen. Antwortkarte und Rückumschlag unbedingt mit dem Vermerk »Antwort« versehen, sonst droht Strafporto.

✔ **Qualität der Response steigern:** Wollen Sie nur Antworten echter Interessenten, bauen Sie einen Qualitätsfilter ein. Der Vermerk »Bitte freimachen, falls Marke zur Hand« und kostenpflichtige Telefonnummern sorgen dafür, dass sich vor allem ernsthafte Interessenten melden.

✔ **Responseelemente kodieren:** So können Sie den Rücklauf Ihren Aktionen und verschiedenen Adresslisten besser zuordnen und den Erfolg exakt messen.

✔ **Aussendungen testen:** Bei größeren Sendungsvolumen vorab kleine Testaussendungen zur Überprüfung von Zielgruppe, Adressliste, Angebot, Zugabe und Responsekanal.

✔ **Auf Response vorbereiten:** Einen zentralen Verantwortlichen festlegen, alle beteiligten Stellen informieren und Abwicklungsplan erstellen. Stellen Sie sicher, dass Sie die notwendigen personellen Kapazitäten und Materialien haben, um alle Reaktionen in kurzer Zeit abzuwickeln. Legen Sie fest, wie Sie mit Engpässen und Reklamationen umgehen.

✔ **Automatisierung nutzen:** Wo möglich, Responseprozess automatisieren. Dadurch senken Sie die Fehlerquote und können Reaktionen schnell und effizient bearbeiten.

✔ **Outsourcing:** Die Auslagerung des Responsemanagements kann Kosten sparen und die Qualität der Bearbeitung verbessern. Lieber den Prozess in professionelle Hände geben, als unbefriedigende Eigenlösungen improvisieren.

✔ **Response kontrollieren:** Den Erfolg messen anhand von Kennzahlen wie Return of Investment (ROI), Kosten pro Auftrag (CpO – Cost per Order), Break-even-Point.

✔ **Informationen sammeln:** Werten Sie Reaktionen aus. Kundenfeedback und Beschwerden können Ihnen wichtige Hinweise für mögliche Verbesserungen liefern. Damit steigern Sie langfristig die Loyalität Ihrer Kunden.

Dialogmarketing
für Dummies

Andreas Scherfke

Dialogmarketing
für Dummies

WILEY-VCH Verlag GmbH & Co. KGaA

Bibliografische Information der Deutschen Nationalbibliothek
Die Deutsche Nationalbibliothek verzeichnet diese Publikation
in der Deutschen Nationalbibliografie; detaillierte bibliografische
Daten sind im Internet über http://dnb.d-nb.de abrufbar.

1. Auflage 2008

© 2008 WILEY-VCH Verlag GmbH & Co. KGaA, Weinheim

Wiley, the Wiley logo, Für Dummies, the Dummies Man logo, and related trademarks and trade dress are
trademarks or registered trademarks of John Wiley & Sons, Inc. and/or its affiliates, in the United States and
other countries. Used by permission.

Wiley, die Bezeichnung »Für Dummies«, das Dummies-Mann-Logo und darauf bezogene Gestaltungen sind
Marken oder eingetragene Marken von John Wiley & Sons, Inc., USA, Deutschland und in anderen Ländern.

Das vorliegende Werk wurde sorgfältig erarbeitet. Dennoch übernehmen Autor und Verlag für die Richtigkeit
von Angaben, Hinweisen und Ratschlägen sowie für eventuelle Druckfehler keine Haftung.

Printed in Germany

Gedruckt auf säurefreiem Papier

Korrektur   Frauke Wilkens, München
Satz   Conrad und Lieselotte Neumann, München
Druck und Bindung   MediaPrint Informationstechnologie

ISBN 978-3-527-70327-2

Über den Autor

Andreas Scherfke, Fachwirt Direktmarketing DDV, ist Experte für Kundenbindungsstrategien und Dialogkommunikation. Er arbeitet seit vielen Jahren mit Dialogmarketing-Dienstleistern und Werbeagenturen zusammen. In der Marktkommunikation der Deutschen Post in Bonn koordiniert er die Dialog- und Markenkampagnen. Er ist Autor verschiedener Fachbücher und unter anderem Dozent am Institut für Dialogmarketing Berlin.

Cartoons im Überblick

von Rich Tennant

Die Methoden, Kunden zu bekommen, wurden über die Jahre immer ausgefeilter.

Seite 27

»Hab' über 30 Jahre Jahr einen Mantel angehabt und einen Hut aufgesetzt, wenn ich Kundengespräche geführt habe. Das werde ich nicht ändern, auch wenn ich es jetzt übers Web vom Wohnzimmer aus tue.«

Seite 99

»Wie sehr, meinen Sie, sollte meine neue Internetseite denn meine Unternehmensphilosophie widerspiegeln?«

Seite 151

»Also Jungs, ich sehe die Sache folgendermaßen. Von rechts kam eine geballte Ladung Werbebriefe, von links haben ihn dann zwei Kundenmagazine erwischt, eine Spam-Mail kam wohl direkt von vorn, als er am Schreibtisch saß, und schließlich wurde er auch noch von einer massiven Telefon-Marketing-Attacke am Ohr erwischt.«

Seite 293

»Ich glaube, diese Art Werbebrief wird bei unseren Kunden einiges Aufsehen erregen.«

Seite 313

© The 5th Wave
www.the5thwave.com
E-Mail: rich@the5thwave.com

Inhaltsverzeichnis

Teil II
Planung und Durchführung einer Kampagne 99

Kapitel 5
Kampagnenmanagement 101

Kapitel 6
Zusammenarbeit mit Agenturen 119

Kapitel 10
Corporate Publishing – Kundenzeitschriften & Co.   *201*

Einführung

Gratulation! Sie gehören offensichtlich zu jener Spezies Mensch, die weiß, was sie tut. Denn sonst würden Sie *Dialogmarketing für Dummies* nicht Ihre Aufmerksamkeit schenken. Was damit gemeint ist, fragen Sie sich? Es lässt sich täglich beobachten, dass viele Menschen (vermutlich sogar die meisten), die Dialogmarketing in der Praxis betreiben, gar nicht wissen, dass sie es tun. Und dann gibt es wiederum jene, die meinen zu wissen, worum es beim Dialogmarketing geht, und dabei ziemlich schief liegen.

Sie glauben das nicht so recht? Dann betrachten Sie einmal Ihren Alltag – und Sie werden erstaunt sein. Hier ganz gewöhnliche Situationen:

✔ Fragen Sie einmal Ihren Friseur, weshalb er kein Dialogmarketing betreibt, um neue Kunden in sein Geschäft zu locken.

✔ Fragen Sie einmal einen Büromöbelhersteller, weshalb er kein Dialogmarketing betreibt, um auch kleinere Unternehmen von seinen Produkten zu überzeugen.

✔ Fragen Sie einmal einen Reiseveranstalter, weshalb er kein Dialogmarketing betreibt, um auch außerhalb der klassischen Urlaubssaison stabile Umsätze zu erzielen.

✔ Und zu guter Letzt: Konfrontieren Sie einen Jobsuchenden mit der These, seine Bewerbungen seien doch nichts anderes als Dialogmarketing.

Was glauben Sie, was Sie zu hören bekommen? Hier die ganz gewöhnlichen Antworten:

✔ Friseur: Er wird sich entschieden von Dialogmarketing distanzieren und Ihnen erklären, dass bei ihm die Kunden ins Geschäft kommen und er nicht an der Haustüre fremder Leute um Aufträge bettele.

✔ Büromöbelhersteller: Er gibt Ihnen zu verstehen, dass Dialogmarketing für seine Fabrik nicht in Frage komme, da er ja ausschließlich Unternehmen als Kunden habe.

✔ Reiseveranstalter: Er reagiert mit der Feststellung, Dialogmarketing sei doch ein alter Hut, er kommuniziere und verkaufe nur noch über das Internet.

✔ Der Jobsuchende weist Sie auf den – seiner Meinung nach – gravierenden Unterschied hin, dass Dialogmarketing ja wohl etwas mit Produkten zu tun hätte, hingegen er doch ein Mensch sei.

Diese Szenen des Alltags weisen auf ein Phänomen hin, das von Anfang an das Dialogmarketing begleitet: Jeder versteht unter Dialogmarketing etwas anderes. Dieses Phänomen setzt sich – etwas überspitzt – bis in die hohe Wissenschaft fort. Das fängt schon beim Begriff selbst an. Anstelle von Dialogmarketing wird gerne auch von Direktmarketing, Beziehungsmarketing, 1:1-Marketing oder auch von Interaktionsmarketing gesprochen. Und genau das macht die Sache so spannend. Denn beim Dialogmarketing haben wir es nicht mit einer abgeschlossenen, starren, leblosen Konstruktion zu tun, sondern mit einem außerordentlich vitalen, sich stets weiterentwickelnden System, das von Jahr zu Jahr für unser gesellschaftliches und wirtschaftliches Leben wichtiger wird.

Über dieses Buch

Sobald Sie sich damit beschäftigen, wie Sie Kunden an sich binden und mehr Kunden für Ihr Geschäft werben können, werden Sie eher früher als später dem Begriff Dialogmarketing begegnen. Irgendwie haben Sie gewiss auch schon eine Vorstellung davon, was sich dahinter verbirgt. Es hat etwas mit unmittelbarer, direkter Kundenansprache zu tun und mit Marketing sowieso. Doch keine Sorge, Sie müssen nicht über Marketingvorkenntnisse verfügen, um sich in diesem Buch zurechtzufinden.

Mit diesem Buch schlagen Sie zwei Fliegen mit einer Klappe: Sie lernen auch anhand von vielen praktischen Beispielen alles über direkte Kundenkommunikation und Beziehungspflege, und Sie bekommen gleich das kleine Einmaleins des Marketings mitgeliefert.

Zu Ihrer Beruhigung sei gleich eines festgestellt: *Dialogmarketing für Dummies* ist kein wissenschaftliches Lehrbuch. Zum Thema Dialogmarketing wurden schon viele Lehrbücher geschrieben, auch vom Autor dieses Buches. Ich will mich auch nicht als akademischer Denker beweisen, sondern möchte mit dem vorliegenden Buch etwas machen, was ausschließlich Ihnen, dem Leser, dient: lebendiges Praxiswissen über das Dialogmarketing vermitteln und Sie zu einem begeisterten Anwender des Dialogmarketings machen.

Dialogmarketing für Dummies will erreichen, dass all die Friseure, Büromöbelhersteller, Reiseveranstalter und Jobsuchenden unseres Landes verstehen lernen, dass vieles von dem, was sie tagtäglich tun, viel mit Dialogmarketing zu tun hat. Aber auch vieles von dem, was sie noch tun könnten, mit dem Einsatz von Dialogmarketing viel bessere Ergebnisse brächte.

Es gibt also einen einfachen Grund, warum Sie ausgerechnet *Dialogmarketing für Dummies* ausgewählt haben, und der lautet: Weil Sie weder Zeit noch Lust haben, wissenschaftliche Abhandlungen zu studieren, wollen Sie einen schnellen und vor allem praktischen Einstieg ins Dialogmarketing bekommen. Schließlich haben Sie Besseres zu tun, als Fachliteratur zu wälzen. Hilfreich und kurzweilig, das ist es, was Sie von diesem Buch erwarten dürfen.

Dialogmarketing ist keine neue Disziplin. Genau genommen, ist es sogar die ursprünglichste Form des Marketings überhaupt. Stellen Sie sich vor: Ein guter Freund kommt aus dem Urlaub zurück und schildert Ihnen begeistert, wie außergewöhnlich gut das Hotel war. Der Service ließ keinen Wunsch offen, das Zimmer war gemütlich und stilvoll eingerichtet, der Ausblick war atemberaubend. Und das Buffet war ein einziger Traum. Kurzum: Dieses Hotel sollten Sie selbst unbedingt einmal besuchen. Würden Sie nicht ernsthaft darüber nachdenken? Hätten Sie den geringsten Zweifel, ein gutes Hotel zu buchen? Vermutlich nicht, denn die Meinung eines bekannten und vertrauenswürdigen Menschen ist viel glaubhafter und effektiver als der beste Werbeprospekt. Dieses Beispiel führt uns direkt hinein ins Thema, denn das direkte Empfehlungsmarketing gilt als die wirkungsvollste Art überhaupt, Dialogmarketing zu betreiben. Sie sehen, unser Alltag ist erfüllt von Dialogmarketing.

Törichte Annahmen über den Leser

Alle dürfen dieses Buch lesen – es ist jugendfrei, keine Gewalt, kein Sex. Alle können es lesen – es ist so geschrieben, dass kein Spezialwissen vorausgesetzt wird und Fachchinesisch außen vor bleibt.

Sollten alle dieses Buch lesen? Nun, da ich als Autor dieses Buches an die Leser denke und eine faire Partnerschaft zu Ihnen anstrebe, lautet meine nüchterne Antwort: Ich will niemandem wertvolle Zeit stehlen, deshalb sollten nur die das Buch lesen, die sich vom Dialogmarketing einen Nutzen für ihren geschäftlichen Erfolg versprechen.

✔ Sie sollten dieses Buch lesen, wenn Sie mehr über Ihre Kunden wissen wollen.

✔ Sie sollten dieses Buch lesen, wenn Sie Ihren Kunden mehr über sich mitteilen wollen.

✔ Sie sollten dieses Buch lesen, wenn Sie einen dauerhaften Dialog mit Ihren Kunden führen wollen.

✔ Sie sollten dieses Buch lesen, wenn Sie mehr Unternehmensloyalität bei Ihren Kunden aufbauen wollen.

✔ Sie sollten dieses Buch lesen, wenn Sie Ihre Kunden schneller zum Kaufen bewegen wollen.

✔ Sie sollten dieses Buch lesen, wenn Sie Verbesserungsvorschläge von Ihren Kunden bekommen wollen.

✔ Sie sollten dieses Buch lesen, wenn Sie die Zufriedenheit Ihrer Kunden steigern wollen.

✔ Sie sollten dieses Buch lesen, wenn Sie passive Kunden wieder aktivieren wollen.

✔ Sie sollten dieses Buch lesen, wenn Sie ehemalige Kunden zurückgewinnen wollen.

Eine Menge Nutzen, den das Dialogmarketing bringt, finden Sie nicht auch? Und von all diesen Nutzen ist in *Dialogmarketing für Dummies* die Rede – und davon, wie Sie diese Nutzen in konkrete Vorteile für Ihre Praxis umsetzen können.

Bleibt noch die Frage: Wer muss dieses Buch lesen? Meine Antwort: Jeder, der diese Vorteile für sich nutzen möchte! Also, keine Ausreden mehr! So viel Zeit muss sein. Einfacher geht es nicht mehr. Sie müssen nur noch lesen.

Wie Sie dieses Buch nutzen können

Lesen Sie alle Kapitel dieses Buches! Und zwar aus zwei Gründen: Erstens haben Sie jede Seite bezahlt, Sie sollten also nichts verschenken. Und zweitens lohnt es sich; Sie werden in jedem Kapitel mit interessanten Anregungen für Ihre berufliche Praxis belohnt. Ich kann Ihnen noch einen dritten Grund nennen, der zugegebenermaßen egoistischer Natur ist: Als Autor, der viel Zeit und Mühe in dieses Projekt investiert hat, möchte ich natürlich, dass Sie alles lesen, was ich für Sie geschrieben habe! In jedem Fall sollten Sie mit Kapitel 1 beginnen, denn dort erfahren Sie, was Dialogmarketing überhaupt ist.

Ich habe mich bemüht, bei jedem Thema den aktuellen Sachstand zu berücksichtigen und ihn verständlich darzustellen. Natürlich habe ich mich dabei häufig gefragt: »Ist das für Sie als Dummies-Leser wichtig oder kann ich guten Gewissens darauf verzichten?« Nach der Prämisse »Im Zweifel lieber leicht bekömmlich und nützlich statt komplex und schwer verdaulich« hoffe ich, jeweils richtig entschieden zu haben – zugunsten Ihres Wohlbefindens.

Welcher Aspekt des Dialogmarketings Sie auch immer interessiert oder gar fesselt, verlieren Sie nie den Kern des Dialogmarketings aus den Augen: Den »Dialog« mit Interessenten und Kunden herbeizuführen und zu vertiefen in Wort und Bild, das ist und bleibt das Herzstück des Dialogmarketings. Der Dialog trennt Spreu vom Weizen, er ist der Gradmesser für wirkliches und richtiges Dialogmarketing.

Wie dieses Buch aufgebaut ist

Dialogmarketing für Dummies besteht aus fünf Teilen. Die Kapitel in den einzelnen Teilen behandeln bestimmte Themenbereiche im Detail.

Teil I: Von der Adresse zur systematischen Kundenbindung

Lesen Sie die Kapitel dieses Teils unbedingt – und zwar als Erstes. Hier werden die Grundlagen des Dialogmarketing-Systems erklärt; beginnend mit einer Erklärung, was Dialogmarketing eigentlich ist, über die historische Entwicklung, die das Dialogmarketing genommen hat, bis hin zu den Faktoren, die den Erfolg von Dialogmarketing begründen. Hier wird gezeigt, warum Dialogmarketing aus unserem gesellschaftlichen und Ihrem geschäftlichen Leben nicht mehr wegzudenken ist.

Außerdem erfahren Sie, was Sie bei der Beschaffung von Adressen und der Pflege eigener Adressbestände beachten müssen. Sie werden sehen, wie Sie Ihre Kundenbeziehungen effektiv managen können. Unter anderem werden Sie lernen, dass nicht alle Kunden gleich wertvoll sind und wie man die verschiedenen Kundensegmente voneinander unterscheidet. Veraltete, falsche und ungenügende Kundendaten werden nach Lektüre dieser Kapitel (hoffentlich) der Vergangenheit angehören.

Teil II: Planung und Durchführung einer Kampagne

Die Hälfte des Erfolgs Ihrer Dialogmarketing-Maßnahmen hängt von der richtigen zeitlichen, inhaltlichen und strategischen Planung ab. In diesem Teil lernen Sie die wichtigsten Stufen einer Kampagne kennen. Sie erfahren, wie Sie die geeigneten Partner und Dienstleister auswählen und wie Sie ein klares Briefing erstellen können. Außerdem werden Sie nach der Lektüre dieser Kapitel wissen, wie Sie den Erfolg Ihrer Maßnahmen objektiv messen können.

Die Kommunikation per Telefon, Fax oder E-Mail hat klare Gebote und Verbote. In diesem Teil werden Sie auch die gefährlichsten rechtlichen Fallstricke und die wesentlichen Gesetze wie das Gesetz gegen den unlauteren Wettbewerb und das Fernabsatzgesetz kennenlernen. Mit diesen Informationen ausgestattet, werden Sie die rechtlichen Möglichkeiten beim Einsatz von Dialogmarketing richtig einschätzen und Ihre Möglichkeiten optimal nutzen können. Vor allem werden Sie böse Überraschungen in Sachen Daten- und Verbraucherschutz vermeiden können.

Teil III: Instrumente des Dialogmarketings

In diesem Teil lernen Sie die wichtigsten Medien kennen, die im heutigen Dialogmarketing zum Einsatz kommen. Jedem Instrument ist ein eigenes Kapitel gewidmet. Sie können sich gezielt Ihre Lieblingsinstrumente vornehmen oder – was ich Ihnen empfehle – Sie beschäftigen sich mit den jeweiligen Stärken aller Instrumente.

Vom Mailing über das Telefonmarketing bis hin zum Onlinemarketing stelle ich die einzelnen Instrumente genau vor. Sie erfahren, wie und wann Sie die Instrumente am besten einsetzen und welche ganz spezifischen Vorteile und Risiken jedes einzelne Instrument mit sich bringt. Sie werden ein Gefühl dafür entwickeln, welche Medien für Ihre Einsatzzwecke besonders gut geeignet sind. Am Ende werden Sie aber vor allem eines begreifen: Das eine richtige Instrument gibt es im Dialogmarketing nicht. Im Zusammenspiel der verschiedenen Anprachekanäle entstehen Synergien, die über die Möglichkeiten der einzelnen Dialogmedien hinausreichen.

Teil IV: Praxisbeispiele

In diesem Teil werden Sie drei interessante Fallbeispiele kennenlernen. Es handelt sich um reale und exemplarische Fälle zum Themenbereich Kunden finden, Kunden binden und Kunden zurückgewinnen. Im Mittelpunkt steht ein möglichst hoher Nutzentransfer für Sie. Ich habe bei der Auswahl der Fälle Wert darauf gelernt, ein möglichst breites Spektrum der Einsatzmöglichkeiten von Dialogmarketing aufzuzeigen. Deshalb habe ich Unternehmen unterschiedlicher Branchen ausgewählt und mich für Beispiele entschieden, bei denen verschiedene Instrumente zum Einsatz kamen.

Teil V: Der Top-Ten-Teil

Interessante Informationen zum Querlesen und Vertiefen: Der Top-Ten-Teil ist die Hitliste in Sachen Dialogmarketing. Sie werden unter anderem mit den zehn häufigsten Vorurteilen über Dialogmarketing konfrontiert (und mit Sicherheit das eine oder andere wiedererkennen). Sollten Sie das Kapitel zum Thema Mailings nicht gelesen haben, erfahren Sie hier die zehn Gründe, warum Mailings mehr Erfolg bringen (und warum es sich lohnt, das Kapitel doch zu lesen). Außerdem stelle ich Ihnen die zehn wichtigsten Umsatztrends im Dialogmarketing sowie die zehn größten Erfolgskiller bei Dialogmarketing-Kampagnen vor.

Symbole, die in diesem Buch verwendet werden

Kennen Sie den sogenannten »Verkehrszeicheneffekt« oder die Redewendung »Man sieht den Wald vor lauter Bäumen nicht«? Genau, beides deutet auf etwas hin, was unter dem Gesichtspunkt von Kommunikation und Verständigung höchst interessant ist. Nämlich, dass das Wesentliche nicht mehr erkannt wird, wenn zu viele Reize und Signale im Einsatz sind. Aus diesem Grund verwende ich in diesem Buch lediglich folgende Symbole:

Volltreffer! Dieses Symbol weist Sie auf Nützliches und Hilfreiches hin. Hier gibt's außerdem Tricks und Kniffe, wie Sie schneller Erfolge erzielen können. Unter dem Tipp-Symbol erhalten Sie also ein Geschenk aus der großen Schatzkiste des Dialogmarketings.

Vorsicht! Das Dialogmarketing ist – wie das Leben selbst – keine schnurgerade Asphaltstraße, sondern ein Weg mit Kurven und Schlaglöchern. Alles kein Problem, wenn Sie gewarnt und darauf vorbereitet sind. Daher empfehle ich Ihnen an den Stellen, die mit dem Gefahr-Symbol gekennzeichnet sind, mit dem Tempo etwas herunterzugehen und sich die Wegstrecke etwas genauer anzugucken.

Aufgepasst! Dieses Symbol ist vor allem für die Extrem-Querleser interessant. An dieser Stelle sind wichtige Informationen zusammengefasst. Ein Extrakt sozusagen. Die mit dem Info-Symbol gekennzeichneten Passagen wollen Ihnen das Lesen der Kapitels nicht abnehmen, sondern Sie im Gegenteil dazu animieren, den Text komplett zu lesen, als Appetitmacher sozusagen.

Wenn Sie noch tiefer in die Materie eintauchen möchten, bieten Ihnen die bei diesem Symbol aufgelisteten Webseiten einen guten Ausgangspunkt für Ihre weiteren Erkundungen.

Wie es weitergeht

Das Buch steckt voller Tipps und Ideen, die Ihnen helfen, Ihr Dialogmarketing auf Vordermann zu bringen. Ich lege Ihnen deshalb die Lektüre jedes einzelnen Kapitels wärmstens ans Herz. Sie können das Buch natürlich auch als schnelle Arbeitshilfe nutzen. Das Buch ist so aufgebaut, dass Sie jedes Kapitel für sich lesen können. Sollten Sie schon zur fortgeschrittenen Dialogmarketing-Lesergruppe gehören, hüpfen Sie einfach von Interessengebiet zu Interessengebiet. Welche das sind, werden Sie selbst am besten wissen. Sollten Sie gerade überlegen, ob sich eine Kundenzeitschrift für Sie lohnt, lesen Sie Kapitel 10. Wollen Sie wissen, wie Sie an die passende Agentur kommen können, wird Ihnen Kapitel 6 hilfreich sein. Oder Sie lassen sich auf eine Entdeckungsreise durch die Welt des Dialogmarketings ein, dann springen Sie beliebig zwischen den verschiedenen Teilen hin und her. Sie werden jederzeit einen Einstieg finden.

Wie auch immer Sie sich entscheiden, beginnen Sie mit dem ersten Kapitel, denn dort erfahren Sie, was das Dialogmarketing eigentlich alles umfasst (eine Menge, Sie werden erstaunt sein). Was Sie nach dem ersten Kapitel machen, überlasse ich Ihnen – auf eigene Gefahr.

Und nun: Viel Vergnügen bei der Lektüre!

Teil I

Von der Adresse zur systematischen Kundenbindung

The 5th Wave By Rich Tennant

Freibier

Die Methoden, Kunden zu bekommen, wurden über die Jahre immer ausgefeilter.

In diesem Teil ...

Der Kunde, das unbekannte Wesen. So, oder so ähnlich, geht es vielen Unternehmen. Schön, dass Sie nicht dazugehören werden. Sie werden nämlich in diesem Teil erfahren, wie Sie das wichtigste Kapital Ihres Unternehmens, Ihre Kundendaten, auf Vordermann bringen. Die wichtigste Information ist der Name und die Anschrift Ihrer Kunden. Wenn Sie diese Information nicht haben, nennen Sie Ihre Kunden ab heute einfach Laufkundschaft. Sollten Sie über Adressdaten verfügen, bilden Sie sich nur nicht ein, auf der sicheren Seite zu sein. Innerhalb eines Jahres veralten in Deutschland Millionen von Adressen, auch Ihre Kundenadressen. Es ist also ganz leicht, einen Kunden zu verlieren, wenn er nicht mehr erreichbar ist. Lesen Sie hier nach, was Sie dagegen tun können.

Systematisches Kundenbeziehungsmanagement ist ein Ungetüm mit vielen Buchstaben. Die Kurzform lautet CRM (Customer Relationship Management). Beides klingt zugegebenermaßen nicht besonders sexy. Das werden Sie anders sehen, sobald Sie das Kapitel über CRM gelesen haben. Nicht auszuschließen, dass Sie gleich mit Ihrer eigenen CRM-Einführung beginnen wollen. Kein Problem. Die wichtigsten Schritte habe ich Ihnen schon mal aufgeschrieben. Bevor Sie loslegen, lesen Sie aber schnell noch Kapitel 4 zur Kundenbewertung und Segmentierung – damit Sie wissen, bei welchen Kunden sich der Aufwand wirklich lohnt.

Die Erfolgsstory des Dialogmarketings

In diesem Kapitel

▶ Der Kunde ist König

▶ Ziele des Dialogmarketings

▶ Was Dialogmarketing von klassischem Marketing unterscheidet

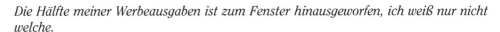

Die Hälfte meiner Werbeausgaben ist zum Fenster hinausgeworfen, ich weiß nur nicht welche.

Henry Ford

Eine kurze Geschichte einer langen Entwicklung

Sie müssten schon sehr weite Umwege gehen, wollten Sie um das Dialogmarketing einen Bogen machen. Sie werden keine Fachzeitschrift finden, die sich mit dem Management von Kundenbeziehungen beschäftigt, ohne den Begriff Direkt- oder auch Dialogmarketing zu verwenden. In Marketing und Vertrieb spielt die direkte und persönliche Kundenansprache inzwischen die zentrale Rolle. Und sobald Sie selbst Werbung machen wollen, werden Sie darüber nachdenken, wie Sie Ihren Werbe-Euro am effektivsten einsetzen – und schon landen auch Sie beim Dialogmarketing.

Als Kunde können Sie dem Dialogmarketing schon gar nicht entkommen. Sie sind längst im Fokus einer Vielzahl von Anwendern: Versandhändler, Onlineshops, Kreditkartenunternehmen, Bonusprogrammbetreiber, Lotterien und viele andere mehr. Immer dann, wenn Sie sich persönlich ausweisen oder Spuren hinterlassen, kriegen Sie es mit Unternehmen zu tun, die Sie als Kunden gewinnen oder die Beziehung zu Ihnen vertiefen wollen. Das beginnt bei Antwortcoupons und Gewinnspielen und findet seinen vorläufigen Höhepunkt bei der vermeintlich harmlosen Eingabe eines Suchbegriffs bei Google und Co.

Die Marktmacht wandert vom Anbieter zum Nachfrager

Man kann die Entwicklung verteufeln oder als Chance begreifen. Die neuen Möglichkeiten, mehr über Kunden in Erfahrung zu bringen, müssen nicht zwangsläufig zum Missbrauch führen. Immerhin sind Sie als Unternehmer auf Informationen über Ihre Kunden angewiesen, weil Sie nur so die richtigen Adressaten für Ihre Angebote identifizieren können. Die Kunden profitieren im besten Fall ebenfalls, weil sie nicht mit unnützer Werbung belästigt werden, sondern thematisch interessante Angebote erhalten.

Die Zeiten sind hart! Solange sich der Markt in klar strukturierte Zielgruppen aufteilen ließ, hat Massenmarketing gut funktioniert: Jung und Alt, Männlein und Weiblein, Arm und Reich – die Konsumentenwelt war so einfach und überschaubar. Die Sache wurde komplizierter, als es den Konsumenten nicht mehr nur auf den reinen Produktnutzen ankam, sondern auch auf Mehrwerte wie Image und Zusatznutzen.

Der Werbemarkt befindet sich in einem dynamischen Veränderungsprozess. Die Einstellungen und Gewohnheiten Ihrer Kunden sind völlig andere als noch vor wenigen Jahren.

Die Marke muss heute zum eigenen Lebensstil passen. Und dieser Lifestyle unterliegt einem ständigen Wandel. Die klassische Werbung sieht sich heute einer zunehmenden Zahl an Zielgruppensegmenten gegenüber und hat es schwer, die richtige Zielgruppe tatsächlich noch zu erreichen.

Das klassische Marketing entdeckt die Kundennische

Der Trend geht eindeutig in Richtung Individualisierung. Immer kleinere Marktnischen entstehen und ein wachsendes, differenziertes Produktsortiment bedient immer speziellere Abnehmergruppen.

Ein kleines Beispiel: Der Produktklassiker Coca-Cola wurde in den letzten Jahren immer wieder um eine Vielzahl von Produktvarianten ergänzt, die in unterschiedlichen Verpackungs- und Größeneinheiten angeboten werden: Cherry Coke, Coca-Cola light, Coca-Cola koffeinfrei, Coca-Cola light Plus Lemon, Coca-Cola zero. Produktdifferenzierung für unterschiedliche Kundensegmente: eine typische Dialogmarketing-Aufgabe. Mittlerweile gibt es mit CokeFridge sogar eine Kundenbindungsplattform.

Wenn selbst Brausehersteller mit klassischem Marketing allein nicht mehr weiterkommen, dann sollten auch Sie reagieren, wenn Sie Ihre bestehenden Kunden an sich zu binden und erfolgreich neue Kunden gewinnen wollen. Die persönliche Zielgruppenansprache Ihrer Kunden bringt oft viel bessere Resultate und das ist nachweisbar, weil messbar. Dialogmarketing als Bestandteil des Marketingmix kann Ihnen dabei helfen, mit dem dynamischen Wandel der Nachfrage mitzuhalten.

Je nach Branche werden Sie anders herangehen und unterschiedliche Dialogmarketing-Instrumente einsetzen. Konsumgüter verkauft man nicht so wie Finanzberatungen. Das ist im klassischen Marketing nicht anders als im Dialogmarketing. In der Konsumgüterindustrie zum Beispiel kommt der Dialog mit den Kunden dann zum Einsatz, wenn es gilt, die Markentreue zu erhalten. Kundenclubs wie der Dr. Oetker Back-Club oder der Maggi Kochstudio-Club sind beste Beispiele für Bindungsstrategien neben klassischer Werbung. Solche Erfolgsbeispiele dürfen aber nicht darüber hinwegtäuschen, dass sich der Aufwand für einen Club nicht bei allen »schnell drehenden« Produkten rechnet.

Je geringer Umsatz und Ertrag pro Kunde und Kaufvorgang sind, desto weniger lohnen sich Kundenbindungsmaßnahmen mit Dialogmitteln.

Tatsächlich ist Dialogmarketing aus der Unternehmenspraxis kaum mehr wegzudenken. Die Ausgaben für Dialogmarketing haben die der klassischen Werbung inzwischen überholt. Der erhebliche Bedeutungszuwachs ist vor allem darauf zurückzuführen, dass sich die Machtverhältnisse im Markt von den Anbietern hin zu den Nachfragern verschoben haben. Der sogenannte »hybride Konsument« der an einem Tag auf Schnäppchenjagd geht und am nächsten exklusive Designerkleidung kauft, erschwert Ihnen die Zuordnung der Kunden zu homogenen Konsumentengruppen. Ihre Kunden sind kostenbewusst und anspruchsvoll zugleich und für Sie immer weniger berechenbar.

Der Wettbewerbsdruck wächst

Nicht nur die Kunden, auch die Marktbedingungen haben sich verändert. In praktisch allen Branchen hat sich der Kostendruck drastisch erhöht: Verdrängungswettbewerb, immer schnellere Produktzyklen und das schnelle Nachziehen der Konkurrenz durch Kopieren von Produkten und Verkaufsideen.

Der Experte spricht von Commodities, gleichwertigen Alternativen. Hersteller und Produktmanager kennen die feinen Besonderheiten ihrer Leistungen natürlich genau, der Kunde erkennt die Unterschiede kaum. Schlimmer noch: Die ständig wachsende Zahl vermeintlich austauschbarer Angebote verunsichert den Käufer. Welches Produkt soll er kaufen, wenn alle gleich sind? Marken unterscheiden sich in dieser Situation immer weniger durch ihre Leistungen, sondern vor allem durch das Image, das sie sich verleihen.

Der Einzug des Internets als Informations- und Verkaufskanal hat zu einer zusätzlichen Verschärfung der Situation beigetragen. Wenn Leistungen per Klick abrufbar und im globalen Maßstab vergleichbar sind, wird der Wettbewerb allzu oft knallhart über den Preis ausgetragen. Auf Dauer können Sie diesen Kampf nur verlieren.

Eine ausweglose Situation? Keineswegs, denn schwierige Situationen bergen neue Chancen, solange Sie innovativ und flexibel bleiben.

 Differenzierung durch Service, Qualität und Mehrwerte ist Ihr Ausweg aus dem Dilemma. Ansprachekonzepte mit flexiblen und maßgeschneiderten Angeboten können Ihnen deutliche Vorteile gegenüber Ihren Wettbewerbern bringen.

Der Preis, den ein Kunde bereit ist zu zahlen, hängt vom Produkt, der Qualität, dem Image der Marke und den weichen Faktoren wie Garantien, Beratungsleistung und anderen Servicemehrwerten ab. Der Dialog mit Ihren Kunden hilft Ihnen, mehr über die Bedürfnisse Ihrer Kunden herauszufinden und die Beziehung gewinnbringend zu vertiefen. Das Ziel Ihrer Bemühungen ist klar: Es geht um zufriedene und loyale Kunden, mit denen Sie langfristig mehr Umsatz machen werden.

Wie alles begann

Bevor wir uns der Geschichte des Dialogmarketings zuwenden, zur Einstimmung dieses: Was machen Sie, wenn Sie einen Menschen kennenlernen und mehr über ihn erfahren möchten? Richtig, Sie fragen – entweder direkt oder indirekt – nach seinem Alter, was er beruflich macht, wo er geboren ist, ob er Geschwister hat, wie seine Freizeit aussieht, was er über dieses und jenes denkt etc. Kurz: Sie fragen nach biografischen Anhaltspunkten, um ihn besser zu verstehen – exakter: um ihn heute besser zu verstehen. Sie machen also etwas, was mit Geschichte zu tun hat. Sie versuchen, die Gegenwart zu begreifen und schauen deswegen kurz zurück.

Genau so sollen Sie dieses Kapitel auch verstehen. Es werden solche biografische Daten des Dialogmarketings aufgezeigt, die wichtig sind, um das Hier und Heute (und übrigens auch das Morgen) genauer zu erfassen.

Eine wichtige Erkenntnis gleich zu Anfang. Das Dialogmarketing hat weder ein Geburtsjahr noch einen Geburtsort, oder wie einmal ein Historiker geschrieben hat: »Dialogmarketing hat kein Gründungsdatum wie ein Unternehmen oder eine Institution«. Dennoch hat es natürlich eine (lange) Geschichte. Schon im Altertum sind Beispiele von Dialogmarketing zu finden. Die Assyrer, Babylonier und Perser betrieben schon um das Jahr 2000 v. Chr. Direktwerbung mit Keilschriftbotschaften auf Tontafeln. Und über das späte Mittelalter wird gar von der einen oder anderen Dialogmarketing-Story« berichtet. All dies ist jedoch nicht des Nachdenkens wert. Deshalb soll nur ein Beispiel aus dem 19. Jahrhundert genannt werden.

Die spezifischen Konturen nahm das Dialogmarketing mit Beginn des direkten Verkaufs per Versandhandel an. Vorreiter im Direktmarketing waren und sind bis heute die USA. Die amerikanische Firma Montgomery Ward bot im Jahr 1872 einen geradezu revolutionären Vertriebsweg an: die Bestellung von Produkten aus einer eine Seite umfassenden Liste per Post. Innerhalb weniger Jahre wuchs das Angebot zu einem 240-seitigen Katalog mit über 10.000 Artikeln. Aus heutiger Sicht mutet das natürlich wenig revolutionär an, damals war die Herstellung, Vervielfältigung und der Versand von Verkaufsunterlagen aber technisch keineswegs problemlos. Ebenso wenig selbstverständlich war die Zustellung von Produkten über große Distanzen. Dass wir heute den schnellen, sicheren und kostengünstigen Postversand als etwas Selbstverständliches betrachten, spricht für die enorme Entwicklung auf diesem Sektor in den westlichen Industriestaaten.

In Deutschland legten die Adressverlage und der Versandhandel den Grundstein für professionelles Dialogmarketing. Die ersten Adressverlage gab es bereits im letzten Drittel des 19. Jahrhunderts. Bis dahin sammelten Unternehmen Adressen zu eigenen Geschäftszwecken, nun aber gingen erste Adressensammler dazu über, die Adressen auch sortiert anderen Unternehmen nach Adressgruppen selektiert zur Verfügung zu stellen. Im Laufe der Zeit boten die Adressverlage auch den gesamten Versandservice für Postsendungen an. Die ersten Lettershops waren geboren.

 Lettershops und Adressverlage waren die Wegbereiter für Direktwerbung in Deutschland.

Die Dienstleistungen der Adressverlage und Lettershops wurden zunächst vor allem von Lotterieunternehmen, Versicherungen sowie der Pharma- und Investitionsgüterindustrie nachgefragt. Das Ganze fand natürlich noch auf sehr bescheidenem Niveau statt.

Die Entwicklung des Dialogmarketings geht naturgemäß sehr eng mit den technischen Entwicklungen einher. Erst nachdem die technischen Voraussetzungen für die massenhafte Produktion von Gütern und Druckerzeugnissen gelegt waren, konnte sich ein professioneller Versandhandel herausbilden. In den 20er-Jahren des 20. Jahrhunderts war es so weit. Noch heute bekannte Versandhandelsunternehmen wie Eduscho, Baur, Klingel, Bader und Quelle wurden gegründet. Nach dem Krieg folgten weitere Gründungen von Rang und Namen: Neckermann, Otto, Heine und Schwab.

Über viele Jahrzehnte hinweg war damit die klassische Dreieckskonstellation des Dialogmarketing-Marktes geschaffen:

✔ Es gab die Gruppe der Adressenlieferanten, die zunehmend nicht nur mehr, sondern auch bessere Anschriften anboten – »besser« unter dem Aspekt von Aktualität und Selektierbarkeit.

✔ Es gab die Gruppe der Direktwerbemittelhersteller. Deren Aufgabe war es, die den Absatz ankurbelnden Werbebriefe, Werbeumschläge, Werbekataloge, Werbeprospekte kreativ zu entwerfen und zu produzieren. Stellvertretend für diese Gruppe können Agenturen oder auch Druckereien genannt werden.

✔ Und es gab schließlich die Gruppe der Direktverkäufer – hier ragten lange Zeit die Versandhäuser hervor, gefolgt von den Verlagen, Versicherungen und Banken.

 Die gigantischen Entwicklungssprünge bei Hardware und Software forcierten die Professionalisierung des Kundenkontakts.

Der »zweite große Lebensabschnitt« des Dialogmarketings begann, als in den 60er- und 70er-Jahren des 20. Jahrhunderts die elektronische Datenverarbeitung ihren Siegeszug antrat. Die Entwicklung leistungsfähiger Hardware- und Softwareprodukte machte es möglich, faktisch alle alten Tätigkeitsfelder des Dialogmarketing-Marktes professioneller zu gestalten und – was noch wichtiger war – neue Tätigkeitsfelder zu erschließen. Denken Sie einmal daran,

✔ welche wichtige Rolle heutzutage das Telefon im Geschäftsverkehr spielt (Call Center) und wie schnell in diesem Sektor Veränderungen vonstatten gingen (Handy),

✔ wie stark der Computer selbst im kleinsten Betrieb die Adressenerfassung, Adressenverwaltung und Adressenvervielfältigung beeinflusst (hat),

✔ wo und in welch rasantem Tempo das Internet schon vollkommen neuartige Kommunikations-, Informations- und Vertriebswege geschaffen hat.

Diese technologischen Umwälzungsprozesse gingen mit einer zu diesem Zeitpunkt völlig neuen Erfahrung einher: Erstmals in der Geschichte der Menschheit war, wenn auch nur in weiten Teilen der hoch entwickelten Industriestaaten, eine Situation gegeben, die durch ein »strukturelles Überangebot« von gleichartigen Waren und Dienstleistungen gekennzeichnet war. Salopp formuliert bedeutet dies: Es wurde fortan mehr produziert, als unter normalen Bedingungen verbraucht werden konnte. Man spricht im Marketingdeutsch davon, dass sich der sogenannte »Verkäufermarkt« zum »Käufermarkt« fortentwickelt hatte.

Viele Käuferschichten wurden immer kritischer, artikulierten individuellere Wünsche, erwarteten in allen Marktbereichen ein attraktiveres Preis-, Qualitäts- und Serviceangebot. Das »undifferenzierte Massenmarketing« der Unternehmen mit dem Selbstverständnis, den Markt mit Macht und Lautstärke zu beeinflussen, stieß zunehmend auf mehr Vorbehalte.

Mithilfe von elektronischer Kundendatenverarbeitung und modernem Laserdruck wurde es später möglich, massenhaft personalisierte Werbebriefe mit individuellen Angeboten zu erstellen. Überhaupt: Ohne die Fortschritte im Bereich der Computertechnik wäre Database-Marketing und damit professionelles Kundenbindungsmanagement auf Basis von Kundendatenbanken heute undenkbar. Vernetztes Wissen über den Kunden, individuelle Angebote, Servicehotlines, Telefonmarketing, Kreditkarten und Bonusprogramme: ohne Computerschnittstelle unmöglich.

Den vorerst letzten Evolutionsschritt nahm das Dialogmarketing mit dem Aufkommen von E-Mail und Internet sowie dem Handy als mobilem Alleskönner. Leider ist nicht jede technische Errungenschaft auch ein Segen für den Kunden: aktives (und zumeist unerlaubtes) Telefonmarketing mit automatischen Dialern beispielsweise oder das massenhafte Versenden unerwünschter Spammails.

Die technischen Entwicklungen sind deshalb immer auch eine Herausforderung für die Unternehmen wie für den Gesetzgeber, dafür zu sorgen, dass Missbrauch verhindert wird. Ein gutes Beispiel dafür, dass dies gelingen kann, war die Einführung der Robinsonliste in den 70er-Jahren. Kunden, die keine Werbemailings erhalten wollen, können sich registrieren lassen. Verbraucher und Unternehmen profitieren gleichermaßen, weil überflüssige Werbeaussendungen vermieden werden. Die Akzeptanz von Werbemailings hat sich seither enorm verbessert, weil die Angebote viel zielgerichteter und für den Empfänger relevanter geworden sind. Effizienz für den Absender und Relevanz für den Empfänger: Die Erfolgsgeschichte des Dialogmarketings wird weitergehen, solange diese beiden Grundsätze auch in Zukunft die tragenden Säulen bleiben.

 Effizienz und Relevanz sind die tragenden Säulen des Dialogmarketings.

Was ist eigentlich Dialogmarketing?

Der Begriff Dialogmarketing ist relativ jung. Seit einigen Jahren verdrängt er mehr und mehr den traditionellen Begriff des Direktmarketings. Und selbst der Begriff Direktmarketing ist noch verhältnismäßig jung. Obwohl die Erfolgsstory des Dialogmarketings schon viele Jahrzehnte zurückreicht, schwappte der Begriff Direktmarketing erst in den 80er-Jahren aus den USA nach Deutschland herüber. Bis dahin war hierzulande ausschließlich von Direktwerbung die Rede und das bezog sich vor allem auf die traditionellen Instrumente wie Mailing und später Telefon.

Der Begriff Direktmarketing war schnell allgemein akzeptiert und wurde auch vom Deutschen Direktmarketing Verband im Namen übernommen, der zuvor Allgemeiner Direktwerbe Verband hieß (und inzwischen Dialogmarketing Verband heißt). Allerdings herrschte noch große Unklarheit darüber, was der Begriff eigentlich genau umfasst. Erste Definitionsversuche stellten vor allem auf die Funktion der direkten Kommunikation und des direkten Vertriebs ab. Das war entwicklungsgeschichtlich betrachtet durchaus tragfähig. Mit dem Aufkommen völlig neuer Medien, Techniken und Kundenstrategien fasste die Erklärung aber zu kurz. Später kamen umfassendere Begriffserklärungen hinzu, die sämtliche Marketinginstrumente einschlossen, also auch die Produkt- und Preispolitik.

Heute spricht man sogar noch spezifischer von Dialogmarketing, was den unmittelbaren dialogischen Rückkoppelungscharakter stärker zum Ausdruck bringt. Als kleinster gemeinsamer Nenner von Dialogmarketing sollten immer folgende Bedingungen erfüllt sein:

✔ Marketingaktivitäten mit einer zielgerichteten direkten Ansprache einzelner Personen und

✔ Marketingaktivitäten, die den direkten Kontakt herstellen wollen, mit dem Ziel, eine messbare Reaktion auszulösen.

Direktmarketing verknüpft drei zentrale Aspekte miteinander: den Dialog-, den Response- und den Beziehungsgedanken.

✔ **Der Dialoggedanke:** Das wichtigste Merkmal des Dialogmarketings ist der gezielte Dialog mit einer Zielgruppe. Häufig wird deshalb auch von Dialogmarketing gesprochen. Einen Dialog können Sie beispielsweise direkt per Mailing mit den Adressen in der eigenen Kundendatenbank einleiten oder indirekt etwa durch Response-Anzeigen, Coupons oder im Internet.

✔ **Der Responsegedanke:** Die Reaktionen aus Faxantworten, Coupons oder Antwortkarten können Sie jeder Aktion und jedem Reaktionsmedium sehr genau zuordnen, bewerten und die Erkenntnisse für weitere zielgerichtete Aktionen nutzen.

✔ **Der Beziehungsgedanke:** Jeder Dialogimpuls und jede Reaktion hilft Ihnen, die Beziehung zu Ihren Kunden zu vertiefen. Sie lernen mit jedem Kontakt mehr über die Wünsche und Kaufpräferenzen und können so bessere und maßgeschneiderte Angebote erstellen. Zufriedene Kunden sind loyalere Kunden, mit denen Sie langfristig mehr Ertrag erzielen.

Dialogmarketing-Ziele

Die Messbarkeit des Erfolgs ist ein wesentliches Merkmal des Dialogmarketings. Damit Sie diesen Vorteil auch effektiv nutzen können, müssen Sie Ihre Ziele genau definieren und operationalisieren, das heißt kontrollierbar machen in Bezug auf

✔ den zeitlichen Horizont (bis wann),

✔ die Zielgröße (was) und

✔ das Zielniveau (wie viel).

Checkliste Zieldefinition

Überprüfen Sie Ihre Ziele anhand folgender Fragen:

✔ Sind die Dialogmarketing-Ziele in eine übergeordnete Marketingstrategie eingebunden?

✔ Sind die Ziele realistisch bezüglich des Zeitkorridors und der zur Verfügung stehenden Ressourcen (Budget, Personal)?

✔ Ist der Grad der Zielerfüllung messbar?

✔ Sind Zwischenziele definiert, um gegebenenfalls frühzeitig nachsteuern zu können?

✔ Sind die Ziele widerspruchsfrei, eindeutig und verständlich formuliert?

Übergeordnete Dialogmarketing-Ziele sind beispielsweise Steigerung der Kundenbindung, Erhöhung des Kundenwerts oder des Deckungsbeitrags, Verringerung der Streuverluste und Steigerung von Responsequoten. Die Einbettung der Dialogmarketing-Ziele in die Hierarchie der Unternehmensziele zeigt Abbildung 1.1.

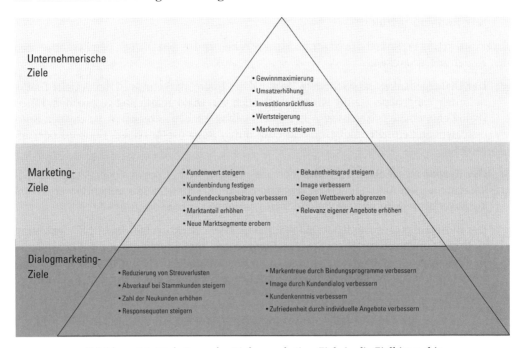

Abbildung 1.1: Einbettung der Dialogmarketing-Ziele in die Zielhierarchie

Wenn Sie den Dialog mit Ihren Kunden suchen, üben Sie Einfluss auf das Wissen, die Einstellung und das Verhalten der Kunden aus. Sie sollten die Ziele, die Sie damit verfolgen, genau bestimmen. Grundsätzlich unterscheidet man bei der Zielverfolgung drei Ebenen:

✔ **Wissensziele:** Sie wollen sich im Bewusstsein der Zielgruppe verankern. Sie beantworten dabei die wichtigsten Fragen Ihrer Kunden. Orientieren Sie sich an den sogenannten

W-Fragen (Wer, was, wo, warum, wie), also beispielsweise: »Wer kommuniziert mit mir?«, »Was wird mir angeboten?«, »Wie viel kostet es?«, »Welche Vorteile hat es für mich?«, »Wie oder wo bekomme ich es?«.

✔ **Einstellungsziele:** Sie wollen die Einstellung zum Angebot oder zu Ihrem Unternehmen positiv beeinflussen. Häufig werden solche imagegetriebenen Botschaften auf einen Kernsatz, einen Markenslogan, verdichtet: »Freude am Fahren – BMW«.

✔ **Verhaltensziele:** Sie wollen Ihre Kunden zu einer konkreten Handlung animieren: zum Kauf, zur Info-Anforderung, zur Terminvereinbarung; Beispiel: »Bestellen Sie jetzt mit beiliegendem Fax«.

Planen Sie Ihre Dialogmarketing-Aktionen immer möglicht konkret auf allen drei Zielebenen. Der Erfolg einer Maßnahme wird nämlich nicht nur von einer Zielebene beeinflusst. Eine Mailingrücklaufquote von 0,5 Prozent wäre, allein unter dem Aspekt der Verhaltensziele, möglicherweise viel zu wenig. Wenn Sie den mit Ihrem Kontakt erzielten Wissenstransfer sowie die Imagewirkung und die Einstellungsänderung bei jenen, die nicht sofort reagieren, hinzuzählen, verändert sich die Bewertung der Aktion sofort.

 Auch wenn Wissens- und Einstellungsziele nicht unmittelbar messbar sind, werden Sie bei Ihrem nächsten Angebot mit einer positiveren Grundhaltung Ihrer Adressaten rechnen können. Vorausgesetzt, Sie haben mit Ihrem letzten Kontakt einen entsprechend positiven Eindruck gemacht.

Die Vorteile des Dialogmarketings

Dialogmarketing bietet Ihnen eine ganze Reihe von Vorteilen, die Sie auf anderem Weg nicht oder nur mit hohem finanziellem und personellem Aufwand erreichen können. Hier die wichtigsten Erfolgsfaktoren von Dialogmarketing.

Erfolgsfaktor Kundendialog

Schlagen Sie eine Zeitung auf und betrachten Sie die Anzeigen. Sie werden feststellen, dass die ganz überwiegende Anzahl aus zwei Kategorien besteht: Monolog-Anzeigen, die keine Möglichkeit bieten, das Unternehmen zu kontaktieren. Und Pseudo-Dialog-Anzeigen, die zwar eine Internetadresse oder eine Telefonnummer enthalten, aber kein echtes Dialogangebot. Anzeigen mit einem konkreten Angebot zum Dialog sind noch immer die Ausnahme. Das gilt auch für andere Werbemedien.

 Einerseits sehnt sich der Kunde nach größtmöglicher Unabhängigkeit vom Anbieter, andererseits sucht er die Geborgenheit einer beherrschbaren Umwelt. Dazu gehört, dass er als Käufer gut beraten und betreut werden möchte.

Das Bewusstsein für Kundenorientierung ist im Grunde bei den meisten Unternehmen vorhanden. Leider mangelt es noch in der Umsetzung. Der Dialog mit den Kunden ist ein wichtiger

Baustein der Kundenorientierung, weil er die Voraussetzungen für Kundenzufriedenheit und Treue schafft. Wenn Sie das verinnerlichen, werden Sie morgen zu den Gewinnern im Wettbewerb um die Loyalität der Kunden zählen.

Das persönliche unmittelbare Verkaufsgespräch ist, allen technischen Revolutionen zum Trotz, immer noch die erfolgreichste Art, zum Abschluss zu kommen. Unter betriebswirtschaftlichen Aspekten sieht die Sache allerdings oft anders aus. Der Außendienst ist teuer, weshalb die meisten Unternehmen ihre Vertriebsmitarbeiter mit verschiedenen Dialogmarketing-Mitteln unterstützen. Kontakt halten, Vorqualifizieren und Termine vereinbaren per Mailing und Telefon gehört inzwischen zum Standard. Damit wird die Effizienz des Vertriebs erhöht, erforderliche Kundenbesuche werden deutlich reduziert, wenn nicht gar vollständig substituiert.

Direkte Kommunikation lässt sich mit modernen Druck- und IT-Verfahren leicht vortäuschen. Wenn im Dialogmarketing oft davon gesprochen wird, dass selbst große Unternehmen mithilfe moderner Datenverarbeitungssoftware in der Lage sind, mit ihren Kunden einen Umgang zu pflegen wie einst im »Tante-Emma-Laden« (wo jeder jeden kannte und alles von ihm wusste), dann sollte dies mehr als ein Symbol für die neuen Informations- und Kommunikationsmöglichkeiten betrachtet werden - und nicht wörtlich! Personalisierte Werbung ist noch keine persönliche Werbung.

Es reicht auch nicht, dass Sie einen Dialog anbieten, wenn Sie nicht wissen, was Sie mit den Reaktionen genau anfangen wollen. Schlimmer noch ist es, wenn Sie auf Reaktionen gar nicht vorbereitet sind und sie nicht zügig und kompetent bearbeiten können.

Jede Kommunikationsmaßnahme ohne echtes Dialogangebot ist eine verpasste Geschäftschance.

Dialogmarketing ist Beziehungsmarketing. Und Beziehungen müssen – wie im richtigen Leben – aufgebaut, vertieft und lebendig gehalten werden. Sie müssen Ihre Beziehung bereits vor dem ersten Kontakt planen. Was wollen Sie tatsächlich mit dem Kunden erreichen? Welche Informationen benötigen Sie. Welche Angebote sind für welche Kunden überhaupt geeignet? Was machen Sie mit inaktiven Kunden oder mit Nicht-Reagierern? Das in Abbildung 1.2 gezeigte einfache Modell vermittelt Ihnen ein Verständnis für den Dialogprozess.

Erfolgsfaktor Kosteneffizienz

Massenmarketing bedient sich Medien mit Breitenwirkung: Anzeigen, Fernsehspots, Plakatwerbung. Das Prinzip »Mit Kanonen auf Spatzen schießen« ist nicht nur sehr teuer, sondern auch mit hohen Streuverlusten behaftet. Demgegenüber arbeitet das Dialogmarketing, um im Bild zu bleiben, mit dem Pfeil, der abgeschossen wird. Es werden auf Basis bestehender Kundeninformationen zielgerichtet nur jene angesprochen, die als tatsächliche Interessenten in Frage kommen. Die Medien werden auch nach den Präferenzen der jeweiligen Zielgruppen ausgewählt.

Dieses Vorgehen reduziert Streuverluste und schont die Werbebudgets. Im Businessbereich kann der Außendienst spürbar entlastet werden, weil Beratungsgespräche mit Dialogmarketing gut vorbereitet werden können. Bei Kundenprogrammen mit regelmäßigen Aussendungen kann die Besuchsfrequenz des Vertriebsmitarbeiters deutlich reduziert werden. In vielen Bereichen wird der Außendienst durch Dialogmarketing-Instrumente wie Call Center und Mailings sogar ganz ersetzt.

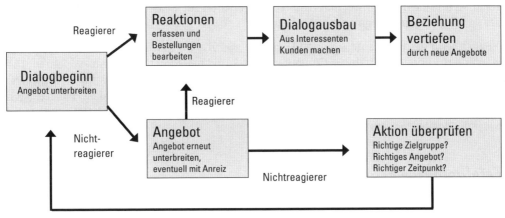

Abbildung 1.2: Dialogmodell

Erfolgsfaktor persönliche Wirkung

Persönlich adressierte und individualisierte Angebote entfalten in der Regel einen deutlich höheren Wirkungsgrad gegenüber einer ungezielten Massenansprache. Bei der Vielzahl der täglich auf jeden Einzelnen einströmenden Werbebotschaften ist die Aufmerksamkeit sehr selektiv. Die Ansprache der Kunden mit ihrem Namen fördert die Auseinandersetzung mit dem Angebot, weil der eigene Name auf den Empfänger der Botschaft nach wie vor einen starken Reiz ausübt, auch wenn heute jeder weiß, dass ein Mailing kein wirklich individueller Brief ist.

Direkte Angebote werden oft auch nicht von Konkurrenzangeboten unmittelbar gestört. Außerdem sind relevante Angebote, die die Interessenlage treffen, per se attraktiver. Geben Sie Ihren Kunden zudem die Möglichkeit, zu bestimmen, über welche Inhalte und Produkte sie regelmäßig informiert werden wollen, können Sie Ihre Kommunikation per Mailing oder E-Mail-Newsletter treffsicherer und effektiver gestalten.

Erfolgsfaktor Flexibilität

Kundengewinnung und Kundenbindung ist weniger eine Frage des Werbeetats, sondern vor allem eine Frage der Effizienz der Maßnahmen. Wenn Sie die Richtigen erreichen und damit Streuverluste vermeiden, können Sie auch mit kleinem Budget erstaunliche Ergebnisse erzielen. Je spezieller Ihre Angebote und je kleiner Ihre Zielgruppe, umso wichtiger wird die Ansprache per Dialogmarketing. Sie können nämlich den Umfang und die einzusetzenden Medien optimal an Ihre finanziellen Ressourcen anpassen.

Darüber hinaus sind Dialogmarketing-Maßnahmen schnell variierbar, sobald Sie feststellen, welche Angebote gut angenommen werden und welche nicht. Je mehr Sie über Ihre Kunden in Erfahrung bringen, desto effektiver können Sie sie künftig ansprechen. Sie können die Tonalität und die Inhalte Ihrer Maßnahmen zielgerichtet auf die Bedürfnisse und Erfahrungen der jeweiligen Kundensegmente ausrichten.

Möglich wird das mittels Adress- und Datengenerierung im modernen Database-Marketing, kombiniert mit leistungsfähiger Computertechnik und neuen digitalen Druckverfahren. Damit können Sie Inhalte und Angebote in Ihren Aussendungen problemlos für verschiedene Zielgruppen wechseln. Was im Mailingbereich schon seit Langem Standard ist, ist jetzt auch in anderen Bereichen leicht produzierbar: 100-seitige kundenindividuelle Kataloge genauso wie individuelle Kundenzeitungen.

Erfolgsfaktor Erfolgskontrolle

Wissen statt glauben könnte die Maxime im Dialogmarketing lauten. Sie müssen sich nicht der Hoffnung hingeben, dass Ihre Maßnahmen Einfluss auf Abverkauf oder Image haben, wie das beispielsweise bei klassischer Anzeigenwerbung die Regel ist. Die schnelle und eindeutige Messbarkeit einer Direktwerbe-Aktion ist ein wesentlicher Vorteil im Dialogmarketing. Sie können sehr exakt feststellen, wie rentabel bestimmte Maßnahmen sind.

 Parameter wie Responsequote und Cost per Order (CpO) sind leicht anwendbare Formeln bei Ihrer Dialogmarketing-Erfolgskontrolle.

Zusätzliche Sicherheit, dass Sie Ihren Werbe-Euro optimal einsetzen, geben Tests, etwa durch Aussendung von verschiedenen Angebots- und Gestaltungsvarianten vor der breiten Hauptaussendung mit dem auf diese Weise optimierten Mailing.

Je intensiver Sie in Interaktion mit Ihren Kunden treten, desto besser lernen Sie die Bedürfnisse und Präferenzen der Kunden kennen. Auf Basis Ihrer Kundendatenbank können Sie so sehr gut abschätzen, welche Kundensegmente auf welchem Weg am besten angesprochen werden können und welche Angebote für sie interessant sind.

Der Unterschied zwischen Marketing und Dialogmarketing

Sie fragen sich vielleicht, was genau der Unterschied ist zwischen klassischem Marketing und Dialogmarketing. Dialogmarketing ist in erster Linie Teil des Marketings, denn betriebswirtschaftlich betrachtet ist Marketing die Grundhaltung, alle Prozesse, die mit der Produktion und dem Verkauf von Gütern und Dienstleistungen in Zusammenhang stehen, konsequent auf die Bedürfnisse der Kunden auszurichten (siehe Abbildung 1.3).

Als Anbieter können Sie die Bedürfnisse und Wünsche der Menschen stark beeinflussen. Das bedeutet, dass Sie sich über die Erfordernisse des Marktes ständig informieren müssen, um sich danach ausrichten zu können, beispielsweise durch Marktforschungen. Bedauerlicherweise liegen eigene Marktforschungen gerade für kleinere Gewerbebetriebe häufig außerhalb der finanziellen Möglichkeiten. Hier kommt die Stärke des persönlichen Dialogs mit Ihrer Zielgruppe ins Spiel.

	Klassisches Marketing	Dialogmarketing
Zielsetzung	Bekanntheit, Image	Reaktion, Bindung
Zielgruppe	Undifferenziert oder grobe Segmentierung des Marktes	Ausgewählte Adressaten, konkrete Ansprechpartner
Medien	Massenmedien (TV, Radio, Anzeigen, Plakat usw.) ohne Responsemöglichkeit	Direktmedien (Mailing, Telefon usw.) und Massenmedien mit Responsemöglichkeit
Kommunikationsprozess	Eindimensional (Monolog)	Zweidimensional (Dialog)
Vertriebsprozess	Indirekter Vertrieb, Präsenzkauf, Händlerabhängigkeit	Direkter Vertrieb, Distanzkauf, kaum Händlerabhängigkeit
Produktstrategie	Individualisierung Angebot	Standardisiertes Angebot
Preisstrategie	Flexibilisierung, Individualpreis	Einheitspreis, Standard-Rabatte, Listenpreise
Stärken	Schnelle Marktdurchdringung, Aufbau von Markenimage	Effiziente Kundenbetreuung, geringe Streuverluste, exakte Erfolgsmessung
Schwächen	Hohe Streuverluste, Erfolgsmessung ungenau	Datenschutzrestriktionen

Abbildung 1.3: Gegenüberstellung von klassischem Marketing und Dialogmarketing

 Die Wünsche Ihrer Kunden können Sie relativ einfach in Erfahrung bringen: Hören Sie ihnen gut zu. Senden Sie einer repräsentativen Anzahl Kunden einen Fragebogen. Fassen Sie telefonisch oder schriftlich nach einem Kauf nach und befragen Sie Kunden direkt am Verkaufspunkt oder über den Außendienst.

Dialogmarketing ist mehr als Direktwerbung oder Direktvertrieb. Genau wie beim klassischen Marketing lässt sich auch das Dialogmarketing in vier verschiedene Instrumente verlegen:

Produktpolitik, Preispolitik, Distributionspolitik und Kommunikationspolitik (siehe Abbildung 1.4). Sollten Sie Dialogmarketing vor allem als eine Möglichkeit begreifen, effektiv bestehende Kunden oder Interessenten anzusprechen, ist das zwar richtig, aber zu kurz gegriffen, weil Sie Chancen verschenken. Maßgeschneiderte Produkte lassen sich mit heutiger Druck- und Fertigungstechnik leicht in automatisierter Form erstellen. Zusammen mit flexiblen Preisstrategien sind die Möglichkeiten für Dialogmarketing beträchtlich.

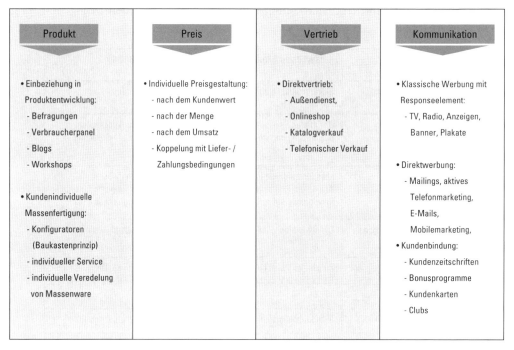

Abbildung 1.4: Instrumente des Dialogmarketings

Eine viel zitierte Vision der Werberikone David Ogilvy lautet: »In ten years all marketing will be direct marketing«. Diese Vorhersage wurde allerdings schon vor Jahrzehnten geäußert und wir warten noch immer darauf, dass sie sich erfüllt. Dennoch wird die Prophezeiung von Dialogmarketing-Experten immer wieder ausgebuddelt. Nach dem Motto: Vielleicht erfüllt sie sich ja in den nächsten zehn Jahren. Wird das letzte Stündlein des Massenmarketings also tatsächlich irgendwann schlagen? Wohl kaum.

 Individuelle Kundenbeziehungsstrategien sind der Schlüssel zum Erfolg in den Märkten von morgen. Dennoch wird auch in Zukunft das Massenmarketing seinen Platz behaupten.

Klassisches Marketing hat auch in Zukunft seine Berechtigung: Standardisierte Produkte und undifferenzierte Marktstrategien sind für Sie geradezu zwingend, wenn unter Kostengesichtspunkten eine Differenzierung nicht sinnvoll ist. Häufig ist klassische Werbung auch besser geeignet, wenn es darum geht, schnell Bekanntheit zu schaffen und zu emotionalisieren.

Auf der anderen Seite wird heute nicht mehr ernsthaft bestritten, dass auch Dialogmarketing für den Imageaufbau einer Marke hervorragend funktionieren kann, vor allem dann, wenn es sich um kleine und sehr genau qualifizierte Zielgruppen handelt. Werbung zahlt auf das Markenkonto ein, so die reine Marketinglehre. Mit Dialogkommunikation wird die Marke im besten Fall wie ein guter Freund direkt erlebbar. Diese Funktion wird angesichts einer zunehmenden Bindungslosigkeit der Konsumenten immer wichtiger.

Die Frage ist deshalb nicht, Dialogmarketing oder klassisches Marketing. Die Frage ist, wie Sie die unbestrittenen Stärken der unterschiedlichen Disziplinen optimal im Sinne einer strategischen Gesamtplanung vernetzen können. Gutes Dialogmarketing wird zeitlich, inhaltlich und gestalterisch mit anderen Kommunikationsmaßnahmen wie klassische Werbung, PR und Verkaufsförderung koordiniert eingesetzt. Nur so entfalten die verschiedenen Instrumente die volle Wirkung bei Ihrer Zielgruppe.

 Dialogmarketing ist nicht billig oder teuer, sondern erfolgreich oder nicht erfolgreich. Überlegen Sie nicht, ob Sie sich Dialogmarketing leisten können, sondern ob Sie sich in Ihrem Wettbewerbsumfeld den Verzicht auf Dialogkommunikation leisten können.

Im Dialogmarketing geht es um den direkten Kontakt mit einer identifizierten Zielgruppe, genauer: mit identifizierten Zielpersonen. Während das klassische Marketing vor allem absenderorientiert ist und die Bekanntheit und das Image einer Marke oder eines Produkts mit möglichst großer Reichweite gegenüber einer undifferenzierten Masse an Empfängern fördern will, ist das Dialogmarketing auf die Reaktion einer bekannten, begrenzten Zielgruppe ausgerichtet, mit dem Ziel einer langfristigen Kundenbindung. Abbildung 1.5 zeigt die verschiedenen Abstufungen der Individualisierung im Marketing.

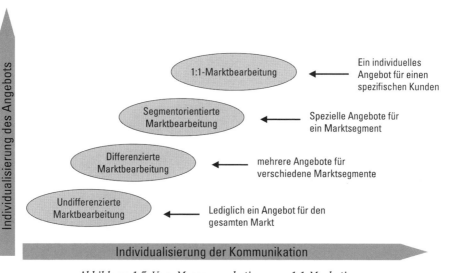

Abbildung 1.5: Vom Massenmarketing zum 1:1-Marketing

Mit jedem Kontakt erfahren Sie mehr über Ihre Kunden und deren Bedürfnisse. Man spricht beim Dialogmarketing deshalb auch von einer lernenden Beziehung. Die Chance auf Basis von Kundeninformationen strategische Kundenentwicklung zu betreiben, etwa durch individuelle Angebote und flexible Rabatt- und Preissysteme, wird von immer mehr Unternehmen genutzt. Grundvoraussetzung ist, dass Sie über eine eigene Kundendatenbank verfügen, in der Sie Ihre Informationen einpflegen.

Adressmanagement

In diesem Kapitel

- Pflege und Anreicherung eigener Adressen
- Aktualisierung durch Adressabgleich
- Neukundengewinnung mit Fremdadressen
- Die Anbieter: Adressverlage und Listbroker
- Datenschutz

Kaum verloren wir das Ziel aus den Augen, verdoppelten wir unsere Anstrengungen.

Mark Twain

Das wichtigste Kapital Ihres Unternehmens sind Ihre Kunden. Die wichtigste Kundeninformation ist die Adresse. Stimmt die Adresse in der Datenbank nicht mehr, haben Sie ein Problem. Nicht selten ändert sich mit der Adresse auch die Telefonnummer. Das kann bedeuten, dass Sie Kunden nicht mehr erreichen können und sie verlieren. Dieses Kapitel zeigt Ihnen, wie Sie ganz einfach dafür sorgen können, dass Ihnen kein Kunde mehr verloren geht, und wie Sie auf Basis Ihrer eigenen Adressen sogar neue Kunden hinzugewinnen können.

Pflege und Anreicherung eigener Adressen

Spätestens wenn Sie die Retouren Ihrer unzustellbaren Mailingaussendungen in den Händen halten, werden Sie schmerzlich feststellen: Der Erfolg einer schriftlichen Dialogmarketing-Aktion hängt vor allem von der richtigen Adresse ab. Wenn Sie an die Vorzüge des direkten Kundendialogs glauben, müssen Sie auch Ihren Kundendatenbestand regelmäßig checken. Andernfalls läuft Ihr Dialog früher oder später ins Leere, mag das Angebot noch so gut sein.

Ein falsch geschriebener Name, die falsche Anrede oder eine veraltete Adresse sind für Ihre Kunden ärgerliche und für Sie teure Datenfehler. Bereits ein falsch geschriebener Name senkt die Reaktionsbereitschaft beim Empfänger dramatisch, schlimmer noch ist es, wenn die Sendung den Empfänger gar nicht erreicht. Und schreiben Sie einen schon längst verstorbenen Kunden an, haben Sie nicht nur buchstäblich eine Karteileiche, Sie verstimmen auch die Hinterbliebenen nachhaltig.

Es sind aber nicht nur die extremen Beispiele schlechter Adressqualität, die Ihnen bei regelmäßigen Aussendungen Ärger bereiten. Kostspielig sind auch und vor allem die vielen sinnlos versendeten Mailings an die falschen Adressaten. Diejenigen Konsumenten, die trotz bestehender Kundenbeziehung partout keine zusätzlichen Angebote per Post von Ihnen erhalten wollen, landen bei Ihnen am besten in einer Sperrliste. Das spart Geld und Ärger. Und die falsche Zielgruppe anzusprechen, für die Ihr Angebot uninteressant ist, können Sie sich genauso sparen. Adressmanagement ist also mehr als die richtige Anschrift, es ist eine Frage der richtigen Datensatzpflege.

 Fast 9 Millionen aller Adressen in Deutschland veralten innerhalb eines Jahres infolge von Umzug, Namensänderung, Firmeninsolvenz oder Tod. Regelmäßige Abgleiche mit einer Umzugsdatenbank und der Sterbedatei sollten selbstverständlich sein, vor allem vor größeren Werbeaussendungen.

Zu jeder Adresse gehört der eigene Datensatz. Das Gerüst bilden Informationen zur Person, dem Wohnort plus dazugehöriger Postleitzahl sowie Straße und Hausnummer. Darauf aufbauend kommen Informationen, die aus der nackten Anschrift ein lebendiges Kundenprofil werden lassen. Ohne Zusatzinformationen ist die Adresse nicht viel wert. Wer ist der Mensch, wie alt ist er, womit beschäftigt er sich in seiner Freizeit, welche Interessen hat er? Je mehr Zusatzinformationen Ihnen zu Ihren Kunden vorliegen, desto gezielter können Sie sie ansprechen und desto höher ist die Chance auf eine positive Reaktion.

In Ihren Adressdaten steckt mehr als die Anschrift

Die Vielfalt an Zusatzinformationen reicht von einfachen soziodemografischen Angaben wie Alter und Geschlecht über Fakten zu Lebensstil und Konsumverhalten bis hin zu mikrogeografischen Informationen zu Wohnmilieu und Haustyp. In Kapitel 4 erfahren Sie mehr darüber, wie Sie Ihre Kunden in verschiedene Zielgruppensegmente unterteilen können.

Eine ganze Menge an Informationen schlummert bereits in Ihren eigenen Daten. Anhand einer Vornamensanalyse können Sie beispielsweise die meisten Vornamen einer bestimmten Geburtenzeitspanne zuordnen, weil Namen einer Mode unterliegen. Über die Abfrage der Namenshäufigkeit standesamtlicher Eintragungen kann man das Alter in Dekadenschritten mit bis zu achtzigprozentiger Sicherheit bestimmen. Fritz ist mit siebzigprozentiger Wahrscheinlichkeit vor 1945 geboren. Dabei gibt es interessanterweise regionale Unterschiede. Eva ist im Süden der Republik durchschnittlich zehn Jahre jünger als Eva im Osten der Republik.

Einen weiteren Informationsbaustein liefern Ihnen akademische Titel. Sie verraten häufig den Berufsstand und geben Hinweis auf das Bildungsniveau. Hinweise auf die wirtschaftliche Situation und die Kaufkraft des Kunden liefert die Anschrift. Wer in einem Villenvorort lebt, verfügt wahrscheinlich über eine größere Kaufkraft und wird ein anderer Konsumtyp sein als jemand in einer Plattenbausiedlung.

Mit mikrogeografischen Zusatzinformationen können Sie völlig neue Zugänge zu Ihren Zielgruppen legen. Doch Vorsicht: Ohne klare Zielvorstellung, was Sie mit den Zusatzinformationen anfangen wollen, lohnt sich der Aufwand nicht. Konzentrieren Sie sich deshalb auf die Sammlung von Daten, die Sie auch tatsächlich für die Selektion der Zielgruppen und die Aussteuerung von Aktionen brauchen.

 Sie können Datensätze um Telefonnummern und E-Mail-Adressen anreichern. Vorausgesetzt, die Konsumenten haben zugestimmt, dass sie Werbemails oder Anrufe erhalten (sogenannte Opt-In-Daten). Sonst dürfen Sie nach dem Gesetz gegen den unlauteren Wettbewerb den Endverbraucher nicht unverlangt mit E-Mails versorgen oder anrufen.

Ihre Datenbank unterliegt nicht nur infolge von Umzügen, Namensänderungen oder Firmenauflösungen permanenten Veränderungen. Das zeigt ein einfaches Beispiel: Ein Versandhandel-Teehaus hat einen Kundenstamm von 30.000 Kunden. Innerhalb eines Jahres gehen durch verschiedene Aktionen 13.000 Bestellungen ein. Die Analyse ergibt: 4.000 Kunden haben einmal bestellt, 2.500 Kunden haben zweimal bestellt und 800 Kunden haben mindestens dreimal bestellt. Somit wurden die 13.000 Bestellungen durch 7.300 Kunden ausgelöst. 22.700 Adressen in der Datenbank wurden zwar nicht bewegt, dennoch hat sich die Struktur der Datenbank in diesem Jahr deutlich geändert, denn

✔ aus Interessenten wurden Käufer,

✔ aus inaktiven Kunden wurden aktive Kunden,

✔ aus aktiven Kunden wurden inaktive Kunden,

✔ aus Einmalkäufern wurden Mehrfachkäufer.

Hinzu kommt, dass jeder Bestellvorgang zusätzliche und neue Informationen über Bezahlpräferenzen, Produktinteressen und Mengenbedarf enthält. Kurzum: Als Unternehmer müssen Sie erheblichen Aufwand betreiben, um Ihre Datenbank aktuell zu halten.

Der erste Schritt im Adressmanagement ist die Beurteilung Ihrer Datenqualität. Folgende kleine Checkliste gibt Ihnen Hinweise auf Ihre Datenqualität:

✔ Wann wurden die Daten erhoben, wann zum letzten Mal aktualisiert? Je länger der Zeitpunkt zurückliegt, desto weniger verlässlich sind die Informationen.

✔ Sind die Datenfelder korrekt befüllt? Gelegentlich werden Feldinformationen verdreht, etwa Ortsname und Straßenname.

✔ Gibt es überflüssige Leerzeichen und leere Felder?

✔ Passt die Anrede zum Vornamen und die Postleitzahl zur Straße und Hausnummer?

✔ Haben Sie in letzter Zeit eine Dublettenbereinigung durchgeführt? Doppelte Datensätze verursachen bei Aussendungen Mehrkosten. Wenn neue Informationen zum Kunden immer nur in jeweils einen Datensatz einfließen, werden Ihre Kundeninformationen zunehmend inkonsistent.

Werden Ihre Kundendaten an zentraler Stelle gepflegt oder liegen sie in verschiedenen Datenbanken? Wenn Informationen an verschiedenen Stellen gesammelt werden und keine Integration in ein zentrales System stattfindet, verschenken Sie viel Potenzial, weil Sie keine Gesamtsicht auf den Kunden haben.

 Für die Bedürfnisse kleiner und mittelständischer Unternehmen gibt es viele gute preiswerte Softwarepakete und Onlineangebote zur Adresspflege, von der Adressfeldbereinigung bis zum Dublettenabgleich.

Aktualisierung durch Adressabgleich

Die Aktualisierung Ihrer Adressen ist eine permanente Aufgabe. Am besten prüfen Sie Ihre Adressen vor jeder Aussendung. Die wichtigsten Abgleiche sind die Umzugsdatenbank und die Sterbedatei.

Tag für Tag ziehen 25.000 Personen und Firmen um. Die Umzugsdatenbank Postadress Move der Deutschen Post Adress basiert auf den jährlich rund 5 Millionen Nachsendeaufträgen an die Deutsche Post. Sie enthält sowohl Firmenadressen als auch die neuen Anschriften aller umziehenden Privatpersonen, und das teilweise schon sechs Wochen vor dem eigentlichen Umzug.

Die Umzugsadressen kommen nur dann in die Umzugsdatenbank, wenn die Postkunden der Weitergabe an Dritte zustimmen. Sie können die Datenbank auch nicht zur Neukundengewinnung einsetzen, weil Sie die alte Anschrift angeben müssen, um die Umzugsadresse zu bekommen. Ein Abgleich mit der Umzugsdatenbank erhöht die Zustellquote bei Briefen und Paketen deutlich, Sie sparen Aufwand bei der Retourenbearbeitung und sorgen nicht zuletzt dafür, dass Sie Ihre Kunden nicht aus den Augen verlieren.

 Jedes Jahr werden rund 10 Millionen Sendungen an den Absender zurückgeschickt, weil der Empfänger verstorben ist. Hinzu kommen noch viele Sendungen, die von Hinterbliebenen entgegengenommen werden und bei denen Sie gar nicht erfahren, dass der Empfänger verstorben ist. Ein Imageschaden für Ihr Unternehmen, ein teurer zumal.

Abhilfe schafft die Datenbank Postadress Clean. Hier finden sich Informationen zu Personen die verstorben oder nicht mehr erreichbar sind. Sie speist sich aus verschiedenen Quellen: den Angaben kooperierender Bestattungsunternehmen, den Informationen der Einwohnermeldeämter und den Auswertungen von Todesanzeigen in Tageszeitungen. Damit werden mehr als die Hälfte der aktuellen Todesfälle erfasst.

Sie können Ihren Adressverteiler zusätzlich mit der Robinsonliste des Deutschen Dialogmarketing Verbands (DDV) abgleichen, damit Sie kein Porto durch Mailings an bekennende Werbeverweigerer verpulvern. Die Robinsonliste umfasst über 600.000 Werbeverweigerer. Nicht jeder Eintrag ist eine generelle Ablehnung von Werbung. Viele Verbraucher wollen nur keine Werbebriefe aus Angebotsbereichen erhalten, für die sie sich überhaupt nicht interessieren. Hierfür kann man in einer Liste vorgegebener Bereiche diejenigen ankreuzen, aus denen man keine Werbung haben möchte (etwa Banken, Versicherungen, Automobil, Touristik, Zeitungs-/Zeitschriftenabonnements und so weiter).

Zur Adresspflege gehört auch die Vermeidung doppelter Kundendatensätze, sogenannter Dubletten. Es kann Ihnen leicht passieren, dass ein Kunde zweimal erfasst wird. Moderne Datenbankprogramme spucken Ihnen zum Glück auf Knopfdruck die Datensätze mit hoher inhaltlicher oder semantischer Ähnlichkeit aus. Die Wahrscheinlichkeit ist hoch, dass es sich um ein und denselben Kunden handelt. Natürlich kann es vorkommen, dass es sich bei »K. Müller« und »Karin Müller« in der Seestraße 10 in Wuppertal um zwei völlig unterschiedliche Kunden handelt. Die letzte Prüfung der Datensätze durch einen Menschen ist deshalb sehr wichtig.

Schon eine geringfügig abweichende Schreibweise (»Hansjörg« statt »Hans-Jörg«) gaukelt Ihrem EDV-System zwei unterschiedliche Kunden vor. Mit regelmäßigen Checks filtern Sie mehrfach vorhandene Datensätze mit fast identischem Inhalt, sogenannte Dubletten, heraus.

Nützlich sind auch Plausibilitätsprüfungen, die findige Programme bei der Prüfung der Datenbestände gleich mitliefern. 19-jährige Professoren sind ebenso wenig glaubhaft wie 55-jährige Studenten.

Sobald Sie sich sicher sein können, alles für die Aktualität und Stimmigkeit Ihres Datenbestands getan zu haben, widmen Sie sich der Bewertung Ihrer Datensätze. Bonitätsprüfungen reduzieren Ihr Risiko von Zahlungsausfällen bei Bestellungen deutlich, weil Sie notorische Schlechtzahler leichter identifizieren und in Ihrer Datenbank als sogenannte »Nixies« markieren können.

Während »Nixies« aus wirtschaftlichen Gründen keine Werbung von Ihnen bekommen sollten, sind »Robinsons« solche Kunden, die keine Werbung von Ihnen bekommen wollen.

Neukundengewinnung mit Fremdadressen

Die Pflege und Veredelung Ihres bestehenden Kundendatenstamms ist Pflicht, die Gewinnung neuer Kunden ist die Kür. Die Notwendigkeit für neue Kunden ergibt sich allein schon aus der natürlichen Fluktuation Ihres Kundenstamms (Tod, Wegzug ins Ausland, Haushaltsauflösungen, Firmeninsolvenzen). Einen Teil Ihrer Kunden werden Sie verlieren, weil sie zur Konkurrenz abwandern, und einen weiteren Teil, weil der Bedarf für Ihre Angebote wegfällt.

Adressierte Mailings an potenzielle Interessenten haben nach wie vor die größte Bedeutung bei der Neukundengewinnung. Aktuelle und gute Adressen von Personen aus Ihrer Zielgruppe und die Auswahl des richtigen Adresslieferanten sind die wichtigsten Erfolgsfaktoren für eine gelungene Mailingaktion.

Bevor Sie sich den Markt der Fremdadressenhändler ansehen, sollten Sie alle Möglichkeiten ausschöpfen, selbst neue Adressen zu gewinnen. Bewährte Dialogmarketing-Methoden zur Adressgewinnung sind Couponanzeigen, Beilagen, Kundenkarten, Freundschaftswerbung und vor allem Gewinnspiele. Doch Vorsicht: Erfahrungsgemäß sind über Gewinnspiele gewonnene Adressen wenig wert, weil die Teilnehmer in der Regel kein echtes Interesse an Ihren Produkten haben.

Wenig empfehlenswert ist auch die Ermittlung von neuen Adressen über Adress-CDs und Telefonbücher, Messekataloge und Branchenverzeichnisse. Der zeitliche und finanzielle Aufwand lohnt sich letztlich nicht, weil schon zum Zeitpunkt des Erscheinens dieser Verzeichnisse rund 10 Prozent der Informationen veraltet sind.

Anbieter von Fremdadressen

Die wichtigsten Quellen für Fremdadressen sind Adressverlage und Listbroker (siehe Abbildung 2.1), die einen großen Pool von speziellen, ständig aktualisierten Adressen vorhalten. Als Quelle für Zusatzinformationen zu bestimmten Zielgruppen, die für Sie relevant sind und die Sie direkt den Adressen zuordnen wollen, sind Marktforschungsinstitute wie die GfK oder Nielsen zu nennen.

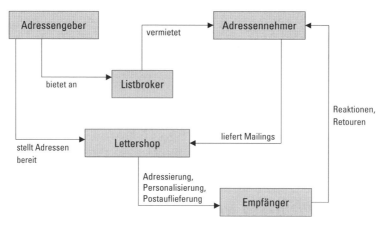

Abbildung 2.1: Ablauf des Listbroking

Hier eine Liste von Anbietern von Fremdadressen:

✔ Adressverlage sammeln und aktualisieren Adressbestände. Universaladressverlage pflegen teilweise riesige Datenbestände, etwa aller privaten Haushalte. Spezialadressverlage hingegen beschränken sich auf die intensive Pflege ausgewählter, mitunter exklusiver privater oder geschäftlicher Zielgruppen.

✔ Listbroker treten als Mittler zwischen Adresseigentümer beziehungsweise -vermieter (etwa Versandhandelsunternehmen) und Adressmieter auf. Ihr Vorzug ist vor allem die Beratungsleistung. Sie wissen, welche Adresslisten für welche Einsatzzwecke besonders geeignet sind und woher Sie diese beziehen können. Listbroker kennen den Adressenmarkt besonders gut und überlassen die Qualität der Listen nicht allein dem Adresseigner, also dem Unternehmen, das die Adressen bereitstellt. Sie nehmen Ihnen nicht nur die lästige Recherchearbeit ab, sie liefern in der Regel auch erstklassige Ergebnisse – von den berühmten schwarzen Schafe einmal abgesehen. Sie sind einigermaßen auf der sicheren Seite, wenn Sie auf einen der im Deutschen Dialogmarketing Verband (DDV) organisierten Qualitätsadressanbieter zurückgreifen.

Der Markt der Adressanbieter ist alles andere als überschaubar. Es gibt zahlreiche Anbieter und eigentlich können Sie sich nur darauf verlassen, dass jeder Anbieter damit prahlt, die besten und umfangreichsten Datenbanken zu haben. Am besten halten Sie sich als Unerfahrener zunächst an einen unabhängigen Berater. Es gibt Spezialisten für unterschiedliche Branchen.

Referenzen spielen bei der Wahl des Partners eine große Rolle. Bei der Dienstleisterauswahl können Sie sich an das Council Listbroker im DDV wenden.

Der Kauf von Adressen spielt in der Praxis keine Rolle, denn in der Regel werden Adressen zum einmaligen Gebrauch gemietet. Noch bevor Sie Fremdadressen anmieten, müssen Sie sich Klarheit darüber verschaffen, welches Profil diese Adressen haben sollten, damit Anbieter Ihnen die richtigen Adressen zusammenstellen können und Sie eine möglichst hohe Quote echter Interessenten bekommen. Die Profile Ihrer guten Kunden bilden in der Regel die Grundlage der Selektion neuer Adressen. Wenn Sie die Kundenprofile nicht kennen, helfen Ihnen Dienstleister mit statistischen Analysen Ihres Datenbestands. So können Sie feststellen, nach welchen Kriterien externe Daten ausgewählt werden müssen.

 Bei heterogenen Kundenprofilen, wenn Sie beispielsweise keine Häufung beim Alter und dem Geschlecht feststellen können, können Sie Fremdadressen unterschiedlicher Zielgruppen testen. Ergeben sich bei bestimmten Milieus, Interessengebieten oder Altersklassen signifikant höhere Responsequoten, können Sie gezielt solche Adressen anmieten.

Die Adressherkunft halten Sie in Ihrer Datenbank fest, damit Sie die Quellen guter Adressen später erneut nutzen können. Das machen Sie am einfachsten über eine Kodierung der Reaktionselemente Ihrer Aussendungen.

 Bei Interessenten gilt: Schmieden Sie das Eisen, solange es glüht. Je länger der letzte Kontakt zurückliegt, desto unwahrscheinlicher wird ein Kauf. Kümmern Sie sich intensiv um Ihre Interessenten mit Kennenlern- oder Einstiegsangeboten, Einladungen zu Veranstaltungen und Messen.

Für die Qualität gemieteter Adressen ist die Aktualität das A und O. Für die Qualität von Businessadressen ist zudem die Aktualität der Entscheiderdaten (Name, Funktion, E-Mail-Adresse, Telefonnummer) wichtig. Je nach Branche ändern sich jährlich bis zu 10 Prozent der Ansprechpartner infolge von Fluktuation und innerbetrieblichen Veränderungen.

 Wie aktuell die eingesetzten Adressen wirklich sind, offenbart sich in der Retourenquote. Retouren verursachen überflüssige Kosten für Porto und Druck. Sie sollten unbedingt eine Vergütung je Retoure aushandeln.

Je umfassender und eindeutiger Adressinformationen sind, desto höher wird naturgemäß die Erfolgsquote Ihrer Mailings sein. Im Privatkundenbereich sind Lifestyle-Befragungen anhand von Fragebogen inzwischen sehr verbreitet. So können Adressen um Zusatzinformationen wie Konsumgewohnheiten und Lebensstil angereichert werden. Sie können somit Adressen von Interessenten mit hohem Potenzial für Ihre Produkte mieten, also Interessenten für Neuwagen bestimmter Automarken oder Fahrzeugklassen.

 Wenn Sie Fremdadressen mieten, können Sie diese entweder nur einmal oder mehrmals im vereinbarten Rahmen einsetzen. Sobald ein Interessent reagiert, wird die entsprechende Adresse zu Ihrer eigenen Adresse und Sie können sie in Ihre Interessentendatenbank aufnehmen und erneut einsetzen. Mithilfe von »Kontrolladressen« – für Sie nicht identifizierbare Deckadressen – erhält der Adressvermieter Aufschluss über die Anzahl der Verwendungen und die eventuell unerlaubte Weitergabe des Adressmaterials.

Welche Kundenpotenziale Sie kaufen können

Adressen haben ihren Preis. Allgemein lässt sich sagen, dass die Preise nach Menge und Güte gestaffelt sind. Hochwertige Listen, beispielsweise von Postkäufern, sind teurer als Adressen von Gewinnspielteilnehmern. Werden Zusatzinformationen wie Telefonnummer oder E-Mail-Adresse gefordert, müssen Sie ebenfalls mehr bezahlen. Meist werden Nachlässe auf die zweite Nutzung gewährt. Seriöse Anbieter geben Ihnen eine Qualitätsgarantie und vergüten Retouren aus unzustellbaren Sendungen. Alle Mietangebote sind komfortabel auf Datenträger oder online erhältlich. Die Anbieter unterstützen die Auswahl durch frei wählbare Merkmalskombinationen. Der Dublettenabgleich der Mietadressen gegen Ihre eigenen Adressen ist selbstverständlich.

 Für die Bereinigung Ihrer Daten gelten in der Regel Preise pro Tausend plus Fixkosten. Mietadressen werden normalerweise ebenfalls pro Tausend berechnet, zuzüglich der Kosten für die Selektion der Adressen. Die Preise richten sich nach Menge, Aktualität, Nutzungshäufigkeit und Informationstiefe.

Haushaltsdatenbanken mit »kalten Adressen« verfügen über eine hohe Marktabdeckung und werden zumeist aus öffentlich zugänglichen Quellen wie Telefonbüchern gewonnen. Sie geben Ihnen aber keine Hinweise darauf, ob die Empfänger schon einmal auf Werbung reagiert haben.

Postkäuferlisten dagegen sind bei Direktmailing-Aktionen äußerst wirksam. Sie enthalten Adressen von Personen, die häufig Produkte per Post bestellen oder gerne auf schriftliche Angebote reagieren.

Bei Konsumentenadressen können Sie zwischen Listen wählen, die nach Affinität zu bestimmten Produkten oder Interessengebieten sortiert sind, und solchen, die über besonders viele Informationen rund um die Adresse verfügen, zum Beispiel mikrogeografische Informationen. Die Kombination beider Listenarten ist besonders attraktiv, aber auch etwas teurer, als wenn Sie nur auf produktaffine Listen setzen.

Für Versandhäuser, Zeitungsverlage und viele andere mehr ist die Vermarktung ihrer Adressbestände ein einträgliches Geschäft. Insgesamt können Sie damit rund 20 Millionen Privatpersonen erreichen, auf deren Kaufverhalten oder Interessengebiete Sie relativ gut Rückschlüsse ziehen können.

Am häufigsten werden Fremdadressen grob nach folgenden Kriterien gegliedert und zusammengestellt:

✔ Firmenadressen, unterteilt nach Branchen und Größenklassen

✔ Privatadressen, gegliedert nach Kaufpotenzial und Lifestyle-Daten

✔ Branchen- und themenspezifische Spezialadressen

✔ Mikrogeografische Selektionen

Datenschutz – was Sie beachten müssen

Den Umgang mit personengebundenen Daten regelt das Bundesdatenschutzgesetz (BDSG). Wenn Sie Adressen erheben, speichern oder weitergeben wollen, müssen Sie die Personen um Erlaubnis fragen (mehr zum Datenschutz erfahren Sie in Kapitel 7). Sofern diese zustimmen, müssen Sie sie darüber informieren, was mit den Daten passieren soll und an wen Sie sie gegebenenfalls weitergeben wollen. Eine Ausnahme besteht, wenn die Daten aus öffentlich zugänglichen Quellen stammen und eine Benachrichtigung wegen großer Datenmengen unverhältnismäßig ist.

Sofern Sie bei einem Vertragsabschluss nicht zwingend erforderliche Kundendaten erheben, müssen Sie darauf hinweisen, dass die Angaben freiwillig sind. Außerdem müssen Sie den Kunden auf sein Widerspruchsrecht hinweisen, falls er mit der Verarbeitung und Nutzung seiner personenbezogenen Daten nicht einverstanden ist.

 Teilt Ihnen ein Kunde mit, dass er keine Werbung erhalten möchte, müssen Sie diesem Wunsch entsprechen. Sie können solche Kunden in eine interne Sperrliste aufnehmen, um sie bei Werbeaussendungen herauszufiltern.

Möchte ein Konsument aus Ihrem Datenpool gelöscht werden, weisen Sie ihn darauf hin, dass eine wirksame Einstellung von Werbesendungen nur über den Eintrag in Ihrer Sperrliste sichergestellt werden kann. Sie sind im Übrigen auskunftspflichtig, wenn ein Kunde nach der Herkunft seiner von Ihnen eingesetzten Daten fragt. Sensible Zusatzinformationen wie ethnische Herkunft dürfen Sie nur mit ausdrücklicher Genehmigung des Verbrauchers zu Werbezwecken einsetzen.

Lesen Sie zu diesem Thema Kapitel 7, in dem es ausführlich um Recht im Dialogmarketing geht.

 Weiterführende Informationen finden Sie unter folgenden Adressen:

- ✔ Informationen zur Robinsonliste: www.ddv-robinsonliste.de
- ✔ Adressabgleich mit Umzugs- und Sterbedatei: www.postadress.de
- ✔ Adresssoftware und Dublettenabgleich: www.grutzeck.de, www.dialog-manager.de, www.infopost-manager.de
- ✔ Bonitätsprüfung: www.dwa-wirtschaftsauskunft.de
- ✔ Führender Adressanbieter: www.schober.com
- ✔ Dienstleisterauswahl: www.ddv.de/downloads/GepruefteListbroker.pdf

CRM oder wie Sie loyale Kunden bekommen

3

In diesem Kapitel

▶ Wie Sie Kunden an Ihr Unternehmen binden

▶ Die Kundendatenbank als Schlüssel zum Erfolg

▶ Die ersten Schritte zum CRM-Erfolg

▶ Auswahl der richtigen CRM-Lösung

Der Ausgangspunkt für die großartigsten Unternehmungen liegt oft in kaum wahrnehmbaren Gelegenheiten.

Demosthenes, griechischer Philosoph

Hauptziel des Dialogmarketings ist die Entwicklung von Kundenbeziehungen. Kunden, mit denen Sie regelmäßig in Kontakt stehen, sind zufriedenere Kunden, weil Sie deren Bedürfnisse besser kennen und schneller reagieren können. In diesem Kapitel erfahren Sie alles zum Thema Kundenbindung als Managementtechnik.

Kundenbindung lohnt sich

Die systematische Gestaltung von Kundenbeziehungen ist für Unternehmen mittlerweile überlebenswichtig. Systematisch heißt: Identifizierung des Kundenwerts in der Geschäftsbeziehung, Ermittlung der Kundenbedürfnisse sowie Planung und Steuerung kundenorientierter Aktivitäten.

 Kundenbeziehungen managen heißt, die richtigen Kunden zum richtigen Zeitpunkt auf dem vom Kunden bevorzugten Weg zu vertretbaren Kosten mit dem passenden Angebot zu versorgen. Das ist ein fortlaufender Prozess, der Kunden langfristig an das Unternehmen binden soll.

Kundenbindung nimmt einen immer größeren Raum ein, nicht nur weil es fünf- bis siebenmal preiswerter ist, einen bestehenden Kunden zu halten als einen neuen Kunden zu gewinnen, sondern auch weil bestehende Kundenbeziehungen langfristig mehr Umsatz versprechen, kalkulierbarer sind und Ihnen mehr Stabilität geben.

Hinzu kommen äußere Entwicklungen, die den Druck auf die Unternehmen zusätzlich erhöhen. Zum einen steigt der Marktdruck. Globaler Wettbewerb, mehr Transparenz und damit eine stärkere Vergleichbarkeit von Leistung und Preis durch das Internet sowie gesättigte Märkte zwingen alle Unternehmen zum Umdenken.

Gleichzeitig ist ein verändertes Konsumentenverhalten in Richtung Preis- und Qualitäts-bewusstsein zu beobachten. Der Käufer weiß um seinen Wert und erwartet von Ihnen immer bessere Informationen und individuelle Services. Der Käufermarkt zerfällt zunehmend in kleinste Marktnischen, die Sie mit einer breiten Massenansprache nicht mehr oder nur sehr ineffizient erreichen können.

Täglich prasseln weit über 2.000 Werbebotschaften auf jeden von uns ein: im Fernsehen und im Radio, in den Zeitungen, auf Plakatflächen, im Internet, in Bus und Bahn. Die Aufzählung ließe sich beliebig fortsetzen. Der Mensch greift angesichts dieses Bombardements an werblichen Reizen zu einem gemeinen Trick: Er schaltet auf Durchzug.

 Ein überbordendes Informationsangebot steht einer sehr begrenzten Aufnahmelust und Aufmerksamkeitsfähigkeit gegenüber. Angesichts dieser Informationsüber-flutung kommt der gezielten persönlichen Ansprache nach den spezifischen Be-dürfnissen Ihrer Kunden eine immer stärkere Rolle zu.

Das A und O einer gezielten Kundenbindung

Nur ein intelligenter regelmäßiger Kontakt per Dialogmarketing kann Ihre Beziehung zum Kunden nachhaltig intensivieren. Hier hat systematisches, softwaregestütztes Customer Rela-tionship Management (CRM) bei der Aussteuerung der Kontaktprozesse, der Anspracheinter-valle und der jeweiligen Angebote eine zentrale Funktion.

Gezielte Kundenbindung beginnt bereits unmittelbar nach dem ersten Kauf. Es ist nach dem psychologischen Modell der kognitiven Dissonanz eine völlig normale Reaktion, dass Käufer die Richtigkeit ihrer Kaufentscheidung kritisch überprüfen. Der Kunde sucht geradezu nach Bestätigung für seinen Kauf, vor allem bei höherwertigen Produkten. Hier kann man mit einem systematischen Loyalitätsprogramm ansetzen.

Neben der Kundenbindung unterstützt CRM folgende Prozesse:

✔ Neukundengewinnung

✔ Auftrags- und Kundenmanagement

✔ Kundenrückgewinnung

✔ Beschwerdemanagement

✔ Cross-/Up-Selling

✔ Schnittstellenoptimierung/-integration

Gut für Sie und Ihre Kunden – CRM

Unter mittelständischen und Kleinunternehmern ist die Ansicht noch sehr verbreitet, dass CRM zu teuer und eigentlich zu komplex ist. Einmal abgesehen davon, dass Sie selbst bestimmen, wie komplex und teuer Ihr System ausfällt, scheint die Mehrheit von der Notwendigkeit systematischer Kundenorientierung überzeugt zu sein. Vielleicht gehören Sie zu den 80 Prozent der kleinen und mittelständischen Unternehmen, die sagen, Customer Relationship Management sei für sie ein Thema von hoher Bedeutung.

Vielleicht gehören Sie sogar zu den 20 Prozent der Unternehmen, die bereits eine CRM-Software einsetzen. Das wäre schon wunderbar. In der Praxis ist es allerdings wichtig, ob man CRM in seine Prozesse integriert oder wirklich von Mensch zu Mensch lebt.

Die besten Systeme und Analyseerkenntnisse zeigen Ihnen zunächst einmal nur Gelegenheiten für kundenorientierte Handlungsweisen auf. Ob Sie diese Chancen ergreifen und handeln, um mehr Kundennutzen zu bieten und letztlich besser zu sein als der Wettbewerb, ist eine andere Sache.

So binden Sie Neukunden

Beispiel Autokauf: Mit einem Begrüßungsmailing wird der Kunde in seiner Entscheidung bestärkt und es werden noch einmal die Vorteile des Fahrzeugs und gegebenenfalls die weitere Betreuung hervorgehoben. Damit wird signalisiert, dass die Wertschätzung nicht mit dem Kauf endet. So kann sich frühzeitig eine emotionale Bindung einstellen. Wenige Wochen später wird der erste Fragebogen zur Zufriedenheit versendet. Weitere Anlässe sind Geburtstage, der Jahrestag des Autokaufs, der bevorstehende Ablauf der Garantiefrist, Erinnerungen an TÜV/AU-Termine sowie ein regelmäßiger Newsletter. Der Kunde wird so über den gesamten Lebenszyklus bis zum Neukauf begleitet.

So funktioniert CRM

Fest steht, CRM ist im Mittelstand angekommen, weil es den Vertrieb und das Servicegeschäft optimieren hilft. Worum geht es eigentlich genau? Zuallererst ist CRM die systematische Ausrichtung aller Geschäftsprozesse auf den Kunden, also eine unternehmensstrategische Entscheidung.

Das höchste Ziel systematischen Kundenbeziehungsmanagements ist die Treue Ihrer Kunden.

Wie erreichen Sie die? Durch Zufriedenheit. Das Geheimnis treuer Kunden ist Zufriedenheit, weil die Wechselbereitschaft nachlässt, je zufriedener Ihre Kunden mit Ihrer Beratung, Ihren Produkten, den Preisen und Services sind. Und zufriedene Kunden machen langfristig mehr Umsatz.

Der Weg zur Zufriedenheit ist die Aufgabe von CRM. Im Kern geht es für Sie darum, wie Sie Ihre Kundenbeziehung so gestalten und pflegen können, dass sie in allen Phasen den Erwartungen Ihrer Kunden entspricht. Es ist allerdings ein langer Prozess, weshalb Sie Ihre CRM-Einführung als langfristige Investition in die Zukunft betrachten sollten.

Die Ziele von CRM sind:

✔ Umsatzsteigerung (Kaufhäufigkeit, Kaufintensität, Cross-Selling, Weiterempfehlung)

✔ Emotionale Bindung (Immunisierung gegen Wettbewerber, Stabilität)

✔ Rentabilität (Effizienz der Betreuungskosten, gezieltere Ansprache nach Kundenwert, Verminderung von Streuverlusten)

Nichts geht ohne die Datenbank

Grundlage und zentraler Teil Ihrer CRM-Lösung ist die Datenbank. Hier fließen sämtliche Informationen über Ihre Kunden ein. Um Sie in die Lage zu versetzen, Ihre Wettbewerber und Umsatzpartner bewerten und einschätzen zu können, fließen auch Informationen über Ihre Wettbewerber und Ihre Partner ein.

Bei Ihrer Datenbank geht es um die Sammlung, Aufbereitung und Analyse von Personen- und Marktsegmentinformationen, die Sie bei der gezielten Durchführung von CRM-Maßnahmen unterstützen.

Vielleicht nutzen Sie Ihre Kundendaten bereits so: Sie wollen Ihre Kunden über die neuen Öffnungszeiten informieren und schreiben alle Kundenadressen an. Unzustellbare Retouren werden aus der Datenbank gelöscht und Adressänderungen eingepflegt. Ihre Datenbank dient Ihnen lediglich als Adresslieferant und zur Personalisierung Ihrer Mailings.

Es geht aber auch anders: Sie können Ihre Kunden vor der Aussendung nach Umsätzen, Produktgruppen oder Kauffrequenz selektieren und die Information mit gezielten Angeboten verbinden, um mit der Information über die neuen Öffnungszeiten gleich einen Besuchsanlass zu liefern.

Nach Aussendung speichern Sie nicht nur die Adressänderungen, sondern auch Anfragen, Bestellungen und alle übrigen Informationen aus der Reaktion. Sofern Sie im Mailing einen Rabattcoupon für den nächsten Besuch einsetzen, können Sie sogar feststellen, welche Kunden aufgrund Ihres Mailings die Filiale besucht haben.

Die Aktionsdaten und die Erfolgsauswertung sollten Sie anschließend genau dokumentieren, um die Erkenntnisse für künftige Aktionen nutzen zu können. Die Analyse spielt beim Database-Marketing eine große Rolle. Vielleicht zeigt sich, dass bestimmte Reagierer gemeinsame Merkmale haben (Lebensalter, Geschlecht, Familienstand oder Ähnliches). Vielleicht können Sie auch eine Häufung von bestimmten Fragen bei den Reaktionen feststellen. Sie können daraufhin gezielte weitere Mailings versenden und bestehende Schwächen oder Informationsdefizite beseitigen. Informationsgewinnung durch einen ständigen Dialog mit den Kunden steht im Fokus des Database-Marketings.

Die kontinuierliche Ergänzung Ihrer Database hilft Ihnen, von Aktion zu Aktion ein bisschen schlauer zu werden und die Erfolgsaussichten ständig zu steigern.

Sie können Ihre Datenbank auch hervorragend zur Neukundenakquise nutzen. Durch Rückmeldungen von Interessenten und auf Basis Ihrer bestehenden Kundenprofile können Sie gezielt zusätzliche Adressen anmieten, die ein hohes Interessentenpotenzial haben. Neukundengewinnungskampagnen können Sie über Ihr CRM-Tool genauso effektiv steuern wie Bestandskundenaktionen.

Die wichtigsten Aufgaben von Database-Marketing im Überblick:

✔ Datenpflege

✔ Datenanalyse

✔ Aussteuerung von Aktionen

✔ Zielgruppentests

✔ Responseerfassung und Fulfilmentsteuerung

✔ Dokumentation und Reporting

Nehmen Sie unbedingt eine Trennung nach Konsumenten- und Firmenkunden vor, weil hier andere Informationsfelder und Analysen erforderlich sind. Außerdem empfiehlt sich bei den Reaktionsdaten eine Trennung nach ökonomischen und außerökonomischen Daten. Mehr hierzu erfahren Sie auch in Kapitel 2, in dem es unter anderem um Adressmanagement geht.

Ihre gespeicherten Kundendaten erhöhen die Transparenz der Kundenbeziehung. Dadurch können Sie zielgerichtet einen kontinuierlichen Dialog mit Ihren Zielgruppen aufbauen. Sie erkennen, wo mögliche Cross-Selling-Chancen liegen und wie Sie mit dem Kunden mehr Umsatz machen können.

Weil Sie anhand der Daten die Kundengewohnheiten und bisherigen Kaufaktivitäten genau kennen, können Sie Ihre Mailing- und Verkaufsaktionen auf genau die richtigen Zielpersonen aussteuern. Das minimiert Ihre Streuverluste und erhöht die Rentabilität. Schließlich sorgt ein regelmäßiger Dialog mit Ihren Kunden für Vertrauen und eine emotionale Bindung an Ihr Unternehmen, was wichtig für eine dauerhafte und kalkulierbare Beziehung ist.

Doch Vorsicht: Eine zwanghafte regelmäßige Kontaktaufnahme per Telefon oder per Mailing kann schnell nerven, wenn Sie nichts Neues und wirklich Relevantes mitzuteilen haben. Preisänderungen, Produktneuerungen oder Sonderaktionen sind ein guter Anlass. Ein effektives Medium für den regelmäßigen Kundendialog sind zum Beispiel Kundenzeitschriften (dazu erfahren Sie mehr in Kapitel 10).

Für maßgeschneiderte Angebote sollten Sie Ihre vorliegenden Daten wie Kundenumsatz, Produktpräferenzen und Kaufintervalle um möglichst viele Zusatzinformationen ergänzen. Mit gezielten und konkreten Fragen in Form eines Fragebogens an ausgewählte Kunden können Sie mehr über die soziale Situation und die Erwartungen wichtiger Kundengruppen erfahren. Beziehen Sie Ihre Kunden auch in den Prozess der Veränderung ein. Mehr über die Bedürfnisse des Kunden zu erfahren im Sinne einer lernenden Beziehung ist übrigens eine zentrale Aufgabe von Kundenclubs (weitere Informationen dazu finden Sie in Kapitel 11).

So geht's los: Die Einführung von CRM

Auf den ersten Blick ist die Einführung von Customer Relationship Management (CRM) ganz einfach: Sie verschaffen sich zunächst einen Überblick über den aktuellen Stand Ihrer Kundeninformationen und identifizieren, welche Mitarbeiter überhaupt Kundenkontakt haben.

Dann analysieren Sie die Kaufhistorie Ihrer Kunden und ergänzen sie mit wichtigen Informationen aus den Kundenkontakten Ihrer Vertriebsmitarbeiter oder auch aus Befragungen. Das Ganze lassen Sie durch eine schlaue CRM-Analysesoftware laufen, und schon können Sie Schlüsse für Cross-Selling, neue Produkte und Dienstleistungen ziehen, die exakt auf die Bedürfnisse Ihrer Kunden abgestimmt sind. So gedeiht die Kundenzufriedenheit aufs Prächtigste – und wenn sie nicht gestorben sind, dann bleiben Ihnen auch morgen alle Kunden treu. Ganz so einfach ist es leider doch nicht. Aber eins nach dem anderen. Ein Beispiel für eine Analyse von Kundenbedürfnissen zeigt Abbildung 3.1.

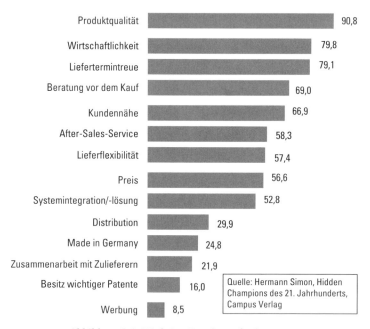

Abbildung 3.1: Wichtige Kundenanforderungen

Welche Bereiche meines Unternehmens können zur Kundenorientierung beitragen?

Im Grunde geht es darum, sämtliche Prozesse, also auch die nicht unmittelbar im Kundenkontakt stehenden vor- und nachgelagerten Arbeitsabläufe, aus Kundensicht zu betrachten: die gesamte Organisationsstruktur, die Zusammenarbeit der einzelnen Bereiche untereinander, die Lieferantenkette und die IT-Systeme.

Die Implementierung von CRM ist eine Aufgabe, die alle Bereiche Ihres Unternehmens umfasst. Der Wille zur Ausrichtung allen Handelns auf die Bedürfnisse Ihrer Kunden, und nichts anderes bedeutet CRM, stellt Ihr Unternehmen vor große Herausforderungen.

Nicht zuletzt bedeutet die Einführung von CRM eine Veränderung im Verhalten Ihrer Mitarbeiter, die wahrscheinlich schwierigste Hürde überhaupt. Die Erfahrung mit der Einführung von CRM zeigt immer wieder, dass gerade die Überwindung von internen Widerständen die größte Herausforderung ist.

Veränderung wird oft als störend empfunden. Neue Arbeitsweisen bedeutet auch immer Abschied zu nehmen von lieb gewonnenen Gewohnheiten und Routinen. Das fällt vielen Menschen schwer. Sie müssen Ihre Mitarbeiter dafür motivieren, sich neues Wissen anzueignen und bisherige Arbeitsweisen in Frage zu stellen. Deshalb ist die Einführung von CRM immer auch Change-Management, und Veränderungsprozesse beginnen zuerst im Kopf. Sie müssen informieren und aufklären, warum Veränderung in Richtung Kundenorientierung wichtig ist für das Unternehmen und für jeden Einzelnen.

Neben der Verankerung der Kundenorientierung in den Köpfen der Mitarbeiter, müssen die einzelnen Bereiche im Interesse der Kundenzufriedenheit überprüft und gegebenenfalls modifiziert werden. Die Zielsetzung dabei ist, dass nicht jeder Bereich für sich eine Insellösung anstrebt, sondern eine aufeinander abgestimmte Integration sämtlicher Bereiche im Sinne eines Gesamtsystems Kundenorientierung. Sie brauchen eine koordinierende Stelle, bei der alle Informationen zusammenlaufen und die in der Lage ist, die Prozesse miteinander zu synchronisieren.

Sind Ihre Mitarbeiter fit für die CRM-Einführung?

Am Ende der Vorbereitung auf die CRM-Einführung sollten Ihre Mitarbeiter folgende vier Grundfragen mit Ja beantworten können:

1. Kenne ich die Bedeutung meiner Rolle für den Erfolg von CRM?

2. Weiß ich, wie ich den CRM-Prozess sinnvoll unterstützen kann?

3. Kann ich in meiner Rolle das CRM-System bedienen und pflegen?

4. Bin ich bereit, meinen Beitrag zur kundenorientierten Unternehmenskultur zu leisten?

Für die CRM-Einführung sollte ein CRM-Team installiert werden. Zu den Aufgaben dieser Einheit gehört die Information und Motivation der Mitarbeiter, die Synchronisierung der Prozesse und die Überwachung des gesamten Implementierungsprojekts. Ohne interne Akzeptanz wird das Vorhaben mit Sicherheit an Widerständen scheitern. Bei allen Verantwortlichen sollte Einvernehmen hinsichtlich des Projekts sowie der Aufgaben des CRM-Teams bestehen. Das Projektteam muss von allen Bereichen getragen werden. Die Zusammensetzung der Mannschaft sollte das widerspiegeln.

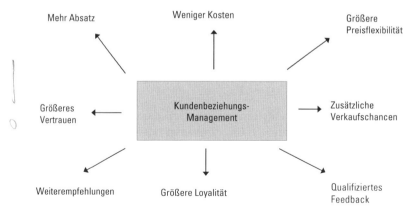

Abbildung 3.2: Wirkungen des Kundenbindungsmanagements

Folgende Bereiche müssen im Rahmen der Synchronisation der Prozesse hinsichtlich ihrer Kundenorientierung überprüft werden:

Produktentwicklung, Servicelevel und Qualitätsmanagement

Bringen Sie die Qualität und die Eigenschaften Ihrer Leistungen in Einklang mit den Erwartungen Ihrer Kunden. Natürlich gibt es Grenzen, die beispielsweise in der Natur des Produkts liegen, die Haltbarkeit etwa. Fragen Sie Ihre Kunden aktiv nach gewünschten Eigenschaften Ihrer Produkte und Dienstleistungen, binden Sie sie in die Entwicklung ein und Sie werden erstaunt sein, dass sich oft mit geringen Modifikationen eine deutlich größere Zufriedenheit erzielen lässt.

 Nicht der Preis oder die Produkte sind der Hauptgrund für Kundenabwanderung, sondern schlechte Servicequalität und fehlende Kundenfreundlichkeit.

Häufig können Sie sich ohnehin nur durch zusätzliche qualitativ hochwertige Serviceangebote, etwa bei Beratung, Erreichbarkeit und Reparaturdiensten, von Ihrer Konkurrenz absetzen. Voraussetzung ist allerdings, dass es sich um unübliche Services handelt. Ein Service, der zum Standard im Markt gehört, wird nicht als zusätzlicher Nutzen wahrgenommen, sondern schlicht erwartet. Selbst dann, wenn es kostenlose Services sind.

Die Kunst wird für Sie darin bestehen, Ihren Kunden einen Mehrwert zu bieten, der als solcher wahrgenommen und letztlich finanziell honoriert wird. Anders ausgedrückt: Sie müssen dafür sorgen, dass es für Ihren Kunden angenehmer und komfortabler ist, bei Ihnen zu bleiben, als zu einem anderen Unternehmen zu wechseln. Fragen Sie Ihre Kunden nach ihren Erwartungen und Wünschen und sie werden es Ihnen doppelt danken, denn sie sind nicht nur zufriedener, weil Sie ihre Bedürfnisse viel besser bedienen können, sondern sie fühlen sich auch wertgeschätzt und verstanden.

So lernen Sie mit jedem Kontakt Ihre Kunden besser kennen und können gezielt Wechselbarrieren aufbauen. Doch Vorsicht: Services, die Sie mehr kosten als sie letztlich wieder einspielen, sollten Sie sehr kritisch betrachten. Das kann sich höchstens taktisch lohnen, wenn Sie Ihrer Konkurrenz Umsätze abjagen wollen. Auf lange Sicht ist das aber ein zweischneidiges Schwert, weil Sie einmal gebotene Services nicht ohne Weiteres wieder wegfallen lassen können. Bei Kunden wird das dann als eine Verschlechterung Ihres Services wahrgenommen.

Dauerhaft können Sie eine kundengerechte Qualität beispielsweise über eine Zertifizierung Ihrer Standards nach ISO-Norm sicherstellen. Eine institutionalisierte Prüfung dokumentiert Ihren Qualitätslevel und gibt Ihnen die Chance, schnell auf Abweichungen zu reagieren oder sich veränderten Marktgegebenheiten anzupassen.

Vertriebssteuerung

Vor allem im Business-to-Business-Bereich spielt der unmittelbare Kundenkontakt durch den Außendienst eine entscheidende Rolle. In der Regel ist der Vertrieb sogar die treibende Kraft hinter dem CRM-Projekt, weil gerade hier der Wettbewerbsdruck spürbar ist und das Vertriebsmanagement an einer Professionalisierung bei der Steuerung von Außen- und Innendienst interessiert ist.

Gerade von den Vertriebsmitarbeitern gehen aber häufig auch die größten Widerstände aus. Zum einen liegt das an der falschen Annahme, CRM sei nichts anderes als ein Überwachungsinstrument. Manche meinen auch, beim Kunden zu sein sei wichtiger als Projektarbeit. Dahinter steckt die Ansicht, dass eine gute Kundenbeziehung eine Sache des persönlichen Umgangs ist und man deshalb CRM eigentlich gar nicht brauche. Einbinden, aufklären und motivieren sind die wichtigsten Meilensteine.

 Definieren Sie CRM-Erfolgsformeln oder Leitsätze, die die Vorteile auf den Punkt bringen und das Vertriebsteam einschwören. Beispielsweise: »Mehr Zeit für unsere wichtigsten Kunden.« Oder: »Zielgerichtete Aktionen statt Aktionismus. « Oder: »Bessere Abschlüsse durch bessere Kundenkenntnis.«

Beschwerdemanagement

Wie kundenorientiert Sie wirklich sind, zeigt sich vor allem in den kritischen Momenten, wenn sich ein unzufriedener Kunde bei Ihnen beschwert. Je schneller und zuvorkommender Sie das Problem zur Zufriedenheit des Kunden beheben, desto positiver ist der Effekt. Beschwerdeführer sind nach Behebung des Beschwerdegrunds in der Regel die treuesten Kunden. Sie fühlen sich ernst genommen und kommen deshalb gerne wieder, meistens machen sie sogar mehr Umsatz als zuvor. Beschwerden sind für Sie deshalb keine Störung, sondern eine Chance!

Natürlich ist es wichtig, dass Sie Ihren Kunden überhaupt die Möglichkeit zur Beschwerde geben, etwa über eine Telefonhotline. Blöd ist nur, wenn Sie gar nicht mitbekommen, dass ein Kunde unzufrieden ist. Erfahrungsgemäß beschwert sich nur ein verschwindend geringer

Teil der Kunden. Die allermeisten reklamieren nicht, weil sie gar nicht wissen, an wen sie sich wenden sollen, oder sich kaum Erfolgschancen ausrechnen. Viele finden die Konfrontationssituation auch einfach nur unangenehm. Die Gründe, auf eine Reklamation zu verzichten, sind vielfältig.

Schließen Sie also aus niedrigen Beschwerderaten nicht automatisch auf eine hohe Zufriedenheit. Häufig wechseln Kunden lieber gleich zur Konkurrenz, als sich bei Ihnen zu beschweren. Schlimmer noch, sie betreiben oft auch noch negative Mundpropaganda, was Ihnen nachhaltig schaden dürfte.

Wichtig ist ein aktives Beschwerdemanagement. Stimulieren Sie Reaktionen, indem Sie Ihre Kunden schon beim Kauf bitten, jede Art von Unzufriedenheit sofort zu äußern. Zusätzlich können Sie die Zufriedenheit Ihrer Kunden einige Tage nach einem Kauf abfragen. Führen Sie außerdem regelmäßig telefonische oder schriftliche Befragungen bei Ihren Kunden durch. Das Verhalten der Mitarbeiter in Beschwerdesituationen ist ausschlaggebend, ob der Kunde die Beschwerde als lohnend und positiv empfindet.

Trainieren Sie ein adäquates Beschwerdeverhalten und sensibilisieren Sie die Mitarbeiter für die Bedeutung dieser Situationen.

Der Bearbeitungszeitraum spielt neben Freundlichkeit und Kulanz eine zentrale Rolle. Beschwerden sollten systematisch erfasst und ausgewertet werden. Nur so lassen sich Mängel und Ursachen für Unzufriedenheiten aufdecken und abstellen.

In sechs Schritten fit für die CRM-Einführung

Die Einführung von CRM will gut vorbereitet sein. Machen Sie Ihr Unternehmen fit für echte Kundenorientierung. Hier die wichtigsten Schritte:

Der erste Schritt: Entwickeln Sie eine Kundenbindungsstrategie

Sie brauchen eine klare Vision dessen, was genau Kundenorientierung für Ihre Firma eigentlich heißt. Beantworten Sie folgende Fragen: Wo wollen Sie in fünf Jahren stehen und wie wollen Sie mittelfristig von Ihren Kunden gesehen werden? Was steht dem heute noch im Weg? Stimmen die Abläufe, haben Sie eine integrierte Sicht auf Ihre Kundendaten, ist Ihr Vertrieb auf die Kundenerwartung ausgerichtet?

Am Anfang steht die Zieldefinition. Mit unklaren Zielen werden Sie kaum die optimale Lösung für Ihre Zwecke herausfinden können. Die CRM-Einführung kann nur so gut sein wie die Zielsetzung für Ihr Vorhaben. Unterscheiden Sie zwischen internen Zielen (Optimierung von Geschäftsprozessen, Verbesserung der Datenerhebung, Kostensenkung und so weiter) und externen Zielen (besserer Kundenservice, weniger Reklamationen, mehr Umsatz und so weiter). Wichtig ist, dass Sie zu allen Zielen Maßnahmen zur Zielerreichung definieren und festlegen, bis wann Sie diese Ziele erfüllt haben wollen. Anhand von vorher festgelegten Kennzahlen können Sie den Grad der Zielerreichung später messen.

 Oberste Priorität hat es, dass Sie die Defizite in der Kundenorientierung erkennen und sich klare Ziele stecken, wie Sie diese Defizite beheben können. Besser für die Motivation sind kleine Teilerfolge, die Sie in überschaubarer Zeit erreichen können. Großen, breit angelegten Zielvisionen mangelt es häufig an Prioritäten und Fehlentwicklungen sind weniger schnell zu erkennen.

Der zweite Schritt: Führen Sie Ihre Kundendaten zusammen

CRM beginnt damit, dass Sie Schluss machen mit den Informationsinseln im Sekretariat, bei Ihren Außendienstmitarbeitern, den Verkäufern und Einkäufern, des Kundenservice und so weiter. In den meisten Unternehmen haben verschiedene Abteilungen eigene Kundendaten.

 CRM ist das Ende des »Herrschaftswissens« einzelner, denn Kundeninformationen sind das wichtigste Kapital Ihres Unternehmens und müssen an zentraler Stelle bereitgestellt werden (_one face to the customer_).

Was haben Sie davon? Der praktische Nutzen liegt auf der Hand. Der Außendienst erkennt sofort, bei welchen Kunden eine Beschwerde beim Kundenservice oder an anderer Stelle aufgelaufen ist. Das Gleiche gilt für offene Anfragen oder Bestellungen. So wird vermieden, dass die Kontaktaufnahme aufgrund fehlender Informationen anderer Bereiche einen unerfreulichen Verlauf nimmt.

Integriertes Kundenwissen lässt Sie überhaupt erst den wahren Wert Ihrer Kunden feststellen und erkennen, welche Qualität die Kundenbeziehung tatsächlich hat. Sie vermeiden mit einer integrierten Kundendatenbank Redundanzen und Widersprüche, die sich fast zwangsläufig bei isolierten Datenbeständen ergeben.

Welche Daten sind eigentlich die richtigen? Wissen Sie, welche Kundengruppen welche Produkte erworben haben? Ersparen Sie sich peinliche Nachfragen beim Kunden. Eine CRM-Software, beispielsweise von SAP, hilft Ihrem Marketing bei der Kampagnenplanung, erleichtert das Kundenkontaktmanagement und das Beschwerdemanagement. Auf Basis valider Daten können spezielle Reports automatisch erstellt werden, etwa Besuchsquoten verschiedener Kundensegmente, Reklamationslevel etc.

Sie können Umsatzprognosen Ihrer Kunden erstellen, Sie werden Cross-Selling-Potenziale erkennen und können sogar den Einkaufsprozess für Ihre Kunden erleichtern. Weil unterschiedliche Kundensysteme einen hohen Wartungs- und Pflegeaufwand bedeuten, entlastet eine integrierte Kundendatenbank auch Ihre personellen und finanziellen Ressourcen.

Der dritte Schritt:
Setzen Sie Standards bei der Informationsgenerierung

Sie sollten wissen, welche Informationen Sie überhaupt ermitteln wollen. »Je mehr, desto besser«, gilt hier nicht. Zu viele überflüssige und wenig aussagekräftige Informationen können eine brauchbare Analyse eher behindern.

 Konzentrieren Sie sich darauf, die wirklich wichtigen Kundendaten für die Unterstützung Ihrer Vertriebs- und Marketingaktivitäten zu erheben.

Welche Daten das sind, können nur Sie selbst entscheiden. Aufbau und Inhalt einer Kundendatenbank werden bei einem Versandhändler anders aussehen als bei einem Dienstleistungsunternehmen. Es gibt allerdings Standards, die sich im Database-Management bewährt haben. Dazu gehört eine Strukturierung von Informationen nach dem G-P-A-R-Modell (Grund-, Potenzial-, Aktions- und Reaktionsdaten). Die Inhalte der Informationsfelder sind in Abbildung 3.3 aufgelistet.

✔ **Grunddaten:** Sie ermöglichen eine klare Identifizierung Ihrer Kunden. Sie sind langfristig gleichbleibend sowie produkt- und umsatzunabhängig. Hierzu zählen die Adressdaten und die soziodemografischen Kriterien.

✔ **Potenzialdaten:** Hier fließt das Kaufverhalten Ihrer Kunden nach Produkten, Umsätzen und Zeitpunkten ein.

Abbildung 3.3: Inhalte einer marktorientierten Datenbank

✔ **Aktionsdaten:** Sie enthalten die Historie Ihrer Kundenkontaktmaßnahmen. Diese Daten geben Ihnen einen Überblick über den aktuellen Status, beispielsweise über den Zeitpunkt Ihres letzten Besuchs beim Kunden.

✔ **Reaktionsdaten:** Das Kundenverhalten wird hier gespeichert, zum Beispiel ob der Kunde auf ein Mailing reagiert und bestellt hat oder ob eine Reklamation vorliegt.

Die Struktur soll Ihnen einen Leitfaden für die sinnvolle Datenspeicherung geben. Daneben könnte es weitere für Ihr Geschäft erforderliche Informationsfelder geben. Das G-P-A-R-Modell kann Ihnen aber eine nützliche Ausgangsbasis für Ihre Informationsgruppierung sein.

Der vierte Schritt:
Ermitteln Sie den Wert Ihrer Kunden für das Unternehmen

Nicht alle Kunden sind gleich wichtig für Ihr Unternehmen. Welche Aufwendungen sich in puncto Kundenbindungsmaßnahmen lohnen, hängt vor allem von der Profitabilität ab. Drei Wahrheiten beschreiben das Problem:

✔ Durchschnittlich sind nur 20 bis 30 Prozent der Kunden profitabel.

✔ Nicht jeder Kunde mit hohen Umsätzen ist automatisch auch profitabel.

✔ Gleicher Umsatz bedeutet nicht unbedingt gleichen Profit.

Wer die wichtigen Kunden sind und wo überhaupt noch Chancen für einen Ausbau der Beziehung bestehen, sollten Sie schon wissen und den Einsatz an zeitlichen, personellen und finanziellen Ressourcen entsprechend verplanen.

Zur Ermittlung des Kundenwerts stehen Ihnen verschiedene Analysemethoden zur Verfügung, beispielsweise die Gruppierung der Kunden im Rahmen einer ABC-Analyse. Daneben können Sie eine klassische Kundendeckungsbeitragsberechnung vornehmen oder eine kundenorientierte Prozesskostenrechnung. Weil unklar ist, ob Ihre profitablen Kunden von heute auch die Umsatzbringer in der Zukunft sein werden, fließt in die Betrachtung neben dem bisherigen Umsatz auch der prognostizierte Umsatz in der Zukunft ein. Mehr zum Thema Kundenwert erfahren Sie in Kapitel 4.

Dank Ihrer Kundenwertermittlung wissen Sie nicht nur, welche Ihre wichtigsten Kunden sind, Sie können auch festlegen, was Ihnen die Bindung dieser Kunden wert ist, und ganz gezielt unterschiedliche Kundenbearbeitungsprogramme starten.

Der fünfte Schritt:
Strukturieren Sie Ihre Vertriebs- und Serviceprozesse

In Produktionsprozessen sind die Bearbeitungsschritte vom Input bis zum Output genau festgelegt. Im Vertrieb, im Servicebereich und im Beschwerdemanagement ist das häufig nicht der Fall. Hand aufs Herz: Kennen Sie Ihre jeweiligen Abläufe genau und würden andere Kollegen die Prozesse genauso beschreiben?

Eine genaue Beschreibung des Istzustands ist die Voraussetzung für Verbesserungen.

Identifizieren Sie mögliche Schwachstellen, überflüssige Routinen und Doppelarbeiten. Definieren Sie nun den gewünschten Sollzustand. Beispiel Vertrieb: Zur Gewährleistung einheitlicher Standards sollten Sie die einzelnen Schritte vom ersten Kontakt bis zum Abschluss schriftlich fixieren und/oder visualisieren, beispielsweise in Form von Workflow-Charts.

Jeder Arbeitsschritt (etwa Versand von Infomaterial) wird dabei genau beschrieben, ebenso die möglichen Kundenreaktionen. Zur Erfolgsmessung legen Sie den gewünschten Zeitbedarf für die einzelnen Aktivitäten fest sowie die angestrebten Erfolgskennziffern (zum Beispiel 3 Prozent Rücklauf). Die schriftliche Fixierung des Ablaufs hilft neuen Kollegen oder einer Vertretung, sich schnell in die Prozesse einzufinden.

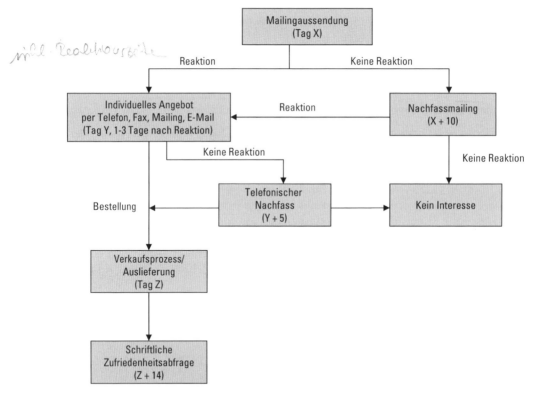

Abbildung 3.4: Prozess Angebotserstellung

Abbildung 3.4 zeigt einen typischen Verkaufsprozess nach einer Mailingaussendung. Der Kunde kann per Antwortkarte, Faxelement, E-Mail oder Telefon auf das schriftliche Angebot reagieren und vertiefende Informationen abfordern. Der Interessent erhält daraufhin ein individuelles

Angebot. Telefonische oder E-Mail-Anfragen müssen sofort, in jedem Fall aber innerhalb von 24 Stunden bearbeitet werden.

Per Mailing sollte dem Kunden das Angebot innerhalb von drei Tagen zugehen. Reagiert der Interessent auf dieses Angebot nicht, erfolgt nach fünf Tagen eine telefonische Nachfassaktion (Angebot angekommen? Noch offene Fragen? Was stimmt am Angebot nicht?). 14 Tage nach Kauf erfolgt eine Zufriedenheitsabfrage. Ist der Kunde zufrieden mit dem Produkt oder der Dienstleistung? Was kann noch verbessert werden? Möchte der Kunde künftig über weitere interessante Angebote informiert werden, zum Beispiel über einen Newsletter?

In gleicher Weise dokumentieren Sie die Abläufe im Beschwerdemanagement. Wie sind Reklamationen zu erfassen, wie läuft die Bearbeitung, wer wird involviert und innerhalb welchen Zeitraums muss geantwortet werden?

Der sechste Schritt: Überwinden Sie interne Widerstände

Der treibende Motor für Ihren CRM-Erfolg ist die Firmenkultur. Die Akzeptanz für die Veränderungsprozesse in den Abläufen und beim Verhalten, die mit der CRM-Einführung einhergehen, ist sehr wichtig. Nur motivierte Mitarbeiter werden sich einbringen und schlummernde Kundenbindungspotenziale in ihrem jeweiligen Arbeitsbereich aktivieren. Information, Aufklärung und Involvement sind die Säulen eines Mitarbeiterprogramms, das die CRM-Implementierung begleitet.

 Nur wenn CRM Chefsache ist und auf der Ebene der Geschäftsführung überhaupt der Wille zur CRM-Ausrichtung besteht, kann man anfangen, bei den Mitarbeitern Überzeugungsarbeit zu leisten.

CRM und Synchronisierung der Kommunikation

Im optimalen CRM entscheidet Ihr Kunde selbst, ob und gegebenenfalls über welche Kommunikationswege er mit Ihnen in Kontakt treten möchte. Da es viele Kundenkontaktpunkte gibt, ist die Synchronisierung aller Instrumente der Kommunikation Voraussetzung, von der Anzeigenwerbung über Mailings und E-Mails bis hin zu Events und dem persönlichen Gespräch. Die Synchronisierung Ihrer Kommunikation bezieht sich auf die

✔ formale Abstimmung (äußeres Erscheinungsbild, Farben, Bilder, Slogans),

✔ inhaltliche Abstimmung (Angebot, Nutzenbegründung),

✔ zeitliche Abstimmung (Medien, Produkte, Aktionsangebote).

Mit der Abstimmung und engen Verzahnung Ihrer Instrumente multiplizieren Sie die Wirkung Ihrer Maßnahmen. Eine besondere Strategie serviceorientierter Kundenbetreuung sind die Kundenkontaktprogramme. Mit einer regelmäßigen Ansprache über Dialogmarketing-Instrumente bauen Sie eine langfristige Kundenbindung zum Produkt oder Händler auf.

Ihr Kontaktintervall darf allerdings nicht als aufdringlich empfunden werden, sondern sollte der Erwartungshaltung Ihrer Kunden entsprechen. Sie sollten wirklich nur solche Maßnahmen ergreifen, die beim Empfänger nicht zur Verärgerung führen. Am besten holen Sie gleich nach Kauf oder Vertragsbindung die Erlaubnis ein, regelmäßige Informationen versenden zu dürfen (Permission).

Für bestimmte Kanäle wie E-Mail, Fax und Telefon ist die Zustimmung des Empfängers sogar rechtlich vorgeschrieben. Fragen Sie Ihre Kunden auch, wie häufig sie gerne Infos erhalten möchten (etwa monatlich oder nur bei Neuheiten), ob Sie gelegentlich die Zufriedenheit mit Ihren Leistungen abfragen dürfen und welche Kanäle sie bevorzugen (Telefon, Mailing, Fax oder E-Mail).

 Die Dauer der Kundenkontaktprogramme ist abhängig von der jeweiligen Kauffrequenz und sollte mindestens drei Jahre umfassen.

Sie werden feststellen, dass Sie mit einer aktiven Einbindung Ihrer Kunden in den Kommunikationsprozess bessere Rücklaufquoten haben, weil Ihre Angebote auf fruchtbaren Boden treffen. Geben Sie Ihren Kunden immer die Möglichkeit, sich beispielsweise von einem Newsletter abzumelden.

Kunden, die seit längerer Zeit inaktiv sind, sollten Sie nach den Gründen fragen und die Erlaubnis zur weiteren Kontaktaufnahme einholen. Sofern diese Kunden kein Interesse mehr haben, können Sie sich die Aufwendungen für weitere regelmäßige Informationen sparen. In diesem Fall sind gezielte Rückgewinnungsaktivitäten die bessere Wahl.

Das optimale CRM-System für Ihr Unternehmen finden

Die richtige CRM-Software ist das A und O, wenn die Prozesse rund laufen sollen. Auf den ersten Blick mutet die Suche nach dem richtigen System wie die Suche nach der sprichwörtlichen Nadel im Heuhaufen an. Es gibt nämlich mittlerweile einen riesigen Markt.

Überlassen Sie die Suche nicht allein Ihren IT-Experten, nach dem Motto: Die kennen sich in dem Thema wenigstens aus. Die kennen sich nur leider bei der Kundenorientierung überhaupt nicht aus.

 Ein verbreiteter Irrtum ist, dass die Einführung von CRM vor allem eine IT-Angelegenheit ist. Schön wär's, doch Plug & Play funktioniert bei der Gestaltung und Pflege Ihrer Kundenbeziehung leider nicht.

Sie müssen bereit sein, alle Prozesse auf die Anforderungen Ihrer Kunden auszurichten. Das bedeutet, dass die Einführung von CRM auf Basis einer ganzheitlichen fachlichen Konzeption erfolgt und sich dann erst entscheidet, welche Software Sie eigentlich brauchen.

Mit anderen Worten: Die Implementierung eines CRM-Systems ist echte Teamarbeit. Neben den IT-Leuten gehören die Vertriebsexperten im Kundenkontakt, die Produktion und das Marketing unbedingt dazu. Doch Vorsicht, wenn Teamarbeit gefragt ist, müssen die Zuständigkeiten auch klar geregelt sein. Sonst kommt das Projekt nicht in Gang, weil sich jeder darauf verlässt, dass es ein anderer macht.

Die Anschaffung einer CRM-Software ist jedenfalls erst die Voraussetzung für systematisches CRM in Ihrem Unternehmen. Immerhin ist die Anschaffung kein Problem. CRM-Lösungen gibt es mittlerweile für Anforderungen selbst kleinster Unternehmen.

 Bedienfreundlichkeit und kalkulierbare Kosten sind die wichtigsten Punkte bei der Auswahl der geeigneten Software, damit Sie in kurzer Zeit Ihre CRM-Software zum Laufen bringen.

CRM ist keine Kunst und kann vom einem der vielen spezialisierten CRM-Anbieter auch in Ihre bestehenden IT-Systeme problemlos integriert werden. Doch Vorsicht, reine technikgetriebene Softwareanbieter können häufig nicht die Beratung und Schulungsangebote mitbringen, die Sie brauchen werden. Klassische CRM-Experten sind zwar teurer, auf lange Sicht aber besser als reine Softwareanbieter.

 Immer mehr Premium-CRM-Experten bieten neben fachlicher Beratung auch speziell auf die Bedürfnisse von Mittlerständlern ausgerichtete kostengünstige Module bis hin zum schnell integrierenden Mietmodell (Application Service Providing, ASP).

Die Komponenten von CRM-Systemen

Betrachten wir kurz die Funktionalitäten von CRM-Systemen. Im Grunde können Sie sich eine CRM-Systemlösung wie einen großen Werkzeugkasten vorstellen. Im unmittelbaren Kundenkontakt (Front-Office-Bereich) hilft Ihnen Ihr CRM-System bei der Optimierung Ihres Kundendialogs (Werbung, Verkauf, Promotion, Service) und der damit zusammenhängenden Geschäftsprozesse.

Selbst in Ihrer Standardbürosoftware wie Outlook befinden sich bereits kleine CRM-Funktionalitäten, die Ihnen beim Managen Ihrer Kundenkontakte helfen. Spätestens beim Zusammenführen von erforderlichen Informationen aus verschiedenen Datenquellen sind Sie mit Bordmitteln allerdings am Ende. Hier setzen einfache CRM-Programme wie »IsContact« oder »MX-Contact« an, die gerade für kleine Unternehmen mit wenig Fachkenntnis geeignet sind.

Professionelle CRM-Software kann natürlich deutlich mehr. Sie unterstützt Ihr Kampagnenmanagement, die Vertriebssteuerung und das Beschwerdemanagement. Sie können damit verschiedene Maßnahmen gleichzeitig durchführen und zeitlich, inhaltlich und nach Kommunikationskanälen wie E-Mail, Mailing, Telefonie effizient koordinieren (sogenanntes Multi-Channel-Management), ohne dass Sie irgendwann den Überblick verlieren.

Die Analysewerkzeuge in Ihrem CRM-Werkzeugkasten sind für die Erfassung, Aufbereitung und Auswertung Ihrer Kundendaten zuständig. Dieser Teil arbeitet im Herzstück Ihrer Kundenbeziehung, Ihrer Kundendatenbank. Sie können die geeigneten Zielgruppen für bestimmte

Kampagnen auf Basis des bisherigen Kaufverhaltens auswählen und eine nach Kundenwert differenzierte Betrachtung Ihrer Kunden vornehmen. Sie können sich sehr konzentriert mit dem richtigen und wichtigen Kunden befassen. Das steigert die Qualität Ihrer Kundenkommunikation und die Qualität Ihrer gesamten Kundenbeziehung. Durch Schnittstellen zum Back-Office-Bereich ist gewährleistet, dass der Warenfluss im Lot bleibt und Sie keine Lieferengpässe bekommen.

Frisst mich die Komplexität eines CRM-Systems auf?

Sollten Sie das Gefühl haben, das Ganze sei eine ziemlich komplexe und zeitaufwendige Angelegenheit, die viel Schulungsaufwand bedeutet, so lässt sich das nicht leugnen. Es gibt natürlich kleine, überschaubare Praxispakete für einfache Anwendungen. Ohne eine intensive Beschäftigung mit der Materie verschenken Sie aber viele Möglichkeiten und werden womöglich schnell frustriert sein.

Die Implementierung dauert je nach Umfang zwischen sechs Monaten und zwei Jahren. Dabei spielt eine Rolle, welche Lösung in Ihre bestehende IT-Landschaft technisch ohne großen Aufwand integriert werden kann und welches Lösungs-Know-how Ihre IT-Mannschaft bereits besitzt. Sie haben bereits gute Voraussetzungen für die Integration einer CRM-Lösung, wenn Sie folgende Fragen positiv beantworten können:

✔ Sind die Kundenbetreuer jederzeit mit allen aktuellen Informationen über ihre Kunden versorgt (Bestellungen, Reklamationen, Umsätze)?

✔ Erkennen Ihre Mitarbeiter im Kundenservice den Wert eines anrufenden Kunden sowie seinen aktuellen Status und hat das Einfluss auf die weitere Bearbeitung?

✔ Verfügen bereits alle Bereiche über eine einheitliche Sicht auf den Kunden auf Basis einer zentralen Datenbank?

✔ Ist Ihre bestehende IT-Landschaft bereits vernetzt und können Sie einheitliche Kundenreports generieren?

Trifft das alles auf Sie zu, haben Sie bereits eine sehr kundenorientierte Sichtweise. Mit der Einführung eines CRM-Systems werden Sie weitere Potenziale in der Kundenbindung ausschöpfen und Ihre IT- und Prozesskosten senken können.

 Ein CRM-Konzept muss handhabbar bleiben. Eine zu hohe Komplexität an einzelnen Stellen kann das ganze Konzept aushebeln, weil zu viel Kraft und Zeit gebunden wird und am Ende das CRM-System als störend empfunden wird. Die Einführung sollte möglichst professionell begleitet werden. Lassen Sie sich bei der Einführung von einem CRM-Experten beraten, welche Bereiche und Prozesse in Ihrem Unternehmen überhaupt sinnvoll unterstützt werden können.

Sie können Komplexität mithilfe automatisierter Arbeitsabläufe zumindest in Teilen deutlich reduzieren, vor allem durch automatisierte Prozesse. Dazu gehören automatische Hinweise aus dem System, wenn sich eine Auslieferung verzögert. Das System bietet dann beispielsweise die Versendung einer Status-E-Mail an den Kunden an.

Das Beschwerdemanagement ist ein weiteres Beispiel für automatisierte Prozesse. Sobald eine Reklamation vom Front-Office-Bereich (Verkäufer, Kundenservice) im System aufgenommen wird, landet ein Hinweis beim betreffenden Vertriebsbereich, der mit dem Kunden in Kontakt treten kann.

Die richtige CRM-Software – auch eine Frage der Kosten

Die Softwareeinführung ist natürlich auch eine Kostenfrage. Die CRM-Software muss an Ihre Infrastruktur angepasst werden, etwa in puncto Datenbankverknüpfung, Oberflächengestaltung und Schnittstellen zu anderen Anwendungen (MS-Office, E-Mail-Server etc.).

CRM-Software on Demand

Eine spezielle Lizenzvariante ist die ASP-Lösung (Application Service Providing). Der ASP-Provider stellt Ihnen die CRM-Software über einen Internetserver on Demand zur Verfügung. Über den Webbrowser bedienen Sie die Software. Das ist eine kostengünstige, aber auch umstrittene, weil mit Risiko verbundene Möglichkeit. Denn Sie haben keinen Zugriff mehr auf das System, sobald mal der Internetzugang gestört ist oder der Server ausfällt.

Schwerwiegender ist – Stichwort Datenschutz –, dass Ihre Kundendaten und alle kundenorientierten Transaktionsdaten über das Internet versendet werden und beim Provider liegen. Anders als bei der klassischen Auslagerung wie dem Website-Hosting, bei externen E-Mail-Servern oder Call-Center-Leistungen geben Sie bei der On-Demand-Lösung nahezu alle Daten und IT-Prozesse in die Obhut eines Partners.

Dennoch ist CRM on Demand auf dem Vormarsch. Immerhin bleiben Sie on Demand flexibel und können später einmal ohne großen Aufwand und lange Bindungsfristen wechseln. SAP, Microsoft, Sage und viele deutsche CRM-Hersteller bieten bereits in Ergänzung zu ihren klassischen Inhouse-Lösungen die bequeme und preiswerte Einstiegsvariante per Internet an.

Daneben dürfen Sie die Aufwendungen für Mitarbeiterschulungen nicht unterschätzen. Es ist nämlich nicht damit getan, den Kollegen zu erklären, wie die einzelnen Menüs funktionieren. Sie müssen auch Anleitung geben, wie die Software hilft, stärker kundenorientiert zu arbeiten. Das kann damit losgehen, neben der Pflege von Bestandskunden auch eine Interessentendatenbank anzulegen. Oder welche Kundeninformationen nützlich sind, etwa für den Außendienst, um anhand der Profildaten Hinweise für einen Besuch zu bekommen.

Bei der Anschaffung der Software haben Sie die Wahl zwischen verschiedenen Modellen. Zum einen können Sie die Lizenz für einen einmaligen Betrag erwerben. Das ist in der Regel mit einem Wartungsvertrag verbunden und dem Bezug regelmäßiger Updates. Anstelle des Einmalpreises können Sie die Lizenz auch leasen oder mieten. Die Anschaffungskosten können Sie wesentlich flexibilisieren, wenn Sie die Softwarelizenz entsprechend Ihrer Nutzungsbedürfnisse erwerben. Grundsätzlich wird zwischen folgenden Lizenzmodellen unterschieden:

✔ **Namenslizenz:** Für jeden registrierten Anwender benötigen Sie eine Lizenz. Das wird bei einem hohen Bestand an Teilzeitkräften eine teure Angelegenheit.

✔ **Einzelplatzlizenz:** Für jeden PC, auf dem die Software läuft, brauchen Sie eine Lizenz.

✔ **Anwenderlizenz:** Gezählt werden nur die gleichzeitigen Zugriffe auf die Software. Die Prüfung sollte die Anbieterfirma im Rahmen des Lizenzmanagements für Sie übernehmen. Sie können in diesem Fall die Software auf beliebig vielen PCs installieren.

Checkliste: Beurteilung und Auswahl einer CRM-Lösung

Wenn Sie Ihre Arbeitsabläufe aus Kundensicht beschrieben haben, Ihre Organisationsstruktur darauf vorbereitet ist und alle Mitarbeiter im Boot sind, sind Sie reif für CRM und können sich an die Auswahl des passenden Systems wagen.

Erstellen Sie ein Pflichtenheft, aus dem sämtliche relevanten Geschäftsprozesse Ihres Unternehmens hervorgehen. Das ist eine Aufgabe, die ein Team aus Experten aus den verschiedenen Arbeitsbereichen erfordert. Der Softwareanbieter kann die Prozesse dann in der CRM-Software abbilden. Am Markt gibt es über 100 Softwareanbieter für CRM-Systeme. Da kann man schnell den Überblick verlieren. Hier die wichtigsten Faktoren, die Sie bei der Auswahl einer CRM-Lösung im Auge behalten sollten:

✔ **Flexibilität durch modulare Strukturen:** Betrachten Sie die Funktionalitäten eines Systems nicht nur nach Ihren heutigen Anforderungen. Verzichten Sie heute beispielsweise auf eine Fulfilmentsteuerung, weil Sie keine Versandleistungen erbringen, könnte sich das in Zukunft vielleicht ändern. Für solche Fälle ist es wichtig, dass das System modular aufgebaut ist und eine modulare Erweiterung der Funktionalitäten ermöglicht.

✔ **Integrationsfähigkeit:** Eine nahtlose Vernetzung des Systems mit Ihren bestehenden IT-Komponenten ist entscheidend, wenn es um eine schnelle und störungsfreie Einführung geht. Das System muss in der Lage sein, funktionierende Schnittstellen zu allen wichtigen Datenbanken herzustellen und eine integrierte Sicht auf alle Daten zu ermöglichen.

✔ **Handhabbarkeit:** Wie anwenderfreundlich ist das System? Kann es von den Mitarbeitern einfach bedient werden, etwa über intuitive Funktionalitäten und grafische Oberflächen mit einfachen Navigationsmenüs. Der Nutzen des Systems sinkt mit dem Schulungs- und Zeitaufwand, es beherrschbar zu machen. Undurchschaubare und praxisferne Anwendungen erzeugen Widerstände bei den Nutzern.

✔ **Service:** Welche Beratungen und Unterstützungen bekommen Sie bei der Einführung durch den Anbieter. Bietet man Ihnen eine Bedarfsanalyse an? Werden Schulungen für die Mitarbeiter angeboten? Steht Ihnen ein fester Berater in der Implementierungsphase zur Verfügung? Verfügt der Anbieter über eine technische Hotline für Fragen? Lassen Sie sich Referenzen zeigen und versichern Sie sich, dass ausreichend Erfahrung vorliegt. Investiert der Anbieter in Forschung und Entwicklung, ist das zumindest ein Indiz dafür, dass das System auf dem aktuellen Stand ist. Fragen Sie bei Kunden nach, die bereits das System anwenden. Sind diese zufrieden mit der Leistung des Systems und mit der Zuverlässigkeit des Anbieters?

✔ **Kosten:** Die reinen Technologiekosten betragen maximal die Hälfte der Kosten. Interessant sind die zusätzlichen Investitionen. Unter anderem erwarten Sie folgende direkte Kosten: Lizenzgebühren, Infrastruktur- und Betriebskosten sowie Service- und Supporthonorare. Daneben müssen Sie erforderliche Kosten für das Projektmanagement, Trainings, IT-Umrüstungen, Datenkonvertierungen und Anwendungstests berücksichtigen.

 Lassen Sie sich bei der Auswahl des Systems nicht von den Einsatzbedingungen der Software leiten, sondern prüfen Sie die Angebote knallhart nach den Anforderungen Ihrer Geschäftsprozesse. Ausschreibungen mit definierten Spezifikationen in Form eines Pflichtenhefts an die Anbieter sind ein guter Weg.

Die vier größten Stolpersteine bei der Einführung von CRM

✔ **Die Projektverantwortung liegt in den Händen der IT.** CRM soll verkaufen und IT-Leute haben in der Regel keine Ahnung von Kundenbeziehungsmanagement.

✔ **Mangelnde Zielvorgaben.** Wenn Sie nicht genau wissen, was Sie mit CRM erreichen können, wird die Software auch nicht Ihre Anforderungen abbilden können. Es reicht also nicht, sich die Funktionen der Software anzusehen, Sie müssen wissen, welche Funktionen Sie tatsächlich brauchen.

✔ **Software ändert das Verhalten der Mitarbeiter nicht.** Nur wenn Ihre Mitarbeiter den Gedanken der Kundenorientierung verinnerlicht haben und ausreichend geschult sind, wird die CRM-Software optimal genutzt werden.

✔ **Die Anbieter werden nicht ausreichend verglichen.** Der Markt der CRM-Software unterscheidet sich nicht nur hinsichtlich der Lizenzkosten. Hinzu kommen die Unterschiede bei Wartungs- und Updateverträgen, im Servicebereich, bei Trainings und bei erforderlichen Anpassungen oder Erweiterungen. Nicht zuletzt spielt die persönliche Chemie zwischen den Ansprechpartnern auf beiden Seiten eine Rolle.

Zwei Strategien für den Rollout Ihrer Einführung

Der Tag X: Die Software wurde ausgewählt und an Ihre spezielle Umgebung angepasst. Die Mitarbeiter sind ausreichend auf die Einführung der CRM-Software vorbereitet und trainiert. Jetzt geht es an den Rollout der Software im Echtbetrieb. Hierfür haben Sie zwei Möglichkeiten, die beide Vorteile und Risiken bergen:

✔ **Pilot-Rollout:** Sie starten mit einem kleinen Projekt in einem überschaubaren Anwendungsbereich. Dabei sammeln Sie Erfahrungen und minimieren das Risiko im Fall von unvorhergesehenen Störungen und Fehlern im Ablauf. Zug um Zug werden weitere Abteilungen und Anwendungsbereiche hinzugenommen. Der Nachteil ist, dass Sie während der Erprobungsphase die bisherigen Anwendungen weiter betreiben und sämtliche Daten doppelt pflegen müssen.

✔ **Kompletter Rollout:** Sämtliche Anwendungen werden am Stichtag über die neue Software betrieben. Um das Risiko von Abstürzen in Grenzen zu halten, werden die bestehenden alten Systeme noch eine Weile weiter am Laufen gehalten und erst später abgeschaltet. Das erfordert allerdings auch zusätzliche finanzielle und zeitliche Ressourcen.

Weiterführende Informationen finden Sie unter folgenden Adressen:

✔ `www.competence-site.de/crm`, Expertenartikel, Stellenmarkt und CRM-Anbieter-Forum.

✔ `www.acquisa-crm-expo.de`, Marktübersicht mit Best-Practice-Lösungen und kostenlosen Downloads

✔ Ausgewählte CRM-Anbieter:

- CAS Software AG, führender deutscher Anbieter, CRM-Komplettlösungen mit Schwerpunkt Mittelstand: `www.cas.de`

- Cobra GmbH, Komplettlösungen für Kundenmanagement im Mittelstand: `www.cobra.de`

- Sage Software GmbH & Co. KG, Komplettlösungen für den Mittelstand: `www.Sage.de`

- ADITO Software GmbH, operatives, kooperatives und analytisches CRM für den Mittelstand: `www.adito.de`

- salesforce.com Germany GmbH, CRM on Demand: `www.salesforce.com`

- SAP AG, On-Demand-Softwarelösung für den Mittelstand: `www.sap.com`

Bewertung und Segmentierung von Kunden

In diesem Kapitel

▷ Wie sich der Wert Ihrer Kunden berechnen lässt

▷ Bildung von Kundensegmenten

▷ Ursachenforschung: Wenn Kunden nicht mehr kaufen

Meistens belehrt uns erst der Verlust über den Wert der Dinge.

Arthur Schopenhauer

»Der Kunde ist König« ist ein schöner Grundsatz. Er sollte Sie aber keinesfalls dazu verleiten, alle Kunden gleich zu behandeln. Unter modernen Marketinggesichtspunkten ist ein undifferenziertes Kundenverständnis im Sinne einer Masse gleichwertiger Könige wirtschaftlicher Unsinn. Manche Könige sind schlichtweg wertvoller als andere. Während Sie mit einigen Ihrer Kunden gute Gewinne erzielen, verdienen Sie mit anderen keinen einzigen Cent. In diesem Kapitel lernen Sie Methoden kennen, wie Sie Ihre wirklich wichtigen Kunden identifizieren können, und erfahren, warum es sich lohnt, Kundengruppen zu bilden.

Kunden richtig einschätzen und neue Potenziale erkennen

Die Anforderungen an den Vertrieb haben sich in den letzten Jahren enorm gewandelt. Eine der wichtigsten Fragen lautet: Auf welche Kunden soll sich das Hauptaugenmerk richten? Sie können herausfinden, welchen Wert Ihre kleinen und großen Könige haben und Sie können Zielgruppen auf Basis Ihrer Kundeninformationen bilden.

 Wissen Sie, bei welchen Ihrer Kunden sich ein verstärktes zeitliches und finanzielles Engagement lohnt und bei welchen eher nicht? Kunden richtig einzuschätzen ist eine Kunst, aber keine Zauberei. Kundenbewertung ist ein Handwerk, das Sie erlernen können.

Sie brauchen für Ihre Marketing- und Vertriebsaktivitäten ein Kundenmodell, das geeignet ist,

✔ das bisherige Kundenverhalten realistisch aufzuzeigen und das zukünftige Verhalten möglichst genau vorherzusehen.

✔ den individuellen Wert des Kunden anhand seiner bisherigen Deckungsbeiträge zu ermitteln und seine Bedeutung in der Zukunft einzuschätzen.

Auf dieser Basis können Sie Chancen im Markt erkennen, Potenziale in einzelnen Kunden-segmenten aufdecken und entsprechende Marketingmaßnahmen ergreifen.

Die Primärquelle für Ihre Kundensegmentierung sind die vorhandenen Kundendaten. Durch Database-Marketing können Sie Ihre Kunden in Gruppen, sogenannte Segmente, einteilen, die Sie mit speziellen Angeboten versorgen können.

Spezialisierung lohnt sich

Im Versandhandelsbereich wird der traditionelle Universalkatalog mehr und mehr von Spe-zialkatalogen für die unterschiedlichen Kundengruppen abgelöst. Das reduziert die Pro-duktionskosten erheblich, weil nicht mehr für alle Kunden alle Produktangebote gedruckt werden müssen. Nebenbei erhöhen Spezialkataloge die Aufmerksamkeit beim Empfänger, weil das Involvement für die Angebote bei Kunden mit einer hohen Affinität zu Themen wie Sport und Freizeit, Garten, Familie, Reisen etc. größer ist.

Weil sich Ihre Kundendaten ständig verändern, ist auch Ihre Datenbank nicht statisch, sondern muss, damit Sie alle Chancen optimal ausnutzen können, per-manent gepflegt werden, sei es bei der Adresskorrektur oder bei sonstigen Kun-dendaten. Das ist eine hohe Anforderung an alle Bereiche, die im Kundenkontakt stehen und über Kundeninformationen verfügen.

Beziehungspflege beginnt bei der Datenpflege

Grundlage für zielgerichtetes und differenziertes Dialogmarketing ist Ihre eigene Kunden-datenbank, die Sie am sinnvollsten, wie in Kapitel 3 beschrieben, mit einer CRM-Software unterstützen. Es gilt, Entwicklungstendenzen möglichst frühzeitig zu erkennen und darauf zu reagieren, indem Sie zum Beispiel inaktive Kunden reaktivieren.

Je besser und aktueller Sie Ihre Daten pflegen, desto schneller können Sie Veränderungen im Kundenverhalten identifizieren. Wo Ihre eigenen Informationen nicht ausreichen, können Sie gezielt Informationen anreichern, zum Beispiel über Marktforschung. Das versetzt Sie in die Lage, neue Kundenpotenziale aufzuspüren, gezielt und effizient Kundenbindung zu betreiben und bessere, weil passgenaue Angebote zu unterbreiten. Zug um Zug erhalten Sie mehr Daten über die Interessen und das Kaufverhalten Ihrer Kunden, die Sie zur weiteren Vertiefung der Kundenbeziehung nutzen können. Diesen Kreislauf zwischen Zielgruppe und Unternehmen bezeichnet man im Database-Marketing als Closed Loop.

Das eigentliche Problem bei vielen Unternehmen ist nicht die Datenanalyse, sondern die Daten-pflege. Die zentrale Frage lautet: Wie können Sie sicherstellen, dass alle relevanten Daten ins System einfließen? Die Antwort lautet: Durch zentrale Datenhaltung und Verknüpfung aller Systeme von der Warenwirtschaft bis zu den Kundenkonten. Nur so können Sie verhindern, dass parallele Kundendatensätze geführt werden (Stichwort Dubletten) und Inkonsistenzen entstehen. Wichtig ist dabei aber auch die Bereitschaft der Mitarbeiter, die Daten ins System einzupflegen. Standardisierte Arbeitsabläufe – zum Beispiel pflegt der Außendienst die Daten sofort nach dem Kundenbesuch ein – sind Voraussetzung für eine hohe Datenqualität.

Wenn Sie die Profile Ihrer Kunden kennen, können Sie gezielt passende Adressdaten hinzukaufen. Es ist schließlich naheliegend, dass Kunden mit ähnlichem Profil ein ähnliches Kaufverhalten zeigen.

Im Folgenden stelle ich Ihnen die wichtigsten Kundenbewertungs- und Segmentierungsverfahren vor.

Modelle der Kundenwertberechnung

Ihre wichtigen Kunden von heute entwickeln sich womöglich bereits in wenigen Monaten zu echten Problemfällen. Es reicht nicht mehr zu wissen, welche Umsätze Sie mit Ihren Kunden in der Vergangenheit gemacht haben, Sie müssen auch wissen, welche Umsätze in Zukunft mit bestehenden und potenziellen Kunden erzielt werden können.

Bedürfnisse des Marktes erkennen und Umsatzpotenziale nutzen, darauf kommt es an, wenn Sie Ihre Produkte und Dienstleistungen erfolgreich verkaufen wollen. Den Luxus, seine Kunden unterschiedslos zu behandeln, kann sich heute niemand mehr leisten. Im Übrigen wollen auch Ihre besseren Kunden nicht mit jedermann über einen Kamm geschoren werden, sondern erwarten eine besondere Wertschätzung und individuelle Zuwendung.

Im Unterschied zum Kundenstammwert (Customer Equity), der die Summe aller Kundenwerte Ihres Kundenstamms darstellt, bezeichnet der Kundenwert den ökonomisch bewertbaren Beitrag jedes einzelnen Kunden zu Ihrem Unternehmenserfolg.

Bevor wir uns mit der sinnvollen Einteilung Ihrer Kundengruppen in Segmente befassen, wollen wir uns zunächst darauf konzentrieren, den unternehmerischen Wert Ihrer Kunden festzustellen. Nicht Sympathie (allein) darf das ausschlaggebende Kriterium für die Bewertung der Beziehungsqualität sein, sondern die möglichst objektive Bewertung von Kunden oder Interessenten auf Basis betriebswirtschaftlicher Zahlen. Vereinfacht ausgedrückt: Sie müssen herausfinden, welche Kunden überhaupt lukrativ sind.

Die quantitative Kundenanalyse sagt Ihnen, welches Wertpotenzial die Kundenbeziehung hat. Mit diesen Informationen können Sie entscheiden, wie viel personeller und finanzieller Aufwand für die Beziehungspflege angemessen ist, wo Sie also eventuell zu viel investieren und wo sich ein stärkeres Engagement mit zielgerichtetem Dialogmarketing lohnt (Abbildung 4.1 fasst die Vorteile der Kundenbewerbung zusammen).

Kundenkategorisierung nach der ABC-Methode

Die klassische und gleichzeitig einfachste Form der Kategorisierung von Kunden nach ihrer Bedeutung ist die ABC-Methode. Aufschlussreich ist vor allem die Rendite, die Sie mit Ihren

Kunden erzielen. Nicht zwangsläufig sind Ihre umsatzstärksten Kunden auch Ihre besten, also A-Kunden. Häufig werden Großkunden mit speziellen Rabatten bei der Stange gehalten, wodurch sie einen geringen Deckungsbeitrag erbringen. Natürlich sind solche Umsatzbringer wichtig, weil sie Ihnen kalkulierbare Einnahmen sichern. Gerade deshalb sollten Sie aber auch wissen, wie hoch der jeweilige Deckungsbeitrag tatsächlich ist. In der nächsten Verhandlungsrunde können Sie dann, wenn es um die Festlegung der Konditionen geht, den niedrigen Deckungsbeitrag als Argument ins Feld führen.

Für die Einstufung in die ABC-Kategorien übertragen Sie die Umsatz- und Rendite aus einem bestimmten Erfassungszeitraum, etwa einem Rechnungsjahr, in die vorher festgelegte Spannweite der Kategorien A, B und C. So könnten Ihre A-Kunden in die Kategorie mit mehr als 500.000 Euro Umsatz beziehungsweise 10 Prozent Rendite fallen. B-Kunden erreichen mindestens 150.000 Euro Umsatz oder 5 Prozent Rendite, C-Kunden bis 150.000 Euro Umsatz und bis 5 Prozent Rendite.

 Die Einteilung der Kunden in verschiedene Klassen ermöglicht es Ihnen, bestimmte Kundensegmente differenzierter zu betreuen. A-Kunden können durch die Geschäftsführung oder leitende Mitarbeiter persönlich betreut werden, B-Kunden durch den Außendienst und C-Kunden durch Mailings oder Telefonagenten.

Mit Ihrer Kundenkategorisierung können Sie nicht nur Ihre personellen Ressourcen optimal einsetzen, Sie können auch gezielt die Umsätze ankurbeln. Nachteil an der ABC-Methode ist, dass sie ausschließlich vergangenheitsbezogen ist und keinerlei Auskunft über die zu erwartende künftige Bedeutung Ihrer Kunden gibt. Auch nicht-monetäre qualitative Aspekte wie Preisflexibilität des Kunden oder ob er ein Meinungsführer ist und gegebenenfalls Weiterempfehlungspotenzial hat, bleiben mit der ABC-Methode unberücksichtigt. Sie werden aber mit dieser einfachen Methode eine gute Basis für Ihre Kundenbewertung legen. Anschließend können Sie Ihre Kundenbetrachtung weiter verfeinern. Ergänzende Modelle, die ich im Folgenden vorstelle, sichern eine möglichst objektive Einschätzung Ihrer Kunden.

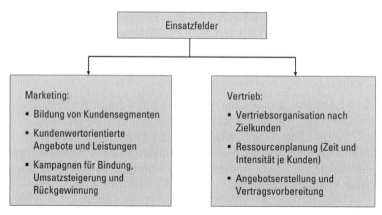

Abbildung 4.1: Vorteile der Kundenbewertung für Marketing und Vertrieb

Nach der Pareto-Regel machen die meisten Unternehmen mit 20 Prozent ihrer Kunden 80 Prozent des Umsatzes oder des Deckungsbeitrags.

Kundenkategorisierung nach einem Punktbewertungsverfahren

Das Grundprinzip von Punktbewertungsverfahren, sogenannten Scoring-Modellen, besteht darin, dass jeder Kunde anhand relevanter und belegbarer Kriterien mit Punkten bewertet wird. Diese addieren sich zu einem Kunden-Score (Punktekonto), der den jeweiligen Wert des Kunden abbildet.

Der Scoring-Wert ist nicht gleichbedeutend mit dem monetären Wert des Kunden, weil auch Bewertungskriterien wie Loyalität und Ausbaupotenziale einfließen. Je höher das Punktekonto, desto höher ist der Kunde in seiner Bedeutung für das Unternehmen einzuschätzen, weil etwa die Erfolgsaussichten für Wiederholungskäufe hoch sind. Umgekehrt sind die Kaufwahrscheinlichkeiten bei Kunden mit niedrigem Punktekonto geringer. Sie können auf dieser Basis bestimmte Marketingaktionen von einer Mindestpunktzahl Ihrer Kunden abhängig machen.

Verbreitet ist die sogenannte RFMR-Methode. RFMR ist ein Punktbewertungsmodell, das auf den weiteren Verlauf der Kundenbeziehung schließen lässt. Dem Ansatz liegt die Erfahrung zugrunde, dass Kunden, die häufig kaufen, höhere Umsätze machen, und Kunden, die erst vor Kurzem gekauft haben, eher als Wiederkäufer in Frage kommen als Kunden, deren letzter Kauf längere Zeit zurückliegt.

Entwickelt wurde das RFMR-Modell in den 20er-Jahren des 20. Jahrhunderts im amerikanischen Versandhandel. Später wurde es erfolgreich auf andere Branchen übertragen.

Anhand der letzten Kaufdaten (Recency = R), der Kaufhäufigkeit (Frequency = F) und der Umsatzhöhe (Monetary Ration = MR) wird für jeden Kunden eine kumulierte Punktebewertung erstellt. Das klingt kompliziert, ist im Grunde aber sehr einfach. Beispiel Kaufhäufigkeit: Wer häufiger kauft, bekommt mehr Punkte. Auf einer von Ihnen festgelegten Punkteskala bekommen die häufigsten Käufer die meisten Punkte (zum Beispiel 5 Punkte), seltene Käufer entsprechend weniger (zum Beispiel 1 Punkt). Entsprechend wird mit dem letzten Kaufdatum und dem Umsatz verfahren. Die addierten Werte ergeben einen kundenindividuellen Punktewert. Der entscheidet darüber, wie Sie den Kunden weiter bearbeiten. Eine Beispielrechnung des Kundenwerts nach der RFMR-Methode sehen Sie in Abbildung 4.2.

Sie können dieses Modell beliebig erweitern, je nachdem, welche weiteren Faktoren für Ihr Geschäft wichtig sind. So können Sie Ihr Produktportfolio gewichten. Produkte mit einer höheren Wiederkaufrate (Reisen, Bekleidung etc.) können Sie stärker gewichten als Produkte, die erst nach längerer Zeit wieder gekauft werden (etwa Elektroartikel).

Startwert	30 Punkte					
Letztes Kaufdatum	bis 3 Monate + 40 Punkte	bis 6 Monate + 30 Punkte	bis 9 Monate + 20 Punkte	bis 18 Monate + 5 Punkte	bis 2 Jahre – 5 Punkte	früher – 20 Punkte
Anzahl Käufe in den letzten 18 Monaten	Zahl der Aufträge multipliziert mit dem Faktor 5					
Ø Umsatz der letzten 18 Monate	bis 50 Euro + 10 Punkte	bis 75 Euro + 15 Punkte	bis 100 Euro + 20 Punkte	bis 150 Euro + 30 Punkte	bis 200 Euro + 40 Punkte	> 200 Euro + 45 Punkte

Beispielrechnung:

Startwert	30 Punkte
Letzter Kauf innerhalb der letzten 3 Monate	+ 40 Punkte
3 Käufe innerhalb 18 Monate	+ 15 Punkte
Umsatz bis 150 Euro	+ 30 Punkte
Kundenwert	= 115 Punkte

Abbildung 4.2: Beispiel zur Kundenwertermittlung nach der RFMR-Methode

Weitere mögliche Kriterien zur Kundenwertermittlung sind:

✔ Alter

✔ Beruf

✔ Familienstand

✔ Zahlungsverhalten

✔ Cross-Selling-Potenzial

✔ Umsatz- und Renditeerwartung einer langfristigen Bindung (Lifetime Value)

✔ Strategische Bedeutung des Kunden (Multiplikator, Meinungsbildner)

 Scoring-Modelle sind flexible Verfahren, die aber viel Augenmaß bei der Auswahl und Bewertung der Kriterien verlangen, denn davon hängt das Ergebnis ab.

Kundenkategorisierung nach dem Portfolio-Ansatz

Im Rahmen der Bewertung und Segmentierung von Zielpersonen und Zielgruppen gewinnen mehrdimensionale Bewertungsverfahren, Portfolio-Ansätze, zunehmend an Bedeutung.

Kundenattraktivitäts-Wettbewerbsposition-Portfolio

Hinter der wohlklingenden Bezeichnung Kundenattraktivitäts-Wettbewerbsposition-Portfolio verbirgt sich ein verbreiteter Ansatz, der mit zwei Dimensionen arbeitet. Sie können die beiden Faktoren in Relation zueinander setzen und so Aufschluss über geeignete Marketingstrategien für die verschiedenen Kundengruppen gewinnen. Mit den Erfolgsfaktoren *Kundenattraktivität* und *eigene Wettbewerbsposition* bewerten Sie den Kunden hinsichtlich seiner Investitionswürdigkeit (siehe Abbildung 4.3).

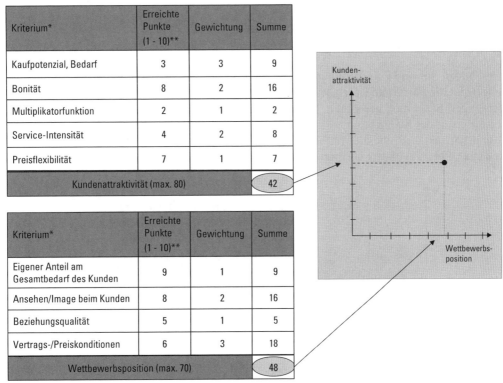

Kriterium*	Erreichte Punkte (1 - 10)**	Gewichtung	Summe
Kaufpotenzial, Bedarf	3	3	9
Bonität	8	2	16
Multiplikatorfunktion	2	1	2
Service-Intensität	4	2	8
Preisflexibilität	7	1	7
Kundenattraktivität (max. 80)			42

Kriterium*	Erreichte Punkte (1 - 10)**	Gewichtung	Summe
Eigener Anteil am Gesamtbedarf des Kunden	9	1	9
Ansehen/Image beim Kunden	8	2	16
Beziehungsqualität	5	1	5
Vertrags-/Preiskonditionen	6	3	18
Wettbewerbsposition (max. 70)			48

*Präzise und eindeutig formulieren

**Keine Bewertung ohne Beleg

Abbildung 4.3: Kundenbewertung

Die Dimension *Kundenattraktivität* zeigt auf, wie interessant der Kunde für Sie wirklich ist. Bewertet werden folgende Kriterien:

✔ Momentaner und prognostizierter Bedarf (Potenzial)

✔ Bonität

✔ Preisflexibilität

✔ Referenzfunktion für weitere Kunden

✔ Involvement/Dialogverhalten

✔ Beratungs- und Serviceaufwand

Die Dimension *eigene Wettbewerbsposition* beleuchtet Ihre Position beim Kunden im Vergleich zur Konkurrenz. Messgrößen sind zum Beispiel:

✔ Ihr Umsatzanteil beim Kunden

✔ Anteil eigener Produkte beim Kunden

✔ Ihr Ansehen beim Kunden

✔ Die Qualität der Beziehung des Vertriebs zum Kunden

✔ Die Vertrags-, Preis- oder Einkaufskonditionen

Nun bilden Sie eine Entscheidungsmatrix. Nicht jedes der genannten Kriterien hat die gleiche Bedeutung für Ihren Geschäftserfolg. Sie müssen deshalb die Einflussfaktoren nach ihrer jeweiligen Bedeutung gewichten. So werden Sie die Preissensibilität möglicherweise höher bewerten als das Kooperationsverhalten. Jeder Kunde erhält so eine Gesamtpunktzahl für die Kundenattraktivität und die Wettbewerbsposition. Mit diesen Werten können Sie die Kunden auf einer Portfolio-Matrix positionieren wie es Abbildung 4.4 zeigt.

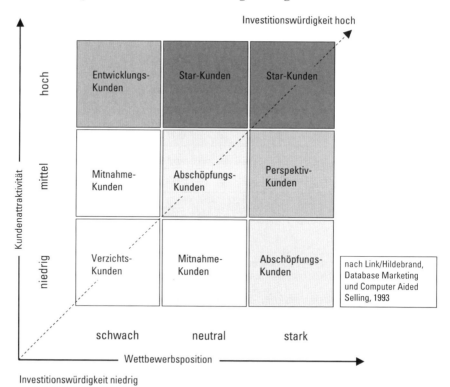

Abbildung 4.4: Zweidimensionales Kundenportfolio)

Sie können die Kriterien je nach Kundensegment verändern oder unterschiedlich gewichten. Damit lassen sich unterschiedliche Zielsetzungen für unterschiedliche Zielgruppen berücksichtigen. Allerdings ist der Aufwand beträchtlich und es besteht die Gefahr, dass Sie sich verheddern. Konzentrieren Sie sich auf die wirklich wichtigen Kriterien. Nachrangige Kriterien haben ohnehin kaum Einfluss auf die Bewertung.

Je nach Position können Sie Ihre Kunden typisieren und angemessene Marketingmaßnahmen für die verschiedenen Kundenklassen vornehmen (siehe Abbildung 4.5).

Kundenbindung als Gradmesser des Kundenwerts

Eng verbunden mit dem ökonomischen Kundenwert ist der Grad der Kundenbindung. Die Zufriedenheit des Kunden mit Ihren Leistungen, das Image Ihres Unternehmens, das Vertrauen, das Sie beim Kunden genießen, all diese psychografischen Faktoren wirken sich unmittelbar auf die Kaufbereitschaft, die Kaufhäufigkeit und die Höhe des Umsatzes des Kunden aus. Je mehr Nutzen der Kunde aus der Beziehung zu Ihnen zieht, desto loyaler und profitabler wird er sein. Typische Nutzen für den Kunden sind:

✔ Der funktionale Nutzen des Produkts (Value Equity)

✔ Der emotionale Zusatznutzen, der sich aus dem Image der Marke ergibt

✔ Der Nutzen aus der Kundenbeziehung wie Vertrauen, Wertschätzung etc. (Relationship Equity)

Sie können den Kundennutzen mit persönlichen Angeboten und Kundenbindungs- oder Bonusprogrammen gezielt fördern.

Kundentypen im Rahmen des Portfolios:

✔ **Starkunden:** Hohes Umsatz- und Gewinnpotenzial, beste Wachstumschancen; rechtfertigen hohe Investitionen in Marketing und Service

✔ **Entwicklungskunden:** Hohes Gewinnpotenzial, gute Wachstumschancen, starker Konkurrenzdruck; Maßnahmen zur Verbesserung der Wettbewerbsposition beim Kunden angezeigt

✔ **Perspektivkunden:** Mittlere Attraktivität, dafür geringe Abwanderungsgefahr; bei Unternehmen mit Zukunftspotenzial stärkere Investitionen in die Entwicklung gerechtfertigt

✔ **Abschöpfungskunden:** Nur mäßige Attraktivität, jedoch keine Abwanderungsgefahr; Investitionen nur zur Verteidigung der eigenen Position

✔ **Mitnahmekunden:** Starke Konkurrenzposition, wenig eigenes Potenzial; Investitionen nur zur Erhaltung des Status quo

✔ **Verzichtskunden:** Keine Zukunftsperspektive oder übermächtige Konkurrenz; keine Investitionen zur Aufrechterhaltung der Beziehung

	Star-kunden (A)	Frage-zeichenkunden (B)	Ertrags-kunden (C)	Mitnahme-kunden (D)
Kontakt-intensität	• ca. x aktive Ansprachen pro Jahr • Berücksichtigung individueller Kundenwünsche	• *Big Step:* ca. x aktive Ansprachen pro Jahr, Berücksichtigung individueller Kundenwünsche • *Out:* keine aktive Ansprache, nur Reaktion auf Kundenanfragen	• ca. x aktive Ansprachen pro Jahr	• keine aktive Ansprachen nur Reaktion auf Kundenanfragen
Besuchs-häufigkeit	• ca. x Besuche pro Jahr • Berücksichtigung individueller Kundenwünsche	• *Big Step:* ca. x Besuche pro Jahr, Berücksichtung individueller Kundenwünsche • *Out:* keine Besuche, Beratung nur über Telefon/Call-Center	• ca. xx Besuche pro Jahr	• keine Besuche • Beratung nur über Telefon/Call-Center
Priorisierung interner Prozesse	• interne Abwicklung aller Geschäfte mit oberster Priorität • Einhaltung besonderer Servicelevels	• *Big Step:* interne Abwicklung aller Geschäfte mit oberster Priorität, Einhaltung besonderer Prozessfristen • *Out:* Behandlung nur mit niedriger Priorität, nur Einhaltung von Standardfristen	• weitgehend keine Behandlung mit höherer Priorität • weitgehend Einhaltung von Standardfristen, in Ausnahmefällen besondere Fristen	• Behandlung nur mit niedriger Priorität • nur Einhaltung von Standardfristen
Selektives Service-Angebot	• individuelles (maßgeschneidertes) Produkt- und Prozessangebot • Zusatzleistungen (z. B. exklusive Einladung zu bestimmten Events) • Sonderkonditionen	• *Big Step:* individuelles Produkt- und Prozessangebot, Zusatzleistungen, Sonderkonditionen • *Out:* begrenztes Angebot, reine Standardlösungen	• weitgehend Angebot standardisierter Produkte • weitgehend Abwicklung über standardisierte Prozesse • begrenzte Sonderkonditionen	• begrenztes Angebot, nur standardisierte Produkte • Abwicklung nur über standardisierte Prozesse

Abbildung 4.5: Bedeutung der Kundentypisierung

Sie können auch ein dreidimensionales Modell verwenden. Beim Cube-Ansatz (Würfel) von Christian Huldi wird die Beziehungsqualität nicht als ein Kriterium im Rahmen der Kundenattraktivität bewertet, sondern als eigene dritte Dimension. Es werden somit drei Messgrößen der Kundenklassifizierung verwendet: das Involvement, der Deckungsbeitrag und das Potenzial. Da die emotionale Komponente Involvement schwer messbar ist, ist eine höhere Aussagekraft des Modells zumindest fragwürdig.

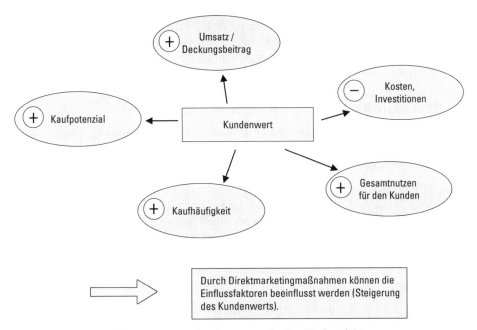

Abbildung 4.6: Der Kundenwert und seine Einflussfaktoren

Kundensegmentierungsverfahren

Neben der monetären Betrachtung nach heutigen und zukünftigen Deckungsbeiträgen, also Faktoren, die sich unmittelbar auf die Stellung des Kunden zum Unternehmen und seine Kaufkraft beziehen, spielen auch Bewertungsverfahren eine wichtige Rolle, die den Kunden als Persönlichkeit mit Emotionen, Interessen, Einstellungen und Verhaltensweisen berücksichtigen. Wenn Sie den Kunden als mehrdimensionales Wesen betrachten, erhalten Sie eine facettenreichere Sicht auf die Beziehung. Sie können Ihren Vertrieb schlagkräftiger gestalten und Streuverluste minimieren.

 Wenn Sie Ihre Kunden nicht nur als Geschäftspartner, sondern auch als Persönlichkeit wahrnehmen, werden Sie völlig neue Klassifizierungen und Segmentierungen Ihrer Kunden vornehmen können und neue Anlässe für Marketingaktionen an bestimmte Kundengruppen aufspüren.

Wollen Sie die richtigen Kunden mit den passenden Angeboten versorgen, werden Sie bei der Planung Ihrer Dialogmarketing-Aktion kaum jeden einzelnen Kunden unter die Lupe nehmen und ihm ein wirklich individuelles Angebot erstellen. Die Regel sieht anders aus. Selbst im modernen One-to-One-Marketing entwickeln wir schon aus Gründen der Effizienz immer Strategien für Kundengruppen, die über ähnliche Profile oder Bedürfnisse verfügen, mögen diese Gruppen auch noch so klein sein.

Die Grundidee der Segmentierung besteht darin, möglichst homogene Kundengruppen zu bilden, die Sie gezielt werblich ansprechen und mit spezifischen Produkten und Services versorgen können.

Ohne Marketingziele läuft nichts

Die besten Segmente Ihrer Kunden nutzen Ihnen nichts, wenn Sie nicht wissen, wofür Sie diese überhaupt nutzen wollen. Die Definition Ihrer Marketingziele steht deshalb ganz oben auf der Liste der Vorarbeiten zur Segmentierung.

Ihre Ziele formulieren Sie am besten als Wunschzustand, den Sie mit bestimmten Aktivitäten erreichen wollen (Mailings an Zielgruppe »mobile Geschäftsfrau« mit dem Ziel 10 Prozent mehr Umsatz mit Produkt Y bis Ende des Jahres). Ihre Ziele und Maßnahmen beschreiben Sie immer ganz konkret. Sie definieren dabei, bis zu welchem Zeitpunkt Sie die Ziele erreichen wollen und in welchem messbaren Umfang in Prozent oder in absoluten Zahlen. So können Sie später nachvollziehen, ob Ihre Maßnahmen zur Zielerreichung tauglich waren.

Nicht alle Ziele haben das gleiche Gewicht. Legen Sie eine Prioritätsliste Ihrer Ziele fest. Danach richten Sie Ihre personellen und finanziellen Ressourcen aus. Bei langfristigen Zielen setzen Sie sich nachvollziehbare Zwischenziele, damit Sie feststellen können, ob Ihre Zielperspektive realistisch ist oder gegebenenfalls angepasst werden muss. Sie haben auch die Möglichkeit, mit zusätzlichen oder veränderten Maßnahmen der Fehlentwicklung entgegenzusteuern.

Ihre Marketingziele sind immer eingebunden in die übergeordneten Unternehmensziele und dürfen nicht Zielsetzungen anderer Bereiche entgegenwirken. Stellen Sie sich die Frage, welchen Beitrag Ihre Marketingmaßnahmen zum Erreichen der Unternehmensziele leisten.

Mit gezielten Maßnahmen können Sie die in Abbildung 4.6 dargestellten psychografischen und ökonomischen Einflussfaktoren auf den Kundenwert Ihrer unterschiedlichen Kundensegmente beeinflussen. Beispiele:

✔ Erhöhung der Produktbekanntheit/Markenbekanntheit durch gezielte Imagemaßnahmen

✔ Kostenreduzierung durch Verringerung von Streuverlusten

✔ Erhöhung der Kauffrequenz bei bestimmten Zielgruppen durch spezielle Verkaufsaktionen

✔ Verstärkung der Kundenbindung/Zufriedenheit durch Kundenprogramm

Ausgangspunkt Ihrer Kundensegmentierung ist die Analyse Ihrer Kundendaten. Die Analyse Ihrer Kundendaten ist eine zentrale Aufgabe des Database-Marketings und gibt grundsätzliche Antworten zur Kundenstruktur und Aufschluss über die Motivationen der Kunden, zum Beispiel:

✔ Wer kauft und wer entscheidet über den Kauf? Gerade im Business-to-Business-Bereich sind das oft verschiedene Personen.

✔ Warum kauft der Kunde bei uns?

✔ Wie informiert sich der Kunde über uns?

✔ Welche Services erwartet der Kunde? Für welche Zusatzleistungen ist er bereit, auch zu zahlen?

✔ Kauft er auch bei Wettbewerbern? Wenn ja, warum?

✔ Wie können wir uns noch stärker vom Wettbewerb differenzieren?

✔ Welche neuen Kundenpotenziale sind für uns interessant? Wie erreichen wir sie?

Auf Basis dieser Informationen können Sie Kundensegmente bilden, die Sie zielgruppengenau und über die richtigen Medien mit Angeboten versorgen können. Mögliche Kundenprofilmerkmale sind:

✔ Alter, Familienstand, Einkommen, Beruf (soziodemografische Informationen)

✔ Wohntyp (Einfamilienhaus, Mehrfamilienhaus)

✔ Wohnort unterschieden nach Stadt, Bezirk, Region (Regio-Informationen)

✔ Bedürfnisse, Wünsche, Einstellungen, Verhalten (psychografische Informationen)

✔ Kaufverhalten, Nutzungsverhalten

✔ Wie und wo informiert sich der Kunde?

 Gängige Segmentierungsverfahren clustern Kunden nach Konsumgewohnheiten, Einstellungen, Kaufkraft oder sozialem Milieu. Und das ist nur eine kleine Auswahl. Tatsächlich können Sie, rein theoretisch, Ihre Kunden nach unendlich vielen Kriterien ausdifferenzieren. Es stellt sich nur die Frage, wo unter Kosten-Nutzen-Aspekten die sinnvolle Grenze der Segmentierung liegt.

So viel ist aber sicher: Psychografische Faktoren wie Lifestyle, Kommunikationsverhalten und Preisverhalten werden bei der Betrachtung von Kunden immer wichtiger. Klassische Segmentierungsansätze allein werden dem neuen kritischen, sprunghaften und ungebundenen Verbrauchertypus immer weniger gerecht. Hier die wichtigsten Ansätze für Segmentierungen:

✔ Soziodemografische Segmentierung

✔ Lifestyle-Typologien

✔ Psychografische Segmentierung

✔ Mikrogeografische Segmentierung

Im Folgenden stelle ich Ihnen die verschiedenen Ansätze kurz vor.

Soziodemografische Segmentierung

Bei der soziodemografischen Segmentierung werden Ihre Kunden anhand von Merkmalen wie Alter, Geschlecht, Einkommen und Familienstatus untergliedert. Eine Verfeinerung der

Kundensegmente durch eine soziogeografische Analyse gibt Ihnen zusätzliche Informationen, etwa zum Wohnmilieu und der Kaufkraft im Wohngebiet. Auf die Analyse Ihrer bestehenden Daten und die Anreicherung um soziodemografische Zusatzinformationen haben sich verschiedene Unternehmen spezialisiert.

 Die Kundensegmentierung nach soziodemografischen Merkmalen ist eine vergleichsweise einfache und leicht verständliche Methode, die Sie zur Gliederung Ihrer Database einsetzen können. Sie ist nicht zuletzt aufgrund ihrer leichten Anwendung die meistgenutzte Methode zur Einteilung von Kunden, um Rückschlüsse auf deren zukünftiges Verhalten zu ziehen.

Ein umfangreiches Bild über Ihre Kunden erhalten Sie mit dieser Methode allein allerdings noch nicht. So können Sie noch nichts über das Kommunikationsverhalten Ihrer Kunden herausfinden, um zu erfahren, auf welchem Kanal Sie den Kunden am besten erreichen können. Hier könnten Sie mit Fragebogenaktionen per Mailing oder direkten Befragungen mehr in Erfahrung bringen – oder über zusätzliche Segmentierungen, die Auskunft über die Lebensumstände, die Werte und Einstellungen Ihrer Kunden sowie deren Freizeitverhalten und Mediennutzung geben.

Lifestyle-Typologien

Die unterschiedlichen Lebensstile der Menschen berücksichtigen die Lifestyle-Typologien. Die Typisierung des Kundenstamms nach Lebensstilen ist eine populäre Methode. Ihr liegt die Annahme zugrunde, dass Lebenshaltungen und Wertvorstellungen den Lebensstil prägen.

Grundlage für die Segmentierung sind Konsumentenbefragungen zu Interessen, Werten und Ansichten sowie zu produktspezifischen Präferenzen und Einstellungen. Untersucht werden Themenfelder wie Politik, Konsumgewohnheiten, Familie, Arbeit, generelle Grundwerte, Kleidung, Freizeit und Mediennutzung.

Eine bewährte Methode ist die Klassifizierung nach dem A-I-O-Ansatz. Schwerpunktmäßig werden unter anderem folgende Kriterien erfasst:

✔ A = Aktivitäten (Freizeit, Beruf, Informations- und Konsumverhalten)

✔ I = Interessen (emotionelle Faktoren in Bezug auf Familie, Ernährung, Haus etc.)

✔ O = Opinions (Einstellungen zu Gesellschaft, Wirtschaft, Politik)

Aus der Analyse der Informationen zu den einzelnen Kriterien können Sie wichtige Rückschlüsse auf das Kaufverhalten bestimmter Kundengruppen ziehen. Hier einige verbreitete Konsumtypen:

✔ Spartyp: Sehr begrenzte Kaufkraft (arbeitslos, Rentner oder bezieht Sozialleistungen), deshalb Konsumeinschränkung oder Verzicht

✔ Normaltyp: Rationale Kaufentscheidungen, kauft nur die erforderlichen Dinge, gelegentliche Kauflust im Wechsel mit Konsumenthaltsamkeit

✔ Anspruchstyp: Genießt seine Freizeit und hat Spaß am Konsum, pflegt einen vielseitigen Lebensstil

✔ Prestigetyp: Elitäre Lebenshaltung, zeigt seinen Wohlstand und wählt grundsätzlich das Beste, um seinen gesellschaftlichen Status zu zeigen, selbst wenn er sich den gar nicht leisten kann

✔ Luxustyp: Verfügt über hohes Einkommen bei gehobenem Bildungsniveau; genießt das Leben intensiv und leistet sich hochwertigste und teure Konsumgüter

Zu den führenden Anbietern lebensstilbasierter Kundensegmentierungen für bestimmte Märkte und Produkte gehören zum Beispiel die GfK – Gesellschaft für Konsum-, Markt- und Absatzforschung (www.gfk.com, unter anderem Typologie der Bekleidungsstile) und Burda Advertising (Typologie der Wünsche, www.tdwi.com). Die Zielgruppenbestimmung von Sinus Sociovision (www.sinus-sociovision.de) gruppiert Menschen mit ähnlichen Interessen und Einstellungen zu Sinus-Milieus zusammen (siehe Abbildung 4.7).

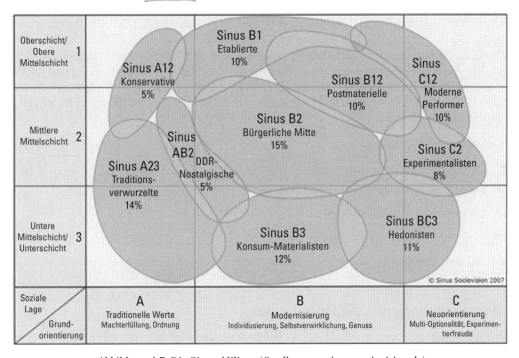

Abbildung 4.7: Die Sinus-Milieus (Quelle: www.sinus-sociovision.de)

Psychografische Segmentierung

Noch genauer als durch soziodemografische und geografische Verfahren können Sie Ihre Kundendaten anhand psychologischer Merkmale nach Kaufverhalten und Interessen beziehungsweise Bedürfnissen gliedern. Bei diesem Segmentierungsansatz werden Ihre Kunden nach Einstellungen und Wertvorstellungen, nach Persönlichkeitsprofilen und Verhaltensmerkmalen, etwa der bevorzugten Mediennutzung, sowie nach dem Kauftyp eingeteilt.

Damit Sie die richtigen Entscheidungen in Marketing und Verkauf treffen können, ist es für Sie wichtig, das Einkaufverhalten Ihrer Privat- und Geschäftskunden und die damit verbundenen Anforderungen an Ihre Produkte und Leistungen zu verstehen. Ein Beispiel: Relevant für das Verhalten und die Präferenzen Ihrer Kunden ist weniger das tatsächliche Alter der Personen, sondern deren gefühltes (psychologisches) Alter.

 Der Trend zur Verjüngung durchdringt alle Altersschichten. Damit ist nicht etwa gemeint, dass unsere Gesellschaft demografisch jünger wird, sondern dass sich auch ältere Semester heute jünger fühlen. Gerade Senioren sind viel aktiver und in der Mediennutzung flexibler als noch vor zwanzig Jahren. So zeigt sich, dass die Zahl der Internetnutzer über 55 Jahren stark ansteigt. Viele Senioren sehen sich heute nicht als solche und wollen auch nicht so angesprochen werden.

Psychologische Zusatzinformationen über Ihre Kunden führen zu fein differenzierten (Sub-) Kundengruppen mit ähnlichem Verhaltens- und Interessenprofil. Das hilft Ihnen, maßgeschneiderte Dialoge mit Ihren Zielgruppen zu führen. Durch jede Werbeaktion, die mit einem Responseelement ausgestattet ist, und bei jedem direkten Kontakt mit Ihren Kunden erhalten Sie neue Informationen, die in Ihre Kundendatenbank einfließen sollten und damit zu einem immer umfassenderen Wissen führen. Sie können relativ leicht viele relevante Informationen über das Verhalten Ihrer Kunden in Erfahrung bringen, die Sie später für gezielte Angebote nutzen können:

✔ Das letzte Bestelldatum

✔ Den Umsatz

✔ Die Art des Produkts

✔ Die persönlichen Präferenzen

✔ Den Bestell- und Reaktionsweg

✔ Das Bezahlverfahren

Mikrogeografische Segmentierung

Dieser Segmentierungsansatz fußt auf der Erkenntnis, dass Menschen gleichen Lebensstils in gleichen Wohngebieten leben. Ganz nach dem Motto »Gleich und Gleich gesellt sich gern« bilden Menschen mit ähnlichem Status und ähnlichem Kaufverhalten gern Nachbarschaften. Es macht eben schon etwas aus, ob man in einer kleinbürgerlichen Reihenhaussiedlung oder in einem Hochhaus-Ghetto lebt.

Dabei gilt, dass die Übereinstimmung der Lebens- und Konsumtypen zunimmt, je kleiner das Untersuchungsgebiet ist. Menschen in vergleichbarer Lebensphase und mit ähnlichem Lebensstil finden sich innerhalb einer Stadt in bestimmten Stadtvierteln und dort noch stärker verdichtet in bestimmten Straßen und Wohnblöcken. Wohnort, Wohnviertel, Straße und

Bebauungstyp lassen Rückschlüsse auf das soziale Umfeld, die Einstellungen und das Kaufverhalten zu. Die kleinste regionale Einheit ist die sogenannte »Zelle«.

Die drei Säulen des Mikromarketings

✔ **Regionale Potenzialanalyse:** Verteilung von Zielgruppen nach regionalen Schwerpunkten; Gebiete mit hohem Zielgruppenanteil werden auf Landkarten visualisiert

✔ **Lokale Zielgruppenaussteuerung:** Lokalisierung von speziellen Zielgruppen innerhalb eines definierten Gebiets, etwa einer Stadt; Belegung von Plakatträgern und Verteilung von Wurfsendungen im relevanten Umfeld

✔ **Zielgruppenanalyse am Point of Sale:** Lokalisierung von relevanten Filialen und Kaufumfeldern für gezielte Maßnahmen gegenüber identifizierten Zielgruppen

Welchen Nutzen hat die mikrogeografische Segmentierung?

Sie können Ihre Adressdaten zur Zellenbildung heranziehen und nach Kaufverhalten mikrogeografisch durch Selektionssysteme verschiedener Geomarketing-Anbieter segmentieren lassen. Mit Geomarketing erhalten Sie Aufschluss für Dialogmarketing-Aktionen in regionalen Märkten.

 Entsprechend der gewünschten Kaufkraft und dem gewünschten Kaufverhalten können Sie Adressen für Mailingaktionen hinzumieten oder Ihre Angebote in bestimmten Zellen per Haushaltwerbung, etwa mit Postwurfspezial, streuen.

Ganz gleich ob Business-to-Business- oder Business-to-Consumer-Geschäft, auf mikrogeografischer Ebene lassen sich Ihre Marktchancen transparent auf Karten darstellen und analysieren:

✔ Vertriebs- und Außendienstgebietsgrenzen

✔ Aktualisierung und Anreicherung von Kundeninformationen

✔ Standortfindung und -optimierung

✔ Einzugsgebietsbestimmung

✔ Kundenpotenziale

✔ Regionale Promotionmaßnahmen

✔ Auflagen- und Portooptimierung bei Werbeaussendungen

Es gibt zahlreiche Analyse- und Selektionssysteme; hier zwei Marktführer:

AZ Direct (www.az-direct.com) bietet das System AZ DIAZ an. AZ DIAS verbindet Ihren Kundenbestand über eindeutige Gebäudekennziffern mit adress- und gebietsqualifizierenden Informationen zu mehr als 60 Millionen Personen und 37 Millionen Haushalten sowie etwa 20 Millionen Gebäuden zu fast jeder Straße, allen Gemeinden oder Postleitzahlengebieten. Das zur Verfügung stehende Spektrum umfasst dabei mehrere hundert Merkmale, unter anderem Haushalts- und Gebäudeinformationen, Kfz-Daten, Alterstrukturen der Haushaltsvorstände, Kaufkraftstatus.

Schober Direct Marketing (www.schober.de) betreibt das System Geo MarketBase. Das Unternehmen hat eine Einzelhausbewertung von über 19 Millionen Gebäuden durchgeführt und damit nahezu alle Häuser Deutschlands Haus für Haus individuell in Augenschein genommen und nach verschiedenen Kriterien bewertet, unter anderem Gebäudeart, Gartengröße, Altersgruppe, Zustand, Wohnlage.

Aus diesen Informationen lassen sich Kernzielgruppen für spezifische Angebote bilden, etwa die etablierte Oberschicht, Familien, traditionelle Kleinbürger.

 Sie können die verschiedenen Marktsegmentierungsansätze miteinander kombinieren. Es können demografische Kriterien mit Verhaltens- und Einstellungsmerkmalen so kombiniert werden, dass sich charakteristische Käufertypen und spezifische Kaufverhalten in verschiedenen Alterklassen herausbilden.

Beispiel einer Marktsegmentierung

Ein mittelständisches Unternehmen stellt Küchenmöbel her. Die Firma ist im Mittelpreissegment positioniert und bietet verschiedene Küchenmodelle für unterschiedliche Käufertypen (Landhausküche, Designerküche, verschiedene Holzarten, Farben etc.). Das Unternehmen hat zwar alle Stilrichtungen im Sortiment, kennt aber die typischen Käufer dafür nicht. Der Hersteller nimmt eine Marktforschung vor, um mehr über die Marktsegmente und seine Zielgruppen zu erfahren. Dabei schälen sich folgende homogene Gruppen heraus:

✔ Die Unterhalter: Sie kochen gern zu Hause und haben gern Gäste. Der Tisch ist der gemütliche Mittelpunkt der Küche.

✔ Die betonten Nicht-Köche: Für sie ist Kochen kein Vergnügen. Die Küche muss praktisch für das Kochen von Fertiggerichten eingerichtet sein. Stil und Design sind aber dennoch wichtig.

✔ Die traditionellen Großmütter: Diese Gruppe kocht für die Familie und verbringt damit viel Zeit. Die Küche muss zweckmäßig sein.

✔ Die geplagten Mütter: Sie sehen Küchen als Notwendigkeit an, um schnell und gesund für die Kinder zu kochen.

✔ Die Leidenschaftlichen: Hobbyköche mit Hang zur Profiküche daheim.

Der Hersteller versucht, seine Modelle diesen Gruppen zuordnen, und stellt fest, dass er bei der Produktentwicklung nur Stilrichtungen, aber nicht den Nutzen vor Augen hatte. Das Unternehmen richtet sein Sortiment neu aus und bietet für jeden Küchentyp mindestens ein Modell. Der Hersteller könnte seine Modelle auch kritisch hinterfragen und das Sortiment verändern. (Das Beispiel wurde der Fachzeitschrift ProFirma, 01/2008, entnommen.)

Der hybride Konsument

Das Kaufverhalten Ihrer Kunden einzuschätzen, wird immer schwieriger, denn der moderne Verbraucher lässt sich leider nicht mehr in »Schubladen« stecken. Mal verhält sich der Käufer sparsam und geht zum Discounter, mal genießt er das Erlebnisshopping und geht in ein Gourmet-Fachgeschäft. Nicht selten bewegen sich die Menschen zwischen verschiedenen Segmenten hin und her. Den Kaufmotiven der »hybriden Konsumenten« auf die Spur zu kommen, ist eine große Herausforderung für die Marktforschung.

Ursachenforschung: Die Kunden- und Marktanalyse

Wenn Sie erkennen, dass langjährige Kunden nicht mehr kaufen, ist das ein Alarmsignal. Dann müssen Sie Ursachenforschung betreiben. Warum fragt der Kunde bei Ihnen nicht mehr nach? Eventuell ist er zu einem Wettbewerber gewechselt. Wenn, ja, warum? Liegt es vielleicht am Preis, am Service oder an der Produktleistung? Eventuell hat sich aber auch die Marktsituation geändert.

Gerade bei Geschäftskunden können sich die Nachfragebedingungen zum Beispiel durch konjunkturelle Schwankungen schnell ändern. Daneben sollten Sie wissen, durch welche gesellschaftlichen Trends und Entwicklungen sich Ihr Käufermarkt verändert. Auch das hat Auswirkungen auf die Nachfrage nach Produkten und Dienstleistungen.

 Schauen Sie sich die Kunden mit geringem Umsatz genau an. Wo liegen die Ursachen für geringe Umsätze? Handelt es sich um Neukunden, die erst entwickelt werden müssen? Sind Cross-Selling-Potenziale erkennbar? Fehlen Informationen über den Kunden und über welchen Kanal spricht man den Kunden am besten an, um mehr über seine Bedürfnisse zu erfahren?

Finden Sie heraus, was Ihre Kunden denken

Wenn es darum geht, die Gründe des Wegbleibens zu erfahren, ist eine direkte Kundenbefragung ein probates Mittel, um Licht ins Dunkel zu bekommen. Teilen Sie dem Kunden mit, dass Sie ihn gerne wieder als Kunden begrüßen wollen und wissen möchten, was Sie verbessern können. Legen Sie dem Schreiben einen kurzen Fragebogen bei. Bei intakten Kundenbeziehungen, etwa bei regelmäßigen Kontakten mit dem Außendienst, sollten entsprechende Warnzeichen für Umsatzrückgänge frühzeitig erkennbar sein.

 Eine Kundensegmentierung ist nur dann für Ihre weitere Kundenbearbeitung hilfreich, wenn sich die verschiedenen Kundengruppen tatsächlich in ihrem Kaufverhalten voneinander unterscheiden.

Verfehlen die Angebote den tatsächlichen Bedarf? Wie entwickelt sich der Markt des Kunden und wie können Sie darauf reagieren, um auch künftig marktgerecht anbieten zu können? Kennen Ihre Vertriebsmitarbeiter den Markt des Kunden und die richtigen Nutzenargumente für den Kunden? Haben Sie die richtige Vertriebsinfrastruktur und die richtigen Kontaktkanäle zum Kunden?

Professionelle Dienstleister können Ihnen auf Basis Ihrer Kundentypen zusätzliche Marktinformationen bereitstellen, die für Ihre Produktentwicklung, die Preisgestaltung oder die gebotenen Services nützlich sind und eine differenzierte Zielgruppenansprache ermöglichen.

Das GfK-Verbraucherpanel

Die GfK (Gesellschaft für Konsum-, Markt- und Absatzforschung) betreibt auf Basis von Befragungen und Untersuchungen sogenannte Verbraucherpanels. In einem Verbraucherpanel wird Folgendes erhoben:

✔ Der stets gleiche Sachverhalt (Einkäufe),

✔ zum gleichen wiederkehrenden Zeitpunkt (wöchentlich/monatlich/jährlich),

✔ bei gleicher Stichprobengröße,

✔ in gleicher Weise (etwa schriftliches Tagebuch) und

✔ mit den gleichen Probanden (Personen, Haushalte).

Solche Panels bilden das Marktgeschehen ab und liefern Ihnen dabei wichtige Erkenntnisse, welche Produkte und Marken der Käufer bevorzugt und warum das so ist. Liegt es am Preis, an der Qualität oder am Verkaufskanal (Handelskette, Internet und so weiter) oder der Platzierung am Point of Sale, dass der Kunde Ihre Produkte und Dienstleistungen häufiger nachfragt als die Ihrer Wettbewerber? Für Ihre kundenorientierten Marketing- und Verkaufsförderungsmaßnahmen sollten Sie wissen, was das Kaufverhalten beeinflusst.

 Neben Verbraucherpanels beleuchten auch Handelspanels das Marktgeschehen. Im Unterschied zu Verbraucherpanels, für deren Erstellung die Verbraucher direkt befragt werden, sind Handelspanels regelmäßige Erhebungen der Warenabverkäufe bei Handelsunternehmen.

Kaufverhalten bei Mobiltelefonen

Was nutzt Ihnen eine Unterteilung Ihrer Zielgruppen nach Geschlecht, wenn das gar nicht das entscheidende Abgrenzungskriterium für das Kaufverhalten ist, weil Männer und Frauen im Prinzip die gleichen Handymodelle nachfragen? Eventuell ist die unterschiedliche Lebenssituation (etwa Schüler, Berufstätiger, Rentner) ein besseres Unterscheidungsmerkmal, wenn es um Handyfeatures wie Multimediaanwendungen, Design, Displaygröße oder Tastatur geht.

Wichtig ist, dass Sie Segmente festlegen, die über einen längeren Zeitraum stabil bleiben, weil Sie sonst ständig die Relevanz der Segmente überprüfen und gegebenenfalls neu justieren müssen. Differenzieren Sie Ihre Kundengruppen nicht zu stark aus. Verzichten Sie also auf Kleinstsegmente, weil sonst eine wirtschaftlich sinnvolle Erfassung und Bearbeitung nicht mehr möglich ist.

 Wichtig ist neben der Marktanalyse auch eine Beobachtung Ihrer Wettbewerber. Sie sollten Ihre wichtigsten Wettbewerber kennen. Welche Angebote macht die Konkurrenz? Welche Marktstrategie verfolgen meine Wettbewerber? Wo liegen deren Produktstärken, wo die Schwächen? Was kann man vom Wettbewerb lernen?

Wie Sie mehr über Ihre Wettbewerber erfahren

Wichtige Informationsquellen:

✔ Lieferanten der Konkurrenten

✔ Kunden der Konkurrenz

✔ Werbung der Konkurrenz (Anzeigen, Broschüren, Flyer, Internetauftritt)

✔ Besuch von Fachmessen, bei denen die Konkurrenz auftritt

✔ Durch Dritte Angebote bei der Konkurrenz abfordern

✔ Service der Konkurrenz durch Dritte testen lassen

Das Internet als Zielgruppenlieferant

Wenn es um die Erschließung neuer Zielgruppen geht, wird das Internet für Sie immer wichtiger. Einerseits verführt das Internet dazu, eine Masse von potenziellen Interessenten anzusprechen. Das ändert aber andererseits nichts an der Tatsache, dass sich die Masse der Menschen nicht für Ihre Angebote interessieren wird.

Dabei bietet das Internet besonders gute Möglichkeiten, Ihre Kernzielgruppen zu erreichen, etwa auf Zielgruppenportalen, in Onlinekundenclubs, in Blogs und Podcasts. Hier können Sie auch viel besser in Erfahrung bringen, was die Menschen tatsächlich interessiert, zum Beispiel durch Onlinebefragungen und Verhaltenstracking. Gewinnspiele, Chatangebote, Newsletter und Sonderangebote motivieren Ihre Interessenten zur Onlineregistrierung und geben Ihnen neue Zielgruppeninformationen und neue Adresspotenziale. Diese Informationen können Sie dann nach soziodemografischen Kriterien wie Wohnumfeld, Einkommen, Alter und Geschlecht auswerten, um Hinweise zur Struktur Ihrer Interessenten zu bekommen. Das Ganze können Sie zusätzlich anreichern mit Informationen zu Freizeitverhalten, sonstigen Interessen und Einstellungen.

Sogenannte Push-Werbung, die sich dem Konsumenten aufdrängt, wie Banner, die sich komplett über die Inhaltsseite legen, ist nicht besonders beliebt. Erfolgversprechender ist es, wenn der Interessent im Internet selbst verrät, was er braucht. Das zeigt er durch sein Surfverhalten und Informationsabrufe bei Suchmaschinen. Je mehr der User Ihnen verrät, desto direkter können Sie Zielgruppen für Ihre Kampagnen selektieren oder gezielte Werbeschaltungen auf Seiten buchen, die von potenziellen Neukunden verstärkt besucht werden (neudeutsch wird das als Targeting bezeichnet). Schließlich kann durch die Rückkanalfähigkeit des Mediums festgestellt werden, wo sich der Nutzer gerade aufhält und welche Vorlieben er hat. Daraus wiederum lassen sich neue, verhaltensbezogene Modelle des Targeting entwickeln, mittels derer die Werbung dann zielsicher platziert werden kann (Behavioral Targeting).

Teil II

Planung und Durchführung einer Kampagne

The 5th Wave   By Rich Tennant

»Hab' über 30 Jahre Jahr einen Mantel angehabt und einen
Hut aufgesetzt, wenn ich Kundengespräche geführt habe.
Das werde ich nicht ändern, auch wenn ich es jetzt übers
Web vom Wohnzimmer aus tue.«

In diesem Teil ...

Haben Sie eigentlich einen Plan, wie Sie eine Dialogkampagne auf den Weg bringen? Kennen Sie die wichtigsten Planungsschritte von der Konzeption, über die Realisation bis hin zur Erfolgskontrolle? Wissen Sie, wie Sie es schaffen, Ihre Kommunikations- und Vertriebsziele zeit- und budgetgenau umzusetzen?

Falls Sie alle Fragen mit Ja beantworten konnten, lesen Sie trotzdem weiter. In diesem Teil werden Ihnen nämlich nicht nur die wichtigsten Planungsschritte für Ihre Kommunikationsmaßnahmen erklärt, Sie erfahren auch, wie Sie den richtigen Agenturpartner für Ihre Aufgabenstellung finden und wie Sie optimal mit Werbeagenturen zusammenarbeiten. Nützliche Checklisten und Tipps runden diesen unterhaltsamen und kurzweiligen Abschnitt ab.

Es soll ja Leute geben, die haben es im Gefühl, ob ihre Werbung funktioniert oder nicht. Leider sind Gefühle schlechte Berater, wenn es um die rechtliche Seite der Werbung geht. In diesem Teil des Buches lernen Sie die Chancen kennen, die sich im direkten Kontakt mit Kunden bieten. Sie sollten auch die Risiken kennen. In diesem Abschnitt werden Sie deshalb auch wichtige gesetzliche Regelungen kennenlernen. Doch keine Sorge, alles ist auch für Nichtjuristen verständlich aufbereitet.

Immer dann, wenn Sie Kundeninformationen erheben, speichern und verwenden, berührt das den Datenschutz. Die wichtigsten Informationen zum Thema können Sie in diesem Abschnitt nachlesen. Ausführliche Informationen erhalten Sie auch zum großen Thema Wettbewerbsrecht. Irreführende Werbung, vergleichende Werbung, unlautere Werbung: Erfahren Sie, was sich dahinter verbirgt und wie Sie Fallstricke vermeiden.

Einen immer größeren Raum nimmt der Verkauf in Internet ein. Was es im Fernabsatz zu beachten gilt, wird hier in kompakter Form dargestellt. Außerdem für Sie interessant: Was muss man bei Gewinnspielen, Rabatten und E-Mail-Werbung beachten. Als besonderen Service für Sie werden zudem noch die klassischen Dialoginstrumente Mailing und Telefon unter rechtlichen Aspekten beleuchtet.

Kampagnenmanagement

In diesem Kapitel

▶ Die wichtigsten Schritte einer Kampagne

▶ Das Kampagnenbriefing

▶ Die Erfolgskontrolle

Management ist die Kunst, drei Leute dazu zu bringen, die Arbeit von drei Leuten zu verrichten.

William Feather

Ohne Projektmanagement läuft nichts. Der Grund ist ganz einfach. Nur wenn Sie alle erforderlichen Prozessschritte Ihrer Dialogmarketing-Konzeption genau kennen und mit einem festen Zeitplan versehen, behalten Sie den Überblick, wo Sie sich gerade im Ablauf befinden. Sie können Verzögerungen im Verlauf des Projekts auch viel schneller erkennen und gegensteuern. Verbindliches Timing ist außerdem die Grundlage der Zusammenarbeit mit Dienstleistern, denn was für Sie gilt, gilt für die beteiligten Partner genauso. Sie synchronisieren also Ihre internen und externen Schnittstellen. In diesem Kapitel erfahren Sie alles, was Sie für die Planung und Durchführung einer erfolgreichen Kampagne wissen müssen. Falls Sie wissen wollen, was Ihren Erfolg garantiert zunichtemacht, lesen Sie Kapitel 20.

Vorteile des Kampagnenmanagements

Die Vorteile des Kampagnenmanagements liegen auf der Hand:

✔ Abgestimmtes Vorgehen aller beteiligten internen und externen Stellen

✔ Vermeidung von parallelen Doppelarbeiten und miteinander unvereinbaren Maßnahmen

✔ Klare Zuordnung von Zuständigkeiten

✔ Einhaltung des zeitlichen Rahmens

✔ Keine Schnellschüsse, sondern abgestimmtes planerisches Vorgehen

✔ Vermeidung von Überfrachtung des Kunden mit zu vielen Kampagnenkontakten

✔ Zentrale, vernetzte Erfassung und Dokumentation von Kampagneninformationen

✔ Verbessertes Kundenwissen mit einheitlicher Datenbank

✔ Kosteneinsparung durch verknüpfte Kundenbearbeitung statt Insellösungen

✔ Erfolgskontrolle durch Soll-Ist-Vergleich

✔ Optimale Nutzung der einzusetzenden Ressourcen

So läuft's wie am Schnürchen – das richtige Timing

Ausgangspunkt Ihres Zeitplans ist der geplante Kampagnenstart, also etwa der Erscheinungs-termin Ihrer Kundenzeitschrift oder der avisierte Termin der Postauslieferung Ihrer Mailing-kampagne. Sämtliche Prozesse von der Kreation bis hin zur Responsebearbeitung können Sie so zeitlich vorherberechnen. Normalerweise übernimmt diesen Part die Agentur, die für die Gesamtkoordination verantwortlich ist. Sie müssen das Timing dennoch im Auge behalten und gegebenenfalls eingreifen, weil auch Agenturen nicht immer fristgerecht arbeiten.

Kampagnenmanagement umfasst drei Phasen aller Ihrer Aktivitäten:

✔ Planung

✔ Durchführung

✔ Controlling

Beim Kampagnenmanagement geht es zu wie in der Küche eines Restaurants (siehe Abbil-dung 5.1). Alles ist eine Frage des richtigen Timings. Der Koch muss ein Menü ganzheitlich betrachten, die richtigen Zutaten zur rechten Zeit vorbereiten und viele Töpfe und Pfannen gleichzeitig im Auge behalten, damit nicht irgendwo etwas anbrennt. Ist bereits das Managen der verschiedenen Bestandteile eines Menüs eine Herausforderung, dann ist die Koordination verschiedener Menüs, die zugleich auf den Tisch kommen müssen, fast schon eine Kunst. Aber eben nur fast. Denn im Gegensatz zur Kunst, bei der Inspiration und Intuition im Vordergrund stehen, ist Management ein streng geplanter Steuerungsprozess. Projektmanager und Köche haben also einiges gemeinsam.

Beim Management von Kampagnen müssen Sie die gleichzeitig und parallel verlaufenden Mar-keting- oder Vertriebsaktionen im Blick behalten, damit alles richtig dosiert und abgestimmt beim Kunden auf dem Tisch landet. Aktionen, bei denen mehrere Kommunikationskanäle zum Einsatz kommen, werden als Multi-Channel-Kampagnen bezeichnet.

Beim Kampagnenmanagement geht es um

✔ den optimalen Einsatz Ihrer Ressourcen (Mitarbeiter, Budget),

✔ das Aufzeigen möglicher Synergien durch abgestimmte Kommunikationsmaßnahmen in verschiedenen Medien,

✔ einen einheitlichen Auftritt nach Inhalt und Form gegenüber Ihren Zielgruppen,

✔ die optimale Abstimmung der verschiedenen Kanäle aufeinander, etwa Mailings mit Tele-fonhotline und dem anschließenden Vertreterbesuch oder dem Versand von Broschüren.

Ein Beispiel: Was nutzt Ihnen eine erfolgreiche Kommunikationsmaßnahme, die sehr viele Interessenten aktiviert, wenn das Call Center und die Vertriebsmitarbeiter nicht darauf vor-bereitet sind und die Kunden wegen mangelnder Ressourcen und Informationen nicht zufrie-dengestellt werden können. Schlecht ist es auch, wenn Sie verschiedene Aktionen gleichzeitig laufen lassen, die nicht aufeinander abgestimmt sind und sich im schlimmsten Falle sogar gegenseitig stören.

Softwarelösungen nutzen

Da Sie unmöglich alle Abhängigkeiten zwischen den organisationsübergreifenden Aktionen und den verschiedenen zum Einsatz kommenden Kommunikationsmedien immer gleichzeitig auf dem Schirm haben können, nutzen Sie am besten eines der am Markt erhältlichen Kampagnensoftwaretools. Sie können natürlich virtuos Ihre Kampagne freihändig zu managen versuchen oder sich schlichtweg darauf verlassen, dass Ihre Kollegen oder eben die Agentur den Überblick behalten. Als Kampagnenverantwortlicher sind Sie aber gut beraten, Herr der Lage zu bleiben, die einzelnen Schritte genau zu verfolgen sowie den Ressourceneinsatz und den Zeitplan im Auge zu behalten.

Mit der richtigen Software konsolidieren Sie per Mausklick Ihre Kundendaten und können sie sofort den richtigen Kommunikationskanälen zuordnen. Sie verlieren mit einem softwaregestützten Kampagnenmanagement den Zeitplan nie aus den Augen. Gerade auch bei der Auswertung von Kampagnen unter Kosten-Nutzen-Gesichtspunkten ist computergestütztes Management inzwischen eine Selbstverständlichkeit. Denn Kampagnenmanagement ist ein Kreislauf permanenter Verbesserung. Gerade bei regelmäßigen Aktionen beschleunigen automatisierte und fest definierte Abläufe den Prozess. Sie ziehen Ihre Lernkurve steil nach oben, wenn Sie regelmäßig Ihre neuen Erfahrungen in den Planungsprozess einfließen lassen, um so eine permanente Verbesserung herbeizuführen.

Abbildung 5.1: Der Kampagnenmanagement-Kreislauf

Ein Pilot bewahrt Ihren Kampagnenflug vor einer Bruchlandung. Sie erhöhen die Erfolgschancen Ihrer Kampagne, wenn Sie einen Piloten, also einen Probelauf mit anschließender Erfolgskontrolle, fahren. So können Sie noch rechtzeitig einzelne Kampagnenschritte wie die Zielgruppenauswahl, den Zeitpunkt der Maßnahme, die Kommunikationskanäle und so weiter optimieren. Im Falle eines katastrophalen Vorlaufs können Sie den Start sogar ganz abbrechen.

Die sieben Stufen einer Kampagne

Der Prozess Ihrer Dialogmarketing-Kampagne durchläuft mehrere Stufen (siehe Abbildung 5.2):

1. Konzeption
2. Briefing
3. Kreation
4. Adressmanagement
5. Produktion
6. Responsebearbeitung
7. Erfolgskontrolle

Im Folgenden sehen wir uns die einzelnen Stufen genauer an und beleuchten, worauf es für Sie dabei ankommt.

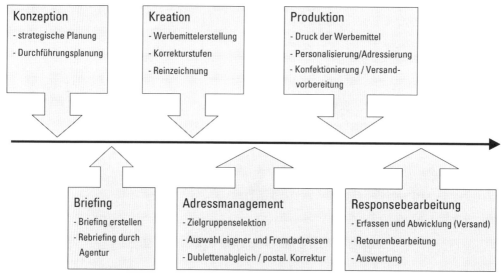

Abbildung 5.2: Prozessschritte einer Dialogmarketing-Kampagne

Die Konzeption

Die schwerwiegenden, die wirklich großen Entscheidungen treffen Sie bereits vor Beginn einer Kampagne. Die Kampagnenvorbereitung ist Ihr Moment der Wahrheit. Bevor Sie nämlich überhaupt loslegen können, müssen Sie ein paar grundsätzliche Fragen beantworten:

✔ An wen genau wendet sich meine Maßnahme?

✔ Was erwarte ich von der Zielgruppe?

✔ Welchen Zielzustand will ich erreichen?

✔ Mit welchen Medien lassen sich meine Ziele am besten erreichen?

✔ Wie sieht der Zeitplan aus (Start- und Endtermin)?

✔ Was bin ich bereit, dafür an Ressourcen bereitzustellen (Geld, Personal, Zeit)?

✔ Was fehlt mir an Ressourcen? Wer kann mir helfen?

✔ Wer steuert die Kampagne? Wer ist wofür verantwortlich?

✔ Was mache ich mit den Reaktionen/Rückläufern aus meiner Aktion?

✔ Wie erfolgt die Erfolgskontrolle?

Es ist wahrscheinlich, dass Sie bei dem einen oder anderen Punkt sagen müssen: Keine Ahnung! Sie werden möglicherweise nicht genau wissen, wie Ihre Zielgruppe tatsächlich aussieht, wie sie denkt und fühlt. Möglicherweise fehlt Ihnen auch Gewissheit darüber, wie Sie Ihre Marke positionieren sollen. Das ist völlig okay, solange es Ihnen nicht egal ist.

Sie haben verschiedene Möglichkeiten, im Vorfeld Ihrer Kampagne Klarheit über fragliche Punkte zu erzielen. Wie immer ist das mehr oder weniger kostspielig. Dazu gehört die empirische Untersuchung, um mehr über Ihre Zielgruppe und die Wahrnehmung Ihrer Marke im Markt zu erhalten. Sie können außerdem eine Unternehmensberatung beauftragen, konzeptionell für Sie vorzuarbeiten und bestehende Defizite sowie Marktchancen in einer eingehenden Analyse aufzuzeigen. Nicht zuletzt können Sie ungeklärte Grundfragen im Briefing festhalten und die Klärung als Aufgabe an die Agentur delegieren.

Der erste Schritt in Ihrem Briefing ist dann die Beauftragung für die Ausarbeitung der Strategie. In Workshops mit der Agentur können Sie beispielsweise gemeinsam die zentralen Ziele und die relevanten Nutzenversprechen erarbeiten.

 Agenturen verfügen in der Regel über gute Erfahrungen in der Markenarbeit und sind Experten in der optimalen Zielgruppenkommunikation. Die Erarbeitung einer Kampagne ist ein partnerschaftliches Projekt, wenn Sie es zulassen und Ihre Agentur nicht nur als Erfüllungsgehilfen betrachten. Diskutieren Sie »blinde Flecken« offen und lassen Sie sich von der Agentur konzeptionell-strategisch beraten.

Sobald die Grundfragen, ohne die eine zielgerichtete Arbeit nicht möglich ist, geklärt sind, haben Sie das Gröbste bereits hinter sich. Nun steht dem Start Ihres Projekts nichts mehr im Wege. Jetzt ist Handwerk und Erfahrung gefragt, mit anderen Worten: Jetzt beginnt die eigentliche Arbeit.

Das Briefing

Kommunikationsprofis können fast alles, nur eines können sie erstaunlich schlecht: kommunizieren. Zwischen dem, was der Auftraggeber sagt und meint, und dem, was die Agentur hört und versteht, liegen mitunter Welten. Werbeagenturen und Unternehmen verstehen sich nicht automatisch und so wundert es nicht, dass die Abstimmungsprozesse als ineffizient empfunden werden und Missverständnisse an der Tagesordnung sind. Schuld ist natürlich immer die jeweils andere Seite.

Woran liegt das? Die Gründe sind – wie so häufig – vielfältig: Die kreative Arbeit der Agentur geht an den Zielsetzungen des Unternehmens vorbei oder weit darüber hinaus, der Planungsprozess ist unabgestimmt, es gibt zu viele Ansprechpartner und Verantwortlichkeiten, es werden keine Prioritäten gesetzt und so weiter. All diese Probleme haben in der Regel eine gemeinsame Ursache: ein schlechtes oder fehlendes Briefing.

Fragen Sie zehn Marketingfachleute nach der Bedeutung von Briefings und Sie werden von neun erfahren, dass Briefings eine Selbstverständlichkeit ihrer täglichen Arbeit sind. Fragen Sie weiter, ob die Briefings immer schriftlich fixiert werden, werden noch fünf bejahen. Vom Auftraggeber direkt vorgestellt werden dann wahrscheinlich gerade noch zwei Briefings, der Rest wird einfach zugeschickt. Lesen Sie sich dann die Briefings durch, werden Sie feststellen, dass die Experten kurz, routiniert und mit Textbausteinen briefen, also ziemlich oberflächlich. Am Ende stellt sich heraus, dass gerade mal einer von zehn Auftraggebern strukturiert und vollständig brieft.

In diesem Abschnitt werden Sie gute Briefings von schlechten unterscheiden lernen und mithilfe der Checkliste in der Lage sein, selbst gute Briefings zu verfassen. Gestandene Agenturprofis werden Tränen des Glücks vergießen, wenn Sie Ihr Briefing vorstellen. Man wird Sie mit frischen Ideen und höchster Motivation belohnen.

Die Konzeption Ihrer gesamten Dialogmarketing-Kampagne profitiert von einem vernünftigen Briefing. Das Briefing kann der Beginn einer erfolgreichen Geschäftsbeziehung werden oder der Beginn eines einzigen Horrortrips. Nehmen Sie sich deshalb unbedingt Zeit, die Qualität der Arbeit aller am Projekt beteiligten Köpfe hängt letztlich davon ab, wie gut Ihr Briefing ist.

 Die Aufgabenteilung beim Briefing zwischen Ihnen und der Agentur ist im Grundsatz ganz einfach. Sie klären das »Was« und die Agentur erarbeitet das »Wie« Ihrer Kampagne. Die Inhalte und das Ziel kommen von Ihnen und die Verpackung der Botschaft liefert Ihnen die Agentur.

Das Briefing ist Ihr »Marschbefehl« für das Projekt. Es ist gleichzeitig Maßstab für die Leistung Ihrer Agentur. Schreiben Sie alles ins Briefing rein, was Sie wissen – und zusätzlich alles, was Sie nicht wissen.

Ihnen und der Agentur sollte klar sein, welche Informationen noch fehlen und noch beschafft werden müssen. Projektmanagement beginnt mit klarer und zweifelsfreier Kommunikation, damit Missverständnisse über Ziel und Verlauf von vornherein ausgeschlossen werden können. Darum geht es letztlich beim Briefing, um ein gemeinsames Verständnis und Einvernehmen über die zu bewältigende Aufgabe. Damit nicht plötzlich jemand vor Ihnen steht und sagt: »Ach, das habe ich aber anders verstanden!«

Grundsätze eines guten Briefings

Die nun folgenden Regeln sollten Sie verinnerlichen, auswendig lernen, sich über den Schreibtisch hängen oder nachts unters Kopfkissen legen, denn wenn Sie sie beachten, können Sie jede Menge Fehler und Umwege vermeiden.

✔ Verfassen Sie Ihr Briefing immer schriftlich.

✔ Verfassen Sie für jede Maßnahme ein eigenes Briefing.

✔ Stimmen Sie Ihr Briefing intern mit allen Entscheidungsträgern ab.

✔ Briefingtermine sind Arbeitstermine, das heißt, stellen Sie der Agentur Ihr Briefing stets persönlich vor und diskutieren Sie offene Fragen.

✔ Versorgen Sie die Agentur mit allen notwendigen (Hintergrund-) Informationen.

✔ Kommunizieren Sie offen mit Ihrer Agentur, das heißt, verschweigen Sie keine Hemmnisse, Defizite und Produktnachteile.

✔ Das Briefing ist vollständig. Es beantwortet alle für die Konzeption und Durchführung relevanten Fragen.

✔ Formulieren Sie eindeutig und widerspruchsfrei.

✔ Ihr Briefing eröffnet keinen Interpretations- oder Entscheidungsspielraum.

✔ Die Agentur erstellt Ihnen ein Rebriefing (Verständnis über die Aufgabe mit eigenen Worten).

✔ Vereinbaren Sie einen »Schulterblick« (Zwischenabstimmung).

Checkliste Briefing

Folgende Checkliste hilft Ihnen, beim Briefing für eine Kampagne nichts Wichtiges zu vergessen. Auch wenn Ihnen die Liste vielleicht unendlich lang erscheint – eine Kampagne führt man halt nicht so mal eben durch. Sie sollte wohldurchdacht sein und Sie legen vermutlich auch eine ganze Stange Geld auf den Tisch, oder?

Machen Sie sich also Gedanken über Folgendes:

Situationsanalyse

Die Situationsanalyse beleuchtet Hintergrund und Umfeld Ihrer geplanten Maßnahme (Markt, Wettbewerb, eigenes Unternehmen/Produkt, Kunden).

✔ Gesamtmarktanalyse

Marktgröße und -struktur

Ihre eigene Marktposition

Marktpotenziale/Risiken

✔ Wettbewerbsanalyse

Hauptwettbewerber und deren Portfolio

Preisstrategien Ihrer Wettbewerber

Vertriebskanäle der Konkurrenz

Image der Wettbewerber

Besonderheiten/USPs (Unique Selling Proposition) Ihrer Wettbewerber

✔ Unternehmensanalyse

Produkte/Portfolio

Positionierung Ihrer Marke

Image

Service, Kundendienst

✔ Vorgaben und Rahmenbedingungen

Öffentlich rechtliche Vorschriften

Corporate-Design-Vorgaben

Produkt-/Leistungsangebot

✔ In welchem Lebenszyklus befindet sich Ihr Produkt?

✔ Was sind die Eigenschaften, Stärken und Schwächen des Angebots?

✔ Was ist der einzigartige Verkaufsvorteil Ihres Angebots (USP)?

✔ Welche Preis- und Distributionsstrategie (Verkaufskanäle und Absatzmittler) verfolgen Sie?

✔ Wie hoch ist Ihr Marktanteil?

Zielgruppe

✔ Kundentyp (Privat- oder Geschäftskunden)

✔ Soziodemografische Merkmale (Alter, Geschlecht, Familienstand, Kaufkraft)

✔ Psychografische Merkmale (Lebensstil, Milieu, Einstellung zur Werbung)

✔ Kaufverhalten (Stammkäufer, Wechselkäufer, Kaufmotive, Umsätze)

✔ Produkt-/Markenbekanntheit bei der Zielgruppe (Liegen hierzu Marktforschungsstudien vor?)

Marketing-/Kommunikationsstrategie

Was konkret soll die Werbemaßnahme in einem definierten Zeitfenster bewirken? Legen Sie messbare Ziele fest, damit Sie den qualitativen oder quantitativen Erfolg nachweisen können, zum Beispiel in Prozentzahlen.

✔ Umsatz-/Absatzziele

✔ Angestrebter Marktanteil

✔ Imageziele

✔ Adressgenerierung

✔ Informationsgewinnung über Kunden/Interessenten

✔ Reaktivierung oder Rückgewinnung von Kunden

Argumentations- und Gestaltungsleitlinie (Copy-Strategie)

Auf Basis der Positionierung Ihrer Marke legen Sie jetzt fest, wie sich dieser Anspruch argumentativ stützen und in Ihrer Werbung vermitteln lässt. Die Copy-Strategie bildet also die Grundlage für die konkrete Gestaltung der einzelnen Werbebotschaften nach Form und Inhalt.

✔ Nutzenbotschaft/USP (rationaler und emotionaler Nutzen, Ihre Vorteile gegenüber der Konkurrenz)

✔ Nutzenbegründung, Beweisführung

✔ Tonalität (Ausdrucksform/Stil)

Aufgabenstellung

✔ Was wollen Sie konkret bis wann erreichen (Gewichtung nach Haupt- und Nebenzielen)?

✔ Welche Maßnahmen sind geplant und wie sollen diese wirken?

✔ Gibt es Vorgaben für die einzusetzenden Medien?

✔ Sind sonstige, begleitende Maßnahmen vorgesehen (PR, Events, Promotion etc.)?

Budget

✔ Wie hoch ist der Etat? Was sind Sie bereit, für die Maßnahme zu investieren?

- Produktionsbudget (Materialbeschaffung, Druck, gegebenenfalls Porto, Adressmiete, Lettershop)

- Kreationsbudget (Agenturleistungen wie Beratung, Text, Art und so weiter)

- Mediabudget (Anzeigenschaltungen, Plakatflächenbelegungen und so weiter)

- Gegebenenfalls fordern Sie Angebote über die Leistungen an. Dann kalkulieren die Dienstleister die Kosten.

✔ Wer ist Kostenträger? Wer gibt Angebote und Rechnungen frei?

Timing

Erstellen Sie einen Zeitplan mit den einzelnen Projektschritten und jeweiligen Zuständig- keiten. Planen Sie Puffer für unvorhergesehene Verzögerungen ein und aktualisieren Sie den Projektplan regelmäßig. Alternativ lassen Sie vom Dienstleister einen Zeitplan entwerfen.

✔ Wann soll die Agentur präsentieren?

✔ Wann startet die Produktion?

✔ Wann soll Ihre Maßnahme starten (Anzeigenschaltzeitpunkt, Postauflieferungstermin etc.)?

✔ Wann erfolgt die Erfolgskontrolle?

✔ Welche zeitlichen Besonderheiten sind zu berücksichtigen (zum Beispiel Ferienzeit, saisonale Einflüsse)?

✔ Wie viele Tage brauchen Sie für interne Freigaben?

Die Kreation

Nach der Konzeption und dem Briefing beginnt die konkrete Umsetzung Ihrer Maßnahme. Die Ziele sind festgelegt (Frage: Wo wollen wir hin?), Ihre Strategie ist fixiert (Wie kommen wir dorthin?), der Marketingmix der zum Einsatz kommenden Instrumente steht (Was bringt uns dorthin?).

Bei einem Teil Ihrer Zielgruppe ist klassisches Massenmarketing per Anzeige möglicherweise besser geeignet, vor allem wenn Sie noch sehr wenig über Ihre Zielgruppe wissen. Einen anderer Teil Ihrer Kunden können Sie dagegen individuell per Mailing ansprechen. Beide Vorgehensweisen können Sie problemlos miteinander verknüpfen.

Verfügen Sie über aktuelle Adressinformationen Ihrer Zielgruppe, liegt es nahe, dass Sie gleich eine Mailingaktion planen. Fehlen genaue Informationen und vor allem Adressen, könnten Sie mit einer Couponaktion zunächst versuchen, Interessentenadressen zu gewinnen, um diese dann in einer Mailingaktion einzusetzen. Die Kommunikationskette ließe sich noch um weitere Medien erweitern. Nur ist die Umsetzung leider kein Wunschkonzert; das bedeutet, wie viele verschiedene Medien Sie einsetzen können, hängt letztlich auch davon ab, wie viel Geld Sie einsetzen können.

Sind die Kommunikationsmedien definiert, beginnt die kreative Umsetzung der Maßnahme. Sie stehen dabei zunächst vor der Kardinalsfrage, was Sie selbst erstellen können und was Sie extern vergeben müssen. In der Regel werden Sie den gesamten Kreationsprozess (Gestaltung/ Layout, Fotos und Abbildungen, Texte) einer Werbeagentur übergeben. Die Agentur verfügt nicht nur über das Know-how für die Gestaltung der verschiedenen Werbemedien, sie wird die werbliche Tonalität für Ihre Zielgruppe auch sehr viel besser treffen, als Sie es könnten.

 Wenn es um Werbung geht, werden plötzlich alle zu Experten. Das ist sehr gefährlich. Sie kennen Ihre Produkte zweifellos am besten. Das sollte Sie aber nicht dazu verleiten, eifrig kreativ mitzuwerkeln. Das gilt für die vorgelegten Kreationen und Abbildungen wie für den Text. Vergessen Sie nicht: Der Köder muss dem Fisch schmecken, nicht dem Angler!

Nicht selten werden die Texte vom Auftraggeber immer weiter »verschlimmbessert«, bis das Produkt vermeintlich vollständig und korrekt beschrieben ist. Manche Auftraggeber geben sich erst zufrieden, wenn alle aus ihrer Sicht erforderlichen Informationen zum Produkt im Text enthalten sind. Heraus kommt nicht selten ein völlig neuer Text, nämlich der eigene. Ob die Empfänger allerdings Lust haben, ausufernde Beschreibungen zu lesen, ist mehr als fraglich.

Agenturen haben etwas mehr Abstand zur Materie und können viel besser abschätzen, ob ein Text funktioniert und was den Leser interessieren wird. Fragen Sie sich im Zweifelsfall einfach einmal, warum der Kunde das Ganze eigentlich lesen sollte. Niemand beschäftigt sich freiwillig mit Werbung, es sei denn, die Vorteile sind offensichtlich. Ob ein Werbemittel gut oder schlecht ist, entscheidet letztlich der Kunde. Verzichten Sie auf allzu heftige kreative Eingriffe und konzentrieren Sie sich auf die inhaltliche Richtigkeit (was nicht Vollständigkeit heißt) und auf die Einhaltung der formalen Vorgaben (zum Beispiel Corporate Design).

Die Frist läuft ... Planungszeiträume beachten

Bei der kreativen Gestaltung müssen Sie die unterschiedlichen zeitlichen Planungsfristen der Medien beachten (siehe Abbildung 5.3). Bei einer Mailingkampagne sind die Verzahnungen zwischen Adressbereitstellung, Produktion und Postauflieferungstermin zu berücksichtigen.

Bei Anzeigenschaltungen müssen die Planungszeiträume für die Mediabuchung sowie der Bereitstellungstermin für die Druckdaten/Lithografie berücksichtigt werden. Der Planungszeitraum bei Mailings umfasst ungefähr zehn Wochen. Bei Anzeigen gilt als Faustformel: Bei Monatstiteln müssen Sie sechs bis acht Wochen im Voraus buchen, bei Tageszeitungen reichen wenige Tage vor dem Erscheinen. Bilden Sie das in Ihrem Zeitplan gleich zu Beginn ab und setzen Sie für die einzelnen Abstimmungsschritte und internen Freigaben fixe Termine.

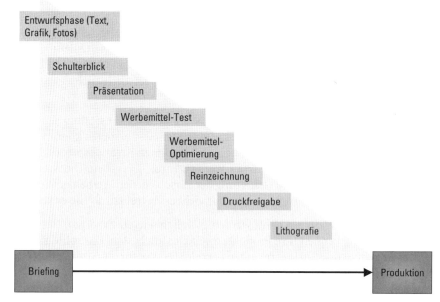

Abbildung 5.3: Die einzelnen Phasen der Kreation

Oft sind es gerade die internen Abstimmungen und Freigaben, die Sie in Verzug bringen. Mal sind die Fachverantwortlichen gerade mit anderen Aufgaben voll ausgelastet und finden nicht die Zeit, sich mit Ihren Vorlagen zu beschäftigen, oder der Kollege ist dummerweise gerade verreist und kann seine Freigabe nicht erteilen. Informieren Sie alle beteiligten Stellen frühzeitig über das Timing. Um auf Nummer sicher zu gehen, setzen Sie verbindliche Freigabefristen und fordern Sie Vertreterregelungen ein. Bei Verzug sofort nachtelefonieren.

Der Schulterblick

Ein wesentlicher Schritt im Kreationsprozess Ihrer Agentur ist der *Schulterblick*. Eine Zwischenabstimmung gibt Ihnen die Sicherheit, dass die Agentur auf dem richtigen Weg ist. Je früher Sie den Schulterblick machen, desto geringer ist das Risiko, dass Ihre Agentur viele Stunden in die falsche Richtung arbeitet.

Manche Agenturen inszenieren gerne den großen Überraschungseffekt und möchten erst das fertige Werbemittel präsentieren. Das kann allerdings eine böse Überraschung werden, wenn die ganze Arbeit in der Tonne landet, weil Sie damit gar nicht leben können. Vereinbaren Sie einen festen Termin für einen Schulterblick, etwa 14 Tage nach dem Briefing. Sollten danach noch größere Entwicklungsschritte folgen, vereinbaren Sie weitere Abstimmungstermine. Schauen Sie Ihrer Agentur allerdings nicht permanent über die Schulter, denn das bringt unnötige Unruhe in den Prozess und nervt mehr, als dass es hilft.

Nach der Präsentation folgt der Test des Werbemittels. Vor allem Mailings können Sie hervorragend in verschiedenen Varianten entwickeln, um den Erfolg der Testauflagen bereits vor der Hauptaussendung zu testen (siehe hierzu auch Kapitel 8). Nutzen Sie den besonderen Vorteil der Werbemittelerfolgskontrolle bei responseorientierten Werbemitteln.

Unter einem Test versteht man die Variation eines einzelnen Merkmals mit anschließender Analyse der Wirkung auf den Erfolg. Die Werbemittelvariante mit dem besten Ergebnis geht in die Hauptaussendung. Variable Merkmale sind beispielsweise die Zielgruppe, der Responsekanal oder der Angebotspreis.

Es werden niemals mehrere Merkmale gleichzeitig verändert, weil der Einfluss einer einzelnen Variablen auf den Erfolg sonst nicht bestimmbar ist. Die verschiedenen Varianten werden kodiert, damit Sie die Reaktionen dem jeweiligen Testdesign zuordnen können. Testen ist eine spannende Angelegenheit und versetzt Sie zurück in die Zeit Ihres ersten Chemiebaukastens: ausprobieren und schauen, was passiert.

Das können Sie alles testen:

✔ Test der eigenen Adressen gegen Fremdadressen

✔ Test von Zielgruppensegmenten

✔ Test von Gestaltungsvarianten

✔ Test von Produkten

✔ Test von Angebotsvarianten (Preis, Rabatte, Zugaben, Befristungen)

✔ Test von Reaktionsmöglichkeiten (Karte, Fax, E-Mail, Telefon)

✔ Test von verschiedenen Zeitpunkten

✔ Test von Regionen

Das Adressmanagement

Für eine Mailingaussendung brauchen Sie gute Adressen. Wenn Sie bestehende Kunden ansprechen wollen, setzen Sie eigene Adressen ein. Wollen Sie Neukunden gewinnen, werden Sie auf Fremdadressen zurückgreifen müssen, die Sie bei Adressverlagen und Adressbrokern anmieten können (ausführliche Informationen dazu finden Sie in Kapitel 2).

Eine kostengünstige Alternative zur Anmietung von Fremdadressen ist die Postwurfspezial-Datenbank der Deutschen Post, mit der Sie gewünschte Haushalte nach einer Vielzahl von Kriterien wie Kaufkraft, Wohnumfeld und Familienstand ansprechen können. Sie müssen bei der Neukundengewinnung mit Fremdadressen diese Daten gegen Ihre eigenen Kundendaten abgleichen, damit Sie nicht bestehende Kunden ansprechen.

Bei eigenen Adressen ist die Ausgangslage oft folgende: Sie verfügen zwar über eine eigene Datenbank mit Kundenadressen, das Problem ist allerdings die mangelhafte Aufbereitung der Daten. Um aus Ihrer Datenbank heraus eine korrekte Briefanrede zu erzeugen, reicht es nicht, den Namen und die Postanschrift des Kunden zu kennen. Sie müssen auch in der Lage sein, die einzelnen Felder sinnvoll zu trennen, also etwa die Anrede und den Namen und Vornamen. Das ist schon deshalb sinnvoll, damit Ihr Anschreiben mit Adresse und Anrede automatisch personalisiert werden kann.

Eine einheitliche Datenstruktur ist das A und O des Adressmanagements, erst recht, wenn Sie verschiedene Datenbanken zusammenführen wollen oder eigene und fremde Adressbestände vereinen möchten. Für die Testaussendungen und für die Hauptaussendung brauchen Sie zudem saubere und aktuelle Adressen. Die Adressbereinigung vor der Aussendung wird Sie davor bewahren, größere Mengen an Retouren durch unzustellbare Sendungen zu erzeugen. Ihre eigenen Adressen bringen Sie mit einem modernen Adressprogramm in drei Schritten auf den neuesten Stand.

✔ **Schritt 1: Postalische Korrektur**

Mit Ihrer Adresssoftware können Sie problemlos die Adressen auf postalische Richtigkeit überprüfen lassen, insbesondere die korrekte Befüllung der Adressfelder wie Straße und Hausnummer und die dazugehörende Postleitzahl.

✔ **Schritt 2: Herausfiltern unzustellbarer Adressen**

»Tote Adressen« sind unbrauchbare Adressen, weil der Empfänger verstorben oder verzogen ist. Jedes Jahr veralten allein aufgrund von Umzügen 10 Prozent aller Adressen. Am besten vor jeder Aussendung, mindestens aber zweimal jährlich, sollten Sie Ihre Adressen checken.

Die Deutsche Post Adress ist darauf spezialisiert, Firmenadressbestände anhand einer permanent gepflegten Umzugsdatenbank und einer aktuellen Sterbedatei zu überprüfen. Die Umzugsdatenbank basiert auf den Nachsendeaufträgen der Umziehenden, mit denen der Post die jeweils neuen Adressen mitgeteilt werden. So werden Ihre unzustellbaren Kundenadressen sofort identifiziert. Veraltete Adressen wegen Umzugs werden auf Wunsch mit der neuen Zustelladresse versehen.

✔ **Schritt 3: Dublettenabgleich**

Prüfen Sie Ihre Adressen auf Dubletten (Doppelungen). Häufig hat man ein und denselben Kunden gleich mehrmals in seiner Datenbank und merkt es nicht, weil die Datensätze geringfügige Abweichungen in der Schreibweise haben. Adressprogramme fördern zum Teil erstaunliche Ergebnisse zutage.

Ihre Software sollte allerdings über einen phonetischen Abgleich verfügen. Damit überprüft das Programm auch den ähnlichen Klang der verschiedenen Adressen. Haben Sie etwa einen Ferdinand Meier und einen Ferdinand Meyer in der Datenbank, die beide in der Schäferstraße 7 wohnen, wird das angezeigt. Sie können dann nachprüfen, ob es sich um ein und denselben Kunden handelt. Beim Dublettenabgleich können Sie gleichzeitig die angemieteten Fremdadressen gegen Ihre eigenen Adressbestände laufen lassen. Doppelte Adressen müssen Sie ebenso wenig bezahlen wie unzustellbare Fremdadressen.

Die Adressprüfung übernehmen auch Adressdienstleister für Sie. Das geschieht in vielen Fällen sogar schneller und ist aktueller, als Sie es selbst sein könnten. Adressüberprüfungen per Internet gehören inzwischen zum Standard.

Das haben veraltete Adressen für Sie zur Folge:

✔ Sendungen können nicht zugestellt werden. Das verursacht unnötige Kosten bei der Produktion von Werbemitteln und beim Porto.

✔ Ihnen entgeht ein möglicher Umsatz aus der Aktion, wenn das Mailing ins Leere läuft.

✔ Sie verlieren Ihre Kunden, wenn sich durch Umzug die Adresse ändert.

✔ Sie müssen den Verlust bestehender Kunden durch Investition in Neukundengewinnung ständig ausgleichen.

✔ Sie verschwenden Ressourcen, weil Sie Dubletten nicht erkennen und Kunden mehrfach in der Datenbank führen.

✔ Imageschaden durch Dubletten, wenn Sie Ihre Kunden mehrfach anschreiben.

Es ist immer günstiger, wenn Sie Ihre Kundenadressen vor einer Aussendung pflegen, als im Nachgang Schadensbegrenzung zu betreiben. Dennoch werden Sie auch mit der sorgfältigsten Adressbereinigung Rückläufer aus unzustellbaren Sendungen nie ganz verhindern können. Nach der Aktion pflegen Sie diese Retouren in Ihrer Datenbank ein, um bei der nächsten Aktion nicht die gleichen Retouren zu erzeugen.

Mit einer Vorausverfügung oberhalb der Adresse können Sie der Post mitteilen, was mit der Sendung passieren soll, wenn diese unzustellbar ist. Die Kosten für diesen Service sind abhängig von der Menge der Sendungen.

✔ *Wenn unzustellbar, bitte zurück* bedeutet, Sie erhalten die Sendung zurück. Sie wissen dann, dass die Adresse veraltet ist, wissen aber nicht, wo der Kunde jetzt wohnt.

✔ *Falls Empfänger verzogen nachsenden* bedeutet, die Sendung erreicht den Empfänger, Sie erfahren aber nicht, dass Ihre Adresse veraltet ist.

✔ *Falls Empfänger verzogen nachsenden, Anschriftenberichtigungskarte mit neuer Anschrift* bedeutet, die Sendung wird an die neue Adresse zugestellt und Sie erhalten eine Mitteilung über die neue Adresse.

Die Produktion

Die Agentur erstellt zunächst eine *Reinzeichnung* des Werbemittels (mit Angabe der Farbwerte), die als Grundlage der Lithografie dient. Nach der Druckfreigabe durch Sie wird eine *Lithografie* erstellt. Das geschieht in der Regel in einer Litho-Anstalt. Nun ist das Werbemittel erstmals farbverbindlich zu sehen. Sie können noch letzte Korrekturen vor der Druckfreigabe vornehmen. Nach Ihrer Freigabe der Werbemittel beginnt die Produktionsphase.

Bei einer Mailingaktion sind die Druckerei und der Lettershop Ihre wichtigsten Verbündeten. Was eine Druckerei macht, werden Sie sich in etwa vorstellen können. Wussten Sie aber, dass ein Lettershop so ziemlich alles macht, von der Konfektionierung über die Datenbereitung und Adressierung, Portoberechnung, Freimachung und Postauslieferung bis hin zur Abwicklung von Bestellungen und der Responsestatistik? Da kann echt viel schiefgehen, weshalb Sie sich Ihren Partner sehr gewissenhaft auswählen sollten.

Für die Auswahl der Dienstleister gilt im Prinzip das Gleiche wie bei der Auswahl von Agenturen. Sehen Sie sich Referenzen an und holen Sie verschiedene Angebote auf Basis Ihrer Anforderung ein. Die Preisspanne ist im Druck- und Lettershopbereich recht groß.

Beim Druck sollten Sie berücksichtigen, dass Qualität seinen Preis hat. Zwar sind digitale Druckverfahren bei Auflagen von 50.000 bis 100.000 Exemplaren inzwischen sehr preiswerte Alternativen, an die hohe Qualität des Offsetdrucks oder gar des Tiefdrucks kommt der Digitaldruck aber noch nicht heran. Das macht sich vor allem bei der Farbverbindlichkeit bemerkbar. Am besten lassen Sie sich verschiedene Druckmuster präsentieren.

Mit der Druckspezifikation definieren Sie die exakte Vermaßung des Werbemittels, die Papierqualität und das Papiergewicht, das Druckverfahren, die Farbigkeit und Hinweise zur Verarbeitung der einzelnen Bestandteile (zum Beispiel Falzen des Prospekts). Der Produktionsverantwortliche der Agentur wird Ihnen hierfür einen Vorschlag machen. Lassen Sie sich gegebenenfalls ein Papiermuster geben, um die Qualität und Festigkeit des vorgeschlagenen Papiers zu prüfen. Der Drucker wird einen Proof erstellen, einen farbverbindlichen Andruck, der Ihnen zur Prüfung vorgelegt wird. Erst nach Ihrer Freigabe wird dann gedruckt.

Bei größeren Auflagen sollten Sie die Druckerei schon einige Wochen im Voraus über den Druckauftrag informieren, damit entsprechende Kapazitäten bereitgehalten werden können.

Die Druckerei liefert die gedruckten Werbemittel anschließend an den Lettershop. Sie stellen dem Lettershop Ihre Kundendaten zur Verfügung, die der Lettershop dann noch einmal so aufbereitet, dass er die Produktion der Anschreiben per Laserdruck vornehmen kann, entweder komplett in einem Durchgang oder per Eindruck der Adressen und Anrede ins vorgedruckte Anschreiben. Der Lettershop führt die verschiedenen Mailingbestandteile anschließend zusammen. Bei dieser sogenannten *Konfektionierung* werden das Anschreiben, die Beilage, die Faxantwort und das Kuvert zusammengeführt. Das geschieht in der Regel maschinell.

Viele Lettershops übernehmen übrigens auch die Dublettenprüfung und die Portooptimierung. Fragen Sie danach, gerade die Portooptimierung dürfte sich für Sie auszahlen.

Nach der Kuvertierung und Portooptimierung kommt die Erstellung der Einlieferungslisten und dann ab die Post!

Die Responsebearbeitung

Die ersten Reaktionen auf Ihr Angebot treffen bereits drei Tage nach der Postauflieferung ein. Wenn Sie sich erst jetzt um den Prozess der Responsebearbeitung Gedanken machen, ist es bereits zu spät. Die Besteller erwarten eine zeitnahe Reaktion vom Unternehmen.

Bereits nach wenigen Tagen lässt das Interesse der Reagierer an einem Angebot deutlich nach. Bearbeiten Sie Reaktionen deshalb zügig. Je schneller der Reaktionskanal, desto schneller müssen Sie antworten. Zeitnahe Bearbeitung heißt bei telefonischen Reaktionen sofort. Bei elektronischen Bestellungen per E-Mail versenden Sie eine Eingangsbestätigung per Mail innerhalb von zwölf Stunden. Grundsätzlich sollten Sie das angeforderte Material innerhalb von fünf Tagen versenden. Das gilt auch für schriftliche Bestellungen. So stärken Sie das Vertrauen in Ihre Leistungsfähigkeit. Bei Verzögerungen in der Abwicklung informieren Sie den Besteller in jedem Fall schriftlich.

Viele Unternehmen übertragen die Responsebearbeitung ihrem Lettershop. Das hat den Vorteil, dass die Lagerhaltung bei Ihnen entfällt. Auch die Versandabwicklung müssen Sie dann nicht selbst übernehmen. Nicht zuletzt versorgt Sie Ihr Lettershop mit tagesaktuellen statistischen Auswertungen zur Response.

Die Erfolgskontrolle

Nutzen Sie einen der Hauptvorteile von Dialogmarketing – den schnellen und eindeutigen Nachweis, ob Ihre Aktion erfolgreich verläuft. Bereits nach wenigen Tagen einer laufenden Aktion können Sie anhand der eingehenden Reaktionen den Erfolg beurteilen. Dabei ist die Anzahl der Reaktionen nur ein Indikator, wesentlich ist auch die Qualität der Reaktionen.

Bestellungen oder Terminvereinbarungen sind für Ihren Umsatzerfolg wichtiger als Teilnahmen an einem Gewinnspiel. Sollte es Ihnen allerdings primär um die Gewinnung von neuen Adressen gehen, sind hohe Teilnehmerzahlen ein quantitativer Erfolg. Allgemeingültig Aussagen nach der durchschnittlich zu erwartenden Rücklaufquote für die verschiedenen Medien sind nicht möglich. Das ist sehr stark von der Zielsetzung, dem Angebot und den eingesetzten zusätzlichen Reaktionsanreizen abhängig. Falls Sie ein Autohaus betreiben, werden Sie mit einigen wenigen Kaufinteressenten vermutlich schon zufrieden sein; wenn Sie Konsumgüter verkaufen, dürften Ihre Erwartungen höher gesteckt sein.

Eine Faustformel besagt, dass bei Mailings 50 Prozent der Reaktionen zwischen dem fünften und dem fünfzehnten Tag nach Eingang der ersten Reaktion vorliegen (sogenannter Halbwertszeitpunkt). Sie können also frühzeitig die zu erwartende Gesamtresponse abschätzen. Die Reaktionsgeschwindigkeit ist bei den verschiedenen Instrumenten aber extrem unterschiedlich. Je schneller der Reaktionsweg ist (beispielsweise Hotline bei TV-Spot), desto schneller erfolgt die Reaktion. Staffeln Sie den Einsatz der verschiedenen Instrumente zeitlich so, dass Ihre Kapazitäten für die Bearbeitung gleichmäßig ausgelastet sind (siehe Abbildung 5.4).

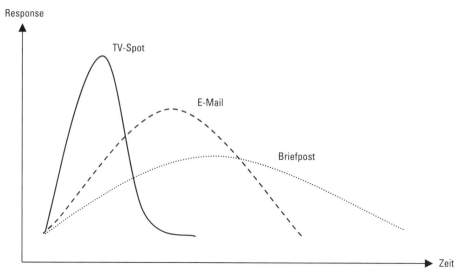

Quelle: El Himer, Klem, Mock – Marketing Intelligence, 2001

Abbildung 5.4: Responsekurve in Abhängigkeit vom Werbeträger

Die eingehenden Reaktionen per Fax, E-Mail, Antwortkarte oder Telefon erfassen Sie entweder automatisch (im Falle von Internet oder E-Mail) oder manuell per Scanner (bei Karten und Coupons). Die elektronische Aufbereitung Ihrer Reaktionsdaten ist wichtig für die Response-erfüllung, also den Versand von angeforderten Informationen und Produkten, und für die Steuerung Ihrer nachfolgenden Vertriebsaktivitäten. Auch die Auswertung der Reaktionen ist wesentlich einfacher und transparenter, wenn alle Reaktionsinformationen in einem einheitlichen Kampagnenmanagementsystem erfasst werden.

 Werten Sie in jedem Fall den Erfolg Ihrer Aktion aus. Überprüfen Sie die Bestellungen, Umsätze, Aufträge oder Terminvereinbarungen anhand der zuvor gesteckten Ziele. Berechnen Sie außerdem, welche Kosten Ihnen tatsächlich entstanden sind und ermitteln Sie die Kosten pro Bestellung beziehungsweise die Kosten pro Reaktion, das Verhältnis von Kosten zu Ertrag und so weiter (mehr dazu erfahren Sie in Kapitel 8). Die Einhaltung des Budgets überwachen Sie bereits während der laufenden Kampagne, damit Sie gegebenenfalls gegensteuern können.

Zur Erfolgsauswertung gehört auch, dass Sie die Stärken und Schwächen offen und selbstkritisch analysieren. Diskutieren Sie selbstkritisch im Team, wie die Maßnahme zu bewerten ist. Was lief gut und was ist beim nächsten Mal zu verbessern?

Das Ergebnis der Aktion dokumentieren Sie schriftlich in Form eines Reports, damit die Aktion später nachvollzogen werden kann. Und damit ein Vergleich mit künftigen Maßnahmen möglich wird. So steigern Sie Ihre Lernkurve für künftige Aktionen. Mit jeder weiteren Aktion werden Sie etwas schlauer und die Zielgenauigkeit Ihrer Aktion verbessert sich. Deshalb nennt man Kampagnenmanagement auch ein lernendes System.

Zusammenarbeit mit Agenturen

In diesem Kapitel

▶ Die Agenturauswahl

▶ Der Vertragsschluss

▶ Die Agenturhonorierung

Ob man jemand vertrauen kann, weiß man erst, wenn man ihm was anvertraut hat.

Robert Lembke, deutscher Quizmaster

Ausgereifte Produkte, beste Preise, ein unschlagbares Serviceangebot und modernste Vertriebswege sind zentrale Pfeiler für Ihren Erfolg. Leider können Sie sich darauf allein nicht verlassen, denn Sie werden gegenüber Ihren Wettbewerbern in die Defensive geraten, wenn die Qualität Ihrer Marketingkommunikation nicht ebenfalls erstklassig ist. Selbst ist der Mann / die Frau gilt deshalb, wenn's um gute und wirksame Werbung geht, gerade nicht. In diesem Kapitel erfahren Sie, wie Sie den richtigen Partner für Ihre Kommunikationsmaßnahmen finden und wie Sie gut mit Agenturen zusammenarbeiten.

Die richtige Werbeagentur finden

Werbeagenturen sind wichtige Verbündete für Sie, wenn Sie in der Kommunikation mit Ihren Kunden eine gute Figur machen wollen. Gerade im Dialogmarketing geht es darum, Ihre Zielgruppen treffsicher und möglichst ohne Streuverluste zu erreichen. Hierfür brauchen Sie einen Partner mit viel Erfahrung und Know-how und es lohnt sich oft selbst bei einem kleineren Werbebudget, einen Experten heranzuziehen und nicht inhouse zu »wurschteln«.

Wenn Werbeagenturen sich selbst bewerben

Vielleicht wurden Sie bereits von Agenturen angesprochen oder man hat Ihnen eine Präsentation zukommen lassen. Man sollte ja annehmen, dass Agenturen in eigener Sache die Kundenansprache in Perfektion betreiben. Wenn Sie sich allerdings die Eigendarstellungen von Agenturen anschauen, werden Sie sich häufig durch umfangreiche, hochklassig produzierte, großartig illustrierte und schrecklich inhaltsleere Unterlagen kämpfen müssen. Solche Unterlagen fliegen meistens direkt in die Mülltonne.

Erstaunlicherweise sind die meisten Agenturen in puncto Selbstvermarktung eher unstrukturiert und absenderorientiert. Der umworbene Kunde ist da eher nebensächlich. Dass Sie auf diesem Wege den richtigen Partner finden, ist eher unwahrscheinlich.

Die Zusammenarbeit mit einer Agentur ist Vertrauenssache, was nicht mit blindem Vertrauen verwechselt werden darf. Die Zeiten, in denen man irgendeine Agentur anrief, wenn es mal in der Werbung klemmte, sind vorbei. Ihr knappes Werbebudget ist zu kostbar, als dass Sie eine Werbeagentur im Branchenbuch aussuchen wie einen Klempner, wenn der Abfluss verstopft ist.

 Die Zusammenarbeit kann für Ihr Unternehmen zu einem kostspieligen Unterfangen werden, wenn Ihre Auswahl ausschließlich auf Faktoren wie Sympathie, persönliche Beziehungen, Empfehlungen oder sogar Zufall beruht.

Liefert die Agentur schlechte Ergebnisse ab, wird man Sie am Ende für die falsche Agenturwahl verantwortlich machen. Dann können Sie sich auch nicht damit rausreden, dass das total sympathische Leute waren. Da wird Ihre Marketingkarriere schnell überschaubar. Natürlich ist Sympathie eine wichtige Basis für die vertrauensvolle Zusammenarbeit, schließlich ist Agenturgeschäft People Business. Es ist auch nichts gegen Empfehlungen einzuwenden, wenn Sie auf der Suche nach geeigneten Kandidaten sind. Für eine längerfristige Partnerschaft, die maßgeblichen Einfluss auf Image und Umsatz Ihres Unternehmens hat, brauchen Sie allerdings klare und belastbare Auswahlkriterien. Bei einer systematischen Agenturauswahl haben Sie grundsätzlich mehrere Möglichkeiten.

Ein sehr verbreitetes Verfahren der Agenturauswahl ist die *Wettbewerbspräsentation*, der sogenannte *Pitch.* Dabei treten mehrere Agenturen gegeneinander an und präsentieren ihre Vorschläge für eine bestimmte Aufgabenstellung. Tatsächlich ist der Agentur-Pitch eine probate Möglichkeit, den geeigneten Partner zu finden. Die einzelnen Schritte beim Pitch werden Sie im Folgenden kennenlernen. Da die Durchführung eines Pitch mit zeitlichem Aufwand verbunden ist und Kosten verursacht, sehen wir uns anschließend auch alternative Möglichkeiten der Agenturauswahl an, die mit teilweise weniger Aufwand häufig zu ähnlich guten, manchmal sogar besseren Ergebnissen führen können.

Die wichtigsten Spielregeln für die Agenturauswahl

1. Prüfen Sie, ob ein Pitch überhaupt erforderlich ist. Eventuell ist ein Probejob oder ein Workshop besser geeignet.

2. Formulieren Sie klar, konkret und nachvollziehbar die Zielsetzung und Ihre Erwartungen. Alle Fakten auf den Tisch legen.

3. Fair Play! Gleiche Bedingungen für alle Teilnehmer. Begrenzen Sie die Anzahl der Teilnehmer auf maximal fünf.

4. Legen Sie fest, in welcher Form präsentiert werden soll. Sonst zieht Agentur A die Präsentation auf Pappe auf, Agentur B zeigt eine Multimediashow und Agentur C stellt das Ganze pantomimisch dar. Bei völlig unterschiedlichen Präsentationsformen kann man nur viel Spaß beim Vergleich wünschen!

5. Machen Sie allen Teilnehmern transparent, wer noch am Pitch teilnimmt.

6. Vergüten Sie die Teilnahme am Pitch mit einer Pauschale.

7. Präsentieren Sie das Briefing persönlich und klären Sie offene Fragen. Anschließend Briefing in schriftlicher Form übergeben.

8. Bieten Sie Rebriefing und Schulterblick an.

9. Legen Sie den Zeitrahmen fest. Zwischen Briefing und Präsentation sollten vier bis acht Wochen liegen. Jede Agentur präsentiert etwa 90 Minuten, mit Diskussion maximal zwei Stunden.

10. Vereinbaren Sie schriftlich die Vertraulichkeit.

11. Geben Sie den unterlegenen Agenturen die Chance, etwas aus dem Pitch mitzunehmen, selbst wenn es nur Erfahrung ist. Geben Sie eine Begründung für Ihre Ablehnung.

Der Agentur-Pitch

Zu Beginn eines Pitch müssen Sie entscheiden, welche Agenturen Sie überhaupt einladen wollen. Bevor Sie auf Brautschau gehen, stehen Sie vor der Gretchenfrage, welcher Agenturtyp für Sie eigentlich am besten geeignet ist.

Gretchenfrage Nummer eins: Generalist oder Spezialagentur? Woran erkennen Sie überhaupt Generalisten? Ganz einfach: Das sind die, die von sich behaupten, alles zu können und das ganze Spektrum der Kommunikationskanäle abzudecken. Und woran erkennen Sie eine Spezialagentur? Das sind die, die von sich behaupten, alles zu können, und bestimmte Disziplinen sogar besonders gut. So richtig hilfreich ist das, was Agenturen von sich behaupten, allerdings häufig nicht.

Sie sind gut beraten, wenn Sie sich weniger auf vollmundige Versprechen, sondern auf den eigenen Augenschein verlassen und sich Referenzen zu bestimmten Disziplinen zeigen lassen.

Wenn Sie eine Kampagne planen, bei der mehrere Kommunikationsmedien zum Einsatz kommen, sind Sie mit einem Generalisten wahrscheinlich besser bedient. Denkbar ist aber auch, dass Sie den Etat splitten und eine spezielle Disziplin, etwa den Internetauftritt, von einer weberfahrenen Spezialagentur betreuen lassen. Der Koordinationsaufwand bei zwei oder mehr Agenturen in einem Projekt ist allerdings etwas höher.

Gretchenfrage Nummer zwei: Netzwerk-Agentur oder unabhängige (inhabergeführte) Agentur? Eher große oder kleine Agenturen? Erst mal was zu den großen, zum Beispiel den sogenannten *Agentur-Networks*. Das sind Global Player, also erste Wahl, wenn Sie mal wieder eine weltweit konzertierte Kampagne planen. Ihre Agentur ist mit internationalen Auszeichnungen hoch dekoriert und selbstverständlich straff organisiert. Die Network-Agentur denkt und handelt in internationalen Maßstäben. Spezialisten in Madrid, New York, São Paolo und Sydney halten für Sie rund um die Uhr die Fäden zusammen. Sollten Sie allerdings gerade nur eine Aktion in Wuppertal-Elberfeld planen, kommen Sie mit einer kleineren Agentur wahrscheinlich besser klar.

Die Betreuung ist bei den sogenannten Kleinen häufig noch sehr speziell. Hier präsentiert der Chef schon mal selbst. Allerdings ist oft auch die Ausrichtung speziell, vor allem kleine inhabergeführte Agenturen sind zumeist Spezialagenturen. Die inhabergeführte Werbeagentur ist gewissermaßen der Prototyp der Werbeagentur. Hier ist der Eigentümer zugleich Geschäftsführer. In der Regel gibt es davon gleich mehrere. Daher auch die wenig originelle Namensgebung nach dem Muster »Meyer & Müller«.

Dass kleinere Agenturen flexibler, schneller und preiswerter sind als große, ist allerdings ein Märchen. Es sind immer die handelnden Personen, die für Qualität verantwortlich sind. Und gute Leute sitzen sowohl in kleinen als auch in großen Agenturen. Und dass Sie bei kleineren Agenturen persönlicher betreut werden als bei den großen, ist ebenfalls Unfug. Verständlich zwar die Befürchtung, dass man mit einem Mini-Etat nur so mitläuft im Mühlenrad einer großen Agentur. Das ist in der Realität aber nicht der Fall. Auch bei großen Agenturen wird man Ihnen ein festes Team zur Seite stellen, das Sie erstklassig betreuen wird. Große Agenturen haben einen Ruf zu verteidigen und schlechte Leistungen sind schlechte Referenzen.

Gretchenfrage Nummer 3: Welche Rolle spielt die Entfernung? Manche Unternehmen legen großen Wert darauf, dass ihre Agentur quasi um die Ecke sitzt. Das hat weniger sachliche als vor allem emotionale Gründe. Wenn Sie den unmittelbaren Kontakt und den Austausch Auge in Auge einer Fernbeziehung vorziehen, dann ist das zwar ein Argument. In Zeiten von E-Mail, Telefon und Billigflügen spielt die räumliche Nähe in der Zusammenarbeit faktisch aber kaum eine Rolle.

Welche Agentur passt zu mir?

Um es noch einmal auf den Punkt zu bringen. Folgende generelle Fragen sollten Sie sich bei der Auswahl der Agentur in jedem Fall stellen:

✔ Generalist oder Spezialist?

✔ Netzwerk-Agentur oder unabhängige Agentur?

✔ Große oder kleine Agentur?

✔ Räumliche Nähe erforderlich?

Auswahl der Einsendungen

Zur Wettbewerbspräsentation laden Sie mindestens drei und höchstens fünf Agenturen ein. Es ist für Sie deshalb schon am Anfang entscheidend, dass Sie die engere Auswahl nicht dem Zufall überlassen. Gehen Sie systematisch vor und filtern Sie die interessantesten Kandidaten gezielt heraus.

Schritt 1 - die Vorauswahl

Führen Sie zunächst eine Vorauswahl in Form eines Fragebogens durch, der einer größeren Anzahl in Frage kommender Dienstleister zugeht.

Sie können die Agenturen, die Sie anschreiben, aus der Mitgliederliste der großen Agenturverbände (zum Beispiel GWA und DDV) auswählen und zusätzlich Empfehlungen und persönliche Präferenzen einbeziehen. Wenden Sie sich auch an Ihren Branchenverband. Dort wird man Ihnen Empfehlungen geben können.

Zu diesem Zeitpunkt ist es nicht schädlich, wenn Sie eine breite Auswahl treffen. Mögliche Fragen für Ihren Fragebogen können Sie aus der Checkliste Agenturauswahl entnehmen, die Sie weiter hinten in diesem Kapitel finden. Sicherlich wird es weitere Fragen geben, die sich aus Ihren speziellen Anforderungen ergeben. Die Auswertung der Antworten zeigt Ihnen zumeist eine Tendenz, wer als Partner geeignet erscheint und wen Sie gar nicht erst zum Pitch einzuladen brauchen.

Schritt 2 – die Pitch-Einladung

Aus Effizienzgründen sollten Sie sich auf maximal fünf Teilnehmer beschränken. Bedenken Sie, dass Sie sich mit jeder Agentur intensiv auseinandersetzen müssen und dass Sie den Agenturen nicht zuletzt ein Pitch-Honorar als Aufwandsentschädigung zahlen sollten.

 Feste Regeln, ob und in welcher Höhe ein Honorar zu zahlen ist, gibt es freilich nicht. Es ist ein Gebot der Fairness, die Leistungen zumindest anteilsmäßig zu bezahlen, auch dann, wenn Ihnen das Ergebnis der Arbeit letztlich nicht schmecken sollte. Für eine reine Konzeptentwicklung sollten Sie aber wenigstens 2.000 Euro je Teilnehmer einplanen, bei zusätzlichen kreativen Umsetzungen entsprechend mehr.

Agenturen investieren in der Regel ein Mehrfaches des gezahlten Pitch-Honorars. Allein die Reisekosten schlagen unter Umständen erheblich zu Buche. Die Agentur trägt also ein nicht unerhebliches finanzielles Risiko und muss schlichtweg darauf hoffen, dass sich die Investition über kurz oder lang rentieren wird. Sie sollten wissen, dass sich die im DDV organisierten Agenturen aus Gründen des fairen Wettbewerbs in einem Ehrenkodex verpflichtet haben, nicht kostenlos im Wettbewerb zu präsentieren. Wenn es um einen attraktiven Werbeetat geht, sind solche Selbstverpflichtungen in der Praxis allerdings kaum belastbar.

Sie sparen sich eine Menge Zeit, wenn Sie alle Agenturen zu einem gemeinsamen Pitch-Termin einladen. So müssen Sie nicht in mehreren Sitzungen die Aufgabe vorstellen. Außerdem ist das Verfahren auch fairer, weil alle Agenturen über den gleichen Informationsstand verfügen.

 Begrenzen Sie in der Einladung die Anzahl der Teilnehmer je Agentur auf maximal drei Personen. Es kann sonst passieren, dass bei Ihnen eine Atmosphäre wie bei einer Betriebsversammlung herrscht.

Schritt 3 – das Pitch-Briefing

Sie präsentieren den Teilnehmern Ihr Briefing, aus dem die Aufgabe und der Zeitverlauf der Wettbewerbspräsentationen hervorgeht (mehr dazu in Kapitel 5). Bitten Sie auch um eine Kalkulation der zu erwartenden Kosten, damit ein Preisvergleich möglich wird.

Über Geld sprechen Sie am besten gleich am Anfang vor der ersten Präsentation, weil Ihre Verhandlungsposition jetzt einfach besser ist als später, wenn die Agentur bereits weiß, dass Sie scharf auf ihre Kreation sind. Die reinen Agenturkosten sind übrigens häufig gar nicht die eigentlichen Kostentreiber: Je nach Konzept sind Mediaschaltkosten, Produktions- oder Portokosten wesentlich höher.

 Ich kann es nicht oft genug wiederholen: Ein gutes Briefing ist ganz wichtig. Wenn Sie der Agentur nicht genau vorgeben, was sie zu tun hat, dann brauchen Sie sich auch nicht zu wundern, wenn etwas völlig anderes herauskommt.

Geben Sie den Agenturen Gelegenheit, Fragen zu stellen, um mögliche Unklarheiten auszuräumen. Das Briefing händigen Sie den Teilnehmern aus. Sollten im Nachgang zum Briefing noch wichtige Informationen hinzukommen, informieren Sie alle Agenturen gleichermaßen, am besten schriftlich.

Schritt 4 - die Wettbewerbspräsentationen

Zwischen Ihrem Briefing und den Präsentationen der Agenturen sollten wenigstens drei Wochen Zeit liegen. Verteilen Sie die Präsentationstermine nach Möglichkeit nacheinander auf einen oder zwei Tage. So können Sie am besten vergleichen, weil die Eindrücke aus den Präsentationen noch frisch sind. Je nach Umfang der Aufgabenstellung sollte die Präsentation inklusive nachfolgender Diskussion maximal zwei Stunden betragen.

Legen Sie die Termine zeitlich so, dass sich die Agenturen nicht unbedingt die Klinke in die Hand geben. Lassen Sie sich das Präsentationsmaterial aushändigen, damit Sie später bei der Entscheidungsfindung noch einmal einen Blick darauf werfen können. Machen Sie sich während der Präsentationen mittels einer Checkliste Notizen, die Ihnen bei der vergleichenden Bewertung helfen wird.

 Eine gute Idee ist immer überraschend!

Eine gute Idee ist immer einfach!

Eine gute Idee verstärkt die Botschaft!

Checkliste Bewertung der Agenturpräsentation

✔ Wurden alle Briefingvorgaben und Rahmenbedingungen berücksichtigt?

✔ Ist das Konzept geeignet, die gesteckten Ziele zu erreichen?

✔ Ist der Ansatz kreativ vielversprechend?

✔ Wurde die Marktsituation im Konzept realistisch berücksichtigt?

✔ Passt der Vorschlag zur Zielgruppe?

✔ Sind die Medien zielgruppenorientiert?

✔ Werden die Medien inhaltlich und gestalterisch zu einer einheitlichen Kampagne vernetzt?

✔ Passt die Maßnahme zum sonstigen Werbeauftritt des Unternehmens?

✔ Ist die Botschaft schnell erkennbar und für die Zielgruppe verständlich?

✔ Sind Alleinstellungsmerkmale (USPs) herausgearbeitet?

✔ Wird eine Reaktion der Zielgruppe stimuliert?

✔ Werden mehrere Responsewege angeboten und sind die Responsemittel leicht handhabbar?

✔ Ist das Responsemanagement berücksichtigt?

✔ Werden Vorschläge für den weiteren Verlauf der Kampagne gemacht (Nachfassaktionen oder Ähnliches)?

✔ Wird der Budgetrahmen eingehalten?

✔ Ist der Zeitverlauf der Planung realistisch?

✔ Wie ist Ihr Gesamteindruck von der Kampagne?

✔ Plant die Agentur eine Erfolgsmessung?

✔ Wie ist Ihr Eindruck von den Personen und von deren Know-how?

✔ Wie reagiert die Agentur auf kritische Fragen?

Schritt 5 - die Pitch-Entscheidung

Informieren Sie die Teilnehmer am Pitch zeitnah über das Ergebnis. Lassen Sie die unterlegenen Agenturen nicht im Unklaren über die Gründe der Ablehnung, die Agenturen wollen schließlich daraus etwas zu lernen, um beim nächsten Mal erfolgreicher sein zu können. In einem persönlichen Gespräch sollten Sie ganz offen sagen, warum Sie sich gegen die Agentur entschieden haben.

Alternativen zum Pitch

Die Entscheidung für eine Agentur können Sie auch ohne Pitch treffen. Denn zum Glück gibt es ja folgende Alternativen:

✔ Der Workshop

✔ Das Gipfeltreffen

✔ Der Schnupperkurs

✔ Die Flopdiskussion

Der Workshop

Im Workshop gehen Sie auf Tuchfühlung mit Ihren potenziellen Partnern. Hierzu laden Sie Vertreter mehrerer Agenturen ein, um mit Ihnen allgemein über Ihre Marke und die werblichen Möglichkeiten Ihres Unternehmens zu sprechen.

 Zum Workshop laden Sie am besten maximal zehn Personen ein, weil Sie sonst schnell den Überblick verlieren, welche Personen eigentlich zu welcher Agentur gehören.

In diesem Austausch spielt die konkrete Aufgabenstellung noch keine Rolle; vielmehr geht es um einen Eindruck, welchen Erfahrungshorizont die Teams haben, welche kreativen Energien die Agenturen mitbringen und mit welchem Team Sie sich auch auf der persönlichen Ebene eine Zusammenarbeit vorstellen könnten.

Das Gipfeltreffen

Im Intensivgespräch gehen Sie einen Schritt weiter. Hier sprechen Sie gezielt mit einzelnen Agenturen über die Rahmenbedingungen Ihrer möglichen Zusammenarbeit und die inhaltlichen und konzeptionellen Aspekte der konkreten Aufgabenstellung. Spätestens jetzt werden Sie das tatsächliche Potenzial der Agentur erkennen und feststellen, ob die Agentur mehr kann, als eine gute Figur zu machen.

✔ Überzeugen Sie die vorgestellten Strategien und erste kreative Vorschläge?

✔ Kann Sie die Agentur wirklich weiter bringen? Agenturbeziehungen sind längerfristig angelegt; wie steht es um die Visionen für die weitere Entwicklung Ihres Unternehmens?

✔ Vertrauen Sie in das Know-how, die Erfahrung und die Beratungskompetenz der Agentur und ist sie damit tatsächlich ein geeigneter Partner für Sie?

✔ Machen Sie sich einen eigenen Eindruck von der Agentur und besuchen Sie die Agentur in ihren eigenen Räumlichkeiten. Welchen Eindruck machen die Arbeitsplätze, die Menschen und die technische Infrastruktur auf Sie?

Der Schnupperkurs

Die Zusammenarbeit mit Agenturen ist in allererster Linie ein zwischenmenschliches Geschäft. Gehen Sie davon aus, dass die besten Ideen und Konzepte nicht fruchten, wenn die Chemie zwischen den Menschen nicht stimmt, die Teamstrukturen komplett andere sind oder sich die Arbeitsweise der beteiligten Personen deutlich voneinander unterscheidet.

Kommunikationsstörungen, Spannungen und Reibungsverluste strapazieren nicht nur die Nerven, es kostet Sie auch viel Zeit und Geld, wenn sich das Projekt nur schleppend entwickelt. Von den guten Absichten und dem Schwung des Anfangs bleibt am Ende nichts übrig und das Ergebnis sieht entsprechend aus. Deshalb reicht es nicht, mit den Köpfen der Agentur, gewissermaßen auf oberster Ebene, die Zusammenarbeit zu diskutieren, es muss auch ein Dialog zwischen den konkret am Projekt Beteiligten auf Agentur- und Unternehmensseite kommen.

Ein Verfahren, das die künftige Arbeitssituation hervorragend simuliert und bei dem sich die Beteiligten beschnuppern können, ist der Probejob. In einem Probejob können Sie dem bereitgestellten Team und den einzelnen Personen auf den Zahn fühlen.

Ein Probejob ist zwar ein sehr aufwendiges und in der Regel teures Verfahrung, doch es wird sich für Sie auszahlen, weil Sie auf keine andere Weise die Qualität der künftigen Zusammenarbeit besser unter die Lupe können als mit einem realistischen Testszenario.

Ist das Know-how tatsächlich vorhanden oder wird nur heiße Luft abgesondert? Haben die Teammitglieder praktische Erfahrung oder nur schlaue Bücher gelesen? Wie ist das gegenseitige Verständnis füreinander und was ist mit Faktoren wie Erreichbarkeit, Arbeitsgüte und Arbeitsgeschwindigkeit? Stärken und Schwächen werden im Probejob erbarmungslos zutage gefördert. Doch Vorsicht: Der Probejob ist natürlich nur dann aussagefähig, wenn er vom Team bearbeitet wird, das später für Sie im Einsatz sein wird.

Die Flopdiskussion

Welche Agentur präsentiert nicht gerne seine größten Erfolge? Prämierte Kampagnen, Auszeichnungen und die Liste der wichtigsten Kunden sind die Zierde einer Agentur. Das ist ja alles schön und gut, aber lassen Sie sich nicht von einem Best-of-Programm einlullen.

Überraschen Sie die Agentur, indem Sie sich zur Abwechslung mal die größten Flops präsentieren lassen. Geht die Agentur offen mit Misserfolgen um und steht sie dennoch zu ihrer Arbeit? Oder flüchtet sie sich in Entschuldigungen und schiebt die Schuld am Ende auf die andere Seite? Das dürfte für Sie sehr aufschlussreich sein. Worin lag das Scheitern begründet, waren die Ideen und Konzepte dem Auftraggeber zu modern oder gewagt und wie sahen die Vorschläge eigentlich konkret aus? Vielleicht ist es ja zufällig genau die Richtung, in die das Ganze bei Ihnen abgehen kann.

Die Rechte an den Vorlagen und Ideen sind das Eigentum der Agenturen. In der Regel wird in Präsentationsunterlagen explizit darauf hingewiesen. Die Rechtefrage sollten Sie in jedem Fall vertraglich regeln. Die Verwendung von Vorlagen ohne Zustimmung der Agentur nennt man »Vorlagenfreibeuterei«. Klingt nicht nur abenteuerlich, kann es auch werden, denn Rechte-Piraterie ist strafbar.

Checkliste Agenturauswahl

Hier noch einmal auf einen Blick, worauf Sie bei der Auswahl Ihrer Agentur achten sollten:

✔ **Agenturstruktur**

- Wo liegen die Leistungsschwerpunkte der Agentur?

- Verfügt die Agentur über Know-how im Dialogmarketing?

- Verfügt die Agentur über Erfahrung in der integrierten Kommunikation und in der Verknüpfung von klassischer Werbung mit Dialogkommunikation?

- Welche Dialoginstrumente beherrscht die Agentur?

✔ **Referenzen**

- Hat die Agentur Erfahrung mit Ihrem Produktportfolio und Ihrer Branche?

- Welche Kampagnen, Arbeitsproben und prämierten Arbeiten kann die Agentur vorweisen?

- Welche Unternehmen werden betreut? Dauer der Kundenbeziehung?

✔ **Mitarbeiter**

- Wie hoch ist die Zahl fester Mitarbeiter?

- Wie ist das Verhältnis von festen zu freien Mitarbeitern?

- Stellt man Ihnen ein festes Team mit klaren Verantwortlichkeiten zur Verfügung?

- Haben Sie einen festen, regelmäßig erreichbaren Ansprechpartner?

- Wie sympathisch und vertrauenswürdig sind Ihnen die Menschen auf Agenturseite? Passen beide Seiten zueinander?

✔ **Allgemeine Faktoren**

- Seit wann gibt es die Agentur?

- Ist die Agentur Mitglied in einem Verband (zum Beispiel GWA, DDV)?

- Sind die Abrechnungsmodelle transparent?

- Wie sind die Arbeitsbedingungen vor Ort?

- Präsentiert sich die Agentur professionell, flexibel und vielseitig?

- Wie ist das Verhältnis von Dienstleistungsumsatz zur Zahl der aktiv betreuten Kunden (viele Kunden und wenig Umsatz ist ein eher schlechtes Zeichen)?

- Wie ist die durchschnittliche Betreuungsdauer der wichtigsten Kunden?

Der Vertragsschluss

Sobald Ihr Wunschpartner gefunden ist, sollten Sie die Zusammenarbeit auf eine für beide Seiten verlässliche und vor allem verbindliche Grundlage stellen. Bei Verträgen gilt grundsätzlich Formfreiheit, das heißt, Sie können theoretisch auch mündlich und per Handschlag rechtsverbindliche Absprachen treffen. Aber mal im Ernst: Wollen Sie sich im Streitfall auf irgendwelche Absprachen berufen, wenn das nicht schriftlich fixiert ist? Verträge sollten Sie stets in Schriftform festhalten.

Schließen Sie möglichst bald einen Vertrag, der den Gegenstand der Zusammenarbeit, die Rechte und Pflichten, eine Verschwiegenheitsklausel und die Honorierung der Agentur regelt. Sofern Sie sich nicht sofort vertraglich binden wollen und die Zusammenarbeit erst einmal auf die Probe stellen wollen, sollten Sie sich mit einer Projektarbeit oder einer zeitlichen Befristung letzte Gewissheit verschaffen.

---

1. Beauftragung, Vertragsgegenstand

- Beauftragung
- Vertragsgebiet
- Vertragsdauer/Termin der Leistungserbringung
- Kündigungsfrist

2. Leistungen der Agentur

- Beratung, Konzept
- Planung
- Gestaltung
- Produktion
- Werbegestaltung
- Sonstige Leistungen

3. Vergütung der Agentur

- Vergütung für Leistungen unter 2.
- Vergütung für Fremdleistungen/Leistungen Dritter

4. Regelung des Zahlungsverkehrs

- Zahlungsfristen
- Behandlung von Nachlässen
- Vorausrechnungen/Endabrechnungen

5. Regelung der Zusammenarbeit

- Information
- Weisungen
- Protokolle
- Erteilung von Aufträgen
- Leistungsänderungen
- Mediaaufträge
- Konkurrenzklausel/Abwerbungsverbot
- Verschwiegenheit
- Sorgfaltspflicht
- Rechenschaftslegung
- Urheber- und Nutzungsrechte
- Haftung für wettbewerbsrechtliche Richtigkeit
- Verwahrung
- Reisekosten

6. Schlussbestimmungen

- Erfüllungsort
- Gerichtsstand
- Vertragsänderungen
- Salvatorische Formel* / Schlussbestimmungen

*Erhält die Gültigkeit des gesamten Vertrags aufrecht, für den Fall, dass einzelne Bestimmungen unwirksam sind.

Quelle: DDV, Best Practice Guide Nr. 5

Abbildung 6.1: Checkliste Bestandteile eines Agenturvertrags

Zögern Sie nicht zu lange mit dem Vertragsschluss, weil im Zweifelsfall die Rechte an den Konzepten und Kreationen nach dem Urheberrechtsgesetz bei der Agentur liegen. Solange Sie im Vertrag keine Mindestagenturumsätze pro Jahr oder Monat festlegen, können Sie einen Vertrag schadlos schließen, denn er verpflichtet Sie zu keiner Beauftragung.

Folgende Vertragsformen kommen bei der Zusammenarbeit mit Agenturen grundsätzlich für Sie in Frage:

✔ Dienstvertrag: Honoriert wird die Leistungserbringung (zum Beispiel Beratung oder Konzept), und zwar ganz unabhängig von Erfolg oder Misserfolg. Das ist wie beim Anwalt, den Sie leider auch dann bezahlen müssen, wenn Sie einen Prozess verlieren.

✔ Werkvertrag: Bezahlt wird der Erfolg, was zählt ist das Ergebnis (zum Beispiel Prospekt oder Anzeige). Weist das Ergebnis Mängel auf, können Sie die Zahlung zunächst verweigern und eine Frist für die konkrete Mängelbeseitigung setzen (Mängelrüge). Entspricht das Ergebnis auch dann nicht dem vereinbarten Vertragsinhalt, können Sie die Zahlung mindern oder sogar vom Vertrag zurücktreten. Eine gute Grundlage für kreative Agenturleistungen. Schade eigentlich, dass sich Ärzte und Anwälte auf so ein Modell nicht einlassen.

✔ Werklieferungsvertrag: Hier greift das Kaufrecht nach dem BGB. Vertragsgegenstand ist die Lieferung von Software, Webdesign oder anderen Leistungen. Das vereinbarte Honorar wird mit Ablieferung der Ware fällig.

Häufig gibt es Mischformen, also Verträge, die sowohl dienstvertragliche als auch werkvertragliche Elemente enthalten. Im Prinzip ist es ganz egal, wie Sie Ihren Vertrag bezeichnen. Ausschlaggebend für die Einordnung ist, wo der Vertragsschwerpunkt liegt. Das richtet sich nach der konkreten Leistungsbeschreibung im Vertrag und den Regelungen zur Mängelbehandlung. Überwiegen werkvertragliche Vereinbarungen, greift Werkvertragsrecht, bei dienstvertraglichem Übergewicht gilt Dienstvertragsrecht.

In aller Kürze: Das sollte im Vertrag stehen

✔ Aufgabenbeschreibung

✔ Art und Weise der Leistungserbringung

✔ Termine und Fristen der Leistungserbringung

✔ Klärung der Eigentumsverhältnisse eines Werkes

✔ Regelungen zur Vergütung

✔ Gegenseitige Rechte und Pflichten

✔ Gegebenenfalls Einbeziehung Allgemeiner Geschäftsbedingungen

✔ Zahlungsmodalitäten

✔ Vertragsdauer

Pflichten der Agentur

Ihre Agentur ist verpflichtet, Kostenvoranschläge einzuholen und Sie gegebenenfalls auf Kostenänderungen und mögliche Budgetüberschreitungen frühzeitig hinzuweisen. Das heißt, sie kann nicht einfach nach getaner Arbeit sagen: »Ach, übrigens, leider kostet die Kampagne doppelt so viel wie ursprünglich veranschlagt. Tut uns leid.«

Zu den weiteren Pflichten der Agentur gehört die *Aufklärungs- und Hinweispflicht*. Die Agentur muss Sie auf mögliche Rechtsverstöße der geplanten Maßnahme, beispielsweise gegen das Gesetz gegen den unlauteren Wettbewerb (UWG), hinweisen.

Von einer Agentur kann erwartet werden, dass sie die Wettbewerbswidrigkeit einer Maßnahme, zum Beispiel die Ausübung psychologischen Kaufzwangs, erkennt und Sie darüber informiert. Kommt die Agentur dieser vertraglichen Verpflichtung nicht nach, kann sie für den entstandenen Schaden haftbar gemacht werden. Wenn es also Ärger gibt wegen einer von einer Agentur erstellten Maßnahme, können Sie den wütenden Anrufer direkt an die Werbeagentur weiterleiten.

Ziemlich kurios ist der Umstand, dass Sie die Agentur zwar auf rechtliche Konsequenzen hinweisen muss, Ihnen aber keine ausführlichen Rechtsauskünfte geben darf. Andernfalls könnte nämlich ein Verstoß gegen das Rechtsberatungsgesetz vorliegen. Hier hat der Berufsstand gegenüber dem Gesetzgeber offensichtlich gute Lobby-Arbeit betrieben. In Zweifelsfällen muss nämlich ein Rechtsanwalt eingeschaltet werden, der die Rechtslage zu bewerten hat. Das ist natürlich immer mit Kosten verbunden. Klären Sie deshalb im Vertrag, wer solche Kosten tragen muss.

Nutzungsrechte

Sichern Sie sich mit dem Vertrag unbedingt die Nutzungsrechte an den Arbeitsergebnissen. Die Nutzungsrechte sind so lange das Eigentum der Agentur, bis Sie vertraglich geregelt haben, ob und wann die Rechte auf Sie übertragen werden. Mögliche Nutzungsrechte sind:

✔ Das Werberecht

✔ Das Vervielfältigungsrecht

✔ Das Verbreitungsrecht (nach Medien und Zwecken)

✔ Das Abdruckrecht (in Publikationen)

✔ Das Übersetzungs- und Bearbeitungsrecht

✔ Das Merchandisingrecht

✔ Das Archivierungsrecht

Die Aufzählung nennt nur ein paar Beispiele. Es gibt noch eine ganze Menge weiterer möglicher Nutzungsrechte, darunter auch solche, an die Sie heute noch gar nicht denken können, weil bestimmte schutzwürdige Medien oder Technologien erst eines schönen Tages erfunden werden.

 Damit Sie später mal nicht blöd dastehen, legen Sie deshalb heute schon vertraglich fest, dass auch die in der Zukunft entstehenden Verwertungsrechte an bereits bekannten Nutzungen erfasst sind.

Nach Urheberrechtsgesetz (UrhG) sind Urheber stets natürliche Personen, insbesondere Fotografen, Grafiker und Texter. Die Agentur muss per Vertrag die Nutzungsrechte vom Urheber erwerben und diese an Sie übertragen.

Klären Sie im Vertrag in jedem Fall die räumlichen, zeitlichen und medialen Nutzungsrechte. Es kann Ihnen ansonsten passieren, dass Sie die Nutzungsrechte beispielsweise an einem Werbeslogan nur für eine Mailingkampagne erwerben und beim Einsatz des Slogans im Internet die Rechte erneut kaufen müssten. Optimalerweise erwerben Sie die umfassend unbegrenzten Rechte, was freilich etwas teurer ist.

Wägen Sie im Einzelfall ab, ob räumlich unbegrenzte Rechte überhaupt erforderlich sind, wenn Ihr Vertriebsgebiet eng umrissen ist. Das Gleiche gilt für die zeitlich unbegrenzte Nutzung. In der Regel reicht es aus, die Rechte für etwa drei Jahre einzukaufen, weil danach ohnehin eine Neukonzeption erforderlich wird. Nur bei Logos, Symbolen, Imagefiguren und langfristig angelegten Konzeptstrategien sollten Sie die Rechte möglichst unbegrenzt erwerben.

 Regeln Sie in jedem Fall auch die Nutzungsrechte nach Ablauf oder Kündigung des Vertrags. Sonst müssen Sie für die weitere Nutzung die Agentur hierfür bezahlen, obwohl Sie die Leistung bereits zu einem früheren Zeitpunkt honoriert hatten. Das kann bei weiterer Nutzung des Werkes im schlechtesten Fall ein Fass ohne Boden werden und Sie dazu zwingen, mit einer anderen Agentur komplett neu anzufangen.

 ### Vertragsklausel zu den Nutzungsrechten

Folgende Nutzungsklausel sollten Sie in Ihrem Vertrag einbauen, um die Nutzungsrechte zu regeln:

Die Auftragnehmerin räumt dem Auftraggeber sämtliche urheber- und leistungsschutzrechtlichen Nutzungsrechte sowie sonstigen Rechte an den nach diesem Vertrag gefertigten Arbeitsergebnissen ein, und zwar ausschließlich, räumlich und zeitlich unbeschränkt. Die Auftragnehmerin wird das Werk jeweils übereignen. Soweit die Auftragnehmerin die Leistung nicht als Eigenleistung erbringt, ist sie verpflichtet, die erforderlichen Nutzungsrechte in dem erforderlichen Umfang für den Auftraggeber von den Dritten zu erwerben und auf den Auftraggeber zu übertragen.

Honorierung der Agentur

Naturgemäß gehen die Vorstellungen darüber, was eine angemessene Bezahlung ist, zwischen Auftraggeber und Agentur auseinander.

Die Agenturen beklagen, dass die Unternehmen zunehmend Druck auf die Preise ausüben. Die Begründung für diesen Missstand liefern sie gleich mit: Die Einkäufer auf Unternehmensseite hätten leider keine Ahnung von den Prozessstrukturen einer Agentur und wüssten die kreativen und konzeptionellen Leistungen nicht hinreichend zu würdigen.

Die Unternehmen wiederum halten die Honorarvorstellungen, die Stundenkalkulationen und nicht zuletzt die Stundensätze häufig für überzogen. Auch sie haben eine Erklärung parat: Der Agenturapparat sei viel zu aufgebläht, zu viele Leute arbeiteten zu lange an einzelnen Aufgaben. Die Wahrheit freilich liegt, wie so oft, irgendwo dazwischen.

Die angemessene und faire Agenturvergütung ist eng mit dem richtigen Honorierungsmodell verbunden. Es gibt verschiedene Vergütungsmodelle, die für Sie je nach Aufgabenstellung optimal sind:

✔ Projekthonorar

✔ Pauschalhonorar

✔ Provision

✔ Erfolgsbezogene Honorierung

✔ Honorar nach Aufwand (Stundensätze)

Das Projekthonorar

Beschäftigen Sie eine Agentur projektbezogen und mit einer fest umrissenen Zielsetzung, empfiehlt sich eine Bezahlung auf Projektbasis. Hierzu handeln Sie ein Fixum aus. Nur wenn im Verlauf des Projekts neue oder unvorhergesehene Aufgaben und Aufwendungen erforderlich sind, wird nachkalkuliert.

Für Sie hat dieses Modell den Vorteil, dass Sie die zu erwartenden Kosten kennen und die Gefahr, dass Ihnen die Kosten davonlaufen, relativ gering ist. Dafür wird Sie auf der anderen Seite eventuell das Gefühl quälen, der Agentur zu viel zu bezahlen, vor allem dann, wenn Ihnen die Erfahrung zur Abschätzung des Arbeitsaufwands fehlt. Vereinbaren Sie eine Klausel, wonach Ihnen die Agentur im Falle eines deutlich geringeren Arbeitsaufwands eine Erstattung zu leisten hat. Wie realistisch eine solche Vereinbarung ist, müssen Sie selbst beurteilen, gegen Ihr mulmiges Gefühl sollte es zumindest helfen. Und das ist ja auch was wert.

Die Pauschale

Ähnlich verhält es sich mit der Pauschale. Sie wird von Ihnen einzelfallbezogen gezahlt, zum Beispiel für die Gestaltung einer Anzeige, oder regelmäßig für die Betreuung eines bestimmten

Aufgabengebiets, etwa die Erstellung eines monatlich erscheinenden E-Mail-Newsletters. Der Vorteil: Sie müssen nicht in jedem Einzelfall immer wieder die Konditionen neu aushandeln. Die Kostenstruktur und die zu erwartenden Belastungen sind für Sie also sehr transparent. Die Agenturen wiederum können mit regelmäßigen Einnahmen rechnen.

 Regelmäßige Pauschalen sollten Sie allerdings immer wieder überprüfen und anpassen. Im Laufe der Zeit kann sich nämlich der Aufwand für einen Job durchaus verändern, beispielsweise durch Effizienzsteigerungen infolge von Lerneffekten, aber auch mögliche Mehrbelastungen durch veränderte organisatorische Abläufe, Inhalte oder Mengen.

Die Provision

Üblich ist die Zahlung von Agenturprovisionen für Anzeigen, Plakate, TV- und Radiospots. Die Höhe der Provision ist Verhandlungssache. Sie kann 5 Prozent vom Media-Etat der Schaltungen betragen, aber auch 15 Prozent. Je höher das Schaltvolumen ist, desto geringer fällt die prozentuale Provision aus, und umgekehrt. Der Berechnung der Vergütung werden die Nettokosten zugrunde gelegt, die sich aus den Listenpreisen der Verlage, Anstalten und Institute nach Abzug aller gewährten Mengen- und Wiederholungsrabatte, Preisnachlässe, Boni, Skonti und sonstigen Vergütungen ergeben.

Erfolgsabhängige Honorierung

Eine erfolgsabhängige Honorierung ist eine brisante Angelegenheit. Das Risiko liegt zumeist auf Seiten der Agentur. Üblich sind Staffelungen einer Zielerreichung. Das Ziel muss deshalb vorab sehr genau definiert werden. Messbare Ziele, die man einer bestimmten Maßnahme direkt zuordnen kann, sind beispielsweise:

✔ Die Responsequote einer Mailingaktion (zum Beispiel 3 Prozent),

✔ Registrierungen für einen E-Mail-Newsletter (zum Beispiel 500 Registrierungen)

✔ Eingelöste Coupons in den Filialen (zum Beispiel 5 Prozent)

✔ Anzahl von PR-Beiträgen in Fachzeitschriften

Wird das angestrebte Ziel unterschritten, verringert sich das vereinbarte Honorar um den entsprechenden Prozentsatz. Andererseits erhöht sich das Honorar bei Überschreiten des gesetzten Ziels um den entsprechenden Prozentsatz. Nach oben und unten wird zur Begrenzung des Risikos ein Maximum von 20 Prozent vereinbart.

Ein Beispiel: Als Ziel werden 2.000 Teilnehmer an einem Onlinegewinnspiel innerhalb eines bestimmten Zeitraums festgelegt. Registrieren sich 2.300 Teilnehmer, erhöht sich das vereinbarte Honorar um 15 Prozent, nehmen nur 1.500 Personen teil, verringert sich das Honorar lediglich um die maximalen 20 Prozent. Eine erfolgsabhängige Variable ist also ein interessanter Leistungsansporn für die Agentur und im Falle des Misserfolgs eine gewisse Entschädigung für den Auftraggeber.

Bezahlung nach Aufwand

Soweit für bestimmte Leistungen nicht besondere Vereinbarungen bestehen, erhält die Agentur für ihre Leistungen Vergütungen nach Aufwand. Das ist ein sauberer und fairer Deal. Der Aufwand richtet sich nach der Anzahl der geleisteten Stunden. Die Agentur ist verpflichtet, Ihnen auf Wunsch die geleisteten Stunden in Form von Aufzeichnungen nachzuweisen. Die Höhe der Stundensätze richtet sich nach Art der Tätigkeit. Unterschieden wird in der Regel nach Leistungen folgender Personen und Aufgaben:

✔ Geschäftsführer

✔ Senior Berater

✔ Junior Berater

✔ Art-Director

✔ Kreativ-Director

✔ Grafik

✔ Text

✔ Reinzeichnung

✔ Produktionssteuerung

 Das Vergütungssystem sollten Sie möglichst flexibel gestalten. Mit dem richtigen Mix aus verschiedenen Modellen wie Pauschalvergütung und Bezahlung nach Stundensätzen können Sie auf veränderte Rahmenbedingungen (Budgethöhe, Termine etc.) besser reagieren. Um Missverständnisse zu vermeiden, legen Sie das jeweilige Vergütungsmodell je Job verbindlich fest.

Was tun, wenn es hakt in der Zusammenarbeit?

Es ist nicht auszuschließen, dass die Zusammenarbeit nicht so entwickelt, wie Sie es sich gewünscht haben. Die Agentur liefert unbefriedigende Ergebnisse, hält Terminpläne nicht ein, versteht Sie nicht und überhaupt stimmt die Chemie nicht? Nicht selten stimmt das Kosten-Leistungsverhältnis auch nicht, wenn nämlich zwischen den versprochenen und geleisteten Leistungen dann eine Lücke klafft.

So etwas ist ärgerlich, aber noch kein Grund, sofort die Agentur zu wechseln. Führen Sie zunächst ein offenes Gespräch mit dem Agenturchef. Fordern Sie konkrete Verbesserungen, die überprüfbar sind.

 Vielleicht ist ein anderes Team besser für Sie geeignet. Geben Sie der Agentur die Chance, Ihre Erwartungen zu erfüllen. Stellen Sie jedoch fest, dass auch dann keine Verbesserungen eintreten, zögern Sie nicht, sich nach einem anderen Partner umzusehen.

Es geht auch ohne Agentur

Wenn Sie die richtige Mannschaft haben und die Mischung aus Marketingexperten, Kreativen und Produktionsprofis stimmt, können Sie womöglich auch ohne fremde Unterstützung Ihre Werbung umsetzen. Gerade bei schmalen Werbeetats, ist natürlich ein Agenturhonorar oft ein großer Brocken. Dennoch sollten Sie sich immer vor Augen halten, dass Ihre Werbung Ihr Unternehmen nach außen repräsentiert und dass »handgestrickte« Werbemittel unter Umständen eher ein negatives Image zur Folge haben. Nicht jeder, der schon mal mit PowerPoint gearbeitet hat, ist der Richtige, um ein Werbemittel zu gestalten.

Natürlich gibt es einen großen Vorteil, wenn Sie inhouse arbeiten: Werbe- und Dialogmarketing-Profis anzustellen, birgt Chancen und Risiken. Ihre eigenen Leute kennen das Unternehmen und die Marke sehr genau. Die Abstimmungswege sind kurz und effizient. Allerdings lohnt sich eine interne Werbetruppe nur bei regelmäßiger Auslastung. Ganz ohne fremde Unterstützung geht es ohnehin nicht. Selbst große Unternehmen wie die Sportmarke Puma, die sich eine rund 15-köpfige eigene Kreativabteilung leistet, holen sich, je nach Projekt, zusätzliche Experten, etwa Fotografen, hinzu.

 Nützliche Hinweise und Checklisten zur Auswahl, die Vertragsgestaltung und die Zusammenarbeit mit Agenturen finden Sie im Internet:

✔ www.ddv.de/shop – Verzeichnis deutscher Werbeagenturen (VdWA)

✔ www.kommunikationsverband.de – Interessenverband der Kommunikationswirtschaft

✔ www.gwa.de – Gesamtverband Kommunikationsagenturen (mit Suchagent)

✔ www.deutschepost.de – Hier finden Sie ein aktuelles Dienstleisterverzeichnis nach Regionen.

✔ www.absatzwirtschaft-shop.de – Die Studie »Agentur images 06: Werbeagenturen auf dem Prüfstand« können Sie zum Preis von 149,00 Euro bestellen.

Alles, was Recht ist

In diesem Kapitel

▶ Das Wichtigste zum Datenschutz

▶ Die Regelungen im Wettbewerbsrecht

▶ Wie E-Mails nicht zur Belästigung werden

▶ Die Topinstrumente im Lichte des Wettbewerbsrechts

Es gibt drei Arten von Werbung. Laute, lautere und unlautere.

Werner Mitsch, deutscher Aphoristiker

Werbung wandelt sich so schnell wie unsere Gesellschaft. Manchmal prescht die Werbung sogar voran. Was gestern noch schockierte, lässt uns morgen schon kalt. Unsere Wahrnehmung ändert sich und mit ihr die Werbung. Doch Werbung ist nicht frei. Als Teil des gesellschaftlichen und wirtschaftlichen Lebens ist sie Regeln unterworfen. Der Schutz des Verbrauchers genießt eine hohe Priorität. Und der tägliche Wettbewerb mit anderen Marktteilnehmern muss fair bleiben. Dafür gibt es Maßstäbe und gesetzliche Grenzen. Nur wenn Sie die Regel kennen, werden Sie auch kreativ frei aufspielen können.

Dialogmarketing-Aktivitäten berühren eine ganze Reihe von gesetzlichen Restriktionen. Das beginnt mit der Erfassung von Kundendaten, geht über den Versand von E-Mail-Newslettern und Mailingaussendungen bis hin zur Telefonakquise. Im Folgenden stelle ich Ihnen in aller Kürze das Wichtigste in Sachen Daten- und Verbraucherschutz, Fernabsatz, Rabattgewährung und Wettbewerbsrecht vor.

 Sie werden an dieser Stelle keine umfangreiche juristische Abhandlung über alle denkbaren rechtlichen Besonderheiten und Fallkonstellationen erwarten. Neue Gerichtsurteile und Gesetzesänderungen können die Rechtslage schnell verändern. Zudem ist es oft eine Einzelfallentscheidung, ob eine Maßnahme gegen geltendes Recht verstößt oder nicht.

In diesem Kapitel geht es vor allem darum, Ihnen einen kompakten Einblick in die rechtlichen Anforderungen verschiedener Gebiete zu geben, Ihnen die wichtigsten Gesetze vorzustellen und Sie so für bestimmte Problemfelder zu sensibilisieren. Trial and error ist in einem komplexen Rechtsfeld der berühmte Ritt auf der Rasierklinge. Im Einzelfall wird Ihnen ein versierter Fachanwalt Klarheit über die jeweils geltende Rechtslage verschaffen können.

Zunächst erhalten Sie einen allgemeinen Überblick über verschiedene Rechtsbereiche wie Datenschutz und Wettbewerbsrecht. Anschließend bekommen Sie in bewährter ... *für Dummies*-Manier einen schnellen Praxisbezug für die verschiedenen Dialogmarketing-Instrumente.

Unbedingt beachten: Datenschutz

Beschäftigt man sich genauer mit dem Datenschutz, kann man den Eindruck erhalten, bereits mit einem Bein im Knast zu stehen, sobald man anfängt, mit den Daten seiner Kunden zu arbeiten. Ganz so dramatisch ist es dann doch nicht.

Der Datenschutz ist im Dialogmarketing von größter Bedeutung, schließlich ist die eigene Kundendatenbank Grundvoraussetzung für die Entwicklung von Kundenbeziehungen. Sobald Sie Kundendaten erheben und speichern, berühren Sie Schutzrechte der betreffenden Personen. Der Datenschutz greift bereits, wenn Sie Ihre Kundendaten nach irgendeinem Kriterium sortieren, etwa dem Umsatz oder den Produktgruppen.

Die gesetzlichen Quellen des Datenschutzes

Grundsätzliche Regelungen zur Zulässigkeit der Erhebung, Verarbeitung und Nutzung von personengebundenen Daten finden Sie im Bundesdatenschutzgesetz (BDSG) und im Telemediengesetz (TMG, § 11 ff.). Das BDSG dient dem Schutz der Persönlichkeitsrechte des Einzelnen. Das allgemeine Datenschutzrecht regelt auch die sogenannten Individualrechte Ihrer Kunden, wenn diese Auskunft über die Herkunft und die Art der vorliegenden personengebundenen Daten fordern oder eine Löschung beziehungsweise Korrektur der Daten verlangen.

Eine ausführliche Auseinandersetzung mit dem Thema Datenschutz und möglichst die Einbeziehung eines Datenschutzbeauftragten wird Sie vor Stress mit Gerichten und verärgerten Kunden bewahren.

Prinzipiell ist gegen die Erhebung von Kundendaten nichts einzuwenden, vor allem dann nicht, wenn die Einwilligung beziehungsweise die zu unterstellende Einwilligung vorliegt. Oft werden Informationen aber auch im Verborgenen und ohne Kenntnis gewonnen, zum Beispiel im Internet. Und schließlich, als weitere Quelle neben der eigenen Datenerhebung, können Sie Kundeninformationen hinzukaufen, zum Beispiel von Adressverlagen. All das ist rechtens, sofern Sie nicht gegen den Datenschutz oder sonstige Gesetze, wie etwa das Wettbewerbsrecht, verstoßen.

Die Regelungen zum Datenschutz sind keine sogenannten Marktverhaltensregeln im Sinne des Wettbewerbsrechts. Verstöße gegen den Datenschutz können zwar zu einem Bußgeld führen, nicht jedoch zu einer Abmahnung nach Wettbewerbsrecht.

Grundsätze und Ausnahmen des Datenschutzes

Das Datenschutzgesetz ist ein schönes Beispiel für die Balance zwischen Grundsatzregelung und Ausnahmeregelungen. Nach dem Datenschutzgesetz soll die Datenbeschaffung grundsätzlich beim Betroffenen selbst erfolgen (§ 4, Absatz 2 BDSG). Es gibt dafür allerdings Ausnahmen. Dazu gehört die für Unternehmer sehr wichtige Ausnahme, wenn die Beschaffung beim Betroffenen selbst nur mit unverhältnismäßig hohem Aufwand möglich wäre und kein Anhaltspunkt dafür besteht, dass schutzwürdige Interessen verletzt werden.

Ein weiterer Grundsatz ist die Informationspflicht gegenüber Ihrem Kunden, sofern Sie persönliche Daten über einen gewissen Zeitraum auf Datenträger speichern, ohne dass er davon Kenntnis hat (§ 33 BDSG). Allerdings entfällt diese Benachrichtigungspflicht, wenn die Informationen aus einer öffentlich zugänglichen Quelle stammen oder Ihr Kunde davon ausgehen muss, dass Sie seine Daten speichern. Ein regelmäßiger Besteller sollte sich also bewusst sein, dass Sie seine Daten gespeichert haben. Wenn Sie als Webshopbetreiber auf Basis der Nutzerprofile Ihrer Besteller Werbemails verschicken wollen, müssen Sie von den Kunden grundsätzlich vorher die Erlaubnis einholen.

Bei der Nutzung von Daten, die Sie für kommerzielle Zwecke im Internet gewinnen, spielen vor allem Cookies eine wichtige Rolle, weil Sie mit ihnen das Surfverhalten einzelner Nutzer beobachten und ein Kundenprofil für Marketingaktionen erstellen könnten. Deshalb sollte die Einwilligung des Betroffenen für das Setzen von Cookies obligatorisch sein.

Das Widerrufsrecht

Die Kunden können die Speicherung ihrer Daten jederzeit widerrufen. Sie müssen auf dieses Widerspruchsrecht ausdrücklich hinweisen (§ 29 BDSG). Das sollten Sie zweckmäßigerweise immer dann tun, wenn Sie Daten erheben, beispielsweise bei Kontaktformularen im Internet oder bei sonstigen Anmelde- oder Bestellformularen. Vor allem bei der Verwendung der Daten zu Werbezwecken sollten Sie unbedingt durch einen geeigneten Zusatz auf das Widerspruchsrecht hinweisen.

 Im Bereich der elektronischen Informations- und Kommunikationsdienste, wie den Internetpräsenzen und beim E-Mail-Marketing, greift neben dem Datenschutzgesetz auch das Telemediengesetz (TMG). Nicht erfasst werden vom TMG die Telekommunikationsdienste.

Die Einwilligung Ihrer Kunden zur Erhebung, Speicherung und Auswertung ihrer Daten sollten Sie zwar grundsätzlich schriftlich einholen. In bestimmten Fällen kann das aber auch elektronisch erfolgen. Wenn Sie Nutzern einen regelmäßigen Newsletter zuschicken wollen, können Sie den Anforderungen des TMG dadurch genügen, dass Sie Ihren Kunden den Einwilligungstext per E-Mail mit der Bitte um Bestätigung zuschicken.

Bonusprogramme und Datenschutz

Der Umgang mit den Daten, die Sie aus der Kundenkarte gewinnen, ist eine heikle Angelegenheit. Die Rechtslage ist nach der Überarbeitung des Gesetzes gegen den unlauteren Wettbewerb (UWG) und dem Wegfall von Rabattgesetz und Zugabenverordnung im Jahre 2004 noch immer nicht völlig zweifelsfrei; regelmäßig erweitern neue Urteile den Interpretationsspielraum. Kein Wunder also, dass nicht wenige Kundenprogramme datenschutzrechtlich auf ziemlich wackligen Füßen stehen.

Komischerweise scheint das niemand so recht zu stören. Am wenigsten offenbar stört es die Betroffenen selbst. Die Angst, zum gläsernen Kunden zu werden, ist relativ gering ausgeprägt. Die meisten Kunden halten Daten, die aus dem Kauf von Waren oder Dienstleistungen über ein Bonusprogramm gewonnen werden, für wesentlich unproblematischer als Informationen zur eigenen Gesundheit oder zu finanziellen Fragen. Fest steht jedenfalls, dass Sie die Betroffenen davon unterrichten müssen, wenn Sie deren Daten zu Marketingzwecken weiterverarbeiten wollen.

 Sofern Sie gewonnene Daten kommerziell nutzen und an Dritte weiterverkaufen wollen, sollten Sie hierfür eine separate Einwilligungserklärung der Betroffenen einholen. Allerdings nur, wenn es sich um sensible schutzwürdige Daten handelt.

Sie müssen Ihre Kunden auch darüber aufklären, welche Daten zu welchem Zweck gespeichert werden. Sie brauchen dafür deren aktive, schriftlich dokumentierte Zustimmung per Unterschrift (Permission). In schönstem Juristendeutsch heißt das »Verbot mit Erlaubnisvorbehalt«. Der Betroffene kann seine Zustimmung jederzeit für die Zukunft widerrufen. Beschränken Sie sich nicht auf das Kleingedruckte in Ihren AGB und ein darin enthaltenes Widerspruchsrecht, nach dem Motto: Wenn es ihm nicht passt, wird sich der Kunde schon melden. Transparenz und Einverständnis sind die Tugenden des Datenschutzes.

Datenschutzrechtliche Risiken minimieren

Datenschutz sollte Teil Ihres unternehmerischen Selbstverständnisses sein, denn so wie Sie mit den Daten Ihrer Kunden umgehen, so respektieren Sie auch ihre Person. Kundenzufriedenheit, Akzeptanz und Vertrauen sind hohe Güter, die Sie nicht leichtfertig aufs Spiel setzen sollten. Imageschäden und mögliche Haftungsrisiken sind vermeidbar. Gehen Sie deshalb auf Nummer sicher und treffen Sie folgende Vorkehrungen:

✔ Setzen Sie einen kompetenten innerbetrieblichen Datenschutzbeauftragten ein, der als Verantwortlicher darüber wacht, dass alle datenschutzrechtlichen Bestimmungen eingehalten und die rechtlichen Risiken minimiert werden. Er hält auch Kontakt zu den Aufsichtsbehörden.

✔ Datensicherheit ist sehr wichtig. Treffen Sie Vorkehrungen zur organisatorischen und technischen Trennung von personenbezogenen Datenbeständen.

✔ Gewähren Sie über Zugriffs- und Berechtigungskonzepte nur den unbedingt erforderlichen Mitarbeitern Zugriff auf die Kundendaten.

✔ Für sogenannte sensible Daten (etwa Kontotransaktionsdaten) brauchen Sie strenge Verarbeitungsbeschränkungen im Unternehmen.

Ganz wichtig – das Wettbewerbsrecht

Zu den wichtigsten Grundlagen im Dialogmarketing zählt das Wettbewerbsrecht. Sämtliche Aktivitäten, die Sie unternehmen, fallen unter das »Gesetz gegen den unlauteren Wettbewerb« (UWG). Um Behinderungen des Wettbewerbs durch Konkurrenten und Verbraucherverbände bei nichtigen Anlässen zu vermeiden, sieht die Generalklausel des § 3 UWG eine Bagatellgrenze vor, unterhalb derer ein Wettbewerbsverstoß nicht geahndet wird. Damit sollen nur solche Fälle verfolgt werden, die tatsächlich geeignet sind, den Wettbewerb erheblich zu verfälschen.

Das UWG regelt unter anderem das Verbot unsachlicher Beeinflussung, zu Deutsch Kundenfang, beispielsweise durch übertriebenes Anlocken oder die Ausübung eines psychologischen Kaufzwangs. So dürfen Sie bei privaten Zielgruppen die Teilnahme an einem Gewinnspiel nicht vom Kauf Ihres Produkts abhängig machen (Koppelungsverbot). Bei Gewinnspielen und Verkaufsförderungsaktionen gilt zudem das Gebot der Transparenz.

Wettbewerbsrecht und neue Medien

Die neuen elektronischen Medien eröffnen Ihnen zahlreiche Möglichkeiten, Kunden gezielt und mit geringem Aufwand anzusprechen. Wo Chancen sind, da ist allerdings auch der Missbrauch nicht weit, beispielsweise durch automatische Anrufmaschinen oder durch massenhaft versendete Angebote per E-Mail.

Zwar ist Spamming gesetzlich verboten, und das unabhängig davon, ob es sich um private oder geschäftliche Zielgruppen handelt. Dennoch sehen sich noch immer viele Empfänger dem Bombardement durch unaufgefordert eingehende Mails ausgesetzt, die in der Regel schwer nachverfolgbare Absender im Ausland haben.

So komplex die rechtliche Handhabung von Werbung auch sein mag, Sie dürfen zumindest davon ausgehen, dass die Zulässigkeit der Werbung nach den gesetzlichen Anforderungen des jeweiligen Ziellandes zu bewerten ist. Das ist vor allem dann wichtig, wenn Ihre Werbung ins Ausland gerichtet ist. Von einem in Sachen Wettbewerbsrecht liberaleren Land können Sie die gesetzlichen Verbote im Inland also nicht umgehen.

 Sie müssen sich für Ihre Aktion am Marktort verantworten, weil die wettbewerbsrechtliche Situation im Zielland ausschlaggebend ist und nicht die Rechtslage im Land des Absenders.

Schwieriger ist die Lage bei Internetwerbung. Sie kann prinzipiell von jedem Land abgerufen werden. Bedeutet das, dass Sie sich an die Rechtsvorschriften jeder Nation halten müssen? Beziehungsweise, dass Sie nach dem kleinsten gemeinsamen Nenner das beachten müssen, was global betrachtet überall gerade noch zulässig ist? Wenn dem so wäre, könnte man das Internet gleich abschalten. Bei Internetangeboten muss im Einzelfall anhand der Sprache und der Marktbedeutung geprüft werden, welche Länder Sie im Fokus Ihrer Ansprache haben und ob insofern überhaupt ein relevanter Verstoß für ein bestimmtes Land vorliegt.

Irreführende Werbung

Unlautere oder irreführende Werbung ist seit jeher verboten. Dabei kommt es nicht darauf an, ob Sie selbst glauben, die Werbeaussagen wären unmissverständlich und klar. Vielmehr gilt die wahrscheinliche Wahrnehmung Ihrer Kunden als Maßstab der Beurteilung. Entscheidend ist, was der Kunde versteht. Die Rechtsprechung legt als Maßstab den durchschnittlich informierten, verständigen und aufmerksamen Adressaten zugrunde. Das hat für Ihre Werbung erhebliche Konsequenzen.

Ein Beispiel: Verboten ist sogenannte »Lockvogelwerbung«. Sie dürfen nicht mit spektakulären Niedrigpreisen für ein bestimmtes Produkt werben, ohne genügend Ware am Lager zu haben. Der Vorrat muss laut UWG in der Regel für zwei Tage ausreichen. Der bloße Hinweis »Solange Vorrat reicht« entbindet Sie nicht von dieser Verpflichtung. Auffallend günstige Angebote müssen Sie übrigens auch als Sonderangebote kennzeichnen, weil sonst die Gefahr einer unzulässigen Irreführung über die Preisgestaltung des gesamten Sortiments bestünde.

Ein anderes Beispiel ist der Sternchenvermerk: Üblicherweise werden Angebote oder mehrdeutige Aussagen mit einem Sternchenvermerk näher erklärt. Ein bei der Preisangabe angebrachtes Sternchen könnte beispielsweise den Leser auf die näheren Bedingungen Ihres Angebots wie Mindestlaufzeit oder Grundgebühr verweisen. Das heißt allerdings nicht, dass Sie in einer plakativen Überschrift zunächst etwas Unwahres behaupten dürfen, das Sie in einem Sternchenvermerk dann relativieren. Der Abstand zwischen der Blickfangaussage und dem Sternchenvermerk darf nicht zu groß sein. Die wichtigsten Informationen wie Preiskonditionen oder Tarife müssen im Sternchentext deutlich hervorgehoben und zuerst genannt werden. Das bedeutet aber auch, dass Sie eine Schriftgröße und Farbe wählen müssen, die gut lesbar ist.

Unter dem Stichwort Irreführung geht es nicht nur um die Frage, ob Ihre Werbeaussagen richtig verstanden werden, sie müssen auch objektiv wahr sein. Dazu gehört, dass Sie wichtige Informationen nicht verschweigen dürfen. Relevant ist alles, was die Kaufentscheidung beeinflussen könnte.

 Umgekehrt sind Werbeaussagen nicht irreführend, wenn sie zwar objektiv unwahr sind, aber von Otto Normalverbraucher als offensichtliche Übertreibungen erkannt werden. Beispiel: »Wir liefern im Raketentempo« wird niemand als ernst gemeinte Behauptung missverstehen. Der Kern der Aussage: »Wir liefern sehr schnell aus«, muss allerdings schon den Tatsachen entsprechen.

Vergleichende Werbung

Seit einigen Jahren ist vergleichende Werbung, also eine Werbeaussage, die sich auf Ihre Konkurrenz und deren Angebote richtet, grundsätzlich zulässig. Gerade Newcomer können sich damit gegenüber Marktführern häufig effektiv aufwerten. Andererseits lenken Sie mit einem Vergleich die Aufmerksamkeit immer auch ein Stück weit auf die Konkurrenzmarke. Insbesondere auf Konsumenten mit einer hohen Markentreue wirken die mitunter aggressiven Vergleiche nicht immer positiv. Zudem muss vergleichende Werbung immer gegen ein Glaubwürdigkeitsproblem ankämpfen.

Die Werbewirkung vergleichender Werbung ist in der Regel höher als bei konventioneller Werbung. Allerdings ist die Glaubwürdigkeit nicht sehr hoch. Deshalb sollten Sie Ihre Aussagen mit zahlenbasierten Informationen, Testergebnissen und glaubwürdigen Referenzen garnieren.

Vorsicht: Die Kriterien vergleichender Werbung müssen Sie sehr eng auslegen. Im Prinzip können Sie nur Leistungen und Preise vergleichen, die tatsächlich identisch sind. Bietet Ihr Wettbewerber zusätzliche Leistungen und Services, wie längere Garantien und besondere Zahlungsbedingungen, ist es mit der Vergleichbarkeit passé und ein Vergleich nicht zulässig.

Vergleichende Werbung ist nur dann zulässig, wenn Sie Ihre Wettbewerber nicht herabwürdigen. Sie dürfen auch nur Waren desselben Bedarfs miteinander vergleichen.

Auf ein gutes Gespür dafür, wann es für Ihre Werbung kritisch werden könnte, sollten Sie sich besser nicht verlassen. Vermeintlich harmlose Werbeaussagen können Ihnen schnell zermürbende Abmahnungen mit hohem Streitwert einbringen. Preiswerter und nervenschonender ist die Beratung durch einen Werberechtsexperten. Ein Werbemittelcheck kostet Sie etwa 100 Euro. Die rechtliche Kontrolle einer Abmahnung ist dagegen deutlich teurer. Das Honorar richtet sich nach dem Gegenstandswert.

Besonders wichtig ist eine rechtliche Prüfung, wenn Sie die Werbung nicht nur einmal in Umlauf bringen wollen. Wenn Sie Ihre gesamte bereits gedruckte Auflage einstampfen müssen, wird's richtig unangenehm.

Achtung: Rabatte

In der Vergangenheit war die Gewährung von Rabatten im Dialogmarketing die Ausnahme. Mit dem Wegfall des Rabattgesetzes und der Zugabeverordnung wurde die Ausnahmeregelung umgekehrt. Rabatte und Preisnachlässe dürfen heute nur noch in Ausnahmefällen verboten werden.

Die neuen Handlungsspielräume werden seither in exzessiven Preisschlachten mit Leben erfüllt. Kein Angebot mehr ohne ordentliche Prozente und Draufgaben. Die in allen Bereichen aus dem Boden sprießenden Bonusprogramme sind ein Ergebnis dieser neuen Möglichkeiten.

Über günstige Angebote werden sich Ihre Kunden freuen. Sie sollten jedoch der Versuchung widerstehen, Kunden um jeden Preis zu ködern. Die Möglichkeiten sind nicht unbegrenzt, denn Sie müssen noch immer Gesetze, etwa das Gesetz gegen den unlauteren Wettbewerb (UWG), beachten.

Demnach sind Angebote unterhalb des Einstandspreises verboten. Das Gleiche gilt für das übertriebene Anlocken sowie für die Ausübung von psychologischem Kaufzwang. Sie dürfen beispielsweise die Teilnahme an einem Gewinnspiel nicht vom Kauf eines Produkts abhängig machen. Besonders hohe Rabatte oder hochwertige Zugaben sind allerdings im Regelfall keine wettbewerbswidrige Handlung. Die Grenze ist erst erreicht, wenn der Verbraucher in seiner

Entscheidungsfreiheit durch unangemessenen, unsachlichen Druck beeinträchtigt wird und zu einer irrationalen Nachfrageentscheidung verleitet wird.

»Mondpreise«, also überhöhte Preise, die ausschließlich den Zweck haben, scheinbar hohe Rabatte gewähren zu können, sind eine besondere Ausprägung irreführender Werbung. So etwas ist verboten. Nach dem UWG müssen Sie bei Werbung mit Preissenkungen den angegebenen Ausgangspreis (also den Preis vor der Senkung) eine angemessene Zeit lang gefordert haben.

Sie müssen die Bedingungen des Kaufvorteils deutlich benennen, unter anderem:

✔ Angabe des Zeitraums (Kalendertage)

✔ genaue Sortimentsbeschreibung

✔ die Art und der Wert des Vorteils

✔ gegebenenfalls auch eine etwaige Mengenbeschränkung

Sie dürfen den Zeitraum der Vorteilsgewährung nicht so knapp begrenzen, dass dem Kunden keine Gelegenheit zum Preisvergleich bleibt. Sie dürfen beispielsweise kein Angebot am Telefon unterbreiten, das nur für die Dauer des Telefonats gilt.

Ziemlich heikel - Gewinnspiele

Gewinnspiele sind ideale Responseverstärker. Die Gefahr, dass Sie einen psychologischen Kaufzwang ausüben, zum Beispiel aus Dankbarkeit für einen Gewinn, kann man beim heutigen Leitbild eines durchschnittlich verständigen Konsumenten ausschließen. Die Lockwirkung kann dennoch enorm sein. Der Gesetzgeber hat deshalb die Koppelung der Teilnahme an Gewinnspielen und dem Kauf von Produkten verboten.

Der Verbraucher soll davor geschützt werden, sich zum Kauf hinreißen zu lassen, um an einem attraktiven Gewinnspiel teilnehmen zu können. Selbst den Anschein, die Teilnahme wäre von einer Bestellung abhängig, müssen Sie unbedingt vermeiden. Sie müssen Bestell- und Teilnahmemöglichkeit voneinander trennen, zum Beispiel durch zwei separate Karten, die aber durchaus – optisch getrennt – auf einem Blatt gedruckt sein dürfen.

Verwenden Sie immer einen deutlichen Hinweis: »Gewinnspiel und Bestellung sind vollkommen unabhängig. Die Gewinnchance erhöht sich durch eine Bestellung nicht.«

Analog dazu ist es wettbewerbsrechtlich unzulässig, wenn die Teilnahme an einem Gewinnspiel von der Einwilligung der Teilnehmer in die Nutzung der personengebundenen Daten für Werbezwecke abhängig gemacht wird. Es bestünde sonst die Gefahr, dass Teilnehmer aufgrund eines sachfremden Motivs – der mögliche Gewinn – ihre Privatsphäre preisgeben.

Auch nicht ohne – der Fernabsatz

Das Fernabsatzgesetz regelt den Verkauf von Waren und Dienstleistungen auf Entfernung, entweder per Telefon, per Internet und E-Mail oder per Post. Verstoßen Sie gegen den Verbraucherschutz im Fernabsatz, handeln Sie regelmäßig auch wettbewerbswidrig. Ganz wichtig sind die Vorschriften zum Rückgabe- beziehungsweise Widerrufsrecht.

Nach einem Widerruf müssen Sie den bereits gezahlten Kaufpreis sofort ausbezahlen. Nur wenn der Käufer ausdrücklich darum bittet, dürfen Sie den Betrag auf sein Konto überweisen. Sie müssen Ware auch dann zurücknehmen, wenn sie nicht in der Originalverpackung eingeschickt wird. Sie können die Rücknahme auch nicht davon abhängig machen, dass die Ware noch unbenutzt und in neuwertigem Zustand ist. Das Risiko, dass der Kunde die Ware ausprobiert und sie innerhalb der Widerrufsfrist zurückschickt – auch unfrei –, trägt im Fernabsatz der Verkäufer.

Innerhalb der EU greift bei Internetgeschäften die E-Commerce-Richtlinie des jeweiligen Herkunftslandes. Ist Ihre Maßnahme also in Ihrem Land zulässig, kann sie auch in anderen EU-Ländern nicht verboten sein.

Im Fernabsatz müssen Sie darauf hinweisen, dass die Mehrwertsteuer im Preis enthalten ist. Zudem müssen Sie kennzeichnen, ob und in welcher Höhe Versandkosten anfallen. Sofern sich Ihr Angebot deutlich gekennzeichnet nur an werbliche Zielgruppen richtet, können Sie auch mit den Nettopreisen werben.

Vorsicht mit E-Mail-Werbung

Der Gesetzgeber beurteilt das Belästigungspotenzial von E-Mails sehr viel höher als von normalen Werbebriefen, die man per Post bekommt. Zu Recht, immerhin könnten Sie ohne großen Aufwand und Kosten massenhaft E-Mails durchs Land schicken, in der Hoffnung, irgendeinen Interessenten zu treffen.

Was Sie selbst vielleicht als nützliche Information für mögliche Interessenten verstehen, bezeichnen die meisten Empfänger als Werbemüll. Vor diesen belästigenden Spam- und Junk-Mails sollen die Empfänger geschützt werden. Die Restriktionen für E-Mails ergeben sich zum Teil aus dem Telemediengesetz (TMG) und aus dem UWG.

Um es vorweg zu sagen: Jede Werbe-E-Mail und jeder E-Mail-Newsletter, den Sie ohne ausdrückliche Zustimmung des Empfängers versenden, ist ein Wettbewerbsverstoß nach § 7 UWG und kann Ihnen eine teure Abmahnung einbringen. Und zwar unabhängig davon, ob es sich um private oder gewerbliche Empfänger handelt.

Vergessen Sie also das Recherchieren von E-Mail-Adressen im Internet oder aus sonstigen Quellen, die dürfen Sie sowieso nicht einsetzen. Die Einwilligung des Empfängers ist ein sensibler Punkt, der von den Gerichten sehr ernst genommen wird. Verstöße können Abmahnungen, Haftungsansprüche und Geldbußen in Höhe von bis zu 50.000 Euro nach sich ziehen. Sie sollten beim Mieten von E-Mail-Adressen deshalb ganz sicher sein, dass Sie die Adressen auch wirklich einsetzen dürfen.

Das nervt – Unzumutbare Belästigung

Der Gesetzgeber hat für nervige Werbung den schönen Begriff der unzumutbaren Belästigung eingeführt. Die ist immer dann gegeben, wenn

✔ Sie keine Erlaubnis des Empfängers für den Versand von Werbemails haben.

✔ Sie sich nicht als Absender eindeutig zu erkennen geben (etwa durch ein Impressum).

✔ Ihre E-Mail keine gültige Adresse enthält, unter der der Empfänger dem Empfang widersprechen beziehungsweise sich austragen kann.

Kommerzielle Kommunikation muss für den Adressaten klar als solche erkennbar sein. Ihre E-Mails dürfen in der Kopfzeile weder den Absender noch den werblichen Charakter der Nachricht verschleiern oder verheimlichen. Das ergibt sich – doppelt hält besser – gleich aus zwei Gesetzen: dem § 7 UWG und dem § 6 TMG. Eine Mail mit dem Betreff »Wichtige Information für unsere Kunden« wäre bereits verschleiernd, wenn es sich tatsächlich nur um Werbung handelt. Falls Sie jetzt denken, Ihre Angebote wären doch wichtig: Ihre Kunden sehen das manchmal anders!

Nur wenn die folgenden Bedingungen vorliegen, dürfen Sie E-Mail-Werbung versenden:

✔ Die E-Mail wurde Ihnen vom Kunden selbst im Zusammenhang mit einer geschäftlichen Transaktion gegeben, zum Beispiel durch Eintrag im Kontaktformular in Ihrem Online-shop.

✔ Sie versenden an diesen Kunden nur Werbe-E-Mails zu gleichen oder ähnlichen Waren und Dienstleistungen. Wer bei Ihnen eine CD bestellt hat, darf keine Angebote für T-Shirts erhalten.

✔ Der Kunde hat der Zusendung Ihrer Mails nicht widersprochen.

✔ Sie weisen den Kunden bei der Erhebung seiner E-Mail-Adresse und bei jeder E-Mail-Aussendung ausdrücklich auf sein Widerspruchsrecht und die Möglichkeit zur Abmeldung hin.

 Als Internethändler haften Sie nach dem TMG (§ 7, Absatz 1) für eigene Inhalte, die Sie per Mail oder auf Ihrer Internetseite verbreiten. Sie sind aber auch für fremde Einträge in Ihren Weblogs oder Foren verantwortlich, wenn Sie keine Vorkehrungen treffen, rechtswidrige Inhalte unverzüglich wieder zu entfernen oder den Zugang zu sperren.

Keine E-Mail-Newsletter ohne Einwilligung

Sie dürfen nicht unverlangt so lange E-Mail-Newsletter verschicken, bis der Empfänger widerspricht. Nach dem Motto: Wer sich belästigt fühlt, wird sich schon melden. Dieses sogenannte Opt-Out-Verfahren ist nicht erlaubt. Versenden Sie auch keine Mails mit der Frage, ob Sie den Empfänger künftig mit Informationen versorgen dürfen.

Die Versendung von E-Mail-Newslettern setzt eine Einwilligung des Empfängers nach dem Double-Opt-In-Verfahren zwingend voraus. Bevor Sie die Krise kriegen: Double-Opt-In bedeutet eine doppelte Einwilligung des Empfängers. Das geht so: Der Abonnent meldet sich für Ihren Newsletter an. Daraufhin erhält er von Ihnen eine Bestätigungsmail mit einem Link zur Registrierung für den Newsletter. Erst wenn dieser Link bestätigt wird, dürfen Sie den Newsletter versenden. Im Falle einer Auseinandersetzung über die Zulässigkeit einer Werbemail wäre eine Bestätigung der Anmeldung allein nicht ausreichend. Das klingt nach Bürokratismus, ist aber ein Schutz vor Missbrauch durch Dritte, die fremde E-Mail-Adressen in Ihren Verteiler eintragen.

Wichtig ist die aktive Einwilligung des Empfängers. Er sollte beispielsweise ein Kästchen anklicken müssen, um seine Zustimmung explizit zum Ausdruck zu bringen.

 Ihre Bestätigungs-E-Mail für Newsletteranmeldungen darf keine Werbung enthalten und muss rein sachlich gehalten sein. Verzichten Sie lieber auf bunte Bilder und Logos.

Sie dürfen keine personengebundenen Nutzungsprofile Ihrer Empfänger erstellen, etwa welche Kunden welche Artikel im Newsletter anklicken. Sie müssen gewährleisten, dass wertvolle Informationen, etwa welche Themen besonders oft angeklickt werden, nicht einzelnen E-Mail-Adressen zugeordnet werden können. Ihr E-Mail-System muss die Auswertung pseudonymisieren, wie das im Fachchinesisch heißt. Das bedeutet, dass der Kundenname und die Adresse durch ein Pseudonym, beispielsweise eine fortlaufende Zahlenkombination, ersetzt werden müssen.

 Personendaten und Nutzungsprofile dürfen niemals in einer Auswertung zusammengeführt werden.

Allerdings müssen Sie den Nutzer, üblicherweise in Form einer Datenschutzerklärung (Privacy Policy), darüber aufklären, dass ihm ein Widerspruchsrecht gegen die Erstellung dieser Profile zusteht. Die Erstellung solcher Profile ist Ihnen also grundsätzlich so lange erlaubt, wie der Nutzer dem nicht widerspricht.

 E-Mail-Newsletter müssen auch anonym bezogen werden können. Ihr Anmeldeformular darf außer der Angabe der E-Mail-Adresse keine Pflichtfelder wie Name und Anschrift enthalten. Sie dürfen auch nicht für die Nutzung Ihrer Infoservices die Einwilligung in die Verarbeitung der personenbezogenen Daten verlangen.

Der Empfänger muss dem Empfang Ihrer elektronischen Werbung jederzeit bequem widersprechen können. Versehen Sie jede E-Mail am Ende mit einer Abbestellmöglichkeit, am besten per Mausklick auf einen Link, über den der Newsletter einfach und schnell gekündigt werden kann.

Zuletzt die vielleicht wichtigste Botschaft zum Thema E-Mail-Werbung: Die Quote der Zustimmung für den Versand Ihrer E-Mails wird drastisch steigen, wenn Ihre Botschaften echte Relevanz für die Zielgruppe haben. Zielgenaue Angebote sind, wie bei allen anderen Medien des Dialogmarketings, das A und O Ihres Erfolgs.

Klassiker des Dialogmarketings – Mailings

Die Klassiker der Direktansprache sind das Mailing und die Wurfsendung. Die unadressierte Wurfsendung ist grundsätzlich zulässig, solange am Briefkasten kein Aufkleber »Keine Werbung einwerfen« angebracht ist. Für persönlich adressierte Print-Mailings gilt das nicht. Eine Einwilligung des Empfängers ist hier – anders als bei E-Mails – nicht erforderlich. Das ist ein großer Vorteil dieser Werbeform, weil Sie grundsätzlich an jeden beliebigen Empfänger Ihre Mailings verschicken können, ohne vorab eine ausdrückliche Einwilligung einholen zu müssen.

Eine unzumutbare Belästigung im Sinne des UWG ist nur dann gegeben, wenn Sie Werbung an Adressaten verschicken, die dies erkennbar nicht wünschen. An Werbeverweigerer, die von Ihnen keine Werbung erhalten wollen, dürfen Sie keine adressierte Werbung schicken. Es ist ohnehin sinnlos, Ihre Kunden gegen deren Willen glücklich machen zu wollen.

 Löschen Sie in der Datenbank Adressen von Werbeverweigerern nicht, sondern markieren Sie sie als Verweigerer. Anderenfalls könnten diese Adressen über Adressmiete oder auf sonstige Weise wieder in Ihrem Mailingverteiler landen und erneut unerwünschte Werbung bekommen.

Um Ihr Risiko zu minimieren, unbeabsichtigt Werbeverweigerer anzusprechen und somit eine Rechtsverletzung zu begehen, sollten Sie vor jeder Aussendung unbedingt einen Adressabgleich mit der Robinsonliste des Deutschen Dialogmarketing Verbands (DDV) vornehmen. Was Sie wahrscheinlich nicht ahnen: Die Verweigererliste ist nicht nur für Mitglieder bindend. Die Beachtung des Widerspruchs ist auch für Nichtmitglieder des DDV zumutbar und verbindlich.

 Die Robinsonliste wird auch Nichtmitgliedern zum Abgleich angeboten. Das ist für Sie eine einfache Möglichkeit, Ihre Adressbestände zu aktualisieren. Ganz nebenbei sparen Sie Geld für die Produktion und den Versand von Mailings, die nicht willkommen sind.

Ihre Mailings sollten unter dem Gesichtspunkt des Verbraucherschutzes als Werbeaussendungen für den Empfänger erkennbar sein. Je stärker Sie durch Gestaltung und Text den Eindruck erwecken, es handle sich um private Korrespondenz, desto heikler wird diese Werbeform.

Eine Herausforderung – Telefonmarketing

Telefonwerbung ist ein gutes Mittel, um schnell und direkt mit Ihren Kunden in Verbindung zu treten. Allerdings ist aktives Telefonmarketing gegenüber Privatkunden verboten, sofern der Kunde dem nicht ausdrücklich vorab zugestimmt hat. Das Gesetz gegen den unlauteren Wettbewerb (UWG) bezeichnet den unaufgeforderten Anruf bei Kunden als unzulässigen Eingriff in die Privatsphäre. Solche Anrufe sind eine unzumutbare Belästigung, weil der Angerufene überrumpelt und zu einer sofortigen Reaktion gezwungen wird. Insofern ist die Situation anders als bei einem Werbebrief, den der Empfänger auch später lesen kann.

Es ist eine ausdrückliche oder zumindest aus den Umständen schlüssige Zustimmung für Anrufe erforderlich. Die pure Vermutung, der Angerufene könne einverstanden sein, ist jedenfalls keine schlüssige Einwilligung. Selbst wenn ein Interessent um Infomaterial bittet, bedeutet das nicht, dass er mit Ihrem Anruf einverstanden ist. Schließlich könnten Sie ihm die gewünschten Informationen auch per Post zukommen lassen. Auch eine nachträgliche Einwilligung (»Sind Sie damit einverstanden, dass ich Sie gerade anrufe?«) können Sie vergessen, da ist die Störung ja bereits eingetreten.

Als Werbender tragen Sie die Beweislast für eine ordnungsgemäße Einwilligung. Sie sollten deshalb die ausdrückliche Einwilligung möglichst schriftlich einholen.

Ein Verbot von Akquise-Anrufen besteht natürlich nur außerhalb einer konkreten Geschäftsbeziehung. Wenn Sie Ihrem Kunden mitteilen wollen, dass sein bestellter Neuwagen eingetroffen ist, geht das selbstverständlich in Ordnung.

Bei gewerblichen Kunden liegt der Fall nach dem UWG etwas anders. Hier stuft der Gesetzgeber das Belästigungspotenzial geringer ein. Das Anrufverbot gilt nur dann, wenn ein Einverständnis nicht anzunehmen ist, weil der sachliche Zusammenhang mit der jeweiligen (Haupt-) Geschäftstätigkeit des Angerufenen fehlt. Andererseits, Marketingleiter müssen sich – bis zum Widerspruch – schon gefallen lassen, dass ihnen telefonisch Anzeigenplätze in Publikationen angeboten werden, weil unterstellt werden kann, dass derartige Angebote durchaus für den Angerufenen interessant sind.

Werbeanrufe bei Geschäftsleuten sollten Sie sehr selbstkritisch prüfen. Sie kommen schnell in den Bereich der unzumutbaren Belästigung. Nur wenn, objektiv betrachtet, ein Interesse an Ihrem Angebot und damit die Einwilligung vermutet werden kann, ist der Anruf zulässig. Mit einer ausdrücklichen Einwilligung, die Sie beispielsweise schriftlich einholen, sind Sie auf der sicheren Seite.

Bei Faxwerbung sieht das UWG, anders als bei Telefonwerbung, keine Ausnahme vom Verbot für den Fall vor, dass eine Einwilligung unterstellt werden kann. Vielmehr muss eine ausdrückliche Einwilligung, am besten schriftlich, vorliegen oder zumindest durch schlüssiges Verhalten zum Ausdruck gebracht werden. Die Tatsache, dass vorherigen Faxsendungen nicht widersprochen wurde, bedeutet kein Einverständnis.

Da Faxwerbung Papier und Toner des Empfängers verbraucht, hat der Empfänger zusätzlich Unterlassungsansprüche aus dem BGB.

Das Unterdrücken der Rufnummer ist sowohl bei privaten als auch bei geschäftlichen Anrufen nicht erlaubt. Und noch ein Wort zum telefonischen Verkauf: Telefonisch geschlossene Verträge wie Zeitschriftenabos oder Lottoverträge können innerhalb von 14 Tagen schriftlich widerrufen werden.

Hier einige nützliche Internetadressen mit weiterführenden Informationen zum Thema Datenschutz:

✔ Gesellschaft für Datenschutz und Datensicherung e.V. – Vermittlung von externen Datenschutzbeauftragten und DV-Sicherheitsberatern: www.gdd.de

✔ Der Bundesdatenschutzbeauftragte: www.bfdi.bund.de

✔ Der europäische Datenschutzbeauftragte: www.edps.eu.int

✔ Dialogmarketing-Recht anhören – wöchentlich aktualisiertes Law-Podcasting der auf das Recht der neuen Medien spezialisierten Kanzlei Dr. Bahr: www.dr-bahr.com

✔ Fachanwalt unter anderem für Wettbewerbsrecht: Dr. Peter Schotthöfer, www.schotthoefer.de

✔ Fachanwälte unter anderem für Datenschutz und Wettbewerbsrecht: Siegert & Kollegen, www.dm-law.de

✔ Fachanwalt für Informationstechnologierecht: Kanzlei Joerg Heidrich, www.recht-im-internet.de

✔ Eco – Verband der Deutschen Internetwirtschaft e.V.; Schwerpunkt Datenschutz und Recht der neuen Medien: www.eco.de

Teil III

Instrumente des Dialogmarketings

»Wie sehr, meinen Sie, sollte meine neue Internetseite denn
meine Unternehmensphilosophie widerspiegeln?«

In diesem Teil ...

Nachdem Sie sich bis zu dieser Stelle mit Hintergründen, Strategien und Kundenbindungstechniken beschäftigt haben, kommt jetzt endlich etwas Handfestes. Irgendwann müssen Sie schließlich das, was Sie über Adressmanagement, CRM, Kampagnenmanagement und die Zusammenarbeit mit Agenturen gelernt haben, auch praktisch umsetzen. Dafür brauchen Sie Werkzeuge: Die wichtigsten Instrumente für Ihr tägliches Dialogmarketing lernen Sie in diesem Teil kennen. Sie erfahren auch, welche Partner Sie dabei am besten unterstützen können.

Wie Sie Mailings effektiv einsetzen können und wie Sie alles aus dem Klassiker im Kundendialog herausholen, können Sie in diesem Teil nachlesen. Falls es Ihnen an Adressen mangelt, ist die Haushaltwerbung eine kostengünstige Alternative zum Mailing. Was es dabei zu beachten gilt, finden Sie hier. Sie erfahren außerdem alles Wissenswerte zum Thema Corporate Publishing – und Sie werden erstaunt sein, wie leicht auch Sie zu einer eigenen Kundenzeitschrift kommen können. Ob Sie vielleicht sogar Kandidat für einen eigenen Kundenclub sind oder ob sich zumindest die Herausgabe einer Kundenkarte für Sie lohnt, können Sie in diesem Abschnitt feststellen.

Weit verbreitet ist Telefonmarketing. Deshalb wird dem Thema an dieser Stelle viel Raum eingeräumt. Was im telefonischen Kontakt mit Ihren Kunden alles (un-)möglich ist und wann sich ein eigenes Call Center rechnet, diese Fragen werden ausführlich behandelt. Zum Abschluss wird der neue Stern am Dialoghimmel gebührend berücksichtigt: das Onlinemarketing. Wie hell Ihre Onlinepräsenz strahlt, darauf können Sie maßgeblich Einfluss nehmen. Fangen Sie am besten mit der Lektüre dieses Teils an.

Mailings

In diesem Kapitel

▶ Die Dialogmethode

▶ Entwerfen und Gestalten von Mailings

▶ Testmailings sicher planen

▶ Den richtigen Postdienstleister finden

▶ Erfolgsmessung bei Mailings

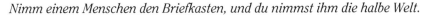

Nimm einem Menschen den Briefkasten, und du nimmst ihm die halbe Welt.

Alfred Polga

Der Werbebrief, neudeutsch das Mailing, ist zweifellos der Klassiker unter den Dialogmedien. Er ist ein über viele Jahrzehnte erprobtes und bewährtes Direktwerbeinstrument, dessen Popularität bei Anwendern ungebrochen ist. Gemessen an den werblichen Ausgaben ist die adressierte Werbesendung unangefochten und mit großem Abstand die Nummer eins unter den direkten Kommunikationsmedien.

Sieht man sich den gesamten Werbemarkt inklusive klassischer Werbung wie Fernsehen, Kino, Plakat und Anzeigen an, liegt das Mailing dicht hinter der Anzeigenwerbung auf Platz zwei der Werbeinvestitionen. Nicht schlecht für eine alte Lady! In diesem Kapitel werden Sie mit einem der effektivsten Werbemedien überhaupt vertraut gemacht.

Mailings sind der Turbo im Kundendialog

In der schnelllebigen Marketingwelt, die ständig neue Trends ausspuckt und genauso schnell wieder verschluckt, ist es schon bemerkenswert, dass der »Oldie« unter den Dialogmedien nach wie vor boomt. Dabei hatte Werbepost noch vor wenigen Jahren den Ruf, Werbemüll zu sein, der nur die Briefkästen verstopft. Seither hat sich eine Menge getan. Streuverluste sind teuer und deshalb wurden die Methoden, Werbepost immer zielgerichteter zu versenden, mithilfe verbesserter Adressanalysen immer stärker verfeinert. Werbung, die die Interessen der Empfänger trifft, kommt gut an.

Während durchschnittlich 44 Werbesendungen pro Monat in den Briefkästen landen, wird jeder Deutsche im gleichen Zeitraum mit zirka 3.000 Werbebotschaften in TV, Print und Funk bombardiert. Dass Werbung per Post per se nicht negativ erlebt wird, liegt nicht nur an der geringeren Werbemenge. Der Verbraucher hat die »Wegwerf-Macht« über die Werbebriefe: Werbung, die nicht interessiert, landet im Papiermüll. Werbung von hoher persönlicher Relevanz wird dagegen sehr gern gelesen. Experten bewerten die Rolle des Mailings als besonders hoch. Anders als E-Mail-Werbung steht printbasierte Werbung nicht im Verdacht, unerwünschtes

Spam zu sein. Durch den enorm gestiegenen Automationsgrad sind die Produktionskosten personalisierter Werbung inzwischen auch sehr niedrig.

Betrachtet man die Gründe, die für den Einsatz von Mailings sprechen, erstaunt es nicht, dass rund 30 Prozent aller deutschen Unternehmen auf die persönliche Ansprache per Post setzen. Der Werbebrief ist ein vertrautes, alltägliches Medium, das jeder Nutzer selbst als Empfänger von Werbepost kennt. Diese praktische Erfahrung senkt die Hemmschwelle, Mailings in der eigenen Kommunikation einzusetzen. Die Entscheidung pro Mailing wird allerdings selten allein aus dem Bauch heraus getroffen. Für knallhart kalkulierende Entscheider sind deshalb harte Fakten entscheidend. Und die sprechen für das Mailing, denn gerade unter Kosten-Nutzen-Aspekten bieten Mailings eine optimierte Ansprache von Kundengruppen.

 Mailings haben den Vorzug, dass sich mit ihnen sehr genau selbst kleinste Zielgruppen präzise persönlich und auf ihre Bedürfnisse abgestimmt ansprechen lassen. So erhält im optimalen Fall der jeweilige Empfänger nur Angebote, die ihn tatsächlich interessieren.

Über kein anderes Werbemedium gibt es mehr empirische und wissenschaftlich fundierte Erkenntnisse in Bezug auf Einsatzmöglichkeiten, Gestaltungsmechaniken und Wirkungsweise wie über den guten alten Werbebrief. Doch keine Bange, vor all dem Wissen müssen Sie nicht ehrfürchtig in die Knie gehen. Was so hochkomplex anmutet, ist in Wirklichkeit solides Handwerk.

Scheu vor einer vermeintlich komplizierten Mailingaktion muss auch niemand haben, weil der Markt an professionellen Dienstleistern groß ist: von der Beschaffung und Pflege von Adressen, über die kreative Konzeption und das Fulfilment, also die Versand- und Auftragsabwicklung (Lagern, Verpacken, Versenden und Rechnungslegung) bis hin zum Fullservice aus einer Hand. Mit dem richtigen Partner sind Ihre Mailingkampagnen nicht komplizierter als jede andere Werbemaßnahme auch. Und was die Praktiker unter den Anwendern freut: Die Möglichkeiten, sich das erforderliche Wissen anhand von Fachliteratur und Seminaren selbst anzueignen, sind vielfältig.

Die zehn wichtigsten Gründe, warum Sie auf Mailings in Ihrem Kommunikationsmix nicht verzichten sollten, erfahren Sie in Kapitel 17.

Was ist überhaupt ein Mailing?

Bevor wir uns die Vorteile von Mailings in der Kundenkommunikation einmal genauer ansehen, sollten wir erst klären, was eigentlich ein Mailing genau ist. Im Allgemeinen werden nur volladressierte und personalisierte Werbebriefe als Mailing bezeichnet. Im Gegensatz zu Wurfsendungen, die nicht personalisiert an ausgewählte oder alle Haushalte eines bestimmten Einzugsbereichs verteilt werden, sind adressierte Werbesendungen an ganz bestimmte Empfänger gerichtet und ermöglichen die persönliche Ansprache des Empfängers mit vollem Namen.

Genaueres zu unadressierten und teiladressierten Werbesendungen erfahren Sie in Kapitel 9, in dem es um Haushaltwerbung geht.

Ein typisches Mailing besteht mindestens aus den folgenden vier Bestandteilen (siehe Abbildung 8.1):

✔ Kuvert

✔ Anschreiben

✔ Verkaufsbeilage

✔ Antwortelement

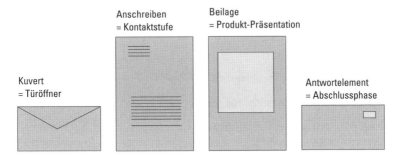

Abbildung 8.1: Die einzelnen Bestandteile des Mailings

Es müssen natürlich nicht unbedingt immer genau vier Bestandteile sein. Je nach Einsatzzweck können die Mailing-Packages von höchst unterschiedlichem Umfang sein. Jeder, der beispielsweise schon einmal einen Werbebrief von einem Lotterie-Anbieter bekommen hat, weiß, dass Werbesendungen durchaus deutlich mehr Bestandteile aufweisen können. Da gibt es mitunter viel zu entdecken und zu bestaunen. Teilweise über zehn verschiedene Beilagen, vom Gutschein, über Lose bis hin zu Teilnahmeunterlagen, Coupons oder sonstigen Reaktionsverstärkern. Nur puzzeln ist einfacher, möchte man meinen. Das Erstaunliche an dieser verwirrenden Inhaltsvielfalt mancher Mailings ist, dass sie tatsächlich erfolgreich funktionieren.

Versierte Mailingprofis machen sich eine alte psychologische Erkenntnis zunutze: Wer seine Leser beschäftigt, fesselt und ihren Spieltrieb aktiviert, sie also länger und intensiver involviert, erhöht die Chance auf eine Reaktion erheblich. Das soll nicht bedeuten, dass umfangreiche Mailingkonzepte grundsätzlich besser arbeiten als schlanke Konzepte.

Umfang und Tonalität einer Werbesendung muss authentisch für den Absender sein und zum beworbenen Produkt und zur Zielgruppe passen. Wenn es etwa um Spendensammeln geht, sollte das Mailing eher schlank ausfallen, weil die Empfänger sonst denken, die Spenden fließen in teure Mailings. Nicht zuletzt entscheidet der Deckungsbeitrag, ob sich aufwendige Mailings rechnen. Grundsätzlich gilt: Private Empfänger sind für schrillere und verspielte Mailingkonzepte eher empfänglich als gewerbliche Zielgruppen.

 Steter Tropfen höhlt den Stein, das gilt auch bei Mailings. Sie minimieren das Risiko, wenn Sie auf mehrere Anstöße im Standardbereich von 20 Gramm setzen, anstatt Ihr Budget auf ein einzelnes opulentes Mailing zu verwenden.

Die Gestaltung des Versandkuverts

Lassen Sie uns die vier klassischen Mailingbestandteile Kuvert, Anschreiben, Verkaufsbeilage und Antwortelement einmal genauer betrachten und dabei die möglichen Filter (Hemmnisse) und Verstärker beachten (siehe Abbildung 8.1). Sofern Unterschiede in der Ansprache gegenüber privaten und geschäftlichen Zielgruppen vorhanden sind, weisen wir Sie an entsprechender Stelle darauf hin.

Die Bedeutung der Briefumhüllung als Türöffner darf nicht unterschätzt werden. Schon vor dem Öffnen des Briefes stellen sich dem Empfänger zentrale Fragen:

✔ Wer schreibt mir?

✔ Was will der Absender von mir?

✔ Woher hat der Absender meine Adresse?

✔ Enthält der Brief etwas Relevantes für mich?

Diese Grundfragen sollten bei der Gestaltung des Kuverts berücksichtigt werden. Der Absender sollte sich zu erkennen geben, möglichst dem Brief mit seinem Logo ein Gesicht geben. Denn einem Unbekannten öffnet man – im übertragenen Sinne – nicht gerne die Tür.

 Viele Lettershops und Druckereien haben preiswerte und originelle Kuvert-Konzepte im Sortiment und beraten kompetent und kostenlos. Ob 3-D-Formate, Rundungen oder Konturen, etwa von Autos oder Schuhen, in puncto Gestaltung ist beim Werbeversand vieles machbar. Bei der Deutschen Post beispielsweise als Infopost Kreativ.

Je interessanter und persönlicher die Umhüllung anmutet, desto positiver wird Empfänger eingestimmt sein. Format, Farbgebung, Bilder, Headlines, Material, Perforationsverschlüsse: Die Möglichkeiten, sein Mailing aus dem täglichen Posteingang beim Empfänger hervorzuheben, sind vielfältig.

 Wer sichergehen will, dass kreative Formate auch unbeschädigt und vollständig beim Empfänger ankommen, sollte einen Probeversand in Betracht ziehen.

Erstes Ziel ist immer, dass der Empfänger den Brief öffnet. Die meisten Briefe überwinden diese erste Wegwerfwelle. Vor allem private Empfänger öffnen Briefe selbst dann, wenn sie eindeutig als Massenwerbesendungen identifiziert werden. Erinnern wir uns an die AIDA-Formel. Ist ein Kuvert aufmerksamkeitsstark gestaltet, sind eventuell sogar Inhalte fühlbar, wird der Leser gefesselt und in das Mailing gewissermaßen hineingezogen (»Auf diesen Brief haben Sie Ihr Leben lang gewartet.«). Sogenannte *Teaser* kündigen bereits auf der Umhüllung einen Vorteil an. Doch Vorsicht: Versprechen Sie nichts, was der Inhalt nicht hält. Sonst verscherzen Sie sich für die Zukunft alle Sympathien. Und bedenken Sie, dass die Gestaltung des Umschlags Erwartungen an den Inhalt weckt. Kuvert und Inhalt sollten immer eine Einheit darstellen.

Eine falsche Anschrift ist ein großer Filter. Ein noch größerer Filter ist ein falsch geschriebener Name. Der Empfänger wird sich fragen, warum sein Name falsch geschrieben ist und was eigentlich von einem Unternehmen zu halten ist, das seine Kunden noch nicht einmal korrekt ansprechen kann. Zwangsläufig entstehen Reaktanzen und ein persönlicher Dialog wird von Beginn an behindert. Deshalb gilt seit Jahrzehnten unter Dialogmarketing-Profis dem Adressfeld die besondere Aufmerksamkeit nach dem Motto. Nur keine Fehler beim Adressfeld!

Ganz freche Dialogfüchse verstoßen zuweilen gegen diese Regel und nutzen die hohe Aufmerksamkeit, die dem eigenen Namen im Anschreiben zufällt, um dem Empfänger mit einer kleinen Aufwertung zu schmeicheln. So kann aus Herrn Schmidt schon mal Professor Schmidt werden. Wenn auch zur Nachahmung nicht empfohlen: Wer kann schon an einem solchen charmanten Fehler Anstoß nehmen?

Bei gewerblichen Zielgruppen ändern sich infolge der hohen Fluktuation sehr häufig die Ansprechpartner. Der falsche Ansprechpartner ist ein starker Filter. Mailings mit dem Hinweis »An die Geschäftsführung« oder »An den Marketingleiter« helfen zwar der Poststelle bei der internen Zuordnung des Mailings, sind aber dennoch nur zweite Wahl.

Unpersonalisierte Mailings sind zwar in der Businesskommunikation nicht unüblich, sie arbeiten in der Regel aber nicht so gut wie persönlich adressierte. Eine telefonische Vorqualifizierung der Ansprechpartner ist natürlich teuer, sie kann sich aber unter dem Strich durchaus lohnen.

Noch ein Hinweis zur Adresse: Oberhalb der Adresse sollte eine sogenannte *Vorausverfügung* nie fehlen. Damit teilen Sie der Post mit, was mit Ihren Sendungen passieren soll, wenn die Anschrift nicht stimmt, der Empfänger verzogen ist oder der Empfänger nicht ermittelt werden kann. Sie erhalten beispielsweise bei unzustellbaren Sendungen eine Anschriftenbenachrichtigungskarte und können Ihre Kundendaten entsprechen korrigieren. Pro Anschriftenberichtigungskarte werden bei der Deutschen Post 90 Cent fällig. Die Investition in diesen Service zahlt sich in jedem Fall aus, denn eine hohe Adressqualität spart Ihr Geld für Druck und Porto für unzustellbare Sendungen. Ganz nebenbei bleiben Sie an Ihren Kunden dran, die Sie sonst verlieren würden, wenn Sie die aktuelle Adresse nicht erfahren.

Bei der Wahl des Umschlags spricht einiges für den Fensterbriefumschlag. Unter Kostengesichtspunkten haben diese den klaren Vorteil, dass der Produktionsschritt der Adressierung auf der Umhüllung oder mittels Etikettierung wegfällt. Und Sie umgehen eine mögliche Fehlerquelle beim Zusammenführen der verschiedenen Bestandteile. Ein falsch geschriebener Name im Mailing ist ärgerlich, aber ein Mailing mit dem Namen eines anderen Empfängers im Anschreiben ist der Mega-GAU. Solche Mailings verkaufen nichts und sind jedoch leider sehr wirkungsvoll. Sie beschädigen nämlich das Ansehen Ihres Unternehmens.

Wenn Sie Sendungen verschicken, die nicht dem Standard entsprechen, sollten Sie auf Nummer sicher gehen und einige Exemplare an Testadressen verschicken. So können Sie feststellen, ob Verpackung und Inhalt beschädigungsfrei beim Empfänger ankommen. Bei hohen Auflagen empfiehlt es sich, die »Maschinenfähigkeit«

Ihrer Sendungen überprüfen zu lassen. Das ist vor allem für die Entgeltermäßigungen bei Infopost wichtig.

Beim Transport durch die Deutsche Post checkt der Automationsbeauftragte Brief, ob die Sendung für die maschinelle Sortierung und Bearbeitung geeignet ist und ob die Anschrift vom Lesegerät erkannt werden kann. Hierüber erhalten Sie ein Zertifikat, also eine Art Garantieschein für Ihre Aussendung. Dadurch lassen sich ärgerliche Entgeltnachforderungen und beschädigte Sendungen vermeiden.

Die Frankierung

Beim Versand durch die Deutsche Post stehen Ihnen für die Frankierung Ihrer Sendungen verschiedene Freimachungsarten zur Verfügung:

✔ **Der vorgedruckte Freimachungsvermerk:** Der Vermerk »Entgelt bezahlt«, direkt auf die Umhüllung gedruckt, ist für große Auflagen die erste Wahl, weil der Handlingsaufwand am geringsten ist. Die Bezahlung erfolgt vor der Einlieferung. Der Nachteil besteht darin, dass der Vermerk sehr klar signalisiert: Hier kommt Massenpost!

✔ **Die Freistempelung mittels Frankiermaschine:** Das Gerät wird mit einem Guthaben aufgeladen und kann dann den entsprechenden Frankierbetrag auf die Sendung aufdrucken. Ein sehr beliebtes Verfahren, das allerdings einen gewissen händischen Aufwand mit sich bringt und deshalb vor allem bei kleineren Auflagen interessant ist.

✔ **Die PC-Frankierung:** Online wird ein bestimmtes Frankierguthaben gekauft und die Onlinebriefmarke kann dann ausgedruckt werden. Die Deutsche Post bietet hierfür professionelle Frankiersoftware an: www.frankit.de, www.stampit.de.

✔ **Das Postwertzeichen:**. Das Briefmarkenkleben ist bei Kleinstauflagen sehr beliebt. Gelegentlich kommt die Briefmarke aber auch bei größeren Auflagen zum Einsatz, weil sie persönlicher wirkt als andere Freimachungsarten. Der zusätzliche Aufwand wird sich für Sie aber selten wirklich lohnen. Zumindest in der Ansprache gegenüber Geschäftskunden können Sie sich die Briefmarke sparen. Der Umgang mit Werbepost ist bei diesen Zielgruppen sehr viel standardisierter als bei privaten Empfängern. Falls Sie dennoch auf die individuellere Wirkung der Marke setzen, denken Sie darüber nach, ob der Plusbrief für Sie die richtige Wahl ist. Hier ist die Marke bereits auf dem Umschlag drauf. Weitere Infos unter www.plusbrief.de.

 Sie können inzwischen auch Ihre eigenen Marken mit einem gewünschten Motiv gestalten. So können Sie Ihr eigenes Logo in das Markenfeld drucken lassen oder Ihr Porträt. Ein aufmerksamer und unverwechselbarer Auftritt ist Ihnen damit sicher. Mehr Infos unter www.plusbrief-individuell.de.

Erfolgsfaktoren Kuvert:

✔ Format

✔ Papier

✔ Kreative Gestaltung

✔ Vorteilsankündigung (Teaser)

✔ Korrekte Adressierung, Name

✔ Frankierung

Das Anschreiben

Das Anschreiben ist, um beim Vergleich mit dem persönlichen Verkaufsgespräch zu bleiben, die Begrüßung. Es ist gewissermaßen die Visitenkarte des Absenders. Man erfährt den Namen des Ansprechpartners und seine Kontaktdaten wie Telefonnummer und E-Mail-Adresse. Die Unterschrift gibt Ihnen als Absender zudem eine Persönlichkeit.

Wenn Sie, um Kosten zu sparen, auf das Anschreiben verzichten, signalisieren Sie: Kein Interesse an einem persönlichen Kontakt. Das ist ein großer Wirkungsfilter, der die Kostenersparnis zunichte macht.

Je dichter Ihr Werbebrief an ein persönliches oder offizielles Schriftstück heranreicht, desto nachhaltiger ist seine Wirkung. Untersuchungen bestätigen, dass ein gut gemachtes Anschreiben die Wirkung eines Werbebriefs gegenüber einem Mailing ohne Brief enorm verstärkt.

Länger als eine DIN-A-4-Seite sollte Ihr Anschreiben allerdings nicht sein. Es gibt zwar gelegentlich gute Beispiele für mehrseitige Anschreiben, aber das ist die große Ausnahme. Normalerweise gilt auch hier: Keep it short and simple. Hand aufs Herz: Wer will sich schon durch Vor- und Rückseite eines Briefes quälen, wenn es sich nicht um einen außerordentlich fesselnden Text handelt? Und außerordentlich fesselnde Texte sind eine seltene Kunst.

Neben diesen rein formalen Aspekten leistet ein Anschreiben natürlich noch mehr. Es führt in das Thema ein, benennt die wesentlichen Vorteile aus Sicht des Lesers und sagt auch, was man vom Leser erwartet – anrufen, bestellen, informieren, kaufen, kurz: reagieren. Die Argumentation richtet sich an den immer gleichen Grundfragen aus, denen sich Werbebriefe ausgesetzt sehen. Es sind die gleichen Grundfragen, die an reale Verkäufer gestellt werden.

✔ Mit wem habe ich es zu tun?

✔ Was will er von mir?

✔ Was habe ich davon?

✔ Wie kann ich mehr erfahren?

✔ Was erwartet man von mir?

Werden diese Fragen nicht innerhalb weniger Sekunden beantwortet, landet der Brief mit hoher Wahrscheinlichkeit im Papierkorb. Niemand akzeptiert einen Werbemonolog, sondern man erwartet Antworten, vor allem auf die zentrale, allererste Frage: Warum sollte ich diesen Brief überhaupt lesen?

Ein gutes Anschreiben lenkt durch Hervorhebungen und Unterstreichungen die Aufmerksamkeit des Lesers direkt dorthin, wo seine Fragen beantwortet werden und sein Interesse geweckt wird. Untersuchungen mit der Augenkamera belegen, dass etwa 80 Prozent der Leser einer ganz bestimmten Lesekurve folgen. Ihr Blick springt von einer Stelle zu nächsten, selten wird der ganze Text Zeile für Zeile gelesen. Stattdessen springt der Blick zu markanten Stellen im Anschreiben: Zum Logo im Briefkopf und zur Unterschrift (Wer schreibt mir?), zum Betreff (Worum geht's?), zum eigenen Namen (Bin ich gemeint und ist mein Name richtig geschrieben?), zum Datum (Wie aktuell ist das?), zu bestimmten Hervorhebungen (Was habe ich davon?), zum PS (Was wird von mir erwartet?). Eine unleserliche Unterschrift kann bereits zu Irritationen führen, sofern der Name in Klarschrift nicht zusätzlich genannt wird.

Ein offenes Datum (»Berlin, im Februar 2009«) signalisiert, dass es sich um eine zeitlich nicht fixierte Werbeaktion handelt, die keine sofortige Reaktion erfordert. Und wer nicht gleich reagieren muss, reagiert wahrscheinlich nie. Sie sollten also immer ein exaktes Datum, den Tag der Postauflieferung, verwenden.

Daneben unterstützen leicht lesbare und kurze Sätze das schnelle Überfliegen des Textes. Hervorhebungen und Unterstreichungen ziehen den Blick magisch an. Hier stehen die Botschaften und Informationen, die in jedem Fall wahrgenommen werden sollen.

Zu viele Hervorhebungen machen den Effekt aber schnell wieder zunichte, setzen Sie sie deshalb sparsam ein.

Worauf es bei Anschreiben ankommt:

✔ Korrekte persönliche Ansprache

✔ Leseführung mit Fettungen und Unterstreichungen

✔ Vorteilsargumentation

✔ Unterschrift

✔ PS

✔ Aktuelles Datum

✔ Kurze, leicht verständliche Sätze

Die Verkaufsbeilage

Das Anschreiben verweist auf den beiliegenden Prospekt, in dem ausführlichere Informationen zum Produkt enthalten sind. Auch beim Prospekt entscheidet der Leser innerhalb weniger

Sekunden, ob sich die Lektüre für ihn lohnt. Analog zum Anschreiben gilt deshalb auch hier, lange und komplizierte Sätze zu vermeiden, die Vorteile für den Leser deutlich herauszustellen und die Leseführung durch eine klare Gliederung zu erleichtern. Für die fortgeschrittenen Akademiker unter uns: Genau umgekehrt wie bei Ihrer Doktorarbeit.

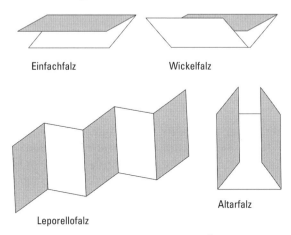

Abbildung 8.2: Falztechniken im Überblick

Der Mensch ist visuell geprägt, deshalb wirken Bilder und Grafiken mehr als das geschriebene Wort. Grafiken veranschaulichen komplexe Zusammenhänge besser als Texte. Und Bilder transportieren Emotionen stärker als Worte. Grundsätzlich ist die Gestaltung von Broschüren immer abhängig vom Einsatzzweck und von der Zielgruppe. Private Zielgruppen haben eine andere Erwartungshaltung an ein Werbemittel als Businesskunden. Unterschiedliche Zielgruppen erfordern deshalb andere Tonalitäten in puncto Stil, Sprache und Optik einer Broschüre.

Grundsätzlich sollte eine Broschüre immer Reaktionsangebote machen. Das kann eine Internet- oder E-Mail-Adresse, eine Telefonnummer oder eine beigefügte Antwortkarte sein.

Anders als beim einseitigen Anschreiben kann die Falztechnik einer Broschüre den Leseverlauf sehr gut leiten (siehe Abbildung 8.2). Die jeweilige Falztechnik übernimmt gewissermaßen die Regie für die Wahrnehmung der einzelnen Seiten. Besonders ausgetüftelte Falztechniken sollten Sie allerdings vermeiden, weil die Aufmerksamkeit des Lesers auf die Mechanik gelenkt wird (»Wie funktioniert das eigentlich«) und vom eigentlichen Angebot ablenkt. Bewährte und verbreitete Falztechniken sind: Einfachfalz, Wickelfalz, Leporello und Altarfalz.

 Was eine Verkaufsbeilage erfolgreich macht:

✔ Kurze und verständliche Sätze

✔ Vorteilsorientierte Argumentation

✔ Klare Gliederung

Der Prospekt gibt Antwort auf folgende Fragen:

✔ Was wird mir geboten?

✔ Was habe ich davon?

✔ Was kostet es?

✔ Welche Garantien und Rückgaberechte erhalte ich?

✔ Wo oder wie kann ich es kaufen?

✔ Wie schnell wird gegebenenfalls geliefert?

✔ Wohin wende ich mich bei weiteren Fragen?

Gestalten und texten Sie Ihre Broschüre immer so, dass sie auch unabhängig vom Mailing eingesetzt werden kann, zum Beispiel auf Messen oder zur Auslage in der Filiale. So sparen Sie zusätzliche Kosten. An das Ende einer Verkaufsbroschüre wird ein zusätzliches Reaktionselement angefügt, damit man auch reagieren kann, wenn man nicht Mailingempfänger ist. Am besten fügen Sie einen Coupon oder eine Antwortkarte mit einer Perforation an, zum leichten Abtrennen und Versenden.

Das Antwortelement

Viele Wege führen zum Kunden – warum führen dann oft so wenige Wege auch zurück? Je mehr Antwortmöglichkeiten dem Kunden geboten werden, umso wahrscheinlicher ist seine Reaktion. Jeder Mensch hat andere Präferenzen, um mit einem Unternehmen in Kontakt zu treten. Manche greifen lieber zum Telefon, andere versenden lieber ein Fax, antworten per E-Mail oder verschicken eine Antwortkarte. Kennzeichnen Sie im Anschreiben und in der Beilage die möglichen Reaktionswege deutlich. Am sichtbarsten ist das beiliegende Antwortelement: die Karte, das Fax oder der Coupon.

Das separate Antwortelement ist kein überflüssiger Schnickschnack, es erleichtert und beflügelt vielmehr die Interessentenreaktion. Dem Kunden wird bereits beim Öffnen des Mailings signalisiert, was Sie von ihm erwarten: eine Reaktion. Mailings mit beiliegenden Antwortelementen erzielen immer höhere Responsequoten gegenüber solchen ohne sofort erkennbares Reaktionselement.

Ein weiterer Vorteil ist die exakte Zuordnung der Response zur jeweiligen Aktion oder Mailingvariante. Hierzu werden die Antwortkarten mit einer spezifischen Kodierung bedruckt. Der Rücklauf erlaubt so eine Erfolgsbewertung der verschiedenen Aussendungen und liefert Ihnen wichtige Erkenntnisse für Folgeaktionen.

Das Antwortelement eignet sich hervorragend, noch einmal die wesentlichen Vorteile, die Konditionen einer Bestellung sowie mögliche Garantien und sonstige Reaktionsanreize herauszustellen. Auf der Bestellkarte werden keine neuen Aspekte angesprochen. Das verwirrt den Leser, der sich fragen wird, ob er etwas überlesen hat.

Damit der Kunde nach Absenden der Karte einen Beleg seiner Bestellung zurückbehält, integrieren Sie in Ihr Mailing einen Garantie- oder Kontrollabschnitt. Nach Möglichkeit ist die

Faxantwort oder die Antwortkarte bereits vorpersonalisiert. Das erleichtert das Reagieren, weil der Besteller nicht mehr seine persönlichen Daten eintragen muss. Ein Hinweis »Falls Adresse falsch, bitte korrigieren« sollte nicht fehlen, damit die Adressen auch vom Kunden aktualisiert werden können. Je übersichtlicher das Antwortelement gestaltet ist, desto besser. Stellen Sie den Leser auch nicht vor zu viele Entscheidungen. Vier oder fünf Ankreuzmöglichkeiten sind das Maximum, das Sie ihm zumuten sollten.

 Problematisch ist immer, wenn Sie eine Unterschrift verlangen. Damit bauen Sie eine große Reaktionshürde auf. Die Unterschrift sollten Sie deshalb nur bei kostenpflichtigen oder rechtsverbindlichen Bestellungen verlangen.

Das Gleiche gilt für das Porto der Antwort. Steht im Freimachungsfeld »Bitte freimachen«, dann ist das ein großer Filter. Eine Frankierung sollten Sie nur dann verlangen, wenn Sie hochwertiges Infomaterial oder Geschäftsberichte versenden. Dann hat die verlangte Freimachung den Charakter einer Schutzgebühr. Die leicht entschärfte Formulierung »Bitte freimachen, falls Marke zur Hand« wird immerhin noch von etwa 75 Prozent der Reagierer berücksichtigt. »Das Porto übernehmen wir für Sie« wählen Sie, wenn Sie die Antwortquote nach oben treiben wollen.

Die Qualität des Rücklaufs sinkt allerdings, wenn keine Freimachung verlangt wird. Denken Sie beispielsweise an Gewinnspiele, die eine hohe Beteiligung auslösen. Das ist einerseits schön, andererseits teuer, wenn Sie das Porto übernehmen. Die Qualität des Rücklaufs ist in der Regel bei solchen Aktionen gering. Wer etwas gewinnen will, wird auch bereit sein, dafür seinen Beitrag in Form einer Briefmarke zu leisten. Verlangen Sie bei Gewinnspielen deshalb die Freimachung.

 Antwortkarten müssen oberhalb der Adresse als Antwort oder Werbeantwort gekennzeichnet sein. Nur so profitieren Sie von den postalischen Entgeltermäßigungen beim Rücklauf.

Noch ein Hinweis zur Gestaltung von Faxbogen. Bedenken Sie, dass kontrastreiche, mit Bildern und Farbflächen versehene Faxe den Tonerverbrauch beim Empfang drastisch steigern. Die Übertragungszeit ist außerdem deutlich länger. Bevorzugen Sie deshalb eine einfache, unaufwendige Gestaltung.

 Rücklauf garantiert mit dem richtigen Antwortelement:

✔ Einfache Gestaltung

✔ Wenige Antwortmöglichkeiten

✔ Vorteilsaufzählung

✔ Vorpersonalisierung

✔ Feld Adresskorrektur

✔ Portoübernahme

✔ Kennzeichnung als Antwort/Werbeantwort

Das schlanke Gegenstück zu umfangreichen Packages mit vielen Bestandteilen und Beigaben sind die Werbepostkarte und der sogenannte *Selfmailer*, bei dem Umhüllung, Anschreiben und Beilage in einem Arbeitsgang produziert und versendet werden. Diese preiswerten Mailingkonzepte müssen nicht weniger erfolgreich sein als umfangreiche Sendungen. Je nach Einsatzzweck und Zielgruppe können schlanke Konzepte unter Kosten-Nutzen-Aspekten sogar die bessere Wahl sein.

Das Spektrum ist also sehr breit gefächert, womit schon eine erste Stärke der Mailingkommunikation benannt werden kann, nämlich die ungeheure Vielfalt und Flexibilität. Die meisten Werbebriefe bestehen allerdings aus den genannten vier Basisbestandteilen Kuvert, Anschreiben, Verkaufsbeilage und Antwortelement.

Erfolgsregeln für die Mailingkonzeption

Gute Mailings fallen nicht vom Himmel. Wenn Sie ein paar einfache Regeln beachten, steigert das Ihre Erfolgschancen erheblich. Die Regeln haben so klangvolle Namen wie:

✔ AIDA-Formel

✔ KISS-Methode

✔ RIC-Methode

✔ Dialogmethode

Sie wollen wissen, was sich hinter diesen wohlklingenden Ausdrücken verbirgt? Hier kommt die Auflösung:

Die AIDA-Formel

Sie wurde ursprünglich in der klassischen Werbung entwickelt. Ihr methodischer Ansatz lässt sich hervorragend auf die Gestaltung von Dialogwerbemitteln übertragen. Die Grundidee ist, das Involvement des Lesers stufenweise zu steigern. AIDA steht für die einzelnen Stufen der Zuwendung:

✔ Attention (Aufmerksamkeit)

✔ Interest (Interesse)

✔ Desire (Wunsch, Entscheidung)

✔ Action (Handlung, Reaktion)

Was bedeutet das nun für die Konzeption Ihres Mailings? Die erfolgreiche Inszenierung ist – zumindest theoretisch – eine Frage der richtigen Dramatisierung. Vorhang auf für ein Beispiel:

✔ **1. Akt:** Ihr Mailing ragt aufgrund seines Formats oder seiner kreativen Gestaltung aus dem täglichen Posteingang heraus und erregt die Aufmerksamkeit des Empfängers, der das Mailing sofort voller Neugierde öffnet.

✔ **2. Akt:** Das Anschreiben verspricht ungeahnte Vorteile und zieht den Leser unwiderstehlich in den Brief hinein. Sein Interesse, sich intensiver mit Ihrem Angebot zu beschäftigen, ist geweckt. Er ist voller Erwartung.

✔ **3. Akt:** Die vertiefende Verkaufsbeilage überzeugt ihn schließlich vollends vom Angebot. Das Verlangen strebt seinem Höhepunkt entgegen, die Entscheidung ist nah. Jetzt kommt es drauf an.

✔ **4. Akt:** Im Augenblick höchsten Begehrens fällt dem Leser die Responsekarte in die Hand. Sie haben natürlich an alles gedacht und die Karte bereits so weit vorbereitet, dass er nichts weiter tun muss, als ein Kreuz zu setzen und sie abzuschicken. Erlösung – der Vorhang fällt – Schlussapplaus!

Die KISS-Methode

Hört sich nicht nur nach einer erfreulich einfachen und angenehmen Methode an, sie ist es tatsächlich, wenn auch etwas anders, als Sie vielleicht spontan denken. Einfachheit ist hier gewissermaßen Programm, denn KISS steht für »Keep it stupid and simple«, was so viel wie »In der Kürze liegt die Würze.« heißt. Das ist in der Praxis nur häufig gar nicht so einfach umzusetzen.

Vor allem Experten, wie Produktmanager, tun sich schwer, Fachbegriffe in eine einfache und allgemein verständliche Sprache zu übersetzen und komplexe Zusammenhänge zu veranschaulichen. Die Verwendung von Fachsprache wird oft damit begründet, dass man so Kompetenz beweise und sich mit der Zielgruppe auf Augenhöhe verständigen könne. Einfache und leicht verständliche Sprache wird dagegen als zu trivial angesehen. Ein verbreiteter Irrtum.

Kein Mensch will sich beim Lesen von Werbung anstrengen müssen. Ob Sie's glauben oder nicht: Auch Experten freuen sich über einfach zu konsumierende Informationen, die sie nicht zu stark fordern. Gute Fachwerbung sollte deshalb in der Ansprache immer eine Stufe unter dem zu erwartenden Kenntnisstand der Zielgruppe bleiben.

 Kurze, prägnante Sätze, wenige Fachbegriffe und eine lesefreundliche Gestaltung sind nachgewiesenermaßen zentrale Erfolgsfaktoren für Ihre Mailings.

Die RIC-Methode

RIC bedeutet Readership Involvement Commitment und zielt darauf ab, den Leser zu fesseln. Diesem Ziel liegt die Erkenntnis zugrunde, dass die Wahrscheinlichkeit einer Reaktion steigt, je länger sich der Leser mit dem Mailing beschäftigt. Die aktive Beschäftigung des Lesers mit physischen Beigaben, Ausstanzungen, Rubbelfeldern und anderen haptischen Erlebnissen forciert die Einbindung des Lesers. Fazit: Wer den Spieltrieb seiner Zielgruppe weckt, hat mehr Erfolg!

Die Dialogmethode

Der wohl umfassendste Ansatz für die Realisation von Mailings ist die Dialogmethode nach Professor Siegfried Vögele. Zur Beruhigung aller, die an dieser Stelle eine akademische Abhandlung befürchten, sei gleich darauf hingewiesen, dass die Dialogmethode keine streng wissenschaftliche Methode ist, sondern vielmehr ein bewährtes System zur inhaltlichen Gestaltung von Mailings im Sinne eines Dialogs zwischen Absender und Empfänger. Die Dialogmethode ist das bekannteste Verfahren für eine dialogorientierte Mailinggestaltung und gehört heute zum kleinen Einmaleins des Direktwerberwissens. Also, entspannen Sie sich und lassen Sie sich inspirieren.

Die Dialogmethode: Unternehmen auf Beziehungskurs

Die Dialogmethode kam in den 70er-Jahren auf, als der Beziehungsaspekt Einzug in die Kommunikation nahm. Die Unternehmen verabschiedeten sich schrittweise vom Standpunkt der Angebotsorientierung und nahmen zunehmend die Sichtweise des Konsumenten ein. Die zentralen Fragestellungen lauteten nun:

✔ Was möchte der Kunde kaufen?

✔ Welche Vorteile bieten ihm meine Produkte?

✔ Wie kann ich ihn langfristig an mich binden?

Mithilfe dialogisch gestalteter Werbemittel sollte der bis dahin verbreitete Werbemonolog überwunden und die Interaktion mit dem Kunden verbessert werden. Ursprünglich wurde die Dialogmethode für die Bedürfnisse kleiner und mittelständischer Unternehmen entwickelt.

✔ **Das Ziel:** Die enormen Kosten, die der Außendienst der Unternehmen verschlingt, sollten drastisch gesenkt werden.

✔ **Die Idee:** Das Mailing antizipiert das persönliche Verkaufsgespräch und wird zur zeitgemäßen Alternative zum Vertreterbesuch.

✔ **Der Clou:** Die Methode vermittelt schnell und leicht nachvollziehbar, wie sich gut arbeitende Werbemittel gestalten lassen. Die Regeln sind universell und gelten deshalb unabhängig von Zielgruppe und Branche.

Die effektivste und erfolgreichste Verkaufsmethode ist zweifellos das geübte unmittelbare *Verkaufsgespräch*, das ein Verkäufer mit seinen Kunden führt. Der Verkäufer kann Fragen direkt beantworten und intuitiv auf sein Gegenüber eingehen. Die Abschlussquoten beim persönlichen Verkaufsgespräch sind deshalb unschlagbar hoch.

Auch die Kundenbindung gestaltet sich auf der persönlichen Ebene meist am effektivsten. Nur ist diese Methode leider auch extrem teuer und mit dem zeitaufwendigen persönlichen Kontakt erreicht man nur eine sehr begrenzte Anzahl an Kunden. In der Regel sind höchstens fünf bis sechs Kundenbesuche pro Vertreter und Tag zu schaffen. Hier kommen die Vorteile von Mailings zum Tragen. Sie erreichen beliebig viele Kunden zu jeder gewünschten Zeit sehr schnell und sehr kostengünstig.

Augenkamera

Die Regeln und Empfehlungen basieren größtenteils auf Untersuchungen mit der Augen-kamera. Dabei wird in einer Laborsituation nicht nur das direkt sichtbare Verhalten des Lesers im Umgang mit den einzelnen Mailingbestandteilen ermittelt, also wann welches Element wie lange betrachtet wird, sondern auch der Blickverlauf (Pupillen-Fixationen) mit einer speziellen Augenkamera aufgezeichnet. Werden die wesentlichen Informationen gelesen? Sind die Abbildungen gut platziert und so weiter. Aus diesen Beobachtungen lassen sich sehr genaue Rückschlüsse auf die Funktionstüchtigkeit von Mailings ziehen. Obwohl sich das Rezeptionsverhalten der Menschen im Laufe der Zeit verändert hat und der Umgang mit Mailings inzwischen weitgehend standardisiert ist, bestätigt die Augen-kamera die Regeln aus der Dialogmethode mit geringen Abweichungen auch heute noch.

Konzeption und Gestaltung von Mailings zielen darauf ab, per schriftlichem Verkaufsgespräch das reale Gespräch zwischen Kunden und Verkäufer nachzuempfinden. Die Kunst besteht darin, die Vorteile des persönlichen, unmittelbaren Gesprächs zwischen zwei Menschen so-weit wie möglich auf das Mailing zu übertragen. Dazu muss man den typischen Ablauf eines Verkaufsgesprächs vor Augen haben. Unabhängig von der Kundenstruktur oder der Branche entwickelt sich ein Kundengespräch stufenweise. Das Gespräch beginnt mit der Kontaktphase, durchläuft je nach Gesprächspartner mehrere Zwischenstufen und mündet in die Abschluss-phase. In jeder Stufe muss das Interesse des Kunden hochgehalten werden.

Das »Sag Ja«-Prinzip

Ein zustimmendes »Ja« ist Ziel jeder Gesprächsstufe. Zum Abschluss steht idealerweise ein großes »Ja«, beispielsweise die Unterschrift unter ein Abonnement.

Ein Mailing verfolgt dasselbe Ziel. Jede Phase des schriftlichen Verkaufsgesprächs soll mit einem »Ja« beantwortet werden. Tatsächlich bestehen zwischen Vertreterbesuch und Mailing Analogien. In beiden Fällen kann der Kunde individuell mit Namen angesprochen werden und für die Angebotsunterbreitung kann auf die Informationen in der Kundendatenbank zurück-gegriffen werden. Weil ein Mailing nicht unmittelbar mit seinem Gegenüber interagieren kann, müssen die möglichen Fragen des Kunden antizipiert werden. Es gibt einige Grundfragen, die Kunden generell beschäftigen:

✔ Wer schreibt mir?

✔ Was will der Absender von mir?

✔ Was habe ich davon, das Mailing zu lesen?

Mindestens zwanzig solcher Grundfragen werden an ein Mailing gerichtet, völlig unabhängig vom Absender und der jeweiligen Zielgruppe. Diese Fragen stellt sich der Leser ganz unbewusst. Sie müssen sehr schnell beantwortet werden, weil sie den Adressaten beschäftigen.

Vor allem hat kein Adressat Lust, Werbung zu lesen, wenn nicht klar wird, welche Vorteile für ihn damit verbunden sind. Bleibt das unklar, wird ein Mailing weggeworfen, und zwar schneller, als man glaubt. Der Leser entscheidet in der Regel innerhalb weniger Sekunden, ob es sich für ihn lohnt weiterzulesen. Jede Frage, die das Mailing beantwortet, bedeutet ein kleines »Ja«, jede offen gebliebene Frage ein »Nein«. In der Summe sollte aus vielen kleinen »Ja« ein großes »Ja« werden, eine Reaktion auf das Angebot.

Die unausgesprochenen Leserfragen sind also die Basis Ihres Dialogs mit dem Leser. Neben den wiederkehrenden allgemeinen (Grund-) Fragen, gibt es noch eine Reihe von speziellen Fragen, die je nach Unternehmen, Angebot und Produkt variieren werden.

Sie sollten als Absender die möglichen spezifischen Fragen Ihrer Adressaten möglichst gut kennen. Ihre Mitarbeiter im Kundenkontakt sind für die Ermittlung der regelmäßigen Kundenfragen im Zusammenhang mit speziellen Produkten oder Leistungen eine wertvolle Quelle, die Sie unbedingt nutzen sollten. Dabei werden sich normalerweise die Top Ten der wiederkehrenden Fragen schnell herauskristallisieren. Auf diese Fragen muss Ihr Mailing in jedem Fall Antwort geben.

Genau wie im persönlichen Gespräch werden glücklicherweise nicht alle Fragen gleichzeitig an ein Mailing gestellt. Die Antworten, die Ihr Mailing auf die stillen Fragen liefert, werden vielmehr so platziert, wie es dem realen Verlauf eines Gesprächs entspräche. Ein Anschreiben entspricht so gesehen der Kontaktphase mit Begrüßung, persönlicher Vorstellung und Angebotsunterbreitung. Der Verkaufsprospekt entspricht dem fachlichen Beratungsgespräch und zum Abschluss des Gesprächs erhält der Leser die Gelegenheit zur Reaktion per Faxbogen, Antwortkarte, Rückumschlag oder Telefon.

Ohne Filter ist stärker!

Bei den unausgesprochenen Leserfragen zeigt sich, dass ein »Ja« eine mögliche Reaktion verstärkt, während ein »Nein« wie ein Filter wirkt. Eigentlich einleuchtend, oder? Die Dialogmethode kennt etwa 300 Gestaltungsmerkmale, die entweder wie ein Verstärker (Zustimmung) oder wie ein Filter (Ablehnung) wirken. Hier ein paar Beispiele für

✔ Gestaltungsverstärker:

- Hervorhebungen

- Fettungen

- Abbildungen

- PS

✔ Inhaltliche Verstärker:

- Name des Empfängers

- Give-aways und sonstige Zugaben, die unabhängig von einer Bestellung sein sollten

- Gewinnspiele

- Aktionspreise

- Mengenrabatte

- Garantien

- Kostenlose Lieferung

- Reaktionsbeschleuniger (sogenannte Early Birds: »Die ersten 50 Besteller erhalten zusätzlich …«)

✔ Gestaltungsfehler:

- Zu kleine Schrifttype

- Unstrukturierter Text

- Keine Leseführung

✔ Inhaltliche Filter:

- Verlangte Unterschrift

- Falsch geschriebener Name des Empfängers

- Keine Vorteilsargumentation

Die meisten dieser Verstärker und Filter entsprechen der Wirkung, die sie auch im direkten Gespräch entfalten, und sind insofern leicht nachvollziehbar. Die wichtigsten Verstärker und Filter wurden weiter vorn in diesem Kapitel beschrieben, wo es um die Gestaltung der einzelnen Mailingbestandteile geht.

Es gibt keine zweite Chance für einen ersten Eindruck

Oft wissen wir auf den ersten Blick, ob uns etwas interessiert oder nicht. Das ist nicht nur im zwischenmenschlichen Bereich so, das ist auch im Marketing der Fall. Wird nicht innerhalb der allerersten Sekunden klar, welche Vorteile der Leser zu erwarten hat, wird ein Mailing mit hoher Wahrscheinlichkeit nicht weitergelesen. Die Dialogmethode nennt diese für die weitere Auseinandersetzung mit dem Werbemittel wichtige Kontaktphase deshalb auch die *erste Wegwerfwelle*.

 Die erste Wegwerfwelle können Sie überwinden, indem Sie die wesentlichen Vorteile möglichst so platzieren oder hervorheben, dass sie bereits beim Überfliegen der Mailingbestandteile ins Auge fallen.

Untersuchungen mit der Augenkamera haben gezeigt, dass der Blick eine typische Leselinie beschreibt. Das Auge springt gewissermaßen über das Blatt. Beim Überfliegen bleibt der Blick einen kurzen Moment an bestimmten Elementen wie dem Adressfeld, dem eigenen Namen, Hervorhebungen im Text, Bildern und der Unterschrift hängen (sogenannte *Fixationen*).

Die »Zuvielisationskrankheit« unserer Zeit

Ob ein Mailing in der Tonne oder im Kopf des Lesers landet, hängt von vielen Faktoren ab. Untersuchungen mit der Augenkamera und Laboruntersuchungen zeigen, wie Mailings gelesen werden und welche Bestandteile wie lange betrachtet werden.

Neueren Erkenntnissen zufolge hat sich das Verhalten der Empfänger im Umgang mit Werbebriefen im Laufe der vergangenen Jahrzehnte drastisch verändert. Wurden in den 70er-Jahren noch bis zu 20 Sekunden darauf verwendet, ein Mailing zu öffnen, zu überfliegen und zu entscheiden, ob sich eine nähere Auseinandersetzung mit dem Werbemittel lohnt, ist diese Zeitspanne mittlerweile auf einige wenige Sekunden zusammengeschrumpft. Die Entwicklung betrifft nicht allein das Mailing.

Der massiven werblichen Reizüberflutung begegnet der Konsument heute mit einer zunehmend selektiven Wahrnehmung. Friedrich Lammoth, ehemaliger Präsident des Deutschen Dialogmarketing Verbands, bringt es auf dem Punkt: »Die ›Zivilisationskrankheit‹ der Informationsgesellschaft heißt Informationsstress«. Die aus dieser Überforderung resultierende dramatische Verkürzung der gewährten Aufmerksamkeit durch den Empfänger stellt an die Gestaltung von Mailings deshalb besondere Anforderungen.

Wer dem Leser die Vorteile gewissermaßen in den Blickverlauf legt, sodass sie schnell wahrgenommen werden, hat beste Chancen, dass die Botschaft aufgenommen wird und sich der Leser in einem zweiten Durchgang ausführlicher mit dem Angebot auseinandersetzt. Eine Kaufentscheidung wird in dieser frühen Phase zwar noch nicht getroffen, aber der Leser wird zumindest zu einer eingehenderen Beschäftigung mit dem Werbemittel angeregt. Deshalb ist es so wichtig, dass ein Mailing schlau gestaltet ist.

Bilder und Fotos werden vom Betrachter als Erstes wahrgenommen, Headlines fallen noch vor Fettungen ins Auge. Zentrale Botschaften und Vorteile sollten dort platziert werden, wo der Blick hinfällt. Übersichtlich und ansprechend gestaltete Mailings mit leicht verständlichen Texten werden lieber gelesen als unübersichtliche Gestaltungen mit Textwüsten, Fachausdrücken und verschachtelten Sätzen.

Nach einem Blick in den Eingangskorb Ihrer täglichen Werbepost werden Sie wahrscheinlich ernüchtert feststellen: Mailings einfach und leicht zu gestalten, fällt vielen Versendern offenbar besonders schwer. Oft wird alles reingepackt, was man für wichtig hält – ohne sich freilich zu fragen, ob das der Empfänger auch so sieht. Weniger ist meistens mehr, denn nur eine transparente und angenehm lesbare Gestaltung erhöht die Wahrscheinlichkeit, dass der gesamte Text gelesen wird.

Wie die Bezeichnung *erste Wegwerfwelle* schon vermuten lässt, gibt es im Verlauf der Beschäftigung mit einem Mailing weitere Wegwerfwellen. Die harte Realität sieht leider so aus, dass Ihr Mailing permanent dagegen ankämpfen muss, weggeworfen zu werden. Die Gefahr, dass der Leser aus dem Dialog aussteigt und den Brief wegwirft, ist in der ersten Kontaktphase allerdings am größten.

Die meisten Aussteiger produziert ein Mailing gleich zu Beginn, in den ersten Sekunden. Bevor Sie angesichts dieser Aussichten gleich zum nächsten Kapitel wechseln und nach anderen Möglichkeiten der Kundenansprache suchen, sei daran erinnert, dass Sie bei anderen Werbemitteln die gleichen Probleme haben. Wer seine Zielgruppe langweilt, hat verloren! Mailings arbeiten sehr erfolgreich, wenn sie gut gemacht sind. Nach dem ersten Überfliegen steigt die Chance auf eine ausführlichere Beschäftigung, wenn das Interesse der Zielgruppe geweckt ist. Dann schenkt der Leser Ihrem Mailing auch mehr Zeit.

Bei diesem zweiten Dialog, der durchaus mehrere Minuten dauern kann, muss das Interesse weiter vertieft werden. Gelingt dies Ihrem Mailing nicht, wird es in einer *zweiten Wegwerfwelle* untergehen.

Eine Vorstufe zum Wegwerfen ist übrigens sehr häufig das Zur-Seite-Legen. Viele Leser erwägen, sich zu einem späteren Zeitpunkt noch einmal mit dem Angebot zu befassen, entweder weil sie gerade keine Zeit für eine ausführlichere Lektüre haben oder weil sie das Angebot noch einmal überdenken möchten. Tatsächlich werden jedoch die wenigsten Mailings noch einmal gelesen und landen früher oder später doch im Papierkorb. Ein abgelegtes Mailing ist insofern nur geringfügig besser als ein sofort weggeworfenes.

 Ziel Ihres Mailings ist deshalb, den Leser möglichst schnell zu einer Reaktion zu bewegen. Zugaben für Schnellreagierer (»Die ersten 50 Besteller erhalten zusätzlich …«) oder Rabatte für Bestellungen innerhalb einer kurzen Frist sind als sogenannte Reaktionsbeschleuniger probate Mittel. Mit einer beigefügten vorpersonalisierten Bestellkarte erleichtern Sie das Reagieren zusätzlich.

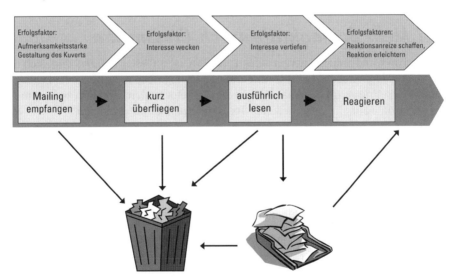

Abbildung 8.3: Leseverhalten beim Mailing

Wie im richtigen Leben wird sich die Verstärkung positiver Faktoren für Sie nur dann auszahlen, wenn diese Effekte an anderer Stelle nicht wieder zunichtegemacht werden. Das schönste Mailing wird mit hoher Wahrscheinlichkeit floppen, wenn die Rahmenbedingungen einer

Aussendung nicht stimmen. Typische Erfolgskiller wie schlechte Adressdaten, der falsche Aussendezeitpunkt oder leseunfreundliche Texte sollten Sie deshalb kennen und vermeiden.

Kleine Geschenke erhalten die Freundschaft

Machen Sie den Empfängern eines Mailings Appetit auf Ihre Angebote. Mailings mit physischen Beigaben, die von außen fühlbar sind, sind ein enormer Anreiz, die Post zu öffnen. Eine originelle oder nützliche Zugabe macht neugierig und erhöht die Aufmerksamkeit für die Botschaft. Wünschenswert ist, dass die Zugabe einen engen Bezug zum Angebot hat und zum Beispiel den Produktnutzen veranschaulicht. Nicht immer rechnet sich aber eine Zugabe, denn neben den reinen Beschaffungskosten erhöht sich unter Umständen auch das Porto erheblich.

In der Regel rechnen sich Gimmicks deshalb nur bei Angeboten mit hohen Deckungsbeiträgen und bei eigenen Kundenadressen mit hohem Kaufpotenzial. Grenzen Sie also die Zielgruppe ein und selektieren Sie gewissenhaft die Adressen. Wer Produkte mit geringem Kaufwert anbietet, verzichtet besser auf den möglichen Zusatzeffekt durch Geschenke.

 Bitte verschonen Sie die Kunden mit dem 37. Kugelschreiber. Es wird Sie nicht überraschen zu erfahren, dass niemand billigen und nutzlosen Schnickschnack haben will. Wer am Geschenk sparen will, der spart es sich am besten, denn keine Zugabe ist immer noch besser als eine schlechte. Zur Ehrenrettung des Kugelschreibers sei auf das Lamy-Beispiel im Praxisteil verwiesen.

Mix it! Mehr Schlagkraft durch Crossmedia

Dass Mailings im Kundendialog hervorragend arbeiten, ist unbestritten. Das zeigt sich interessanterweise gerade im Zusammenspiel mit anderen Dialogmedien. Neue Medien wie Internet und E-Mail-Marketing verdrängen das Mailing als Werbeform nicht, sondern zeigen im Gegenteil neue Potenziale auf, die verschiedenen Tools miteinander zu vernetzen.

Die meisten Werbetreibenden kombinieren inzwischen die spezifischen Stärken der verschiedenen Werbemedien im Rahmen integrierter Kommunikation, also etwa eine Mailingaussendung mit dem Telefon und mit dem Internet. So kann beispielsweise eine telefonische Vorqualifizierung eine Mailingaussendung optimieren. Das Mailing wiederum kann auf vertiefende Informationen oder Downloadmöglichkeiten im Internet verweisen. Damit wird die jeweilige Zielgruppe über unterschiedliche Kanäle optimal angesprochen und die Chance auf eine Reaktion spürbar erhöht.

Der Erfolg einer Mailingaktion kann durch die Vernetzung mit anderen Ansprachekanälen häufig noch einmal gesteigert werden. Wie im Zusammenspiel verschiedener Medien Ihre Zielgruppen zu einer Reaktion bewegt werden können, zeigt Ihnen das Beispiel »Adressdialog« der Deutschen Post (siehe Abbildung 8.4).

Was als klassisches Mailing beginnt, wird im Internet fortgesetzt. Adressdialog kombiniert die Vorteile des Internets mit der papierbasierten Werbung. Und das geht so: Die Leser Ihres

Mailings erhalten einen persönlichen Code, den sie auf der angegebenen Internetseite Ihres Unternehmens eingeben können (siehe Abbildung 8.4). Der in der Software Adressdialog integrierte Webmaster ermöglicht Ihnen ohne Hinzuziehung von Dienstleistern die Konzeption und Liveschaltung einer auf Ihr Mailing abgestimmten Webseite. Der Kunde wird dort automatisch identifiziert und persönlich angesprochen. Per Mausklick können dann alle gewünschten Informationen sofort bestellt und heruntergeladen werden. Auch Adressänderungen sind bequem und unkompliziert möglich.

Abbildung 8.4: Beispiel eines Mailings mit Adressdialog

Der Vorteil liegt auf der Hand: Der Besucher kommt schnell an die gewünschten Informationen und Sie erhalten eine kostenlose Korrektur der Kundendaten. Zusätzlich haben Sie die Möglichkeit, den Kunden weiterzuentwickeln, indem Sie etwa die Bestellung Ihres kostenlosen Newsletters anbieten und Links zu anderen interessanten Angeboten vorstellen. So machen Sie aus einem Besucher einen qualifizierten Nutzer. Das Tool erstellt Ihnen automatisch und in Echtzeit einen Status der Aktion. Sie können tagesaktuell am Computer die eingehenden Bestellungen sehen und feststellen, wie sich die Aktion entwickelt.

Ganz nebenbei sparen Sie Zeit bei der Responseerfassung und können dadurch Ihre Kosten senken. Die Kombination von Offline- und Onlinekommunikation kommt bei Kunden offenbar gut an. Viele Unternehmen, die Adressdialog nutzen, berichten von deutlich mehr Response über den Responsekanal Internet. Weitere Informationen und Anwenderbeispiele finden Sie unter `www.adressdialog.de`.

Step by Step auf der Erfolgsleiter – mehrstufige Mailings

Mehrstufige Mailings bringen mehr Erfolg. Jetzt können Sie einwenden, mehrstufige Mailings kosten auch mehr Geld. Das ist zwar richtig, aber sehr kurz gesprungen. Nachfassmailings nach der Hauptaussendung zum Beispiel sind in ihrer Effizienz nicht zu unterschätzen. Sie können die Gesamtresponse oft noch mal um bis zu 50 Prozent steigern.

Viele Empfänger lesen erst beim zweiten Mal ein Mailing ausführlicher. Andere brauchen noch etwas mehr »Anschub«, um zu reagieren. Gerade in der Neukundengewinnung bedarf es oft mehrerer Anläufe, bis sich Kunden vom Konkurrenten abwerben lassen. Hier kann ein mehrstufiges Mailing für Sie mehr ausrichten als eine »Stand-alone-Aktion«.

Die Wirkung Ihrer Werbebotschaft kann durch mehrere Anstöße gesteigert werden. Der Zeitraum zwischen den einzelnen Schritten sollte dabei maximal 14 Tage betragen, weil die Erinnerung an das erste Mailing schnell verblasst. Beliebt sind dramaturgisch aufeinander aufbauende Mailings. Im ersten Schritt wird beispielsweise mit einer Karte Aufmerksamkeit erzeugt (Teaser), im zweiten Schritt wenige Tage später wird dann das Angebot vorgestellt. Die Möglichkeiten, Mailingstrecken intelligent aufeinander abgestimmt zu inszenieren, sind vielfältig.

In drei Schritten zum mehrstufigen Mailing

Ein klassisches mehrstufiges Mailing verläuft in drei Schritten:

1. **Einstiegsmailing:** Das Einstiegsmailing weckt die Neugierde des Lesers. Mit einem Verweis auf eine Internetadresse und dem Versand eines umfassenden Infopakets an Nachfrager werden die ersten Interessenten bedient.

2. **Informations- oder Verkaufsmailing:** Im Informations- oder Verkaufsmailing werden die wichtigsten Verkaufsvorteile kurz und anschaulich vermittelt. Bei erklärungsbedürftigen

Produkten und Leistungen helfen Checklisten, den Bedarf der Leser zu strukturieren und zu kanalisieren. Wenn die Adressauswahl zielgenau ist, wird der Leser mit der Checkliste selbst ermitteln, dass das Produkt zu seinem Bedarf passt.

3. **Erinnerungsmailing:** Das Erinnerungsmailing geht als Nachfass an alle Nicht-Reagierer. Hier werden die stärksten Argumente wiederholt und – wo möglich – zusätzliche neue Vorteile oder zeitlich befristete Preisvorteile ausgelobt. Unsympathische Hinweise wie »Leider haben Sie auf unseren letzten Brief und unser unschlagbares Angebot nicht reagiert«, schenken Sie sich besser. Bieten Sie lieber eine weitere, noch attraktivere und nur kurz verfügbare Chance. Jetzt wird nicht mehr lange gefackelt, die Handlungsaufforderung steht klar im Fokus.

Weitere Beispiele für mehrstufige Mailings:

✔ Ankündigungsmailing (Teaser) – Hauptmailing

✔ Hauptmailing – Nachfassmailing (Reminder)

✔ Angebotsmailing 1 – Angebotsmailing 2 – Nachfassmailing

Beispiele für mehrstufige, integrierte Mailingaktionen:

✔ Teasermailing – Hauptmailing – Telefonische Nachfassaktion

✔ Telefonische Vorqualifizierung – Hauptmailing – Nachfassmailing

✔ Angebot per Mailing – Infobestellung über Internet – Infoversand per Mailing – Telefonische Nachfassaktion

 Wenn Ihr Budget oder die Zeit für die kreative Gestaltung eines zweiten Mailings nicht ausreicht, können Sie das Hauptmailing mit identischem Inhalt als Erinnerungsmailing erneut versenden. Das Anschreiben wandeln Sie dann einfach geringfügig ab. Bei Veranstaltungen wird beispielsweise mit dem Hinweis »Nicht vergessen, nur noch zehn Tage bis zu unserem Tag der offenen Tür« ein eleganter Dreh gefunden. Das Kuvert eignet sich ebenfalls hervorragend für einen zusätzlichen aufmerksamkeitsstarken Hinweis. Dieses Verfahren ist allerdings kein gleichwertiger Ersatz für ein eigenständiges zweites Mailing, zumal sich der Effekt mit der Zeit abnutzt.

So schnell kann's gehen: Der Zeitplan von der Mailingidee bis zur ersten Kundenbestellung

Ohne Projektmanagement geht nichts. Wenn Sie die erforderlichen Prozessschritte vom Briefing der Agentur über die Kreation, die Produktion, den Druck bis hin zur Zustellung genau fixieren und mit einem festen Zeitplan versehen, behalten Sie und alle beteiligten Stellen den Verlauf des Projekts jederzeit im Blick und erkennen Verzögerungen sofort. Mit einem abgestimmten Timing greifen die Arbeitsschritte der verschiedenen Beteiligten optimal ineinander. Verbindliche Termine sind die selbstverständliche Grundlage der Zusammenarbeit mit Dienstleistern. Ausführliche Tipps für Ihr Kampagnenmanagement finden Sie in Kapitel 5.

Ihr Zeitplan einer Mailingkampagne wird sich in der Regel am avisierten Termin der Postauflieferung ausrichten. Sämtliche Prozesse von der Mailingerstellung bis hin zur Responsebearbeitung können Sie so zeitlich vorherberechnen. Normalerweise übernimmt diesen Part die Agentur für Sie als Auftraggeber.

Wie viel Zeit Sie für die einzelnen Schritte einplanen müssen, sehen Sie in Abbildung 8.5. Sie werden unter optimalen Bedingungen vom Briefing bis zur Postauflieferung der Sendung neun Wochen brauchen. Bei einer Aussendung mit geringfügigen Modifikationen gegenüber einem vorherigen Mailing geht es dann etwas schneller.

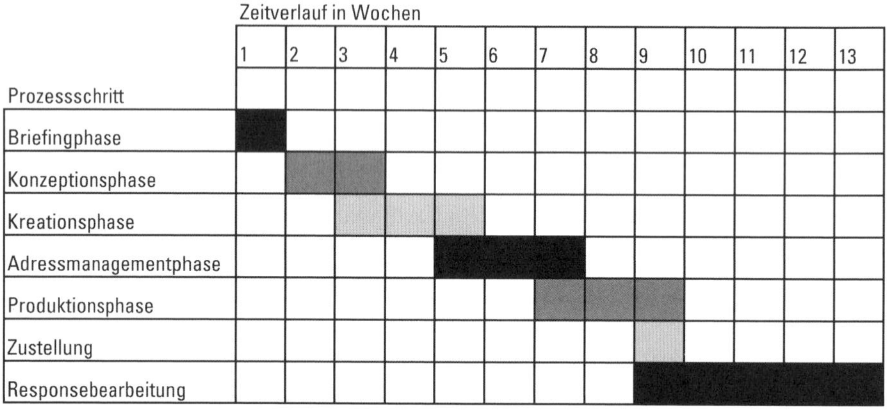

Prozessschritt / Zeitverlauf in Wochen	1	2	3	4	5	6	7	8	9	10	11	12	13
Briefingphase	■												
Konzeptionsphase		■	■										
Kreationsphase			■	■									
Adressmanagementphase					■	■							
Produktionsphase							■	■					
Zustellung									■				
Responsebearbeitung									■	■	■	■	■

Abbildung 8.5: Zeitplan einer Mailingkampagne

Gemeinsam stärker – Verbundmailings auf dem Vormarsch

In Zeiten knapper Werbebudgets erlebt ein Marketinginstrument Renaissance, das es schon seit vielen Jahren gibt, das zwischenzeitlich aber etwas aus der Mode gekommen zu sein schien: das Verbundmailing. Doch in der Absatzförderung gilt der Grundsatz, dass ein Medium, das erfolgreich verkauft, immer modern und richtig ist.

Anbieter von Verbundmailings bringen beliebig viele Partner zu einem gemeinsamen Auftritt zusammen. Diese teilen sich die entstehenden Kosten für Kreation, Produktion und Porto. Das Preis-Leistungs-Verhältnis ist im Verbund mit anderen entsprechend günstig. Zwar geben Sie als Teilnehmer damit auch ein Stück Ihrer individuellen Gestaltungsfreiheit auf, Sie verringern aber das eigene Risiko eines Flops und profitieren unter Umständen sogar vom Zugang zu neuen Kundengruppen.

Um zu verhindern, dass das Verbundmailing nach dem Gießkannenprinzip in breiter Streuung versendet wird, sollten Sie sich vom Anbieter die Adresslisten zeigen lassen. Sind die Adressen nach Branchen selektierbar? Handelt es sich um attraktive und bonitätsgeprüfte Postkäuferadressen? Antworten auf diese Fragen sagen mehr über die Qualität der Adressen aus als eine pauschale Bekundung, dass es keine Streuverluste gäbe.

Verbundmailings werden häufig in Form von Postkarten-Scheckheften, Magazinen oder Gutscheinheften für große Zielgruppen konzipiert und sind auf eine schnelle Response ausgelegt. So können Sie wertvolle Informationen über neue Kunden und deren Bedürfnisse erzielen. Die Reagierer können Sie mit zielgerichteten Angeboten per Mailing oder durch den Außendienst ansprechen. Scheckhefte und Gutscheinhefte pushen aber auch gezielt den Kundenbesuch in den Filialen und eignen sich hervorragend zur Einführung neuer Produkte.

Zu Risiken und Nebenwirkungen ...

So viel zu den Vorteilen. Wie bei jedem Instrument gibt es auch Risiken. Bei Angeboten mit geringen Deckungsbeiträgen und geringer Wiederkaufwahrscheinlichkeit kann sich selbst das günstigste Verbundmailing als nicht rentabel für Sie erweisen. Außerdem muss die Auswahl der Verbundpartner mit Augenmaß erfolgen. Die Angebote und Zielgruppen der Partner müssen zu Ihrem eigenen Angebot passen.

Die Anzahl der Teilnehmer am Verbundmailing ist ebenfalls eine heikle Angelegenheit. Zwar reduzieren viele Partner die anfallenden Kosten, aber sie drücken leider auch den Aufmerksamkeitswert der eigenen Anzeige. Von einem Verbundmailing mit Dutzenden von Teilnehmern sollten Sie die Finger lassen, da die Gefahr besteht, dass Ihr Angebot in der Masse untergeht. Achten Sie auch auf einen exklusiven Auftritt im Heft. Die gleichzeitige Teilnahme von Anbietern ähnlicher oder substituierender Angebote geht immer zulasten Ihrer eigenen Abverkäufe.

Auf Herz und Nieren geprüft – Tipps zur Anbieterauswahl bei Verbundmailings

Seien Sie bei der Wahl von Anbietern auf der Hut und beachten Sie unbedingt Folgendes:

✔ Fragen Sie nach Referenzen und Erfahrungen des Herausgebers.

✔ Bestehen Sie auf ein ansprechendes Layout und eine gute Papierqualität.

✔ Wo genau soll die eigene Anzeige im Medium platziert werden?

✔ Ist Teilnehmerzahl und Seitenumfang nicht zu umfangreich?

✔ Lassen Sie sich Produkt- beziehungsweise Unternehmensexklusivität zusichern.

✔ Informieren Sie sich über die Qualität der eingesetzten Adressen.

✔ Lassen Sie sich den genauen Versandtermin zusichern.

✔ Verlangen Sie einen Nachweis über die tatsächlich versandte Menge.

Vielfältige Antwortmöglichkeiten sind das A und O bei Verbundmailings, die vor allem auf Response setzen. Neben der Postkarte sind Antwortmöglichkeiten per Fax oder per E-Mail für Sie deshalb obligatorisch. Viele Herausgeber setzen zudem auf eine Onlineversion ergänzend zur Printausgabe.

Für den zu erwartenden Erfolg ist der erste sinnliche Eindruck entscheidend. Deshalb ist es wichtig, ob das Verbundmailing auf hochwertigem Papier und mit übersichtlichem Layout daherkommt oder eher als billige Massenware auf dünnem Papier.

Operation Kooperation

Neben den klassischen Verbundmailings sind Kooperationsmailings als exklusive Partnerschaft zwischen zwei gleichberechtigten Unternehmen erfolgversprechend und inzwischen sehr verbreitet.

American Express ist ein gutes Beispiel für Marketingkooperationen. Das Unternehmen kooperierte unter anderem bereits mit der Deutschen Bahn, Avis, Shell und verschiedenen Hotels. Die Funktionsweise ist denkbar einfach. American Express stellt Adressinformationen seiner Kreditkarteninhaber für die Selektion interessanter Potenzialkunden bereit. Vom Gemeinschaftsmailing profitieren sowohl American Express als auch das Kooperationsunternehmen. Der Kooperationspartner erhält Zugang zu einer affinen und kaufkräftigen Zielgruppe und American Express kann auf höhere Ausgaben der Kartenbesitzer hoffen.

Das Beispiel zeigt, dass die Kooperationspartner nicht aus derselben Branche stammen müssen. Wichtig ist vielmehr, dass die Services zusammenpassen und die Kunden dadurch einen attraktiven Mehrwert bekommen. Kooperationen lohnen sich mehrfach: Man teilt sich die Aktionskosten, erhält Zugang zu neuen Zielgruppen und profitiert vom Imagetransfer durch den Partner. Spricht man nämlich dessen bestehende Kunden an, ist der Vertrauensvorschuss größer.

Die Response auf Kooperationsmailings ist deshalb nicht selten bis zu dreimal höher als bei gewöhnlichen Aussendungen. Viele Unternehmen scheuen dennoch Kooperationen. Ungern lässt man sich in die eigenen Karten schauen und die Angst, die eigene Markenidentität möglicherweise zu verwässern oder einen Imageschaden zu erleiden, ist groß.

Kooperationsmailings sind übrigens auch unternehmensintern ein probates Mittel, um Budgets zu schonen und zu verhindern, dass Kunden zu häufig Post vom selben Unternehmen erhalten, was häufig als störend empfunden wird. Interne Kooperation zwischen verschiedenen Produkten fällt vielen Produktmanagern schwer, weil sie befürchten, das eigene Produkt nicht hinreichend prominent positionieren zu können. Gerade aber die Klammer des gemeinsamen Absenders kann die Schlagkraft erhöhen und Synergien bei der Bearbeitung bestimmter Zielgruppen schaffen.

Den richtigen Postdienstleister finden

Mit dem Fall des Briefmonopols für die Deutsche Post ist der Postmarkt in Bewegung gekommen. Sie können heute zwischen einer Reihe regionaler und überregionaler Dienstleister wählen. Bundesweite flächendeckende Zustellung aus einer Hand erhalten Sie noch immer nur mit der Deutschen Post.

Die meisten alternativen Anbieter arbeiten mit Hochdruck an einer überregionalen Abdeckung, häufig durch Kooperation mit anderen Anbietern. Gerade in der Zusammenarbeit mit Subunternehmen ist das Risiko groß, dass in der Zustellung etwas schiefgeht. Die tatsächliche Störquelle ist für Sie kaum zu lokalisieren. Viele Zustellunternehmen bieten Softwarepakete an, mit denen man bestimmte Zustellgebiete auswählen kann und sofort erkennt, welche Gebiete der Dienstleister selbst beliefern kann und wo weiterhin mit der Deutschen Post zugestellt werden muss. In puncto Zustellqualität führt ohnehin noch kein Weg an der Deutschen Post vorbei. Hier hat das Unternehmen aufgrund seiner Erfahrung, Ortskenntnisse und geschulten Zustellkräfte noch einen deutlichen Vorsprung vor der Konkurrenz.

Qualität hat seinen Preis. Deshalb ist der Angebotspreis für die Zustellung allein nicht das ausschlaggebende Entscheidungskriterium für die Auswahl des richtigen Zustellpartners. Für den Erfolg Ihrer Mailingkampagne ist die Güte der Zustellung entscheidend:

✔ Wie werden die Briefe übergeben?

✔ Wie hoch ist die Zustellquote (Anteil der tatsächlich zugestellten Sendungen)?

✔ Wie hoch ist der Anteil unzustellbarer Sendungen?

✔ Wie hoch ist die Verlust- und Beschädigungsquote?

✔ Wie schnell sind sämtliche Sendungen zugestellt?

✔ Wie zuverlässig ist der vereinbarte Zustellzeitpunkt?

✔ Wird die Zustellung/Übergabe dokumentiert?

Testen, testen, testen - Checkliste Mailingtests

Nichts ist so sexy wie Erfolg. Doch wie stellen Sie eigentlich fest, ob und wann Sie tatsächlich erfolgreich sind? Die größten Enttäuschungen können Sie vermeiden, indem Sie die Wirkung Ihrer Aussendung vorab bei einzelnen Kundengruppen in kleiner Auflage testen.

Bevor Sie ein Riesenmailing versenden, sollten Sie in jedem Fall den einen oder anderen Test starten. Ganz besonders wichtig sind dabei:

✔ Die Testmenge

✔ Die Repräsentativität des Empfängerkreises

✔ Dass Sie immer nur ein Element testen

✔ Dass sich der Rücklauf zum Test zuordnen lässt

✔ Dass die äußeren Bedingungen stimmen.

Wenn dies alles der Fall ist, werden Sie schon bald den Test wiederholen wollen. Neugierig geworden?

Checkliste für die Dienstleisterauswahl

Fragen zu Serviceumfang, Briefprodukten und Preisen:

✔ Welche Briefprodukte sind vergleichbar denen der Deutschen Post AG und werden zu welchen Preisen angeboten? Sind dies Brutto- oder Nettopreise?

✔ Wie lange braucht ein Brief, um vom Absender beim Empfänger zu sein? Welche Zeiten werden garantiert?

Fragen zur Zustellung:

✔ In welcher Region stellt das Unternehmen selbst zu, wo kooperiert es mit Partnern? Wer sind diese Partner?

✔ Was ist, wenn die Briefkästen in einem nicht frei zugänglichen Hausflur angebracht sind?

✔ Zu welchen Tageszeiten/Wochentagen wird zugestellt?

✔ Wird ausschließlich in die Briefkästen der Empfänger zugestellt? Oder wird auch in Postfächer zugestellt?

✔ Was geschieht mit Briefen, die nicht zugestellt werden konnten, weil die Empfänger unbekannt sind oder nicht erreicht werden?

✔ Wie viele Zustellversuche gibt es?

✔ Wird das Porto bei nicht zustellbaren Briefen rückerstattet?

✔ Werden die Briefe nicht zustellbarer Sendungen dem Absender zurückgegeben?

✔ Wie werden Reklamationen bei falscher Zustellung behandelt?

✔ Ist für den Empfänger einer falsch eingeworfenen Sendung erkennbar, durch welchen Postdienstleister die Sendung eingeworfen wurde?

✔ Hat der private Zusteller Zugang zu der Umzugsdatei der Deutschen Post AG?

Fragen zum Unternehmen:

✔ Welche Referenzen hat der Anbieter?

✔ Seit wann ist der Briefzusteller am Markt aktiv?

✔ Wie viele Briefe werden täglich verarbeitet?

✔ Wie ist es um die Mitarbeiterqualität bestellt? Arbeitet das Unternehmen mit Festangestellten oder geringfügig Beschäftigten?

✔ Gibt es ein Qualitätsmanagementsystem? Wie wird die Zustellqualität gemessen?

Testmenge

Je größer die Testauflagen sind, desto repräsentativer und somit valider werden sie. Erst ab einer Größenordnung von mindestens 2.000 Sendungen je Variante sind Tests tatsächlich aussagekräftig für die Gesamtzielgruppe. Besser sind 5.000 Adressen. Testet man nur vier verschiedene Varianten gegeneinander, zum Beispiel zwei verschiedene Rabatte, ein kurzes und ein längeres Anschreiben, so ergibt das bereits eine erforderliche Auflage von 8.000 Sendungen für den Test. Das ist eine nicht unerhebliche Anzahl, weshalb Variantentests nur bei hohen Gesamtauflagen in Frage kommen.

Tests mit geringeren Variantenauflagen sind aber leider kaum aussagekräftig. Ein einfaches Rechenexempel verdeutlicht dies: Bei einer Testaussendung von 500 Sendungen erhält man bei einer Response von 1 Prozent gerade einmal fünf Antworten und selbst bei einer Auflage von 1.000 Sendungen sind es nur zehn Antworten. So viel ist klar: Wollten Sie auf der Basis von nur zehn Kunden eine verlässliche Annahme über das Verhalten Ihrer Gesamtzielgruppe treffen, begäben Sie sich auf ziemlich dünnes Eis. Erst ab etwa 50 Antworten kann ein aussagekräftiges Ergebnis unterstellt werden.

Falls Ihre Auflagen nicht hoch genug für aussagekräftige Testaussendungen sind, kommt für Sie unter Umständen ein Werbemittelcheck in Frage. Das Siegfried Vögele Institut bietet in Kooperation mit TNS Emnid eine Kombination aus Augenkameratest, Zielgruppenbefragung und Marktforschung, Das Angebot heißt MAIL AD. Ihr Werbemittel wird dabei unter realistischen Bedingungen auf Akzeptanz geprüft. 100 Testpersonen aus Ihrer Zielgruppe erhalten das Mailing mit der Post. Versand und telefonische Befragung erfolgen entweder vor (Pre-Test) oder während Ihrer Kampagne (Akzeptanz-Test). Sie erhalten eine schriftliche Zusammenfassung der Marktforschungergebnisse, wie Ihr Werbemittel wirkt und beurteilt wird.

Repräsentativität

Die Testempfänger müssen für den tatsächlichen Empfängerkreis repräsentativ sein. Das gilt zunächst für die Kundenstruktur. Ein Test gegenüber bestehenden Kunden ist sinnlos, wenn die Hauptaussendung der Neukundengewinnung dienen soll. Die Testadressen müssen hinsichtlich Kundenstatus, Kaufkraft und so weiter jene Adressen repräsentieren, an die das Mailing später versendet werden soll. Das gilt auch für die geografische Verteilung der Adressen, denn das Verhalten in unterschiedlichen wirtschaftlichen, kulturellen und sozialen Milieus kann deutlich voneinander abweichen.

Immer nur ein Element testen

Als Versender sind Sie natürlich daran interessiert, mit möglichst wenigen Testaussendungen möglichst viele Erkenntnisse zu gewinnen. Das verführt nur leider dazu, dass in einem Testmailing gleich mehrere Variablen gegenüber der Vergleichsaussendung verändert werden. Da wird neben dem Anschreiben gleich noch ein ausgelobtes Gewinnspiel variiert und das eine oder andere Bild ausgetauscht. Das Problem ist nur: Sobald Sie auch nur zwei Merkmale eines

Mailings gleichzeitig verändern, können Sie schon nicht mehr feststellen, welches Merkmal das Ergebnis wie stark beeinflusst hat.

Um eine klare Aussage über die Wirkung verschiedener Variablen zu erhalten, sollten sich Ihre Testversionen aus diesem Grund immer nur in einem Merkmal voneinander unterscheiden. Es ist unter Kosten-Nutzen-Gesichtspunkten vollkommen ausreichend, nur wirklich zentrale Merkmale wie den Preis, die Zielgruppe, das Angebot und das Reaktionselement zu variieren. Bei diesen Variablen kann der größte Einfluss auf den Erfolg eines Mailings unterstellt werden.

Zuordnung des Rücklaufs

Eine Zuordnung des schriftlichen Rücklaufs (Antwortkarte oder Fax) zur jeweiligen Testvariante ist nur möglich, wenn Sie die Antwortkarten, Coupons oder Faxbogen mit einer Kennziffer versehen. Solche Kodierungen sind erfreulicherweise keine Wissenschaft: Bei vier verschiedenen Testaussendungen reicht es beispielsweise aus, die Varianten mit A, B, C und D zu kodieren.

Äußere Bedingungen

Externe Einflüsse auf die Mailingergebnisse sollten Sie natürlich möglichst ausschließen, damit Tests tatsächlich unter vergleichbaren Bedingungen stattfinden. Saisonale Schwankungen (Ferien, Feiertage etc.) können Sie ausschließen, indem Sie die Varianten immer zeitgleich versenden. Auch sollten Sie nach der räumlichen und soziodemografischen Verteilung vergleichbare Adressen anschreiben. Unterschiede nach Region und Kaufkraft können Sie so eliminieren.

Testwiederholung

Repräsentative Tests mit Teilen der Gesamtzielgruppe geben deutliche Hinweise auf den zu erwartenden Erfolg der Hauptaussendung. Bei wirklich großen, sechs- oder siebenstelligen Auflagen ist ein zweiter Testdurchlauf durchaus empfehlenswert, um die Erkenntnisse des ersten Durchlaufs zu bestätigen. Bestätigt sich der Erfolg einer Variante, können Sie diese an die gesamte Zielgruppe versenden.

Erfolg oder nicht Erfolg? Das ist hier die Frage

In vielen Marketingabteilungen läuft die Erfolgskontrolle nach dem Prinzip »Je mehr Rücklauf, desto erfolgreicher«. Das ist einfach, das ist bequem und das ist falsch. Eine Beschäftigung mit den wirklich wichtigen Faktoren wie Kosten pro Rücklauf, Umwandlungsquote und Rentabilität, kurz, mit den wichtigsten Erfolgsparametern für Mailingaktionen, lohnt sich allemal. Erst recht, wenn Sie dafür ein paar griffige Formeln an die Hand bekommen, für deren Anwendung man kein Mathematikstudium braucht.

Kosten pro Mailingkontakt

Die Stückkosten je Sendung (Cost per Contact, CpC) ergeben sich aus den Gesamtkosten der Aktion geteilt durch die Gesamtauflage der Mailingaktion. Zu den Gesamtkosten zählen:

✔ Aufwendungen für Agenturleistungen (Konzeption, Kreation, Fotografie)

✔ Produktion (Lithografie, Druck, Fulfilment)

✔ Adressmiete, Adresskorrekturen, Dublettenabgleich

✔ Lettershop (Fulfilment, Versandvorbereitung, Auflieferung)

✔ Porto

Ein Beispiel: Bei Gesamtkosten von 15.000 Euro und einer Auflage von 12.500 Stück ergeben sich Kosten von 1,20 Euro pro Sendung. Leider sagt das noch wenig darüber aus, ob der Aufwand wirtschaftlich gerechtfertigt ist oder nicht. Selbst 8 oder 10 Euro je Mailing können vertretbar sein, wenn der dadurch ausgelöste Umsatz stimmt. Aber ebenso werden 60 Cent schon zu viel sein, wenn die Mailingaktion floppt. Die wirtschaftliche Bewertung einer Mailingaktion hängt primär von Faktoren wie Reaktionsquote und Deckungsbeitrag der Käufer ab. Relevant sind deshalb vor allem die folgenden Messgrößen:

Die Reaktionsquote

Die Anzahl der Bestellungen bezogen auf die versendete Auflage ergibt die Reaktionsquote der Aussendung. Beträgt die Auflage 12.500 Exemplare und reagieren 500 Personen, ergibt sich folgende Reaktionsquote:

$$\frac{500}{12.500} \times 100 = 4 \ \% \ \text{Reaktionsquote}$$

Die Kosten pro Bestellung

Die Kosten pro Reagierer oder Besteller (Cost per Interest, CpI / Cost per Order, CpO) ergeben sich aus den Gesamtkosten der Aktion geteilt durch die Anzahl der Rückläufe. Rückläufe sind sämtliche auf die Aussendung bezogenen Reaktionen, zum Beispiel per Antwortkarte, Fax oder per Telefon. Wieder ein Rechenbeispiel: Betragen die Gesamtkosten 15.000 Euro und erzielt das Mailing 500 Rückläufe (= 5% Reaktionsquote), so teilt man 15.000 durch 500 und erhält die Kosten je Reagierer (CpI) oder Besteller (CpO), nämlich 30 Euro. Je höher die Reaktionsquote ist, desto niedriger sind CpI und CpO. Adressen bestehender Kunden erzielen in der Regel bessere Ergebnisse als Mietadressen.

Der Kostendeckungspunkt

Der Kostendeckungspunkt (Break-even-Point, BEP) gibt an, ab welchem Umsatz aus dem Mailing die Aktion Gewinn abwirft. Diese Gewinnschwelle ist im Dialogmarketing eine zentrale wirtschaftliche Erfolgskennziffer. Bei einem fixen Bestellwert lässt sich der Break-even-Point bereits vor der Aussendung prozentual für die Reaktionsquote ermitteln.

Liegt die tatsächliche Reaktionsquote unter diesem Sollwert, fährt das Mailing Verlust ein; ist die Quote höher, kommt es in die Gewinnzone. Je niedriger der Produktpreis ist, desto höher wird normalerweise die Reaktionsquote ausfallen müssen, um die Gewinnschwelle zu erreichen. An dieser Stelle kommen wir um eine kleine mathematische Berechnungsformel leider nicht herum:

Stückkosten geteilt durch Deckungsbeitrag pro Bestellung x 100 = BEP in %

Der Deckungsbeitrag, den eine Bestellung erzielt, ist immer dann gut ermittelbar, wenn in einem Mailing nur ein einziges Produkt beworben wird. Schwieriger wird es, wenn mehrere Angebote gleichzeitig unterbreitet werden. Dann muss man sich mit einem Durchschnittswert behelfen.

Ein Beispiel:

✔ Stückkosten (fixe und variable Kosten pro Mailing) = 1,20 Euro

✔ Deckungsbeitrag (Verkaufspreis minus Artikelkosten) = 30,00 Euro

$$\frac{1,20}{30,00} \times 100 = 4\ \%$$

Wenn 4 Prozent der angeschriebenen Kunden das Produkt kaufen, ist die Gewinnschwelle erreicht.

 Wenn Sie Ihre Kundenumsätze analysieren, erkennen Sie sehr schnell, dass Sie mit wenigen Kunden einen Großteil Ihres Deckungsbeitrags erwirtschaften. Auch wenn es Sie Überwindung kostet: Unterhalten Sie aus Effizienzgründen nur mit den wirklich wichtigen Kunden einen regelmäßigen Kontakt.

Haushaltwerbung – treffsicher im Kasten ohne Adressen

9

In diesem Kapitel

▷ Was Sie mit Haushaltwerbung erreichen können

▷ Die Gestaltung von Werbeprospekten

▷ Die Verteilung Ihrer Wurfsendungen

▷ Geomanagement

▷ Beilagenwerbung

Praktische Wurfsendung für bis zu 50 Meter Entfernung, bestehend aus ergonomisch geformtem Naturstein und flugbewährter Befestigung für Ihre Nachricht. So einfach geht's: Botschaft auswählen, mit der Niete befestigen und ab die Post. Bevor Sie jedoch die Botschaft durch diesen innovativen Postweg übermitteln, fragen Sie nach den gesetzlichen Bestimmungen des jeweiligen Landes.

Werbung für die Wurfsendung »Ideal«

Wenn nichts mehr geht: Eine Wurfsendung geht immer. Sie brauchen keine Adressen, können das Einzugsgebiet genau bestimmen und schnell und kostengünstig ist die Haushaltwerbung ebenfalls. Vergessen Sie also einen Moment lang mal die neuen Medien. Im Schatten des Hypes um die angeblich fantastischen Möglichkeiten von Mobile Marketing und Co. hat sich der »alte Hund« Haushaltwerbung still und heimlich zum eigentlichen Star unter den Werbemedien gemausert. Kein anderes Werbemittel erzielt vergleichbare Aufmerksamkeit und löst ähnliche Kaufimpulse aus wie die unadressierte Verteilung von werblichen Informationen in private Briefkästen.

Kann aber unadressierte Werbung tatsächlich wirken, wenn schon die Begriffe *Werbeflyer* und *Wurfsendung* eher an Konfettiregen als an zielgenaue Werbung erinnern? Und ob! 40 Millionen Hausbriefkästen stehen Ihnen offen, Sie müssen nur wissen, welche die richtigen für Sie sind. Okay, das ist schwer genug, aber zum Glück gibt es hierfür leicht handhabbare Werkzeuge, die Sie in diesem Kapitel kennenlernen werden. Außerdem erfahren Sie, wie Sie Ihre Haushaltwerbung optimal auf den Weg bringen und den Erfolg leicht messen können.

Was Sie mit Haushaltwerbung erreichen können

Ein Trend ist deutlich erkennbar: Es geht nicht mehr allein um Abverkauf, sondern zunehmend auch um Abgrenzung vom Wettbewerb durch hochwertige Imagewerbung. Die Abkehr von der reinen »Schweinebauchwerbung« hat das Medium selbst für Branchen interessant gemacht, die bisher nicht gerade durch Wurfsendungen auffällig wurden, Banken und Versicherungen beispielsweise.

Sehen wir uns einmal an, was Wurfsendungen für Sie leisten können (siehe Abbildung 9.1).

Haushaltwerbung kann für Sie mehr erreichen als eine schnelle »Verkoofe«, auch wenn das nach wie vor das häufigste Ziel ist. Für Sie kommt womöglich aber auch das in Frage:

✔ Produkt- und Angebotsinformation

✔ Neukundengewinnung

✔ Filialinformationen (Eröffnungen, spezielle Anlässe)

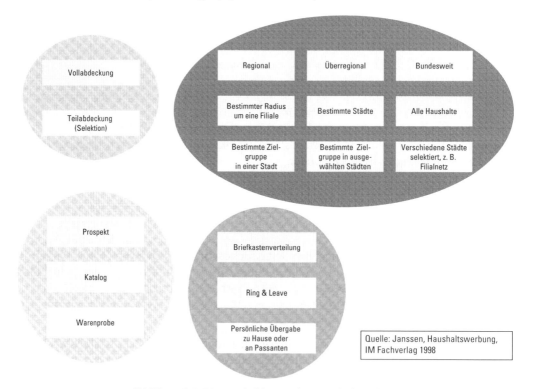

Abbildung 9.1: Die Möglichkeiten der Haushaltwerbung

Der Einsatzzweck bestimmt sich auch danach, wie regelmäßig Sie Haushaltwerbung betreiben. Überprüfen Sie sich selbst und stellen Sie fest, welcher Anwendertyp Sie sind. Sind Sie eher der sporadische Abverkäufer oder eher der regelmäßige Informierer?

✔ **Der sporadische Abverkäufer:** Mit gelegentlichen Aktionen wollen Sie eine hohe Aufmerksamkeit beim Empfänger erzeugen und sofort eine Reaktion auslösen. Sie setzen dabei auf ein zeitlich befristetes oder mengenmäßig begrenztes Angebot zum Sonderpreis. Dieser eher marktschreierische Auftritt hat den Nachteil, dass immer mehr dieser Angebote im

Briefkasten landen und es schwer ist, sich hier hervorzuheben oder abzugrenzen. Ein Ausweg wäre eine bewusst höherwertige Heftgestaltung mit zusätzlichen Leseangeboten als Zusatznutzen für den Empfänger.

✔ **Der regelmäßige Informierer:** Mit einem regelmäßigen Erscheinen (mindestens einmal im Monat) erzeugen Sie einen Gewöhnungseffekt beim Empfänger, der Ihre Informationen irgendwann sogar erwartet. Hat Ihre Haushaltsendung einen klaren und unverwechselbaren Look, wird man sie sofort wiedererkennen. Sie fördern mit einer regelmäßigen Frequenz die Kundenbindung nachhaltig.

Bei der Planung Ihrer Haushaltwerbung kann Ihnen folgende Checkliste weiterhelfen:

✔ Geben Sie ein realistisches Budget vor (Obergrenze festlegen).

✔ Definieren Sie ein messbares Werbeziel (wichtig für die Erfolgskontrolle).

✔ Stellen Sie ein exaktes Timing auf (was, wer, bis wann).

✔ Bestimmen Sie die Zielgruppe (wichtig für die Gebietsanalyse).

✔ Ermitteln Sie die Auflage anhand der Haushaltszahlen (abzüglich Werbeverweigerer).

✔ Nutzen Sie Einsparpotenziale durch Geomarketing (vermeidet Streuverluste).

✔ Legen Sie die Art der Kontrolle der Verteilaktion fest (zum Beispiel Nachtelefonieren, Begehungen).

Vermeidung von Streuverlusten

Die in der Vergangenheit vorherrschende flächendeckende Verteilung kommt immer seltener zum Einsatz. Mittlerweile geht der Verteilung eine sehr genaue Recherche nach den optimalen Verteilgebieten voraus.

»Mehr Klasse statt Masse« heißt das Motto moderner Haushaltverteilung. Bei vielen Unternehmen hat sich das allerdings noch nicht herumgesprochen. Die Branche kämpft noch immer gegen das hartnäckige Negativimage der »Allesverteiler« an. Eine stark schwankende Zustellqualität, vollgestopfte Briefkästen und zugemüllte Hausflure trugen in der Vergangenheit auch nicht gerade zur Wertschätzung der Haushaltwerbung bei. Die genervten Empfänger reagierten mit Ablehnung. Doch die Zeiten haben sich geändert. Prospektwerbung ist inzwischen wieder rehabilitiert und wird gerne zur Einkaufsplanung herangezogen. Zielgruppengenau Verteilung und eine zuverlässige Zustellqualität kommt bei Empfängern einfach besser an.

 Obwohl die Akzeptanz im Durchschnitt erfreulich gut ist, schwankt sie von Region zu Region doch sehr stark. Einkommen und Bildungsstand scheinen dabei eine Rolle zu spielen. In Universitätsstädten ist die Quote der Verweigerer besonders hoch. So zieren beispielsweise im Postleitzahlgebiet 72076 der Stadt Tübingen nahezu 63 Prozent aller Briefkästen Aufkleber mit der Botschaft »Bitte keine Werbung einwerfen!«. Ein Extremfall. Im Bundesdurchschnitt liegt die Quote immerhin noch bei rund 20 Prozent (zirka 8,2 Millionen Haushalte).

Muss Haushaltwerbung eigentlich hässlich sein?

Diese Frage drängt sich bei einem Blick in den Briefkasten zumindest auf. Nein, das Gegenteil ist der Fall: Was nicht anspricht, stößt ab, so einfach ist das. Oder auch nicht einfach, weil viel zu viele Wurfsendungen schlecht gestaltet und wenig lesefreundlich sind. Als wäre es das Schwerste auf der Welt, ein Angebot leicht verständlich darzustellen. Spätestens jetzt sollte Ihnen dämmern, dass nicht allein der Preis entscheidet, ob Ihre Aktion ein Erfolg wird.

Die Gestaltung der Wurfsendung

Die Zustellqualität hat enorme Bedeutung für den Erfolg Ihrer Verteilaktion. Nur was beim richtigen Empfänger vernünftig zugestellt wird, kann auch verkaufen. Darauf kommen wir noch zurück. Ein zweiter entscheidender Faktor ist die Gestaltung. Sie müssen den Empfänger nicht nur erreichen, Sie müssen ihn auch dazu bewegen, sich mit Ihrem Angebot näher zu befassen.

Im Briefkasten Ihrer Empfänger herrscht ein harter Verdrängungswettbewerb. Wenn Sie mit Ihrer Sendung auffallen wollen, müssen Sie sich schon einiges einfallen lassen. Womit wir bei der Gestaltung Ihrer Aussendung sind. Im Bruchteil einer Sekunde entscheidet der Konsument, ob er sich mit dem Inhalt näher befassen möchte, oder eben nicht. Die Devise heißt aber nicht »Auffallen um jeden Preis«. Dann würden Sie immer die größten und buntesten Prospekte durchsetzen, was aber nicht der Fall ist. Interessanterweise werden dezente und wertige Gestaltungen häufig lieber zur Hand genommen als die großspurigen Werbeflyer. Ausschlaggebend ist neben der optischen Aufmachung die Verständlichkeit des Angebots, die auffällige Platzierung der Vorteile und die zu lesende Textmenge (weniger ist mehr!).

 Wussten Sie, dass das Urteil, das sich Konsumenten von Ihrer Werbung bilden, nur zu einem Drittel vom Preisangebot abhängt, aber zu zwei Dritteln vom optischen Eindruck?

Zumindest formale Mängel an Ihrem Angebot können Sie vermeiden, wenn Sie Ihr Werbemittel einem einfachen Gestaltungscheck unterziehen. Hierzu können Sie auf verschiedene wissenschaftlich-analytische Verfahren zurückgreifen, etwa der Dialogstrukturmessung von Hothum & Winter. Bei diesem Instrument werden Tausende Werbemittel analysiert und verglichen, sodass allgemeingültige Aussagen getroffen werden können. Demnach haben 70 Prozent aller Werbemittel deutliche formale Schwächen, bei jedem dritten Werbemittel ist die Lesbarkeit unbefriedigend.

Mindestens genauso hilfreich ist es, wenn Sie die populärsten Irrtümer bei der Gestaltung von Wurfsendungen von vornherein vermeiden. Sollten Sie jedoch der Meinung sein, dass Sie sich in diesen Dingen getrost auf Ihre Werbeagentur verlassen können, weil dort Profis sitzen, die wissen, wie ein gutes Werbemittel auszusehen hat, sind Sie bereits dem ersten Irrtum aufgesessen. Wie sonst ließe sich erklären, dass auffallend häufig schwer lesbares und unverständliches Zeug in den Briefkästen landet? Es ist wie überall im Leben: Auch in Agenturen sitzen Leute, die Fehler machen. Misstrauen Sie Leuten, die meinen, dass ihnen keine Gestaltungsfehler unterlaufen.

Beliebte Irrtümer

✔ **Je kreativer und auffälliger, desto besser.**

Kreativität ist eine tolle Sache, wenn sie dem Werbeziel dient. Wenn Kreativität aber zum Selbstzweck wird, besteht die Gefahr, dass Ihre Botschaft nicht verstanden wird und auf der Strecke bleibt. Die Optik und Tonalität Ihrer Werbung muss glaubwürdig und authentisch für Ihr Geschäft sein. Sonst werden Sie bestenfalls negativ auffallen.

✔ **Der Prospekt soll verkaufen und nicht schön aussehen.**

Dagegen ist nichts einzuwenden, solange Sie daraus nicht schließen, dass Schönheit und Erfolg sich ausschließen. Das Gegenteil ist der Fall: Die Aufmachung hat maßgeblichen Einfluss auf das Gefallen. In Hässlichkeit stirbt man schneller.

✔ **Eine hohe Textdichte signalisiert einen hohen Informationsgehalt.**

Viel Text signalisiert vor allem: Jetzt wird's anstrengend! Wobei nichts gegen einen hohen Informationsgehalt gesagt sein soll. Verbraucher erwarten sogar von Haushaltwerbung mehr sachliche Informationen über Produkte als von anderer Werbung: Preise, Maße, technische Daten und Modalitäten wie Rabatte und Lieferbedingungen sind erwünscht. Die Herausforderung besteht nur darin, den Text angenehm lesbar zu strukturieren. Hervorhebung, Absätze und Abbildungen fördern die Lesefreundlichkeit und die Beschäftigung mit Ihrer Information.

Alles in allem ist Hauhaltwerbung dank innovativer Analyseinstrumente heute deutlich besser und bei Verbrauchern beliebter, als ihr Ruf vermuten lässt. Je mehr die vormals breite Streuung durch selektive Zustellung ersetzt wird, gilt die Devise: Weniger verteilen und dabei mehr erreichen. Nicht die flächendeckende Verteilung ist deshalb die Herausforderung der Stunde, sondern die Minimierung von Streuverlusten.

 Regelmäßig bekommen 80 Prozent aller Konsumenten Handzettel in den Briefkasten und nur jeder Zehnte wirft die Werbezettel ungelesen weg. Fast die Hälfte der Konsumenten bezeichnet sich nach einer Studie der Uni Köln sogar als Intensivnutzer von Haushaltwerbung. Solche Werte kann praktisch keine andere Werbeform verbuchen. Kein Wunder also, dass jetzt auch Branchen auf Haushaltwerbung setzen, für die das Medium bisher nicht in Frage kam. Neben dem traditionell stark vertretenen Handel finden sich immer mehr Angebote von Dienstleistungsunternehmen, Versicherungen und Telekommunikationsanbietern im Briefkasten.

Die meisten Empfänger beschäftigen sich mit den Angeboten, die ihnen ins Haus flattern und lassen sich in ihrer Kaufentscheidung direkt beeinflussen. Die Kosten-Nutzen-Relation ist bei optimierter Verteilung erstklassig und die Response ist bei guten Angeboten verlässlich gut.

Haushaltwerbung im Kommunikationsmix

Angesichts der eindrucksvollen Leistungszahlen sollten vielleicht auch Sie dem Thema »Ohne Adressen neue Kunden gewinnen« einmal eine Chance geben. Vielleicht zunächst ergänzend im Rahmen einer Kampagne, die Sie gerade durchführen. Als Bestandteil Ihres Kommunikationsmix können Sie so mit geringem Risiko testen, ob Haushaltwerbung für Sie erfolgreich arbeitet.

Ein Beispiel für die Kombination von Haushaltwerbung mit anderen Werbeinstrumenten ist Faber Lotto. In TV-Spots wurde angekündigt, dass jeder Haushalt am nächsten Tag sein Los im Briefkasten hat – und tatsächlich: Das Versprechen wurde erfüllt und taggenau hatten flächendeckend alle Haushalte die Unterlage im Briefkasten. Die Kampagne war ein großer Erfolg und ein eindrucksvolles Beispiel für die Leistungsfähigkeit von Haushaltwerbung.

Ein weiteres Beispiel für den begleitenden Einsatz von Haushaltverteilung ist Sara Lee Household & Body Care. Das Unternehmen verteilte flankierend zu Radio- und TV-Werbung 3,3 Millionen Produktproben in Gebieten mit affinen Zielgruppen. Nachbefragungen durch das Call Center ergaben, dass 74 Prozent der Empfänger das Produkt ausprobiert und 11 Prozent das Produkt sogar gekauft hatten. Ein weiterer hoher Prozentsatz der Empfänger gab an, Sanex kaufen zu wollen.

Es muss aber nicht immer gleich die große bundesweite Aktion sein. Sie können auch räumlich begrenzt äußerst effektiv werben, beispielsweise im Umkreis Ihrer Filialen. Gerade Einzelhändler wie der Lebensmitteleinzelhandel setzen auf die Möglichkeit, im Einzugsbereich ihrer Standorte zu werben.

Einer der wirklich großen Vorzüge der Haushaltwerbung ist neben dem Preis-Leistungs-Verhältnis die Vielfalt an Gestaltungsmöglichkeiten. Von einfachen Flyern, über Prospekte, Kataloge, kuvertierte Sendungen mit Beilagen verschiedener Absender bis hin zur Warenprobenverteilung ist alles möglich. Im Vergleich zu dem an Reglementierungen reich gesegneten Infopostbereich herrschen hier geradezu anarchische Verhältnisse: keine Längen- und Breitenbeschränkungen, keine Gewichts- und Verpackungsvorgaben. Es gilt die einfache Formel: Was in den Briefkasten passt, lässt sich auch versenden. Und was nicht in den Kasten passt, wird an die Tür gehängt (Hang & Leave).

 Kreativität ist eine tolle Sache, allerdings nur, wenn sie auch praktikabel und bezahlbar ist. Gerade bei Katalogen können Sie schnell eine böse Überraschung erleben, wenn sie nicht in den Briefkasten passen. Orientieren Sie sich deshalb beim Format an der Briefkasten-DIN-Norm 32617, auch wenn in vielen Haushalten noch ältere Briefkästen angebracht sind. Moderne Briefkästen haben ein Mindestmaß von 325 mm Breite und 30 mm Höhe.

Auf die richtige Verteilung kommt es an

Die große Frage ist: Wie bringen Sie Ihre Haushaltwerbung an den Mann beziehungsweise die Frau? Hier die wichtigsten Trends:

Zustellung an alle Haushalte oder an Haushalte mit Tagespost

Die Deutsche Post bietet mit der Postwurfsendung eine eigene Zustellkategorie an. Sie können dabei entweder »an alle Haushalte« im Einzugsbereich verteilen lassen oder kostengünstiger »an Haushalte mit Tagespost«, also jene, die am Zustelltag Post erhalten. Sie erreichen bei der Verteilung an Kunden mit Tagespost etwa 60 bis 65 Prozent der Privathaushalte.

Hang & Leave

Bei diesem Verfahren werden Warenproben plus Gewinnspielkarte oder Infoflyer an die Wohnungs- oder Haustür gehängt. Eine sehr aufmerksamkeitsstarke Möglichkeit, neue Kundengruppen zu erschließen. Nebenbei erreicht man auch die Werbeverweigerer, deren Briefkasten ansonsten tabu ist.

Eine Variante ist Ring & Leave, wo durch Klingeln an der Haustür auf die angehängte Produktprobe aufmerksam gemacht wird. Hang & Leave und Ring & Leave sind zwar aufwendige Verfahren, versprechen aber große Resonanz. Die stärkste Möglichkeit ist übrigens die persönliche Übergabe der Warenprobe durch einen Zusteller. Das ist gleichzeitig die teuerste Variante und erfordert große Sorgfalt bei der Auswahl des Zustellpersonals, weil Freundlichkeit und äußeres Erscheinungsbild eine große Rolle spielen. So viel steht jedenfalls fest: Die Gratisprobe kommt bei den Empfängern besonders gut an (siehe Abbildung 9.2). Das Produktsample ist als Geschenk willkommen und bewirkt sehr häufig einen Kauf des Produkts.

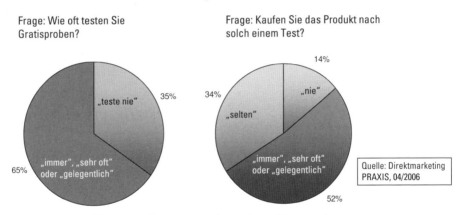

Abbildung 9.2: Akzeptanz von kostenlosen Warenproben

Gebündelte Verteilung

Mit den Werbemitteln anderer Auftraggeber wird Ihr Objekt in einer Umhüllung versendet. Ihr Vorteil: Sie sparen erhebliche Kosten durch die gemeinsame Verteilung. Allerdings haben Sie dafür auch nicht mehr die uneingeschränkte Aufmerksamkeit der Empfänger. Die Anbieter der gebündelten Versendung versuchen durch Mehrwerte wie Gewinnspiele oder die Beigabe einer redaktionellen TV-Zeitschrift, wie bei »Einkaufaktuell« der Deutschen Post, die Aufmerksamkeit der Empfänger zu erhöhen.

Teiladressierte Werbung

Bei dieser besonderen Verteilart, die die Deutsche Post als Postwurfspezial anbietet, wird Ihre Werbung nach bestimmten Mustern zugestellt. Die Empfänger sind zwar nicht namentlich bekannt, dafür können Sie zielgerichtet auf Straßen- und Häuserebene Ihre Kunden erreichen. Über eine Teiladressierung lassen sich nach soziodemografischen Gesichtspunkten gezielt Ihre Empfängerkreise über die Hausangabe »An die Bewohner der Müllerstraße 3« erreichen. Der Aufkleber »Bitte keine Werbung« schützt allerdings auch gegen teiladressierte Sendungen.

Verteilung an Fahrzeugen

Infoflyer hinter Windschutzscheiben sind verbreitet und größtenteils sehr lästig. Während man den Werbeflyern in Fußgängerzonen noch ausweichen kann (Verteilung an Passanten), gibt es beim straßenweisen Zumüllen von Fahrzeugen kein Entkommen.

Dabei geht es auch anders. Wie treffsicher Verteilaktionen an Fahrzeugen sein können, zeigt das Praxisbeispiel von Janssen Haushaltwerbung. Ein Hersteller von Standheizungen ließ in Frostnächten hinter die Windschutzscheiben auf der Straße parkender Autos eine Tüte mit einem Eiskratzer und mit Infomaterial über die Vorzüge von Standheizungen klemmen. Die Verteilung musste bei Minusgraden in den frühen Morgenstunden und am Abend durchgeführt werden. Die Aktion wurde in insgesamt 30 Städten in einem Zeitraum von drei Wochen durchgeführt. Solche lebensnahen und anschaulichen Werbeleistungen sind nur mit Haushaltwerbung möglich.

Eine Frage des Preises – wovon der Verteilpreis abhängt

Leider kann Ihnen an dieser Stelle keine Preisliste für die Zustellung von Wurfsendungen an die Hand gegeben werden. Der Preis differiert je nach Anbieter erheblich und setzt sich nicht zuletzt aus verschiedenen Leistungen zusammen, die Sie in der Regel frei wählen können. Hier die wichtigsten Kriterien:

✔ Die Verteilgenauigkeit: Eine selektive Verteilung ist teurer als eine flächendeckende Verteilung.

✔ Die Zustellform: Eine persönliche Übergabe oder das Anhängen an der Haustür ist teurer als eine Briefkastenverteilung.

✔ Gewicht und Format der Werbung: Je schwerer und größer Ihre Werbung ist, desto mehr müssen Sie für die Verteilung bezahlen.

✔ Mehr kostet weniger: Je mehr Objekte gleichzeitig verteilt werden, desto günstiger wird es für das einzelne Werbemedium. Ein gutes Argument für Sie, sich mit anderen Versendern zusammenzutun.

✔ Die Gebietsstruktur: In ländlichen Regionen sind die Verteilwege länger als in Innenstädten, weshalb die Verteilung dort aufwendiger und teurer ist.

Geomanagement

Zunehmend wichtig auch für Ihr Geschäft ist die zielgruppengenaue Selektion in den Verteilgebieten, weil weniger Streuverluste Ersparnisse bei Druck und Verteilung bedeuten und in der Regel auch höhere Rücklaufquoten bedeuten. Das Geomanagement beziehungsweise Geomarketing macht sich dabei eine klare Abhängigkeit von Zielgebiet und Zielgruppe zunutze, denn Gleich und Gleich gesellt sich gern.

Anders ausgedrückt: Ähnliche Wohngebiete haben ähnliche Kundenstrukturen, weil Menschen mit ähnlichem sozialem Hintergrund gerne zusammenleben. Dieses Nachbarschaftsprinzip ermöglicht geografische Zielgruppenlokalisierungen als Basis für eine selektive Zustellung Ihrer Werbung an die gewünschten Kundengruppen. Die Analyse erfolgt über mikrogeografische Daten und digitales Kartenmaterial, was Sie in die Lage versetzt, sehr genaue Verteilaktionen zu planen und Streuverluste zu vermeiden.

Viele Verteilunternehmen wie Janssen Haushaltwerbung und Mapchart.com bieten Ihnen inzwischen internetbasierte Tools an, die Sie sehr einfach mit Ihren gewünschten Basisdaten wie Budget, Zeitpunkt und Einzugsbereich selbst befüttern können und die Ihnen sofort die passenden Potenziale inklusive Auflagen und Kosten ausrechnen. Es werden die für Sie interessanten Verteilgebiete auf der Ebene Postleitzahlgebiet oder Zustellbezirk grafisch aufbereitet und Sie können mit wenigen Klicks den optimalen Umfang und die Kosten der Verteilung bestimmen.

Eine Selektion auf der Ebene einzelner Häuser ist aus logistischen Gründen allerdings nicht möglich, hier empfiehlt sich für Sie die personalisierte und adressierte Werbung. Eine Verteilung auf kleinste Einheiten wird für Sie beim Medium Haushaltwerbung aber keine Priorität haben. Geringe Streuverluste werden Sie unter dem Gesichtspunkt Preis-Leistungs-Verhältnis gerne in Kauf nehmen. Je besser die Basisdaten des Anbieters sind, desto größer ist die Trefferquote für Sie. Sofern Sie selbst über gute Daten verfügen, lassen sich diese hervorragend mit den Informationen Ihres Verteilpartners verknüpfen.

Die wichtigsten Daten für Geomarketing im Überblick

Die Kriterien für die Auswahl der geeigneten Zielgruppen sind vielfältig. Damit Sie bei der Selektion Ihrer Wunschzielgruppe die Orientierung behalten, hier die wichtigsten Selektionskriterien:

✔ Soziodemografische Daten (Alter, Geschlecht, Bildungsniveau, Haushaltseinkommen, Familienstand)

✔ Geografische Merkmale (Regionen, Städte- und Gemeindegrößen, Siedlungsdichte und Siedlungsform)

✔ Verhaltensrelevante Merkmale (Kaufpräferenzen, Nutzungsintensität, Kauftreue, Einstellung zu Produkten und Marken)

✔ Psychografische Merkmale (Lebensstil, Zugehörigkeit zu sozialen Gruppen).

Zunehmend von Bedeutung sind Begehungsdaten, die bei der gezielten Besichtigung von Wohnquartieren gesammelt werden. Es ist bei guten Verteilunternehmen sehr wahrscheinlich, dass man Ihnen mit Geomarketing Gegenden aufzeigt, auf die Sie sonst nie gekommen wären.

 Für den Geomarketingservice werden Sie in der Regel eine jährliche Nutzungsgebühr zahlen müssen, die sich je nach Anbieter um mehrere Tausend Euro unterscheiden kann. Vergleichen Sie also, es lohnt sich!

Die Wahl der geeigneten Verteilpartner

Der Kreativität sind jedenfalls keine Grenzen gesetzt. Das freut die Werbeagentur – allerdings nur so lange, bis es an die lästigen Details geht. Ihre Agentur wird Sie bis zum Druck Ihrer Werbesendung gewiss gut betreuen, sobald es aber an die Planung der Streugebiete, die Verteilung und schließlich die Kontrolle der Verteilung geht, wird sich Ihre Agentur vermutlich rar machen. In aller Regel wollen Agenturen mit diesem operativen Kleinkram nämlich nichts zu tun haben und verweisen lieber auf die Spezialisten der Verteilfirmen.

Vielleicht liegt die Zurückhaltung der Agenturen daran, dass Haushaltwerbung kein Prestigeobjekt ist, mit dem man große Kreativpreise gewinnen kann. Aber, liebe Werber, gute Haushaltwerbung hat eben auch etwas mit Zustellqualität zu tun, deshalb lohnt es sich, die Zuständigkeit nicht mit der Erstellung des Prospekts abzugeben. Während es selbstverständlich ist, dass sich eine Werbeagentur bei Printanzeigen nicht nur auf die Kreation beschränkt, sondern auch Media-Empfehlungen abliefert und zielgruppenstrategisch berät, hält man sich bei der zielgruppengenauen Qualitätsverteilung von Prospektwerbung völlig raus. In diese Beratungslücke sind Verteilunternehmen gesprungen, die sich längst nicht nur mit der Logistik der Verteilung beschäftigen, sondern Ihnen bei der Planung Ihrer Aktionen mit intelligenten Datenbanken, Milieukenntnissen und der Selektion von Verteilgebieten zur Seite stehen. Ihr Vorteil liegt auf der Hand: Die Verteilunternehmen können sehr genau feststellen, wo Ihre potenziellen Kunden wohnen. Die Erfahrung zeigt, dass die Käuferschaft mit dem größten Potenzial nicht immer dort wohnt, wo man bisher verteilen ließ. Sie können mit einer Mikromarketing-Analyse richtig Geld sparen, weil Sie die Effizienz Ihres Budgeteinsatzes deutlich steigern können.

Die Qualität der Zustellung ist die halbe Miete

Sie können die Wirkung des besten Prospekts vergessen, wenn die Qualität der Zustellung nicht stimmt. Flyer, die in die Kästen gestopft werden oder vor der Haustür abgelegt werden, will keiner lesen. Und keines Ihrer Angebote kann so gut sein, dass es in den falschen Verteilgebieten etwas bewirken kann. Golfclubs, um ein Beispiel zu nennen, sollten neue Mitglieder eher in Gebieten mit hoher Kaufkraft suchen.

Bei der Vorbereitung einer Aussendung spielt vor allem die Unterstützung durch Call Center eine immer größere Rolle. Durch gezielte Befragungen im Verteilgebiet können Sie die Zustellquote, also die Anzahl der tatsächlich zugestellten Sendungen, und die Wirkung (Erinnert man sich an die Sendung? Hat der Inhalt gefallen? Beabsichtigt man zu kaufen?) messen.

Ganz nebenbei können Sie sehr viel mehr über Ihre Empfänger und deren Interessenlage erfahren. Die internen Call Center der Zustellfirmen sind meistens unabhängige Einheiten, die Ihnen ein gewisses Maß an Neutralität gewährleisten. Mit diesen und weiteren neuen Kundenservices hat sich Haushaltwerbung in den letzten zehn Jahren von einer Art Zettelwirtschaft zu einem strategisch planbaren Marketinginstrument gewandelt.

Neuerdings gehen die Verteilunternehmen in die Qualitätsoffensive. Gleich drei unterschiedliche Prüfsiegel mit verschiedenen Leistungskriterien gibt es, die im Prinzip alle das Gleiche wollen: Ihnen signalisieren, dass in puncto Verteilqualität alles unter Kontrolle ist. Dass die Beteiligten nicht geschlossen auftreten und sich auf einen gemeinsamen Leistungs- und Qualitätsstandard verständigen, müssen Sie wohl hinnehmen. So weit geht die Kundenorientierung dann doch nicht.

Zustellung mit drei Siegeln

Die Qualität der Haushaltwerbung wird von verschiedenen Direktverteilerorganisationen geprüft:

✔ **Das WVO-Qualitätssiegel** überprüft die organisatorische Leistungsfähigkeit der 34 WVO-Mitglieder. Die Prüfung wird alle zwei Jahre durchgeführt.

✔ **Beim GDZ-Siegel** des Bundesverbands Deutscher Anzeigenblätter e.V. (BVDA) steht Messung und Kontrolle der erbrachten Leistungen von Zustellunternehmen der Anzeigenblätter im Fokus. Das Siegel darf drei Jahre getragen werden.

✔ **Das DDV-Siegel** setzt auf Neutralität bei der Überprüfung der Servicequalität. Zusammen mit dem TÜV-Rheinland wird das neue Güte-Zertifikat an die Mitglieder im DDV-Council Zustellung vergeben. Unter der Internetadresse www.tuv.com können Sie sich über die Leistungsgüte der Zustellunternehmen informieren.

In drei Schritten zur optimalen Direktverteilung

Holen Sie mehrere Vergleichsangebote ein und beauftragen Sie das Verteilunternehmen erst, wenn Sie mit der Analyse der relevanten Verteilgebiete einverstanden sind. Dazu gehört:

1. Analyse der Struktur Ihres Kundenstamms. Welche Wohngebietstypen kaufen bei Ihnen, zum Beispiel eher statusschwache Hochhausbewohner oder Reihenhausbewohner im Speckgürtel einer Stadt? Wie sieht der Haushaltsstatus und die Familienstruktur aus? Wie alt ist der Haushaltsvorstand?

2. Ergänzend oder wenn Sie keine eigenen Kundendaten haben, können Marktforschungs-studien zur genaueren Bestimmung der relevanten Zielgruppe für Ihr Angebot heran-gezogen werden.

3. Selektion der Verteilgebiete durch Abgleich des Kundenprofils mit den in der Datenbank des Verteilunternehmens vorliegenden soziodemografischen und geografischen Informa-tionen.

 Sie steigern die Wirkung Ihrer Aussendung deutlich, wenn Sie antizyklisch wer-ben und den Verteilaktionen anderer Unternehmen aus dem Weg gehen. So ist der Mittwoch traditionell der Tag, an dem Anzeigenblätter zugestellt werden. Der Samstag ist sehr beliebt bei Discountern und Supermärkten, die so die Wochen-endeinkäufer erreichen. Wenn Sie mit Ihrer Werbung auffallen wollen, wählen Sie besser einen anderen Tag.

Checkliste Erfolgskontrolle

Sie werden sich doch nicht auf vollmundige Versprechungen wie 100 Prozent Zustellquote (gibt es nicht!) und ein Prüfsiegel allein verlassen wollen? Folgende Checkliste wird Ihnen helfen, herauszufinden, ob Ihr Zustellunternehmen tatsächlich alles tut, um den Erfolg Ihrer Verteilaktion zu messen:

✔ Führt das Verteilunternehmen repräsentative Call-Center-Befragungen zum Erhalt und zum Gefallen der Sendung durch?

✔ Kommt ergänzend ein Haushalt-Onlinepanel zum Einsatz (regelmäßige Befragung von registrierten Internetanwendern)?

✔ Finden Kundenbefragungen zum Erhalt der Sendung am Point of Sale statt?

✔ Wird die Response ermittelt und aufbereitet?

✔ Gibt es ein strukturiertes Beschwerdemanagement?

 Wählen Sie Ihren Verteilpartner nicht allein nach dem Preis aus. In der Werbung kommt es nicht darauf an, was Sie sparen können, sondern was Sie für Ihr Geld erreichen können. Dumpingpreise, beispielsweise 30 Euro je 1.000 Sendungen, sind mit Qualität kaum vereinbar. Vermeiden Sie lieber Streuverluste und selek-tieren Sie Ihre Zielgruppen besser, als flächendeckend und auflagenstark zu ope-rieren. Setzen Sie auf einen Zustellpartner mit hohen Qualitätsstandards in allen Bereichen. Schauen Sie zum Beispiel auch, welchen Nutzen man Ihnen zusätzlich bietet. Dazu zählen eine Geomarketing-Software zur selbstständigen Gebiets-selektion, ein regelmäßiges Reporting und eine verlässliche Qualitätskontrolle nach dem Zustellgang.

Wie Sie ganz einfach selbst messen können, ob Ihre Wurfsendung etwas bewirkt

Gute Verteilunternehmen bieten Ihnen verschiedene Möglichkeiten der Qualitätssicherung an. Stichprobenartige Sichtkontrollen und Kundenbefragungen gehören dabei zum Standard. Telefonische Kontrollen durch unabhängige Call Center sind eine sinnvolle Erweiterung, weil sehr schnell und in einem größeren Umfragung Stichproben vorgenommen werden können.

Mit gezielten zusätzlichen Fragen zur Zufriedenheit und zu Verbraucherwünschen kann Ihnen die Telefonbefragung sogar wichtige Zusatzinformationen für weitere Aktionen geben. Leider sind Sichtkontrollen und telefonische oder persönliche Befragungen ziemlich teuer. Als kostengünstige Alternative erfreuen sich Onlinepanels mit registrierten Internetanwendern zunehmender Beliebtheit.

Die Messungen des Zustellpartners sind hilfreich und nützlich. Sie können aber auch ohne fremde Unterstützung selbst leicht feststellen, ob Ihre Werbung gelesen wird und das gewünschte Verhalten (Kauf, Filialbesuch etc.) auslöst. Sie nutzen ganz einfach die bewährten Techniken des Dialogmarketings. Hier ein paar nützliche Tipps:

✔ Bieten Sie dem Leser einen Anreiz, sich mit dem Inhalt zu befassen. Verbinden Sie beispielsweise das Angebot mit einem Gewinnspiel. Aus der Teilnahmequote können Sie Rückschlüsse auf die Wahrnehmung der Aussendung ziehen. Bei unadressierten Sendungen ist ein Rücklauf ab 3 Prozent bereits als Erfolg zu bezeichnen.

✔ Fügen Sie dem Flyer einen Gutschein oder Teilnahmecoupon bei, der kann dann im Geschäft eingelöst werden. Sie ziehen damit nicht nur neue Kunden in Ihr Geschäft, Sie können gleichzeitig feststellen, welche Kunden aufgrund der Wurfsendung zu Ihnen gekommen sind.

Eine schöne Möglichkeit, Haushaltwerbung mit dem Internet zu verbinden, ist die Angabe einer Internetadresse. Sie können auf Ihrer Internetseite ein Gewinnspiel für die Empfänger Ihrer Wurfsendung freischalten. Hierzu teilen Sie in der Sendung einen Zugangscode zum Gewinnspiel mit. Dort registrieren sich Ihre Kunden, um am Gewinnspiel teilnehmen zu können. So erhalten Sie zusätzlich die Namen Ihrer Empfänger.

Qualitätssicherung per GPS

Je höher die Auflagen sind, desto größere Bedeutung wird die Qualitätssicherung für Sie spielen. Jetzt ist sogar eine Live-Überwachung der Verteilung keine Utopie mehr, denn die GPS-Technik hat auch in der Haushaltwerbung Einzug gehalten. Was dem Flugkapitän hilft, den Flughafen zu finden, ermöglicht eine effektive Kontrolle Ihrer Verteilaktion. Ein Sender im Rucksack der Verteiler lässt Sie den Status Ihrer wertvollen Werbematerialien in Echtzeit auf den Meter genau verfolgen – falls Sie sonst nichts Besseres zu tun haben, versteht sich.

Nicht zur Haushaltwerbung gehören Beilagen in Tageszeitungen oder Anzeigenblättern, obwohl diese auch häufig über Verteiler im Briefkasten landen, aber eben nicht direkt, sondern indirekt. Sie als Werbekunden dürfte das kaum interessieren. Interessant für Sie ist vielmehr, worin die Vor- und Nachteile von Haushaltwerbung einerseits und Beilagenwerbung andererseits bestehen.

Und dann ist da noch Beilagenwerbung

Sehr verbreitet ist neben der direkten Briefkastenwerbung die Beilage von Prospekten in kostenlosen regionalen Anzeigenblättern. Vor allem Handelsunternehmen nutzen Anzeigenblätter für den Vertrieb ihrer Prospekte. Gratisblätter finanzieren sich über Werbung und haben deshalb das Etikett »Werbeblättchen«.

Der Vorzug der Anzeigenblätter

Kurioserweise gelten Anzeigenblätter trotz ihres eindeutig werblichen Charakters als Presseerzeugnisse und dürfen demnach auch in die Briefkästen der Werbeverweigerer eingeworfen werden. Für diesen Vorteil in der Abdeckung der Haushalte gegenüber der Direktverteilung sind manche Unternehmen bereit, einen höheren Preis zu bezahlen. Hier gibt es aber einen Trend zur qualitativen Aufwertung.

Ähnlich wie bei der Haushaltwerbung soll es künftig zielgenauere Verteilmöglichkeiten durch Geomarketing geben. Am Start befindet sich ein internetbasiertes Planungs- und Buchungsprogramm, das der Bundesverband Deutscher Anzeigenblätter erstellt hat und das die Planungsdaten von 1.400 Anzeigenblättern zur Verfügung stellt. Mit einer vollwertigen Geodatenbank soll es künftig möglich sein, Anzeigenblätter ähnlich gezielt wie Haushaltwerbung zu streuen.

Daneben bemüht man sich, durch bessere redaktionelle Inhalte und interessantere Umfelder, die Beschäftigung mit den Beilagen zu erhöhen. Beliebt sind beispielsweise Gewinnspiele im Heft mit Fragen, die sich auf eine der Beilagen beziehen. Neuerdings sind sogar schon Hochglanzmagazine unterwegs. Der Zugang zu speziellen Zielgruppen ist nur mit neuen Mitteln und Wegen möglich. Der hohe Produktionsaufwand scheint manche Werbekunden nicht abzuschrecken.

Für kleinere Beilagenkunden sieht das freilich anders aus. Je nach Auflage können die Druckkosten schnell das Budget sprengen. Aber auch hier scheint Bewegung in den Markt zu kommen. Erste Anbieter haben das Modell Prospektanzeige im Angebot. Gegenüber einer normalen Anzeige oder Beilage müssen Sie keine Druckunterlagen bereitstellen. Der Verlag gestaltet für Sie komplett die sogenannten Prospektanzeigen im Heft. Die vier- oder achtseitigen Prospektanzeigen haben einen kurzen Vorlauf von wenigen Tagen und sind ohne den Produktionskostenaufwand einer Beilage im Heft realisierbar.

Der wachsenden Konkurrenz durch das Internet, vor allem im Bereich der Rubrikanzeigen, versuchen die Verlage mit einer Online-Offline-Vernetzung zu begegnen. Crossmedia heißt auch hier das Zauberwort. Den Brückenschlag ins Internet wollen die Anzeigenblätter durch begleitende Onlineplattformen schaffen, über die Onlinenutzer erreicht werden. Die höhere Reichweite verbunden mit neuen Nutzergruppen ist für Anzeigenkunden allein aus Kosten-Nutzen-Gründen interessant.

Der »Rhein-Main-Markt« ist ein Beispiel für die Kombination aus klassischer Beilagenwerbung und Internet. In einer Auflage von rund 500.000 Exemplaren gelangt der Titel per Verteilung und als Beilage zur Tageszeitung in die Haushalte. Daneben sind die Anzeigen unter Rheinmainclick.de gezielt nach Rubriken aufrufbar. Inserenten können hier vertiefende Informationen, Fotos, Grundrisse und so weiter hinterlegen und den Dialog mit Interessenten eröffnen.

Der technischen Überlegenheit der Onlineanzeigen steht die größere Emotionalität der Printanzeigen gegenüber. Die Gefahr der Selbstkannibalisierung ist allerdings nicht zu unterschätzen. Ob die Anzeigenblätter tatsächlich auf lange Sicht von ihren Onlineportalen profitieren oder am Ende aufgefressen werden, bleibt vorerst abzuwarten.

Praxisbeispiel »Einkaufaktuell«

Die Deutsche Post geht mit »Einkaufaktuell« in direkte Konkurrenz zu den Anzeigenblättern. »Einkaufaktuell« kombiniert Unterhaltung und Werbung mit einem wöchentlichen TV-Programm, angereichert um redaktionelle Beiträge, Rätsel und Gewinnspiele.

Das Trägermedium transportiert in einer transparenten Umhüllung zwischen drei und acht Beilagen von Handelsketten und erreicht samstags rund 14,7 Millionen Haushalte. Anders als die Gratisblätter wird »Einkaufaktuell« mit der normalen Tagespost zugestellt. Das Medium kommt im Markt so gut an, dass einzelne Verlage bereits an ähnlichen Konzepten arbeiten.

Haushaltwerbung und Anzeigenblätter im direkten Vergleich

Vorteile der Haushaltwerbung:

✔ Ihr Prospekt wird im Briefkasten schnell wahrgenommen.

✔ Gegenüber Beilagen hat sie eine höhere Nutzungsintensität.

✔ Sie können Gebiete flexibel nach soziodemografischen Aspekten auswählen.

✔ Sie haben nur einen Ansprechpartner selbst bei bundesweiten Aktionen.

✔ Sie erzielen eine hohe Reichweite durch Zustellung an alle erreichbaren Haushalte.

✔ Sie ist vergleichsweise preiswert.

Vorteile der Anzeigenblätter:

✔ Sie erreichen Werbeverweigerer (»Bitte keine Werbung einwerfen«).

✔ Sie haben eine höhere Reichweite als regionale Abo-Tageszeitungen.

✔ Eine Kombination von Beilagen und Anzeigen ist möglich.

✔ Das redaktionelle Umfeld mit lokalen Informationen bietet dem Leser einen Zusatznutzen.

 Anzeigenblätter gelten formal nicht als Werbung, deshalb richtet sich der Aufkleber »Bitte keine Werbung« nicht gegen Anzeigenblätter und die darin enthaltenen Beilagen. Empfänger, die sich auch von diesen Presseerzeugnissen belästigt fühlen, müssen einen deutlicheren und konkreteren Aufkleber anbringen.

 Hier ein paar Links für weitere Informationen:

✔ Werbe-Vertriebs-Organisationen-Verbund e.V.: `www.wvo.de`

Kartensoftware für das Erstellen eigener Verteilgebietskarten:

✔ Microm Consumer Marketing: `www.microm-online.de`

✔ GfK Geomarketing: `www.gfk-geomarketing.de`

✔ Werbeagentur Janssen: `www.janssen.de`

✔ Haushaltwerbung Walter: `www.walter-werbung.de`

✔ Postwurfspezial: `www.mailingfactory.de/postwurfspezial.html`

✔ Planungssoftware für Postwurfsendungen: `www.deutschepost.de/prospekt service`

✔ Onlinepanel: `www.adpollo.de`

✔ 5. Kompetenzforum Geomarketing: `www.kompetenzforum-geomarketing.de`

✔ BVDA-Anzeigenblattportal: `www.anonza.de`

Corporate Publishing – Kundenzeitschriften & Co.

10

In diesem Kapitel

▸ Was eine Kundenzeitschrift ausmacht

▸ Den richtigen externen Dienstleister finden

▸ Der richtige Vertriebsweg für Ihre Kundenzeitschrift

▸ Kooperationsmöglichkeiten, die Kosten sparen können

Keiner schreibt besser als der, der schreibt, was ich gerne lese.

Unbekannt

Haben Sie sich beim Bäcker schon mal eine Zeitschrift mitgenommen? Oder in der Apotheke? Hatten Sie im Flugzeug schon mal das »Lufthansa Magazin« in der Hand oder in der Bahn »DB mobil«? Vielleicht beziehen Sie auch regelmäßig die »ADAC Motorwelt« oder eine Zeitschrift Ihrer Krankenkasse. Die Wahrscheinlichkeit ist groß, dass Sie die eine oder andere Kundenzeitschrift kennen, denn 80 Prozent aller Deutschen sind inzwischen regelmäßige Leser solcher Publikationen.

Exklusiv für die Kunden

Kundenzeitungen, Newsletter, Kundenmagazine und andere Medien des Corporate Publishing sind ohne Zweifel wichtige und kreative Instrumente des Dialogmarketings. Von Jahr zu Jahr steigt die Zahl der Kundentitel stetig an. Rund 3.000 Titel buhlen im deutschsprachigen Raum mittlerweile um die Aufmerksamkeit der Leser. Sie sind nicht nur in großen Unternehmen verbreitet, sondern kommen verstärkt auch in mittelständischen Unternehmen zum Einsatz. Rund ein Drittel der Herausgeber zählen zum Mittelstand.

Gerade in gesättigten Wettbewerbsmärkten sind Kundenzeitschriften gute Differenzierungsinstrumente, die jenseits des Werbe-Overkills dem Kunden in journalistischer Form zusätzliche Mehrwerte, also echten Nutzen bieten. Wo exzellente Produktqualität zu günstigsten Preisen ohnehin erwartet wird, gewinnen zusätzliche Services als strategische Kundenbindungstools immer größere Bedeutung. Warum nicht auch für Sie?

 Etwa die Hälfte der Top-500-Unternehmen im deutschsprachigen Raum publiziert mindestens eine Kundenzeitschrift. 70 Prozent davon werden mit der Post versendet, etwa 200 Titel sind am Kiosk erhältlich.

Was eine Kundenzeitschrift ausmacht

Die besondere Qualität von Kundenzeitschriften besteht darin, dass sie relevante Botschaften in redaktionellem Gewand unterhaltsam und glaubwürdig transportieren können. Dabei geht es zunächst einmal nicht darum, das eigene Image aufzupolieren, sondern über den Dialog mit dem Leser zusätzliche Kundenbindungspotenziale zu eröffnen. Kundenzeitschriften sind Periodika, das heißt, sie erscheinen regelmäßig, mindestens viermal im Jahr.

Sie sollten sich also darüber bewusst sein, dass eine Kundenzeitschrift keine einmalige Investition ist, sondern dauerhaft Kosten verursacht. Kundenzeitschriften müssen nicht unbedingt in gedruckter Form erscheinen. Sehr beliebt sind auch E-Mail-Newsletter und E-Magazine sowie neuerdings auch redaktionelle Angebote auf USB-Stick.

Mit einer Kundenzeitschrift binden Sie Ihre Leser emotional. Das Heft informiert, es unterhält und es bietet zusätzliche Vorteile, zum Beispiel Gewinnspiele. Dafür werden Sie Ihre Leser lieben. Das werden Sie mit Werbung kaum schaffen. Es dürfte sich also für Sie lohnen, sich das Instrument einmal genauer anzusehen. Auf geht's.

 Aus Kostengründen setzen viele Unternehmen auf E-Mail-Newsletter. Damit sparen Sie zwar die Kosten für Druck und Vertrieb, allerdings ist die Wertigkeit des flüchtigen Newsletters auch sehr gering. Häufig werden solche Newsletter nur überflogen und schnell wieder gelöscht. E-Mail-Newsletter (am besten in Form von PDFs) sollten deshalb das Magazin nur ergänzen. So können Sie die Intervalle zwischen den Printausgaben überbrücken. Für den Versand von E-Mail-Newslettern brauchen Sie die Zustimmung der Empfänger (Permission). Bieten Sie Ihren Kunden im Rahmen von Mailingaktionen oder im Internet den elektronischen Newsletter an und holen Sie sich die Zustimmung zum E-Mail-Versand ausdrücklich durch Bestätigung (am besten Unterschrift) ein. Eine indirekte Zustimmung im Sinne von »Wer nicht widerspricht, stimmt zu« reicht rechtlich nicht aus.

Professionelle Kundenzeitschriften nutzen gleich mehrere große Vorteile:

✔ Als Herausgeber kennen Sie Ihre Kunden, deren Interessenlage und Kaufverhalten sehr genau. Von vergleichbaren Kenntnissen über die Leserstruktur können normale Zeitschriften nur träumen.

✔ Der Leser kann auf Inhalte und Struktur Ihrer Publikation Einfluss nehmen. Das erhöht das Interesse und die Bindung.

✔ Die Publikation bietet nützliche Informationen und andere Mehrwerte und ist somit Ausdruck der Wertschätzung Ihres Unternehmens gegenüber den Kunden.

✔ Mit einer Kundenzeitschrift erreichen Sie abseits der üblichen Werbung Leser, die für werbliche Ansprachen eher unempfindlich sind.

✔ Der Kunde fühlt sich besser informiert, gerade bei komplexeren Sachverhalten und erklärungsbedürftigen Produkten und Dienstleistungen

Kurzer Test: Sie sind Kandidat für eine eigene Kundenzeitschrift, wenn ...

✔ Ihre Stammkunden namentlich bekannt sind.

✔ Sie Ihre Kunden am Point of Sale erreichen.

✔ Sie Laufkundschaft zu regelmäßigen Käufern machen wollen.

✔ Sie regelmäßig über Neuigkeiten informieren möchten.

✔ Ihr Angebot breit gefächert ist und ständig erweitert wird.

✔ Sie Ihren Marktanteil vergrößern wollen.

✔ Ihre Kunden den Austausch mit Ihnen suchen.

✔ Ihre Kunden Wert auf Exklusivität legen.

✔ Sie keine No-Name-Produkte vertreiben.

✔ Ihre Produkte erklärungsbedürftig sind.

✔ Sie nicht nur Produkte verkaufen, sondern zusätzliche Services bieten.

Am Anfang steht das Konzept

Bei der Planung einer eigenen Publikation müssen Sie besonders sorgfältig vorgehen. Die inhaltliche und gestalterische Grundausrichtung, die Sie einschlagen, können Sie nicht von Ausgabe zu Ausgabe neu justieren. Der Leser soll schließlich mit seiner Zeitschrift vertraut werden. Die Einführung Ihrer Kundenzeitschrift sollten Sie konzeptionell vorbereiten. Berücksichtigen Sie dabei die wesentlichen strategischen Unternehmenszielsetzungen und die betriebswirtschaftlichen Rahmenbedingungen ebenso wie die Finanzierung des Titels. Ihr Konzept sollte folgende Eckpunkte berücksichtigen, die in diesem Kapitel genauer beschrieben werden:

✔ **Zieldefinition:** Was soll das Objekt leisten? Mögliche Ziele: Kundenbindung, Neukundengewinnung, Imagepflege, Kundendialog, Service.

✔ **Zielgruppe:** Wer soll Ihr Heft lesen? Gelegenheitskäufer, bestehende Kunden oder nur die besten Kunden? Daraus leitet sich direkt auch die Höhe der Auflage ab.

✔ **Positionierung:** Welche Philosophie verfolgt Ihr Blatt und welche Tonalität soll es haben? Sie müssen schon zu Beginn festlegen, wie die Informationstiefe und die Aufmachungsqualität sein sollen. In welcher Frequenz soll Ihr Heft erscheinen?

✔ **Vertriebsstrategie:** Wollen Sie das Heft persönlich übergeben, am Point of Sale (POS) auslegen oder per Post zu Ihren Kunden bringen?

✔ **Projektsteuerung:** Mit welchem Dienstleister wollen Sie das redaktionelle Konzept erarbeiten? Wo soll gedruckt werden? Findet das Projektmanagement inhouse statt oder liegt es beim Dienstleister? Detaillierte Informationen, wie Sie Ihre Projekte optimal managen, finden Sie in Kapitel 5.

Im Folgenden erfahren Sie das Wichtigste zur Konzeption einer Kundenzeitschrift:

✔ Das redaktionelle Konzept

✔ Die Themenplanung

✔ Das optimale Timing

Das redaktionelle Konzept

Stürzen Sie sich nicht in das Abenteuer Kundenzeitschrift, ohne die Einbindung der Publikation in Ihre sonstige Kommunikationsstrategie zu überprüfen. Die Vernetzung mit anderen Kommunikationsmaßnahmen müssen Sie konzeptionell durchdenken, sonst ist Ihre Zeitschrift isoliert von den anderen Medien und Sie können kaum inhaltliche Synergien herstellen. Sorgen Sie dafür, dass der Herausgabezeitpunkt Ihrer Zeitschrift nicht mit anderen Kundenkontakten, vor allem Mailingkampagnen, zeitlich kollidiert (siehe Abbildung 10.1).

 Nutzen Sie Synergien und stellen Sie Beiträge, die Sie für Ihre Printausgabe erstellt haben, auch im Internet ein. Umgekehrt gilt das Gleiche: Neue Inhalte, die Sie zwischen zwei Printausgaben online gestellt haben, können Sie auch für das nächste Heft nutzen. Das ist Zweitverwertung par exellence.

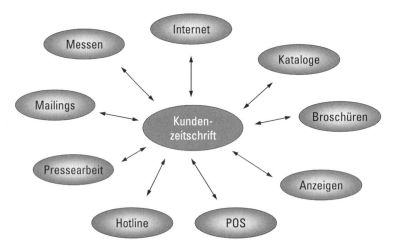

Abbildung 10.1: Die Kundenzeitschrift in der Unternehmenskommunikation

Welche Inhalte für welche Zielgruppe, das ist hier die Frage

Ausgangspunkt Ihres Redaktionskonzepts ist die Frage, wofür und für wen Sie die Kundenzeitschrift eigentlich machen wollen. Wollen Sie eine ganz eng umrissene Zielgruppe mit einem speziellen Produktinteresse ansprechen oder wollen Sie alle Kundengruppen und vielleicht sogar potenzielle Neukunden erreichen? Das ist richtungweisend für Ihre Entscheidung über die Themen. Für Leser mit höherem Kenntnisstand werden die Themen anders aussehen und tiefer gehen als für breitere Zielgruppen.

Zentrale Säulen gut gemachter Kundenmagazine sind:

✔ Interaktion

✔ Beratung

✔ Nützliche Informationen

✔ Dialogangebote

Sie sichern langfristig die Akzeptanz und Relevanz Ihrer Publikation.

 Fragen Sie sich stets, worin der Mehrwert für den Leser besteht. Sie werden feststellen, dass zwischen dem, was Sie selbst für wichtig halten, und dem, was den Leser interessiert, oft ein Unterschied besteht. Und genau dieser Unterschied ist entscheidend, wenn es darum geht, Leser zu begeistern.

Die Entscheidung über die Themen der nächsten Ausgaben wird auf der Themenkonferenz getroffen. Mit der richtigen Mischung aus Themenvielfalt und Emotion bieten Sie Ihren Lesern Anreize, mit Ihrem Unternehmen in Verbindung zu treten. Dazu gehört ein ausgewogenes redaktionelles Konzept mit leicht konsumierbaren Artikeln. Gerade damit tun sich viele Herausgeber schwer.

 Gelegentlich wird die Kundenzeitschrift mit einer Werbebroschüre verwechselt. Natürlich hat eine Kundenzeitschrift auch eine Imagefunktion, und natürlich soll sie etwas für Ihren Verkauf tun, schließlich ist es eine Unternehmenspublikation. Niemand wird Ihnen verübeln, wenn Sie auch darüber berichten, was Ihr Unternehmen von anderen Unternehmen unterscheidet. Tun Sie das nur nicht zu plump und zu einseitig. Die Leser sind nicht blöd, sie merken, wenn sie es mit »Hofberichterstattung« zu tun haben. Das langweilt ungemein und ist überhaupt nicht unterhaltsam. Und wenn wir schon dabei sind: Immer wieder gern gezeigt werden Statussymbole wie die eigene Fahrzeugflotte und das tolle Firmengebäude. Darauf können Sie gewiss stolz sein, aber was hat eigentlich der Leser davon?

Sagt den Leuten nicht, wie gut ihr die Güter macht, sagt ihnen, wie gut eure Güter sie machen.

Leo Burnett, amerikanischer Werbeleiter

Die Themenplanung

Die Messlatte für Ihre Kundenzeitschrift liegt hoch. Ihr Anspruch muss sein, dass es der Titel inhaltlich und gestalterisch mit Verkaufstiteln am Kiosk aufnehmen kann. Darunter sollten Sie es nicht machen. Nur mit diesem hohen qualitativen Anspruch erreichen Sie, dass sich Ihre Leser auf die nächste Ausgabe freuen.

Der Schlüssel für Ihren Erfolg heißt *qualifizierter Content*. Offenheit, hoher Informationsgehalt, Neuigkeitscharakter und eine professionelle journalistische Machart sind Ihre Leitlinien für einen Erfolg. Qualitativ hochwertige Kundenzeitschriften sind mittlerweile attraktive Werbeträger für Anzeigenbuchungen, die einen wichtigen Refinanzierungsbeitrag leisten können. Falls Sie die Kosten einer regelmäßigen Publikation scheuen, dürfte das ein interessanter Anreiz für Sie sein. In puncto Zielgruppenaffinität sind Kundenzeitschriften anderen Kauftiteln sogar überlegen.

 Erfüllt Ihre Kundenzeitschrift nicht die Erwartungen an ein journalistisches Konzept, müssen Sie sich nicht wundern, wenn sie von niemandem gelesen wird. Redaktionelle Texte sind keine Werbetexte, schließlich ist Ihre Zeitschrift keine Werbebroschüre.

Ihre Themenplanung erstreckt sich nicht allein auf die Themen für die nächste Ausgabe, sie reicht weit darüber hinaus. So wenig Sie bei Ihren unternehmerischen Planungen kurzfristig denken, so vorausschauend gehen Sie bei Ihrer Themenplanung vor.

Natürlich steht im Zentrum Ihrer Themenkonferenz die jeweils nächste Ausgabe. Falls ein Thema aus aktuellem Anlass auf einen späteren Zeitpunkt verschoben werden muss, greifen Sie auf Themen zurück, die Sie für die nächsten Monate bereits gesammelt haben. Mit einer rollierenden Themenplanung geht Ihnen nicht plötzlich der Atem aus. Auch ungewöhnliche Ideen sollten diskutiert werden, manchmal sind die schrägsten Einfälle die interessantesten Ausgangspunkte für tolle Storys.

Planen Sie immer so viele Themen, dass Sie Stoff für drei bis vier Ausgaben im Voraus haben, das gibt Ihnen Planungssicherheit. Sollte Ihnen das nicht gelingen, stimmt wahrscheinlich etwas mit dem Konzept der Zeitschrift nicht. Überprüfen Sie dann Ihre Rubriken. Geben sie genug Futter für regelmäßige Inhalte her? Ist der geplante Seitenumfang zu groß? Bedenken Sie, dass Kundenzeitschriften mittel- bis langfristig angelegt sein müssen, damit sich die Investition überhaupt rechnet und das Instrument beim Leser punkten kann. Geht Ihnen nach wenigen Ausgaben die Puste aus, haben Sie doppelt verloren: viel Geld und Ansehen bei Ihren Lesern.

 Kundenzeitschriften sind Periodika. Doch was ist die optimale Frequenz für Ihren Titel? Die Marktforscher von TNS Emnid haben das untersucht und kamen zu dem Ergebnis, dass bei vier Ausgaben pro Jahr die emotionale Bindung um 19 Prozent höher liegt, als wenn das Heft nur dreimal pro Jahr erschiene. Erscheint das Heft fünfmal pro Jahr, ist die emotionale Bindung sogar um 42 Prozent höher als bei einer viermaligen Erscheinungsweise. Eine häufige Frequenz zahlt sich also aus. Die meisten Unternehmen setzen intuitiv auf eine mindestens quartalsweise Erscheinungsweise, 83 Prozent aller Kundentitel erscheinen viermal pro Jahr oder häufiger. Die Mehrkosten von vier Ausgaben gegenüber drei Ausgaben betragen nach einer Umfrage der Agentur dahlem + partner rund 20 Prozent.

Aktualität ist für Ihr Magazin genauso wichtig wie für andere Zeitschriften auch. Machen Sie sich keine Sorgen, dass eine Jahresplanung von Themen im Widerspruch zur Aktualität stehen könnte. Für Ihre Leser werden die Themen neu sein, auch wenn Sie selbst bereits eine Weile daran arbeiten. Echten News aus der Branche und dem Unternehmen räumen Sie zusätzlich

Platz ein. Sie lassen sich kurzfristig problemlos in Form eines Newstickers oder als Kurzmeldung einfügen und verleihen Ihrem Magazin einen aktuellen Touch.

 Es ist oft die originelle und ungewöhnliche Sichtweise, die Themen einen Neuigkeitscharakter verleihen. Selbst Themen, die in anderen Medien ausführlich behandelt wurden, bieten Raum für Neuigkeiten. Fragen Sie sich: Was bedeutet das Thema für mein Unternehmen, meine Kunden und den Markt? Wie gehen meine Kunden mit dem Thema um? So kann man selbst dem Thema Altersvorsorge noch eine interessante neue Perspektive entlocken und den Lesern einen Mehrwert bieten.

Die Vision beim Thema Kundenzeitschrift heißt Content-Pool. Der Weg führt uns zu einem inhaltlich auf den einzelnen Leser abgestimmten Titel. So kann der Leser sein Profil selbst festlegen und entscheiden, über welche Themen er informiert werden möchte. Aus einem Themenpool wird dann über Digitaldruckverfahren jedem Leser sein eigenes Exemplar gedruckt oder per E-Mail-Newsletter zugeschickt. Ein so hohes Maß an Individualisierung und persönlicher Ansprache ist Dialogmarketing par excellence.

So haben Sie den (Spannungs-) Bogen raus!

Die richtigen Themen sind die halbe Miete, die andere Hälfte macht der Spannungsbogen aus. Es wird Ihnen nie gelingen, den Leser von der ersten bis zur letzten Seite zu fesseln. Der Leser verlangt nach Abwechslung, denn seine Aufmerksamkeit ist ganz natürlichen Schwankungen unterworfen (siehe Abbildung 10.2).

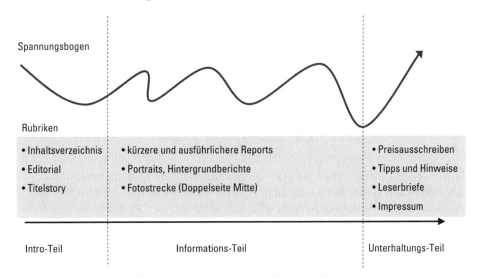

Abbildung 10.2: Aufbau einer Kundenzeitschrift

Manche Themen interessieren den Leser weniger, manche mehr. Die Mischung macht's. Es gibt gute Erfahrungen mit dem optimalen Aufbau einer Publikation, ganz unabhängig vom

Seitenaufbau. Wechseln Sie zwischen kurzen und längeren Artikeln, zwischen Storys mit hohem Bild- und Grafikanteil und solchen mit längeren Textstrecken.

> *Die Dramaturgie einer Publikation ist wie die Dramaturgie eines guten Essens. Es besteht aus einem Aperitif, der Hauptspeise, die wohl abgestimmt in mehreren Gängen gereicht wird, dem Nachtisch, dem Kaffee und schließlich einer guten Zigarre als Abrundung. Genauso wichtig wie die Bestandteile sind die Pausen dazwischen; sie dienen der Unterhaltung und erhöhen die Spannung auf den nächsten Gang. Bei einem Magazin ist das nicht anders. Die Komponenten heißen hier nicht Vor- und Hauptspeise, sondern Titel, Einstieg, Titelgeschichte, Meldungsseiten, Bildstrecken, Nutzwertseiten, Einseitengeschichten, Doppelseiten und Ausstieg. (Handbuch Kundenzeitschriften, Deutsche Post)*

Abverkauf durch Magaloge

Geht es Ihnen in erster Linie um PR und Absatzfunktion, vergessen Sie am besten die Kundenzeitschrift. Mit einem Mailing sind Sie in dem Fall besser bedient. Oder Sie setzen auf *Magaloge*. Magaloge sind eine Mischung aus Katalog und Magazin und verbinden redaktionelle Inhalte mit dem Produktabverkauf.

Der redaktionelle Teil hat nur begleitenden Charakter, im Mittelpunkt steht die Produktinformation mit Bestellmöglichkeit. Magaloge haben für Sie als Instrumente der Vertriebsunterstützung durchaus ihre Berechtigung, echte Kundenzeitschriften sind sie allerdings nicht.

Das Layout verlangt Ihnen Kompromisse ab

Ihre Kundenzeitschrift ist keine Werbebroschüre. Es sollte also klar sein, dass sie auch nicht so aussieht. Ihre Leser haben eine spezielle Erwartung an die Anmutung einer Zeitschrift. Zu viele optische Nähe zum Unternehmen und seiner Werbung erweckt sofort den Eindruck, man halte nur ein weiteres Werbemittel in der Hand. Damit zerstören Sie zugleich die eigentliche Stärke Ihrer Kundenzeitschrift, nämlich die journalistisch-redaktionelle Machart. Nehmen Sie deshalb nicht sklavisch Ihr bestehendes Corporate Design (CD) zur Grundlage des Layouts Ihrer Publikation.

Ein Stück weit Eigenständigkeit müssen Sie der Kundenzeitschrift schon einräumen, denn Zeitschriften haben eigene Regeln für Schrifttypen, Textspalten und Überschriften. Der Maßstab ist auch hier der Kiosktitel. Andererseits, und das macht den Kompromiss aus, sollte sich die Optik nicht völlig vom CD lösen. Sie geben schließlich eine Unternehmenspublikation heraus und das sollten Sie auch gar nicht verleugnen. Schließlich soll Ihr Titel auf das Image Ihres Unternehmens wirken.

Eine Klammer zum sonstigen optischen Auftritt Ihres Unternehmens muss noch erkennbar sein. Das verabschiedete Layout für die Titelseite und den Innenteil sollten Sie dann auch erst mal durchhalten und nicht zu oft verändern. Der Leser soll sich mit der Optik anfreunden und identifizieren können.

Planung ist alles! So kriegen Sie Ausgabe für Ausgabe in den Griff

Am Anfang steht die Themenplanung und die liegt in der Hand des Redaktionsteams. Die Sitzungen finden mindestens einmal pro Ausgabe statt. Hier werden die Themen für die nächste Ausgabe gesammelt und priorisiert.

Selten werden Sie so eng mit Ihrem Dienstleister zusammenarbeiten wie bei Ihren regelmäßigen Redaktionssitzungen. Denn für die Sammlung interessanter Themen sind die Redakteure auf die Zuarbeit und die Ideen aus allen Unternehmensbereichen angewiesen, vom Marketing über die Produktion bis hin zum Vertrieb. Die Redakteure sollten deshalb im Unternehmen bekannt sein und akzeptiert werden. Ohne offene Kommunikation läuft gar nichts.

 Am besten machen Sie die Redakteure und deren Aufgabe Ihren Mitarbeitern bekannt. Bei großen Unternehmen mit vielen Mitarbeitern und mehreren Betriebsstätten geschieht das am besten über die internen Medien. Statten Sie die Redakteure zusätzlich mit einer Legitimation aus, damit sie sich jederzeit ausweisen können.

Mit festen Rubriken kommen Sie immer gut an

Versorgen Sie Ihre Leser regelmäßig mit interessantem Lesestoff. Mit festen Rubriken geben Sie sich ein redaktionelles Grundgerüst und Ihren Lesern Orientierung. Wichtig ist, dass die Themen journalistisch aufbereitet sind und zu Ihrem Unternehmen passen. Nur so bleibt die Zeitschrift authentisch für Ihr Unternehmen.

Vorschläge für Ihre regelmäßigen Rubriken:

- ✔ Editorial
- ✔ Kolumne des Geschäftsführers
- ✔ Neues aus der Branche
- ✔ Thema des Monats
- ✔ Gastbeitrag eines Kunden
- ✔ Best-Practice-Beispiel
- ✔ »Tipps und Tricks«
- ✔ Literaturempfehlungen
- ✔ Hotlines, Kontakte und Serviceangebote
- ✔ Veranstaltungshinweise

Zeitschriften haben regelmäßige und gelegentlich wiederkehrende Rubriken. Auch Ihre Kundenzeitschrift sollte eine feste Heftstruktur haben, weil das Ihren Lesern hilft, sich bereits nach wenigen Ausgaben an die Struktur zu gewöhnen. Nicht jede Rubrik muss unbedingt in jeder Ausgabe bedient werden. Sollten Sie mal keinen Aufhänger für eine Rubrik finden, lassen Sie

sie lieber einmal ausfallen. Das Impressum ist die einzige Rubrik, die Sie aus Gründen des Presserechts immer anbieten müssen. Folgende Angaben gehören ins Impressum:

✔ Name und Sitz des Verlags und der Druckerei

✔ Name des presserechtlich verantwortlichen Redakteurs mit (Verlags-) Adresse

Zusätzlich können Sie die Namen weiterer Redakteure, die Auflagenhöhe und die Anzeigenleitung aufnehmen.

Alles eine Frage des richtigen Timings

Damit alle Prozessschritte perfekt ineinandergreifen, von der Redaktionskonferenz, über die Texterstellung bis hin zum Druck, brauchen Sie einen verbindlichen Zeitplan. So sehen Sie auf einen Blick, wer was bis wann erledigen muss. Eine regelmäßige Erscheinungsweise bedeutet eine fristgerechte Erscheinungsweise (siehe Abbildungen 10.3 und 10.4).

	Zeitverlauf in Wochen							
Prozessschritt	1	2	3	4	5	6	7	8
Redaktion, Themenfestlegung	■							
Recherche, Texterstellung		■	■					
Freigabe Artikel durch Fachabteilungen				■				
finale Korrekturen					■			
Reinzeichnung					■			
Finale Freigabe						■		
Druck						■	■	
Verteilung, Versand								■

Abbildung 10.3: Zeitplan Kundenzeitschriften

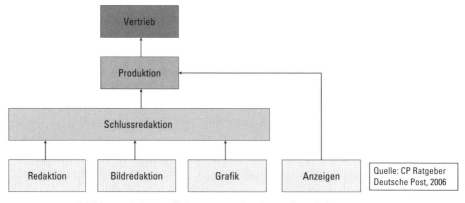

Abbildung 10.4: Parallele Prozesse bei der Heftproduktion

Größere Verzögerungen und Verschiebungen im Ablauf können Sie sich kaum erlauben, denn Ihre nächste Ausgabe wird gnadenlos vom vorgesehenen Erscheinungstermin diktiert. Außerdem werden die Kapazitäten für den Druck in der Regel innerhalb eines festen Zeitrahmens bereitgestellt. Stellen Sie also in jedem Fall einen Zeitplan auf. Der Zeitbedarf für die verschiedenen Phasen ist höchst unterschiedlich, Sie werden nach den ersten beiden Ausgaben allerdings schon sehr exakt planen können.

Ohne Profis läuft nichts – den richtigen Dienstleister finden

Journalistische Erzeugnisse überlassen Sie, wenn es um Text, Redaktion und Produktion geht, am besten dem erfahrenen Profi. Setzen Sie von Anfang an konsequent auf professionellen Journalismus statt auf billige PR. Mit der Erstellung einer eigenen Publikation werden Ihnen in der Regel nicht nur die entsprechend qualifizierten Mitarbeiter fehlen (wer hat schon zufällig gelernte Journalisten in seiner Mannschaft), es wird Ihnen auch an den zeitlichen Ressourcen fehlen. Unter Wirtschaftlichkeitsgesichtspunkten sind eigene Kapazitäten selten sinnvoll, unter Qualitätsgesichtspunkten fast nie.

Corporate-Publishing-Dienstleister gibt es viele. Bei der Wahl des ausführenden Partners sollten Sie sich nicht vorrangig von einem günstigen Preis leiten lassen, denn das kann Sie letztlich teuer zu stehen kommen. Verschaffen wir uns erst einmal einen Überblick. Grundsätzlich stehen Ihnen folgende Dienstleistergruppen zur Verfügung:

✔ **Verlage:** Suchen Sie einen Fullservice-Anbieter, der die komplette Abwicklung von der Konzeption über die Redaktion bis hin zur Distribution für Sie übernimmt, dann sind Verlage mit Sicherheit ein attraktiver Partner für Sie. Vor allem im Bereich Anzeigenverkauf und Vertrieb profitieren Sie von der bestehenden Verlagsinfrastruktur.

 Generalisten sind nicht immer in allen Bereichen erste Wahl. Sehen Sie genau hin, wo der Verlag als Partner seine Stärken hat und worauf Sie das Hauptgewicht legen. Passt es nicht zusammen, suchen Sie lieber einen Spezialisten. Bei großen Verlagen besteht außerdem die Gefahr, dass Ihr Titel im Programm »mitläuft« und nicht die Priorität genießt, die Sie erwarten.

✔ **Agenturen:** In puncto Markenführung sind Agenturen erste Adresse. Ihre Hausagentur wird zudem die Unternehmensstrategie, die Organisationsstrukturen und die richtigen Ansprechpartner vermutlich bestens kennen. Vor allem die auf Dialogmarketing spezialisierten Dialogagenturen verfügen zusätzlich über erstklassiges Know-how im Database-Management. Was die Dialogangebote betrifft und die Vernetzung mit Ihren sonstigen Kommunikationsmaßnahmen, sind Sie mit einer Werbeagentur sicherlich bestens bedient.

 In Werbeagenturen arbeiten Werber. Werbetexter sind keine Journalisten und Werbegrafiker sind keine Editorial-Designer. Es besteht die große Gefahr, dass Ihnen Werbeagenturen ein in der Tonalität eher werbliches und weniger journalistisches Produkt abliefern.

Auf den Zahn gefühlt: Mit sieben Fragen zum richtigen Dienstleister

1. Werden professionelle Journalisten eingesetzt?

Für eine Publikation, die das Niveau von Kauftiteln erreicht, brauchen Sie Schreiber, die ihr Handwerk verstehen, aber keine Werbetexter oder PR-Leute.

2. Stellt man mir ein festes Team zur Verfügung?

Wer mit sogenannten Freelancern, also freien Mitarbeitern arbeitet, kann Ihnen keine gleichbleibende Qualität zusichern. Außerdem ist die Zusammenarbeit Vertrauenssache, schließlich erhält der Redakteur intime Einblicke.

3. Welche Erfahrungen und Referenzen liegen vor?

Lassen Sie sich nachweisen, dass vergleichbare Projekte bereits erfolgreich betreut wurden. Schauen Sie sich Belege an.

4. Kennt sich der Dienstleister in meiner Branche aus?

Checken Sie, ob das erforderliche Know-how über den Markt, in dem Sie sich bewegen, vorhanden ist. Das ist sehr wichtig, weil die Qualität der Themenrecherche, die Fachsprache und die Kompetenz eng damit zusammenhängen. Journalisten mit Branchen-Background verfügen häufig auch über Hintergrundwissen über die Wettbewerber.

5. Arbeitet der Dienstleister bereits für meine Wettbewerber?

Branchen-Know-how ist wichtig. Das darf nur nicht so weit gehen, dass der gleiche Dienstleister auch für Ihre Konkurrenten arbeitet. Da können Sie ja gleich Ihrem Wettbewerber Ihre Strategien und Kennzahlen auf den Tisch legen. Seriöse Anbieter werden das ohnehin nicht machen, dennoch sollten Sie einen Konkurrenzausschluss vereinbaren.

6. Mit welchen weiteren Medien kennt sich der Dienstleister aus?

Die Kundenzeitschrift ist Teil Ihrer Unternehmenskommunikation. Sie hat Schnittstellen zu Ihren Mailings, Anzeigen, dem Internet und anderen Kommunikationskanälen. Erkennen und nutzen Sie mögliche Vernetzungschancen mit anderen Instrumenten, auch wenn diese von anderen Agenturen betreut werden.

7. Welche Leistungen werden mir neben der rein redaktionellen Arbeit geboten?

Es verringert Ihren Aufwand ungemein, wenn Sie nicht für jeden Teiljob einen anderen Dienstleister in Anspruch nehmen müssen. Koordinationsaufwand und Reibungsverlust sind deutlich geringer, wenn Ihnen auch Leistungen wie Anzeigenmarketing, Lektorat, Produktion oder Vertrieb aus einer Hand angeboten werden. Abstriche bei der Qualität müssen Sie bei einem Fullservice-Anbieter aber nicht akzeptieren. Im Zweifelsfall lieber einzelne Leistungen beim Spezialisten einkaufen. Ob Fullservice oder lieber nach dem Baukastenprinzip, hängt von Ihren Präferenzen ab.

✔ **Redaktionspools:** Solche Journalistenbüros übernehmen für Sie Recherche, Texterstellung und Fotografie. In der Regel arbeiten in dem Zusammenschluss spezialisierte und erfahrende Journalisten. Sehen Sie sich die Referenzen an und stellen Sie fest, ob die Betätigungsfelder auch zu Ihrer Branche passen. Und ob gute Journalisten auch hervorragend Anzeigenplätze verkaufen können, ist fraglich. Das sollten Sie gegebenenfalls ebenfalls überprüfen.

Die personellen Ressourcen von Redaktionsbüros sind begrenzt. Schnell stoßen kleine Einheiten an ihre Kapazitätsgrenzen. Lassen Sie sich im Interesse einer gleichbleibenden Qualität ein festes Team zuteilen. Sonst kriegen Sie es eventuell mit wechselnden freien Mitarbeitern zu tun. Das kostet Sie immer wieder Zeit für die Einarbeitung, schafft Unsicherheit hinsichtlich der Verantwortlichkeiten und gibt kaum Möglichkeiten für Verbesserungen und Lernprozesse.

Konzeptionsentwicklung	ab 4.500 EUR
Titelentwicklung	ab 1.800 EUR
Logo-Entwicklung	ab 2.000 EUR
Umsetzung der Konzeption (Musterseiten, Rubriken)	ab 9.000 EUR
Full-run-Konzept (Produktion, Vertrieb, Controlling)	ab 4.000 EUR
Dummys (Musterexemplar)	ab 1.500 EUR
Vorarbeiten gesamt	ab 22.300 EUR

Tabelle 10.1: Kosten der konzeptionellen Vorarbeiten Ihrer Agentur

Weitere Informationen finden Sie unter folgenden Adressen:

✔ `www.deutschepost.de/cp-partner`; Deutsche Post AG, CP Partner – das Dienstleisterverzeichnis für Publisher

✔ `www.djv.de/datenbanken/`; Deutscher Journalisten-Verband

Ist der Dienstleister ausgewählt, handeln Sie das Honorar für die Konzeption und die Entwicklung aus. Sichern Sie sich die Rechte am Konzept. Im Falle eines Dienstleisterwechsels können Sie das Magazin in gewohnter Weise weiter publizieren.

Hallo Leser: So starten Sie den Dialog mit Ihren Lesern!

Eine Kundenzeitschrift ist ein gutes Instrument, einen Dialog mit Ihren Lesern zu eröffnen und eine Rückmeldung vom Kunden zu bekommen. Die Möglichkeiten dazu sind vielfältig. Denken Sie bei Ihrer Publikation an folgende Angebote:

✔ Leserzuschriften

✔ Expertenbefragungen

✔ Hintergrundberichte

✔ Kundenporträts

✔ Umfragen

✔ Gewinnspiele

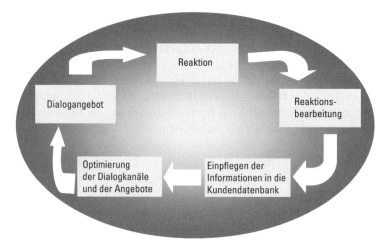

Abbildung 10.5: Der Dialogkreislauf von Kundenzeitschriften

Mit dem Aufkommen von E-Mail und Internet hat sich nicht nur die Zahl der Responsekanäle erhöht, der Dialog zwischen Leser und Unternehmen wurde auch beschleunigt (siehe Abbildung 10.5). Das stellt hohe Ansprüche an die Fähigkeit Ihres Unternehmens, die verschiedenen Kontakte schnell zu bedienen. Responseangebote in Form von E-Mail- oder Telefonkontakten unterhalb der jeweiligen Fachbeiträge ermöglichen dem Leser eine schnelle Reaktion. Beigeheftete Antwortkarten oder Coupons eignen sich hervorragend für ausführliche Rückmeldungen, Anregungen und Bestellungen und natürlich auch für Adresskorrekturen und Weiterempfehlungen. Deshalb sind Antwortkarten die nach wie vor effektivsten Reaktionsangebote an Ihre Leser.

Die Responsekanäle und ihre Vorteile

Die verschiedenen Responsekanäle bieten folgende Vorteile:

✔ Internetadresse:

- schnell

- vertiefende Informationen

- Verlinkungen

✔ E-Mail:

- schnell

- direkt

✔ Telefon:

- schnell

- unmittelbar

- persönlich

✔ Antwortkarte:

- bequem

- Gestaltungsfreiraum

- auffällige Positionierung

✔ Coupon:

- auffällige Platzierung

- Gestaltungsfreiraum

✔ Fax:

- schnell

- direkt

- bequem

✔ SMS:

- schnell

- direkt

 Die verschiedenen Reaktionskanäle können für Ihre Kunden auch spezifische Nachteile mit sich bringen. Beim Coupon etwa ist das Handling oft aufwendig. Man muss ihn herauslösen oder abschneiden und für die Versendung benötigt man zusätzlich einen Umschlag oder ein Faxgerät. Beim Telefon muss der Kunde häufig selbst die Kosten des Anrufs tragen. Wenn es um die Kostenübernahme von Telefongesprächen geht, zeigen sich deutsche Unternehmen knauserig. Laut der Studie »Response – Dialogverhalten im Corporate Publishing« gehen mehr als 60 Prozent der angegebenen Kundenhotlines komplett zulasten der anrufenden Kunden. Und wie verfahren Sie?

Kostenpflichtige Hotlines haben den Vorteil, dass die Quote der Spaßanrufe gering bleibt. Andererseits kann sich eine unentgeltliche Anrufhotline für Sie durchaus lohnen. Die aus den Rückmeldungen gewonnenen Informationen können Sie aufbereiten und für die Weiterentwicklung der redaktionellen Inhalte, aber auch für die Optimierung Ihres Produktangebots und der Servicequalität nutzen. Nicht selten geben Leser wertvolle Hinweise, die Sie für die sonstigen Marketing- und Vertriebsaktivitäten nutzen können.

Die Kombination der Kommunikationskanäle

Die Kombination der Kommunikationskanäle ist der Königsweg der Kundenkommunikation. Ihre Ansprachekaskade kann beispielsweise so aussehen:

✔ Sie übergeben die Zeitschrift bei einem Kundenevent.

✔ Sie stellen ein Produkt in der Kundenzeitschrift vor.

✔ Sie verweisen auf weiterführende Informationen zum Produkt im Internet.

✔ Sie bieten die Bestellmöglichkeit via E-Commerce und Postversand.

 Ohne großen finanziellen Aufwand können Sie Ihre Printausgabe zusätzlich als PDF zum Download im Internet hinterlegen. Fragen Sie gleichzeitig das Interesse an einem regelmäßigen E-Mail-Newsletter ab.

Web und Print kannibalisieren sich nicht, sie ergänzen sich. Internetbasierte Magazine sind ein schlechter Ersatz für Printmedien. Der Kunde muss sich die Informationen herunterladen und somit selbst aktiv werden. Das haptische und sinnliche Erlebnis einer gedruckten Ausgabe ist unter Imageaspekten nicht zu unterschätzen. Ein wertiges Printperiodikum zieht zudem regelmäßig Interessenten auf Ihre Homepage. Ihre redaktionellen Texte ködern Interessenten viel glaubwürdiger, als es Werbetexte könnten. Letztlich greifen redaktionelle und werbliche Kontakte ineinander.

Wer sein Magazin nicht druckt und verschickt, erzielt schlicht keine Aufmerksamkeit.

Bernhard Pfendtner, dahlem + partner

Süßer die Kassen nie klingeln – so wird die Kundenzeitschrift nicht zum Kostenfresser

Redakteure, Druck und Vertrieb – was das kostet! Bevor Sie laut aufstöhnen, fragen Sie sich erst einmal, wieso sich immer mehr und selbst kleine Unternehmen eine Kundenzeitschrift leisten können.

Der mittelständische Motorsägenhersteller Stihl bringt zum Beispiel dreimal pro Jahr das Magazin »Stihl Motorjournal« in einer Auflage von 300.000 Exemplaren heraus. Es ist keinesfalls so, dass eine Kundenzeitschrift nur kostet und ein unkalkulierbares Investitionsrisiko für Sie darstellt. Ihnen stehen interessante Möglichkeiten zur Kostenreduktion und zur Refinanzierung offen, die Sie sich ernsthaft durch den Kopf gehen lassen sollten. Also, verschenken Sie keine Gelegenheit, aus dem Unternehmen Kundenzeitschrift ein rentables Projekt zu machen.

Zuallererst gilt: Schöpfen Sie die vorhandenen Einsparpotenziale knallhart aus. Das gilt in der Verhandlung mit Dienstleistern wie bei der Wahl von Druckverfahren, Papierqualität und Vertriebsweg. Ihnen stehen grundsätzlich immer mehrere Wege und alternative Anbieter offen, lassen Sie sich beraten, vergleichen Sie die Angebote im Markt und schauen Sie auch einmal danach, wie es andere machen. Nachdem Sie die Kosten optimiert haben und die für Sie günstigste Auswahl getroffen haben, sehen Sie sich einmal die möglichen Refinanzierungschancen an.

Gar nicht so ohne – die Anzeigenwerbung

Mit Anzeigenwerbung können Sie es in der Kasse ordentlich klingeln lassen, denn Fremdanzeigen können den größten Beitrag zur Kostendeckung leisten. Damit befinden Sie sich in guter Gesellschaft, denn die meisten Kundenzeitschriften nutzen Anzeigen zur Refinanzierung.

Neben dem reinen Refinanzierungsbeitrag werten Fremdanzeigen Ihren Titel ganz nebenbei kräftig auf, denn Fremdanzeigen verleihen Ihnen Seriosität. Der zusätzliche Imagefaktor wird Ihnen also auch noch bezahlt. Wenn das keine verlockenden Perspektiven sind! Der Anteil der Anzeigen sollte sich allerdings in Grenzen halten. Wenn Ihr Heft zum überwiegenden Teil aus Anzeigen besteht, geht der Nutzwert und die Imagewirkung verloren.

Damit Sie erfolgreich Anzeigenkunden akquirieren können, brauchen Sie ein professionelles Anzeigenmanagement und aussagekräftige Media-Unterlagen. Denken Sie auch an eine Negativliste: Welche Unternehmen dürfen auf keinen Fall in Ihrem Heft werben (Wettbewerbsprodukte), welche Motive sind nicht gewünscht, weil sie nicht zum Stil Ihrer Publikation passen? Erwägen Sie für die Akquise ernsthaft die Beauftragung eines Anzeigenbüros, das über gute Branchenkontakte verfügt. Damit haben Sie professionelle Vermarkter im Einsatz und entlasten sich von dieser schwierigen Aufgabe. Hierbei gilt die Faustregel, dass etwa 40 Prozent des Anzeigennettoerlöses dem Anzeigenbüro zukommen, wenn es sich auch um die Erstellung Ihrer Media- und Verkaufsunterlagen kümmert. Machen Sie das selbst, sind 25 bis 30 Prozent Provision üblich.

 Sollten Sie einmal die Zusammenarbeit mit dem Anzeigenbüro kündigen, bedenken Sie, dass dem Vermittler gesetzlich eine »angemessene Ausgleichszahlung« zusteht. Und zwar dann, wenn der Dienstleister Verträge mit Anzeigenkunden vermittelt hat, die weiterlaufen und »erhebliche Vorteile« für Sie bringen.

Falls Sie Anzeigenplätze verkaufen, sollten Sie bedenken, dass der Preis für Anzeigen unter anderem von der Qualität der erreichbaren Zielgruppe und von der Anzahl der Leser abhängt. Die Zielgruppenqualität ist das Hauptargument für Anzeigenkunden, schließlich will man Streuverluste vermeiden. Ihre Kundenzeitschrift ist auf Ihre spezielle Zielgruppe zugeschnitten, das ist ein Informationspool, den Sie für die Vermarktung Ihres Titels hervorragend nutzen können. Bieten Sie Ihren Anzeigenkunden folgende Informationen in Form von Medienunterlagen:

✔ Garantierte Auflagehöhe mittels IVW-Gütesiegel (unabhängige Zertifizierung)

✔ Nachweis der Leserstruktur

✔ Leserkontaktkosten

✔ Sonderwerbeformen (Beilagen, Formatwahl)

✔ Regelmäßige Erscheinungsweise

✔ Langfristige Themenübersicht

✔ Transparente Preisgestaltung

Verschenken muss nicht sein

Mal ehrlich, da bringen Sie einen echten Knallertitel heraus, der optisch und inhaltlich auf hohem Niveau steht, ein journalistisches Produkt mit hohem Nutzwert für Ihre Leserschaft. Kurz, ein Titel, der es in puncto Qualität mit Kiosktiteln aufnehmen kann. Und dann verschenken Sie dieses Pfund?

Was spricht eigentlich dagegen, Ihre hochwertige Zeitschrift genau wie eine normale Zeitschrift zu verkaufen? Wenn Ihre Leser einen entsprechenden Gegenwert erhalten – und das werden sie, wenn ihnen attraktive Mehrwerte geboten werden –, dann sind sie auch bereit, dafür zu bezahlen. Den Preis können Sie durchaus moderat wählen, Ihnen geht es ja nicht unbedingt um Gewinn.

Es reicht Ihnen wahrscheinlich schon, wenn Sie über den Verkaufspreis einen angemessenen Refinanzierungsbeitrag erwirtschaften. Gleichzeitig hat der Preis den Charakter einer Schutzgebühr. Und Sie erhöhen die Wertigkeit der Publikation, denn ein gängiges Vorurteil lautet: Was nix kost' taugt nix! Zeigen Sie Selbstbewusstsein und geben Sie dem Titel einen Touch von Exklusivität. Sie können sicher sein: Wer für eine Zeitschrift etwas bezahlt, liest sie aufmerksamer.

 Wenn Sie Geld für Ihre Kundenzeitschrift verlangen, legen Sie die Messlatte sehr hoch. Ihre Kunden werden einen Kauftitel wesentlich kritischer bewerten als eine kostenlose Zeitschrift. Und nur rund 10 Prozent der Leser werden überhaupt bereit sein, für eine Kundenzeitschrift Geld zu bezahlen. Zu tief ist der Eindruck verwurzelt, es handele sich um eine Werbeschrift des Unternehmens. Locken Sie deshalb zunächst mit kostenlosen Probeexemplaren und überzeugen Sie die Leser, dass es sich lohnt. Ihr Titel wird sich an der Qualität der vielen Special-Interest-Titel messen lassen müssen. Können Sie da mithalten? Im Zweifelsfall hilft eine Befragung der Leser: »Wären Sie bereit, für die Zeitschrift zu bezahlen, damit sie weiterhin erscheinen kann?«

Wie wär's mit Kooperationen?

Räumen wir mal mit dem verbreiteten Vorurteil auf, Kundenzeitschriften sind nur etwas für große Unternehmen. Die große Vielzahl von Kundentiteln, die von mittelständischen Unternehmen herausgegeben wird, beweist das Gegenteil. Die Angst vor dem Unterfangen Kundenzeitschrift ist nicht so sehr von der Größe des Unternehmens abhängig als vielmehr vom Know-how, den personellen und zeitlichen Ressourcen und natürlich den finanziellen Möglichkeiten.

All diese Risiken können Sie reduzieren, wenn Sie die Möglichkeit nutzen, die Kosten auf mehrere Schultern zu verteilen. In Kooperation mit anderen Unternehmen bündeln Sie die Kräfte und können eine Kundenzeitschrift viel einfacher und effizienter stemmen. Die gemeinsame Herausgabe einer Kundenzeitschrift, *Pooling* genannt, kommt immer dann für Sie in Frage, wenn sich die Angebote und die Leistungen der Anbieter ergänzen und nicht in Konkurrenz zueinander stehen. Dem Leser wird so das gesamte Informationsspektrum des Marktes in einem Heft geboten.

Vorteile des Poolings:

✔ Aufwand- und Kostenteilung

✔ Zusätzliche Lesergruppen

✔ Cross-Selling-Potenziale

✔ Erweiterte Vertriebskanäle

✔ Mehr Informationsvielfalt

 Das Kundenmagazin »Energielive« ist ein gutes Beispiel für Kooperation. Herausgeber ist der Versorgerverbund Energie- und Wasserversorgung Mittleres Ruhrgebiet (ewmr), ein Zusammenschluss der Stadtwerke Bochum, Witten und Herne. Das Magazin erscheint vierteljährlich in drei verschiedenen Varianten mit jeweils regionalem und überregionalem Teil und wird aus einem gemeinsamen Marketingetat finanziert.

 Je mehr Unternehmen sich beteiligen, desto komplexer und zeitraubender wird die Koordination. Zu viele Köche verderben bekanntlich den Brei. Niemand will sich übervorteilen lassen und am Ende stehen faule Kompromisse. Das ist sehr schädlich für die Qualität des Blattes. Suchen Sie sich deshalb besser einige ausgewählte Partner, mit denen Sie sich bezüglich der Strategie und der Inhalte einigen können.

Es geht auch mit Sponsoring

Eine subtile und nicht ganz unumstrittene Refinanzierungsmöglichkeit ist das Sponsoring einer Ausgabe oder eines Teils der Auflage durch ein anderes Unternehmen. Dabei wird der Partner im redaktionellen Teil porträtiert. Das kann im besten Fall ein bestehender Kunde Ihres Unternehmens sein, es kann aber auch ein anderes Unternehmen sein, das sich präsentieren lässt. Es handelt sich nicht um erkennbare Werbung, sondern um einen journalistischen Beitrag. Bei diesem Geschäft auf Gegenseitigkeit kauft sich der Partner ein und erhält dafür einen (zusätzlichen) Teil der Auflage, die er an die eigenen Kunden und Interessenten als Referenz verteilen kann.

 Je plumper und offensichtlicher die positive Darstellung des Sponsors ausfällt, desto wahrscheinlicher ist es, dass Ihre Leser den Braten riechen und misstrauisch werden. Stehen Sie einmal im Verdacht, dass Ihre Berichterstattung gekauft ist, ist es schnell vorbei mit der Glaubwürdigkeit Ihres Heftes. Schlimmstenfalls geht der Schuss nach hinten los und Ihre Leserschaft lehnt den Titel ganz ab.

So kommt Ihre Zeitschrift zu den Lesern

An dieser Stelle würden wir Ihnen gerne einen für Kundenzeitschriften besonders geeigneten und bewährten Vertriebsweg ans Herz legen. Der Haken ist nur: Den Königsweg beim Vertrieb gibt es nicht. Es ist nämlich auch in diesem Fall so, dass viele Wege nach Rom beziehungsweise zum Leser führen.

Die verschiedenen Vertriebswege sind bezogen auf Ihre ganz speziellen Anforderungen unterschiedlich gut geeignet. Ihre Entscheidung sollte sich danach richten, wie Sie Ihre Zielgruppe am besten und effizientesten erreichen können. Potenzielle Neukunden können Sie beispielsweise selten über dieselben Vertriebswege erreichen wie Ihre bestehenden Kunden. Womöglich liegt für Sie sogar die Wahrheit in der beliebten Kombination aus verschiedenen Möglichkeiten. Sehen wir uns diese Möglichkeiten einmal an.

Interner Vertrieb

Abgabe oder Auslage am Point of Sale? Es liegt auf der Hand, dass Ihre Kundenzeitschrift besonders gerne von Ihren Käufern gelesen wird. Und die finden Sie dort, wo Sie Ihre Produkte verkaufen. Eigene Filialen oder Geschäfte Ihrer Vertriebspartner sind deshalb prädestinierte Abgabestellen für Ihre Zeitschrift. Hier bekommen Sie sehr guten Zugang zu neuen Interessenten und Gelegenheitskäufern. Durch diesen Mehrwert heben Sie gleichzeitig die Attraktivität Ihrer Filiale und schaffen einen Anreiz, immer wiederzukommen.

 Mit der Auslage von Magazinen ist es so eine Sache. Was jedermann mitnehmen kann, strahlt weder Exklusivität noch Wertigkeit aus. Setzen Sie deshalb die Zeitschrift besser als serviceorientierte Zugabe ein.

Übergabe durch den Außendienst? Mit einer aktuellen Ausgabe Ihrer Kundenzeitschrift schaffen Sie regelmäßige Besuchsanlässe für Ihren Vertrieb. So wird die Zeitschrift, exklusiv übergeben und gewissermaßen frisch aus der Druckmaschine, zu einem Türöffner für Ihren Außendienst.

Externer Vertrieb

Für den externen Vertrieb gibt es mehrere Möglichkeiten:

✔ Postversand

✔ Haushaltverteilung

✔ Verteilung bei Handelspartnern

✔ Kioskverkauf

Die meisten Kundenmagazine werden per Post versendet. Der Vertrieb als Pressesendung ist nach der direkten Übergabe der persönlichste Weg, die Zeitschrift an den Leser zu bringen. Landet Ihre Zeitschrift in den Briefkästen der Kunden, für die das Heft gedacht ist, schließen

Sie Streuverluste schon mal locker aus. Und das Ganze kann sich für Sie rechnen. Bei regelmäßigem Erscheinen und ab einer Auflage von 1.000 Exemplaren im presseüblichen Druckverfahren kommt insbesondere für Ihre Abo-Auflagen der Versand in Frage. Die Deutsche Post bietet eine speziell auf die Zustellung von Presseerzeugnissen ausgerichtete günstige und schnelle Logistik.

Für den personalisierten bundesweiten Versand setzen die meisten Unternehmen auf das Postvertriebsstück. Hier stimmt das Preis-Leistungs-Verhältnis und es sind auch Beilagen möglich. Bedingung für den Versand als Postvertriebsstück ist eine mindestens quartalsweise presseübliche Berichterstattung (also keine Werbebroschüren) und eine kontinuierliche innere und äußere Gestaltung im presseüblichen Druckverfahren. Vorteile des personalisierten bundesweiten Versands sind:

✔ Keine Mindestmengen beim Versand

✔ Fehlerhafte Adressen werden kostenlos über einen elektronischen Updateservice aktualisiert

Weitere Infos unter www.deutschepost.de/pressedistribution.

Die Verteilung Ihrer Zeitung als Wurfsendung ist noch preiswerter als die personalisierte Zustellung an ausgewählte Empfänger, dafür wird mit der Wurfsendung eher breit gestreut. Die Aufmerksamkeit gegenüber einer auf diesem Weg zugestellten Zeitschrift ist entsprechend geringer.

Das gilt im Prinzip auch für die Auslage in eigenen Filialen oder beim Handelspartner. Es liegt natürlich nahe, dass Sie Ihr Heft dort vertreiben, wo Ihre Produkte verkauft werden. Sie werden dort schließlich von vielen neuen Interessenten wahrgenommen. Achten Sie aber sorgfältig darauf, dass Ihr Heft in repräsentativen Dispensern angeboten wird und nicht stapelweise an der Kasse herumliegt und am Ende durch die Gegend fliegt. Das wäre faktisch eine extreme Entwertung Ihres Heftes.

Sie können Ihr Heft dem Käufer auch mit in die Einkaufstüte legen. Das ist zwar nicht gerade exklusiv, aber so entgeht Ihnen wirklich kein Kunde! Die Auflage können Sie dadurch spektakulär in die Höhe treiben. Die Streuverluste aber gleich mit, weil Sie vielen Zweitkäufern das Heft noch einmal andrehen. Außerdem will nicht jeder Kunde auch Ihr Leser sein.

Wenn Sie am ganz großen Rad drehen wollen, zeigen Sie, was für ein Unternehmertyp in Ihnen steckt. Think big! Platzieren Sie Ihren Titel am Kiosk und stellen Sie sich dem Wettbewerb des Marktes. Hält Ihr Titel den Ansprüchen der Käuferschaft und dem Druck durch die Konkurrenztitel qualitativ stand, können Sie die Brust stolz rausdrücken, denn der Kioskverkauf ist der Ritterschlag für Kundenzeitschriften und ein riesiger Imagefaktor für Ihr Unternehmen.

Können Sie sich aber nicht durchsetzen und sich am Markt etablieren, dürfte es für Sie, nicht zuletzt wegen der erforderlichen Investitionen für Werbung und die Kioskplatzierung, eine ziemlich kostspielige unternehmerische Erfahrung werden.

Mit dem *LESERSERVICE* bietet Ihnen die Deutsche Post einen einfachen und weniger riskanten Weg, neue Leser für Ihr Heft zu gewinnen. Sie können sich auf derselben Onlineplattform präsentieren wie Publikumstitel. Registrierung unter www.deutschepost.de/cp-shop.

Die häufigsten Fehler bei Kundenzeitschriften

✔ Kein klares inhaltliches und gestalterisches Konzept

✔ Werbetexte statt journalistische Beiträge

✔ Broschürenlayout (inklusive Werbefotos) statt Zeitschriftenoptik

✔ Keine Relevanz der Themen für Ihre Leser

✔ Keine echten Dialogangebote für den Leser (Rückkoppelung)

✔ Schleppende Responsebearbeitung

✔ Mangelhafte Verzahnung mit anderen Unternehmensmedien

Weiterführende Informationen und hilfreiche Unterstützung für Ihr Corporate-Publishing-Projekt finden Sie im Internet. Hier eine Auswahl wichtiger Adressen:

✔ www.forum-corporate-publishing.de; Forum Corporate Publishing, die Interessengemeinschaft der führenden CP-Dienstleister im deutschsprachigen Raum

✔ www.deutschepost.de/corporatepublishing; Deutsche Post AG, Corporate Publishing – Tools für wirksame Kundenbindung

✔ www.cpwissen.de; Internetportal rund ums Corporate Publishing

✔ www.ivw.de; Informationsgemeinschaft zur Feststellung der Verbreitung von Werbeträgern e.V.

Kundenclub und Kundenkarte

In diesem Kapitel

▶ Die Bedeutung der Kundenbindung

▶ So entsteht Ihr Kundenclub

▶ Das kostet Sie der Club

▶ Was Sie über Kundenkarten und Bonusprogramme wissen sollten

---

Wenn aus fünf Mann eins werden, so ist das ein großer Moment; jeder, der einen Klub gründete, kennt ihn.

Gilbert Keith Chesterton, Heretiker

Langfristige Beziehungen sind keine Selbstverständlichkeit mehr, heute ist Kundentreue das Ergebnis harter Arbeit. Wenn sich Produkte und Leistungen immer stärker angleichen und wenn die Preisspirale nach unten die Bodenplatte bereits durchschlagen hat, dann kommen Faktoren ins Spiel, die weniger mit rationellen Kaufmotiven zu tun haben, sondern mehr mit dem guten Kaufgefühl. Eine Möglichkeit, den Kunden diesen emotionellen Mehrwert zu bieten, sind Kundenclub und Kundenkarte. In diesem Kapitel werden Sie in die Welt dieser wirkungsvollen Kundenbindungsinstrumente eingeführt.

Kundentreue will hart erkämpft sein

Rabatte und Zugaben, Gewinnspiele und Verlosungen: Als Unternehmer müssen Sie inzwischen ordentlich was oben drauf legen, um Ihre Kunden zufriedenzustellen. Mit erstklassigen Produkten und Leistungen allein können Sie keinen Kunden mehr bei der Stange halten. Sie müssen sich immer ausgefeiltere Methoden einfallen lassen, um Ihre Kunden an sich zu binden. Die Produkte müssen nicht nur gut sein, es müssen maßgeschneiderte Produkte sein. Nicht nur aufmerksamkeitsstarke und kreative Werbung ist gefragt, bedürfnisorientierte Werbekonzepte müssen her. Außerdem müssen Sie Ihren Kunden auch emotionelle Mehrwerte bieten, sprich, Sie müssen sie ordentlich bespaßen.

Was ist nur mit den Kunden los? In Zeiten gesättigter Märkte mit vergleichbaren Preisen und Leistungen haben die Kunden das Vorteilsprinzip für sich entdeckt. Sie haben es wahrscheinlich schon selbst erfahren: Der moderne Kunde ist undankbar und berechnend – und zugleich unberechenbar geworden. Was sollen Sie von Verbrauchern halten, die sich keiner klaren Zielgruppe mehr zuordnen lassen, die Hedonisten und Schnäppchenjäger zugleich sind? Die exklusive Pflegeprodukte verwenden und ihre Socken im 5er-Pack kaufen. So viel steht fest: Ohne die tief greifenden Veränderungen des Konsumentenverhaltens hätte es einen Dialogmarketing-Boom nie gegeben.

Schwindende Kundenloyalität ist nur eine Seite des Problems, die andere Seite sind Ihre Marktkonkurrenten. Der Wettbewerbsdruck nimmt immer weiter zu. Heute geht es für Sie darum, sich gegenüber dem Wettbewerb ein eigenständiges Profil zu verleihen und sich durch qualifizierte Mehrwerte zu differenzieren.

Qualität statt Quantität in der Kundenbeziehung

Mit immer mehr Werbung können Sie das Problem allein nicht lösen, auch wenn Ihnen Ihre Werbeagentur etwas anderes einzureden versucht. Im Gegenteil, die Reizüberflutung hat inzwischen schon bedenkliche Züge angenommen. Immer mehr Werbebotschaften finden immer weniger Empfänger, weil immer mehr Leute die Werbeflut einfach abprallen lassen. Sie müssen mit Ihrem Unternehmen heute über neue Wege in der Kundenansprache nachdenken und Sie werden nicht zuletzt auf die gezielte Bindung von Kunden mit Mitteln des Dialogmarketings setzen. Immerhin: Die Investition in die Kundenloyalität lohnt sich für Sie allemal, schließlich kostet es Sie ein Mehrfaches, einen neuen Kunden zu gewinnen, als einen bestehenden Kunden zu halten. Außerdem kaufen Ihre Stammkunden mehr und häufiger als Gelegenheits- oder Neukunden. Die Wahrheit ist ganz einfach: Nur mit einem intelligenten Beziehungsmanagement und zusätzlichen Vorteilen können Sie bei Ihren Kunden auf lange Sicht punkten.

Sie sind erst reif für echte Kundenorientierung, wenn Sie bereit sind, alle Geschäftsprozesse vom Kopf auf die Füße zu stellen, sie nämlich konsequent auf die Bedürfnisse und Erwartungen Ihrer Kunden auszurichten. Diese ganzheitliche Herangehensweise ist die Kernidee des Customer Relationship Management (CRM).

Das Ziel lautet, den Unternehmens- und Kundenwert durch das systematische Management der existierenden Kunden zu steigern. Die Einführung von CRM können Sie aber ohne Kenntnis über die Struktur, die Interessen und die Präferenzen Ihrer Kunden gleich wieder vergessen. Mit anderen Worten, erst mithilfe von Kundendatenbanken lassen sich zielgruppengenau die Leistungsangebote und Services (externe Kundensicht) und die Prozesse der Leistungserstellung von der Planung über die Produktion bis hin zur Auslieferung (interne Kundensicht) steuern.

Die Bedeutung von Vertrauen

Vertraut Ihnen der Konsument heute, dann glaubt er auch daran, in Zukunft positive Erfahrungen mit Ihnen zu machen. Der Kunde gewährt Ihnen quasi einen Vertrauensvorschuss. Vertrauen schafft hohe Wechselbarrieren, selbst gegen günstigere Preise Ihrer Konkurrenz. Viele Marken funktionieren genau nach diesem Prinzip. Die Investition in das Vertrauen Ihrer Kunden ist also eine Investition in die Zukunft Ihres Unternehmens.

Kundenclubs, Kundenkarten, Couponing und Bonusprogramme sind Wellnessprogramme für Kunden. Und Kundenclubs und Kundenkarten tun auch dem Unternehmen gut. Sie eröffnen Ihnen hervorragende Möglichkeiten, Vertrauen zu wecken, die moralische Verbundenheit zu stärken und die Kunden damit enger an Ihr Unternehmen zu binden. Mit diesen Instrumenten erfahren Sie gleichzeitig immer mehr über Ihre Kunden. Praktischerweise sind Kundenclubs für Sie also Marktforschungs- und Bindungsinstrumente zugleich.

Willkommen im Club

Die Einladung zur Mitgliedschaft im Kundenclub geht von Ihnen aus. Per Anzeige, Mailing oder im persönlichen Gespräch laden Sie gezielt zur Mitgliedschaft ein. Die Aufnahme in den Club vollziehen Sie aber keinesfalls automatisch, indem Sie Ihren Kunden unaufgefordert eine Mitgliedskarte zuschicken und ihnen mitteilen, dass sie ab sofort Mitglied im Club sind. Der Eintritt in den Club muss als bewusster Akt vom Kunden ausgehen. Er muss sich für eine Mitgliedschaft aussprechen und für seinen neuen Status etwas tun – und sei es nur, ein Kreuz und eine Unterschrift auf dem Vordruck zu leisten.

 In Deutschland gibt es schätzungsweise zwischen 200 und 250 Kundenclubs mit über 5 Millionen Mitgliedern. Besonders verbreitet sind Automobilclubs, Handelsclubs und Buchclubs.

Ein Kundenclub ist ein tolles Instrument. Er bietet Ihrem Unternehmen viele Vorteile:

✔ Sie schaffen zusätzliche Mehrwerte und grenzen sich so vom Wettbewerb ab.

✔ Ein Kundenclub als ein emotionaler Faktor zahlt sehr stark in das Image Ihrer Marke ein.

✔ Sie schaffen sich eine langfristige Interessengemeinschaft und fördern so die Kundenbindung.

✔ Ein Club macht Sie klüger, denn ein Club ist eine lernende Beziehung, in der Sie wertvolle Informationen für die Weiterentwicklung Ihrer Produkte und Angebote erhalten.

✔ Sie können die Einkaufsgewohnheiten Ihrer Kunden steuern und verkaufen einfach mehr.

 Wenn Sie sich für einen Club entscheiden, brauchen Sie einen langen Atem, weil sich erst über einen längeren Zeitraum die hohen Investitionen auszahlen werden. Kundenbindungseffekte zeigen sich auch erst im Verlauf einer »lernenden Beziehung«. Und die braucht Zeit.

Was ist ein Kundenclub?

Ein Kundenclub ist ein strategisches Marketinginstrument mit dem Ziel der Kundenbindung. Der Club richtet sich an einen Teil oder an die Gesamtheit der Kunden und bietet seinen Mitgliedern exklusive Vorteile. Die Kunden müssen aktiv dem Club beitreten. Diese Aktivierung unterstreicht die Exklusivität des Clubs und stärkt das Zugehörigkeitsgefühl. Die Interaktion mit den Mitgliedern erfolgt über regelmäßige Dialogkommunikation (Mailings, Clubmagazin).

Auch das sollten Sie wissen: Ohne die unternehmensinterne Akzeptanz wird Ihr Kundenclub seine Zielsetzung verfehlen. Ihr Club wirkt nicht nur nach außen, er wirkt auch nach innen, weil es über den Dialog mit Ihren Mitgliedern Rückkoppelungseffekte gibt, die Marketing und Vertrieb beeinflussen. Bleibt diese Wechselwirkung aus, werden Sie Ihren Kunden keine echten Verbesserungen bei Angeboten und Services bieten können. Werben Sie für die Clubidee deshalb stets auch nach innen.

So entsteht Ihr Kundenclub

Damit die Konzeption Ihres Kundenclubs kein Buch mit sieben Siegeln bleibt, setzen Sie auf diese sieben Säulen:

✔ Ihre Zielsetzung

✔ Ihre Zielgruppe

✔ Die Art des Clubs

✔ Das Leistungsspektrum

✔ Die Infrastruktur

✔ Die Kommunikation

✔ Die Finanzierung

Ihre Zielsetzung

Ein Kundenclub hat für Sie – vor allem im Vergleich zur Kundenkarte und den diversen Bonussystemen – den einzigartigen Vorteil, dass Sie eine qualitativ hochwertige Kundenbeziehung aufbauen können, die nicht rein rational geprägt ist, sondern die Mitglieder vor allem emotional erreicht und bei ihnen ein Zugehörigkeitsgefühl erzeugt.

Ein Kundenclub ist aber auch kein Selbstzweck, dem es um die guten Gefühle seiner Mitglieder geht. Der Club dient letztendlich Ihren Unternehmenszielen, sprich: Sie wollen, dass Ihre Kunden eine positive Meinung über Sie haben, mehr Umsatz machen und anderen empfehlen, auch bei Ihnen zu kaufen. Sprich: Sie wollen über Ihren Club langfristig mehr Geld verdienen.

Setzen Sie sich Ziele, an denen sich der Club messen lassen kann. Je exakter Sie Ihre Zielsetzung definieren, desto genauer werden Sie auch überprüfen können, ob der Club Ihre Erwartungen tatsächlich erfüllt. Mit Clubs lassen sich viele betriebswirtschaftliche Verbesserungen erzielen. Die wichtigsten Zielsetzungen sind:

✔ Kundenbindung

✔ Neukundengewinnung

✔ Erhöhung der Kauffrequenz

✔ Umsatzerhöhung

✔ Erhöhung des Bekanntheitsgrads

✔ Imageverbesserung

✔ Gewinnung von Kundeninformationen

✔ Unterstützung der Vertriebspartner

 Bei der Konzeption Ihres Clubs sollten Sie nach Möglichkeit auch externe Beratung hinzuziehen. Wichtig ist, dass der Berater Know-how über Ihre Branche und Ihren Zielmarkt hat. Verlassen Sie sich nicht allein auf schlaue Präsentationen und Versprechungen, sondern lassen Sie sich in jedem Fall Referenzen vorweisen. Bei welchem Club war der Berater maßgeblich beim Aufbau involviert? Ist eine Übertragung auf Ihre Zielsetzung überhaupt möglich?

Auf welche Unterstützung Sie auch immer setzen werden, eine wird Ihnen niemand abnehmen können, die Definition Ihrer Topzielsetzungen. Die Oberziele sind von Ihnen festzulegen und zu konkretisieren. Wie viele Neukunden wollen Sie in welchem Zeitraum gewinnen? Wie hoch soll die Umsatzsteigerung ausfallen? Denken Sie daran, dass eine verlässliche Erfolgskontrolle nur möglich ist, wenn Sie Ihre Ziele nicht schwammig, sondern möglichst exakt formulieren. Nicht alle Ziele werden sich immer gleichermaßen verwirklichen lassen, aber es werden auch nicht alle Ziele bei Ihnen die gleiche Priorität genießen. Zusätzlich werden Sie auch spezielle Zielsetzungen für Ihren Markt im Blick haben.

Ihre Zielgruppe

Die Zielsetzung Ihres Clubs wird sich unmittelbar aus der avisierten Zielgruppe ableiten. Die Größe des Clubs hängt eng damit zusammen, wie weit Sie sich öffnen wollen. Sollen nur Ihre besten Kunden vom Clubkonzept profitieren oder möchten Sie sich allen Kunden gegenüber öffnen? Knüpfen Sie die Mitgliedschaft an bestimmte Umsatzmengen oder wollen Sie gezielt auch Neukunden ködern? Es liegt auf der Hand, dass die Größe der Mitgliederzahl unmittelbar die Kosten beeinflusst.

Typische Zielgruppen für Clubs sind:

✔ Die umsatzstärksten Kunden

✔ Stammkunden

✔ Gelegentliche Käufer

✔ Multiplikatoren, VIPs

✔ Potenzielle Kunden

So unterschiedlich die Zielgruppen Ihres Clubs sind, so unterschiedlich sind deren Interessen. Warum sollten Sie also allen Mitgliedern die gleichen Angebote und Services anbieten? Mithilfe der Informationen aus der Kundendatenbank können Sie gezielt die Interessengebiete Ihrer Mitglieder ermitteln und die Leistungsangebote für die verschiedenen Mitgliedergruppen optimal auf den Punkt bringen.

Legen Sie sich gezielt auf eine Kundengruppe fest. Gehen Sie noch einen Schritt weiter und identifizieren Sie die unterschiedlichen Strömungen Ihrer Zielgruppe. Bauen Sie Ihren Club nach Maß. Je präziser Ihre Zielgruppenselektion erfolgt, desto zielgenauer und effektiver kann die Ausrichtung des Clubs erfolgen.

Die Art des Clubs

Das Spektrum möglicher Clubs ist breit gestreut. Das klingt nach freier Auswahl, doch in mancherlei Hinsicht wird Ihnen die Art des Clubs praktisch vorgegeben. Ihr Verbreitungsgebiet, die Art Ihrer Kunden (Business- oder Privatkunden), die Größenordnung möglicher Mitgliederzahlen und Ihre Vertriebsstruktur sind prägende Bedingungen für Ihren Club.

Die zwei Grundformen von Clubs

Sie müssen zunächst festlegen, wie die Ausrichtung Ihres Clubs sein soll. Zwei Grundformen werden unterschieden:

✔ **Offener Club:**

- Keine Zugangsbeschränkungen

- Kunden und Nichtkunden können Mitglied werden

- Üblicherweise setzen offene Clubs auf Masse (viele Mitglieder)

- Keine Mitgliedsbeiträge oder sonstigen Kostendeckungsbeiträge

✔ **Geschlossener Club:**

- Zugangsbarrieren (Aufnahmegebühr, Mitgliedsbeiträge, Abonnement oder Ähnliches)

- Fokussierung auf spezielle Zielgruppe

- Regelmäßiger, intensiver Dialog mit den Mitgliedern

Die meisten Clubs lassen sich den folgenden fünf Clubtypen zuordnen.

VIP-Club/Profi-Club

Hier kommen nur die besten Kunden rein. Wenn Sie eine klare Business-to-Business-Ausrichtung haben und Ihre Zielgruppe wichtige Handelspartner und Topgeschäftskunden sind, ist der Profi-Club möglicherweise Ihr Club. Er zeichnet sich durch exklusive Leistungen und hochwertige Vorteile aus. Der Austausch mit und zwischen den Mitgliedern ist Bestandteil des Clublebens. Prominente aus Politik, Wirtschaft und Kultur sind gerne willkommen, weil sie das Image heben und wichtige Lobby-Partner sein können. Beispiele: Airport Club Frankfurt, Grohe Profi-Club.

Fanclub

Hier versammeln sich Kunden, die eine besondere emotionelle Nähe zu Ihrer Marke oder zu einzelnen Produkten haben. Mit diesem Typ Club stützen und vertiefen Sie das Markenimage gegenüber Ihren Kunden. Auf Beschränkungen für den Beitritt sollten Sie deshalb verzichten. Jeder Ihrer Kunden ist hier gerne gesehen, Sie haben es schließlich mit echten Fans zu tun. Davon kann man nie genug haben, oder? Eine Variante des Fanclubs ist der Product-Interest-Club. Hier können Sie auch mit dem Verkauf von Merchandising-Artikeln punkten. Beispiele: Barbie-Club, Radio- und TV-Clubs, Dr. Oetker Back-Club.

Lifestyle-Club

Mit diesem Club richten Sie sich an eine ganz spezielle Zielgruppe innerhalb Ihres Kundenstamms. Kunden mit gehobenem Lebensstil bieten Sie prestigeorientierte Servicevorteile wie exklusive Reisen und besondere Veranstaltungsprogramme. Mit diesem Club stehen Sie unter dem besonderen Druck, stets aktuelle Lebensstiltrends adaptieren zu müssen, um die Erwartungen Ihrer Mitglieder nachdrücklich zu erfüllen. Es ist auch nicht auszuschließen, dass Ihr Club seine Daseinsberechtigung verliert, wenn sich der bestimmende Lifestyle-Trend verflüchtigen sollte. Beispiele: Jaguar-Club.

Kundenvorteilsclub

Hier ist der Titel Programm. Mit Barzahlungsrabatten, Prämien, besonderen Lieferservices und exklusiven Angeboten ködern Sie Ihre Kunden zur Mitgliedschaft. Die Zugangsbarrieren sind niedrig, es werden allenfalls geringfügige Beiträge erhoben. Kundenbindung und Erhöhung der Kauffrequenz stehen für Sie im Mittelpunkt bei diesem Club. Beispiele finden sich vor allem beim Handel: Ikea-Family-Club.

Das Leistungsspektrum

Damit Sie bei Ihren Clubmitgliedern punkten, müssen Sie Ihnen echte Mehrwerte bieten. Ganz wichtig ist, dass die Leistungen zur Zielgruppe und dem Charakter des Clubs passen. Dabei sollte zwischen den Clubleistungen und dem Kernangebot Ihres Unternehmens ein innerer Zusammenhang bestehen. So bleibt Ihr Leistungsspektrum im Rahmen des Clublebens authentisch und für den Kunden nachvollziehbar.

Mal ehrlich: Wie glaubwürdig sind Einladungen zu einem Golfturnier bei einem Kundenvorteilsclub für die ganze Familie? Nichts gegen Golfturniere, aber die Angebote sollten schon für die große Mehrheit der Clubmitglieder attraktiv und nützlich sein. Das Best-of-Programm Ihres Clubs müssen Sie selbst herausfinden. Zur Orientierung sei gesagt, dass sich das beste Angebot an den Erwartungen und an den finanziellen Möglichkeiten seiner Mitglieder orientiert. Befragungen helfen Ihnen dabei, Ihre Angebote zu überprüfen und neue attraktive Angebote bereitzustellen.

Verlieren Sie beim Leistungsangebot die Nähe zum Kern des Unternehmens nicht völlig aus den Augen. Eine ausgewogene Mischung aus Angeboten mit großer Nähe zum Kernsortiment des Unternehmens und allgemeineren Angeboten kommt bei Kunden gut an. Sorgen Sie immer wieder für frischen Wind und bieten Sie Ihrer Zielgruppe ein interessantes und abwechslungsreiches Angebot.

 Persönliche Vorteile sind die stärkste Triebfeder für eine Clubmitgliedschaft. Diese Vorteile wollen die meisten Mitglieder sofort nutzen. Langfristiges Punktesammeln und Vorleistungen sind weniger beliebt. Im Gegenzug für die gewährten Vorteile kaufen Clubmitglieder auch mehr beim Clubanbieter.

Klassifizierung von Clubleistungen

✔ Geldwerte Vorteile (Sonderfinanzierungen, Rabatte, Vorzugspreise, Versicherungen)

✔ Freizeitangebote (Events, vergünstigte Eintrittskarten, Kartenkontingente)

✔ Informations- und Schulungsleistungen (Newsletter, Beratungshotline, Seminare, Workshops)

✔ Touristische Leistungen (Reisebetreuung, Hotel- und Kfz-Buchungsservice)

✔ Servicezusatzleistungen (Clubkarte, Bonusprogramme, Merchandising)

Die Infrastruktur

Die Steuerungs- und Betreuungszentrale Ihres Clubs ist das Service- oder Kundenkontaktcenter (siehe Abbildung 11.1). Hier schlägt das organisatorische Herz, von hier gehen Ihre Aktivitäten aus und hier fließen sämtliche Informationen zusammen. Zu den wesentlichen Aufgaben Ihres Servicecenters gehören:

✔ Mitgliederverwaltung

✔ Pflege der Mitgliederdatenbank

✔ Werbung

✔ Regelkommunikation (Mailings, Newsletter, Internet)

✔ Hotline und individuelle Kommunikation mit Mitgliedern

✔ Reaktionsbearbeitung

✔ Bereitstellung und Abwicklung von Clubleistungen

✔ Organisation von Clubevents und Aktivitäten

✔ Qualitätsmanagement

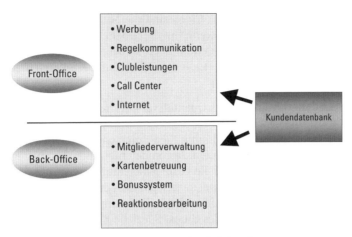

Abbildung 11.1: Das Kundenclub-Servicecenter

Es liegt auf der Hand, dass Sie diese komplexen Aufgaben, die personal- und zeitintensiv sind, nicht so ganz nebenbei wahrnehmen können. Sollten Sie sich dafür entscheiden, das Servicecenter aus eigener Kraft, also intern zu organisieren, sollten Sie sich über die hohen Investitionskosten in der Anschubphase bewusst sein.

An der personellen und technischen Ausstattung dürfen Sie nicht sparen. Leidet die Qualität der Betreuung oder hakt es in der Abwicklung aufgrund von Kapazitätsengpässen, wirkt sich das negativ auf das Image Ihres Clubs aus. Möglicherweise ist Outsourcing die bessere Wahl für Sie. Der Markt der Dienstleister, die Ihnen geschultes Personal, die technische Infrastruktur und die Abwicklung anbieten, ist groß. Nehmen Sie die verschiedenen Anbieter in Augenschein, am besten im Servicecenter direkt vor Ort bei einem betreuten Club.

Was Clubqualität ausmacht

Anhand dieser Checkliste können Sie prüfen, was die Clubqualität ausmacht:

✔ Topgeschultes Personal (Freundlichkeit, Kompetenz, Zuverlässigkeit)

✔ Transparente Clubstruktur

✔ Allgemein verständliches Leistungsportfolio

✔ Flexibilität bei Angeboten und Services

✔ Erreichbarkeit über verschiedene Kanäle (insbesondere Telefon)

✔ Schnelligkeit der Reaktion

✔ Beschwerdemanagement

✔ Innovationsfreudigkeit

Das wichtigste Kapital Ihres Clubs sind die Mitarbeiter. Die stärksten Angebote und Leistungen verblassen, wenn Ihre Mitarbeiter bei der Beratungs- und Servicequalität schwächeln. Die Clubmitarbeiter sind die zentralen Kontaktpunkte für die Mitglieder. Sie geben Ihrem Club ein Gesicht und erfüllen das abstrakte Gebilde Kundenclub mit Leben.

Ihre Mitarbeiter sind die Einlösung des Qualitätsversprechens des Clubs. Das gilt selbstverständlich auch für externe Dienstleister, die für Sie im Einsatz sind. Achten Sie auch auf Topqualifikation bei diesen Kräften. Das Clubmitglied unterscheidet schließlich nicht zwischen Ihren eigenen Leuten und externen Kräften. Je kompetenter und freundlicher die Mitarbeiter sind, desto positiver wirkt sich das auf die Grundeinstellung gegenüber dem Club aus. Der persönliche Kontakt kann in letzter Konsequenz sogar über das Image und die Akzeptanz Ihres Unternehmens entscheiden. Die Auswahl und Qualifizierung der Mitarbeiter ist deshalb von besonderer Bedeutung für den Erfolg des Clubs. Spezielle Einsatzbereiche stellen besondere Anforderungen an die Qualifikation Ihrer Mitarbeiter, etwa im Call Center, im Promotionbereich oder bei der Leistungsabwicklung.

Wenn das Servicecenter der Kopf ist und die Mitarbeiter das Gesicht sind, dann ist die Kundendatenbank das Gehirn Ihres Clubs. Ohne die hinterlegten Informationen über Ihre Mitglieder wären Sie gar nicht in der Lage, einen sinnvollen Dialog mit ihnen zu führen.

Viele Clubs führen gezielt Fragebogenaktionen durch, um ihre Kundendatenbank weiter anzureichern. Im regelmäßigen Kontakt mit Ihren Mitgliedern werden Sie immer mehr Informationen generieren, die Ihr Wissen über Ihre Mitglieder weiter verbessern und Ihnen dabei helfen, die Clubangebote immer weiter zu optimieren. Die Aktualität der Daten und ihre regelmäßige Pflege sind der Schlüssel für einen nachhaltigen Erfolg des gesamten Clubkonzepts.

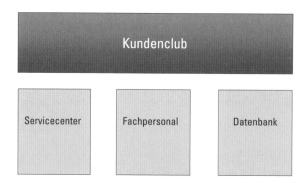

Abbildung 11.2: Die organisatorischen Säulen Ihres Kundenclubs

Die Kundendatenbank Ihres Clubs lässt sich hervorragend mit den sonstigen Systemen Ihres Unternehmens wie Warenwirtschaftssystem, Bestellabwicklung und Rechnungsverarbeitung vernetzen. Anspruchsvolle Lösungen berücksichtigen auch externe Schnittstellen zur Buchungs- und Reservierungsabwicklung Ihrer Kooperationspartner wie Event- und Reiseveranstalter.

> ### Das verrät Ihnen die Kundendatenbank
>
> **Stammdaten:**
>
> Name, Adresse, Geburtsdatum, Familienstand etc.
>
> **Kundenstatus:**
>
> Kaufhistorie, Kauffrequenz, Umsätze, Aktionen und Reaktionen
>
> **Zusatzinformationen:**
>
> Interessen, Hobbys etc.

Die Anzahl der am Markt erhältlichen Softwarelösungen zum Managen von Kundendaten ist groß. Bei der Auswahl sollte für Sie die Flexibilität des Systems im Mittelpunkt stehen. So gewährleisten Sie, dass Ihre Datenbank mit der Entwicklung Ihres Clubs jederzeit mithalten kann.

Die Kommunikation mit Ihren Clubmitgliedern

Die Kommunikation Ihres Clubs hat drei Stoßrichtungen:

✔ Die Gewinnung neuer Mitglieder

✔ Die regelmäßige Betreuung bestehender Mitglieder

✔ Die Aktivierung und Bindung der Mitglieder

Für jede Zielsetzung sind unterschiedliche Kommunikationsmaßnahmen geeignet. Welche Instrumente für die jeweiligen Zwecke geeignet sind, erfahren Sie im Folgenden.

Mitgliedergewinnung

Am Anfang steht die Mitgliedergewinnung. Auch wenn Sie von Ihrem Clubkonzept überzeugt sind, können Sie nicht erwarten, dass Ihnen Ihre Kunden die Bude einrennen. Leider muss auch der beste Club erst einmal die Werbetrommel für sich rühren, um Interessenten zu gewinnen. Über Mundpropaganda und Empfehlung kann sich im Laufe der Zeit durchaus eine Eigendynamik entwickeln.

Ohne eine regelmäßige Bewerbung des Clubs werden Sie, ausgenommen bestimmte geschlossene Exklusivclubs, nie ganz auskommen. Je spezieller die Zielgruppe ist, desto exakter lässt sie sich medial erreichen. Bei geschlossenen Clubs etwa ist eine breit angelegte Werbekampagne kontraproduktiv, weil zahlreiche Interessenten angesprochen werden, die gar nicht als Mitglieder in Frage kommen. Das führt zur unnötigen Verärgerung der Abgewiesenen.

Maßnahmen zur Mitgliedergewinnung sind zum Beispiel:

✔ **Point-of-Sale-Aktionen und -Promotions:** Auslage von Werbematerial in den eigenen Filialen und bei Vertriebspartnern sowie Verteilung von Info-Flyern und direkte Akquisition durch Promotionteams bei zielgruppenaffinen Veranstaltungen.

✔ **Klassische Werbung:** Eignet sich vor allem bei großen und unspezifischeren Zielgruppen. TV-, Radio- und Printwerbung mit direkter Reaktionsmöglichkeit. Durch die gezielte Belegung von Special-Interest-Titeln können spezielle Zielgruppen ohne größere Streuverluste erreicht werden.

Direktwerbung

Der mit Sicherheit effektivste Weg zur gezielten Gewinnung ausgewählter Mitglieder ist das persönlich adressierte Mailing. Streuverluste sind, sofern Sie interessante Kundengruppen aus Ihrer Kundendatenbank selektiert haben, praktisch ausgeschlossen. Es kann sich durchaus lohnen, auf Basis Ihrer eigenen Potenzialkunden zusätzliche Adressen bei Adressverlagen oder Listbrokern zu mieten.

Member-get-Member

Die persönliche Werbung ist die beste Werbung für Ihren Club. Loben Sie besondere Prämien und Sachpreise für jedes durch Mitglieder geworbene neue Mitglied aus. Die Erfahrung zeigt, dass persönliche Empfehlungen die stärkste Überzeugungskraft haben. Jemandem, den man kennt, traut man viel eher als den Versprechungen eines anonymen Unternehmens. Ziemlich raffiniert ist es, wenn Sie das persönliche Umfeld Ihrer Mitglieder »angraben«. Bieten Sie kostenlose Probe-Abos Ihrer Mitgliederzeitschrift für weitere Leser an. Oder animieren Sie Ihre Mitglieder, zu einem bestimmten Event ein oder zwei Freunde mitzubringen. Vor Ort können Sie diese Personen gezielt ansprechen und so neue Mitglieder gewinnen.

 Bevor Sie sogenannte »kalte Adressen«, also gemietete Zusatzadressen, anmailen, sollten Sie diese unbedingt mit Ihren eigenen Adressen abgleichen, um Doppelungen (Dubletten) zu vermeiden.

Mit Ihren Mitgliedern in Kontakt bleiben

Ein Club ohne Austausch mit seinen Mitgliedern ist tot. Nur im Dialog können Sie mehr über Ihre Kunden und deren Bedürfnisse erfahren (siehe Abbildung 11.3). Und nur im regelmäßigen Austausch werden Sie überhaupt mitbekommen, ob Ihre Angebote den Nerv der Zielgruppe treffen. Die regelmäßige Kommunikation mit Ihren Mitgliedern verläuft in zwei Richtungen, nämlich von Ihnen zu den Mitgliedern und von den Mitgliedern zu Ihnen. Bei all Ihren Aktivitäten sollten Sie deshalb immer die schnelle und einfache Reaktionsmöglichkeit im Auge behalten. Dabei gilt: Je vielfältiger die Antwortoptionen sind, desto leichter machen sie eine Reaktion und desto höher wird die Responsequote ausfallen.

Abbildung 11.3: Die Kommunikationstools Ihres Kundenclubs

Die schriftliche Kommunikation

Ob Begrüßungsmailing, Einladungen zu Veranstaltungen, Geburtstagsgrüße, Mitteilungen über das Punktekonto oder Buchungsbestätigungen, per Brief erreichen Sie jedes Mitglied ganz individuell. Die integrierten Antwortelemente wie Faxantwort, Telefonnummer oder Antwortkarte bieten Ihren Mitgliedern verschiedene Wege zu reagieren.

Das Clubmagazin

Eine regelmäßige Clubpublikation stärkt die Identifikation mit dem Club. Mit News, Hintergründen und Berichten aus dem Clubleben bieten Sie Ihren Mitgliedern qualifizierte Mehrwerte. Gleichzeitig forcieren Sie den Dialog mit den Lesern durch Angabe von Reaktionsmöglichkeiten am Ende der Artikel (E-Mail-Adresse, Internetadresse, Telefonnummer) und durch Rubriken wie Leserbriefe und Gewinnspiele. Die Themen leiten sich direkt aus den Erwartungen der Mitglieder und aus der Positionierung des Clubs ab. Profi-Clubs werden deshalb eher fachspezifische Inhalte bieten als breit angelegte Familienclubs.

Für Ihr Clubmagazin gilt ansonsten, was für andere Publikationen auch gilt – es muss professionell gestaltet und journalistisch aufbereitet sein. Ihr Magazin sollte mindestens vier Mal im Jahr erscheinen, um als Periodikum überhaupt wahrgenommen zu werden. Das stellt hohe Anforderungen an das redaktionelle Konzept. Geht Ihnen nach wenigen Ausgaben der Atem aus, lassen Sie besser die Finger vom Clubmagazin.

Der E-Mail-Newsletter

E-Mail-Newsletter sind schnelle und preiswerte Tools. Mit ihnen können Sie brandaktuelle Informationen gezielt versenden. E-Mail-Newsletter sind gute Ergänzungen zu den sonstigen Instrumenten. Allerdings brauchen Sie für den Versand explizit die Zustimmung der Empfänger.

Das Servicetelefon

Das zentrale Kontaktinstrument ist das Kundentelefon. Schnell, direkt und unkompliziert können Ihre Mitglieder Leistungen abfordern, Produkte bestellen oder einfach nur Kritik loswerden. Die Erreichbarkeit ist von besonderer Bedeutung. Die Hotline sollte auch außerhalb der normalen Geschäftszeiten besetzt sein, zum Beispiel am Wochenende und am Abend.

Kostenlose Hotlines sind natürlich am beliebtesten. Dennoch werden die meisten Mitglieder auch bereit sein, sich an diesem Service angemessen zu beteiligen und eine kostenpflichtige 0180er-Nummer akzeptieren. Es bedarf wohl keines besonderen Hinweises darauf, dass die telefonische Betreuung durch Agenten erfolgen sollte, die in telefonischer Gesprächsführung geschult sind.

Die Internetseite

Zu einem modernen Club gehört selbstverständlich ein moderner Internetauftritt mit eigener URL (Uniform Resource Locator, Internetadresse). Über Ihre Unternehmenshomepage verlinken Sie ebenfalls zum Club. Ihr Club ist rund um die Uhr erreichbar und bietet schnelle und direkte Bestell- und Informationsmöglichkeiten. Ihre Seite bauen Sie nach dem Prinzip »Mund wässrig machen« auf. Gelegenheitsbesuchern zeigen Sie, wie attraktiv eine Mitgliedschaft im Club für sie wäre. Die wirklich wichtigen Angebote wie das Download-Center stehen per Log-in dann allerdings nur den bestehenden Mitgliedern zur Verfügung. Bieten Sie den bedauernswerten Besuchern die Möglichkeit, sich für eine Mitgliedschaft zu registrieren.

Clubveranstaltungen

Nirgendwo wird Clubleben greifbarer als bei Veranstaltungen. Sie stärken die emotionale Bindung an den Club enorm – wenn sie professionell durchgeführt werden. Miese Veranstaltungen können Ihr Image mächtig in den Keller ziehen. Die Vorbereitung, Durchführung und Nachbereitung von Events verlangt Ihnen deshalb viel Management-Know-how und viel Zeit ab. Für die Bewerbung, die Programmplanung und die Betreuung vor Ort brauchen Sie ausgewiesene Spezialisten. Sie werden ja nicht auf die Idee kommen, Ihre Mitarbeiter aus der Buchhaltung für das Catering zu verpflichten (»Wer bringt Kuchen mit? Wer macht den Eiersalat«). Dafür gibt es zum Glück Dienstleister, die man beauftragen kann – und sollte.

 Die Auswahl des richtigen Dienstleisters ist besonders wichtig. Holen Sie mehrere Angebote ein und prüfen Sie die Referenzen. Am besten besuchen Sie die eine oder andere Veranstaltung, die für andere Kunden durchgeführt wird. So können Sie sich ein eigenes Bild von der Qualität des Dienstleisters machen.

Die Finanzierung des Clubs

Vielleicht sind Sie bisher ohne Marketingcontrolling ausgekommen. Spätestens bei der Implementierung eines Kundenclubs werden Sie allerdings um eine professionelle Kostenrechnung nicht herumkommen. Messgrößen für den wirtschaftlichen Erfolg Ihres Clubs sind unter anderem die Kauffrequenz Ihrer Mitglieder, der Umsatz pro Mitglied und der Umsatz mit Exklusivprodukten. Messen Sie diese Beiträge regelmäßig und fassen Sie sie zu einem schlüssigen Controllingsystem zusammen.

Eines ist gewiss: Die Einführung eines Kundenclubs ist eine komplexe und kostenintensive Angelegenheit. Zu den ohnehin hohen Initialkosten kommen die laufenden Kosten für den Betrieb und die Kommunikation des Clubs. In der Einführungsphase sind die Kommunikationskosten sogar besonders hoch. Sie sollten Klarheit darüber haben, welche Investitionen und regelmäßigen Ausgaben auf Sie zukommen, damit Ihnen nicht ganz schnell die Puste ausgeht. Mit einem Kundenclub sind Sie auf der Langstrecke unterwegs, Kurzstrecken-Sprinter haben bei diesem Bindungswettbewerb nichts verloren.

Die durchschnittlichen jährlichen Kosten pro Mitglied liegen bei rund 25 Euro. Offenbar sind viele Unternehmen von karitativem Eifer getrieben, denn gedeckt werden diese Kosten bislang im Schnitt nur zu einem Drittel. Rund zwei Drittel der Clubs werden als reine Cost-Center betrieben. Mit einer solch mildtätigen Strategie empfehlen Sie sich vielleicht für das Bundesverdienstkreuz, als Unternehmer werden Sie allerdings scheitern. Orientieren Sie sich besser an den positiven Beispielen mit einem vernünftigen Kostendeckungsbeitrag durch den Club.

Sehr erfolgreich in puncto Refinanzierung sind die meisten Sammlerclubs. Zwar verursachen sie durch hochwertige Magazine und exklusive Leistungen höhere Kosten von 60 bis 65 Euro pro Jahr und Mitglied, trotzdem arbeiten die meisten Sammlerclubs profitabel. Durch die Vermarktung von Sondereditionen, professionelles Merchandising und Jahresbeiträge werden durchschnittlich 70 Euro von den Mitgliedern eingenommen.

Die Kostenblöcke lassen sich pauschal kaum bewerten. In der Regel werden Sie sich eine auf die Größe und das Verbreitungsgebiet Ihres Clubs maßgeschneiderte Kalkulation erstellen lassen müssen. Je geringer die Mitgliederzahl Ihres Clubs, desto höhere Anschubkosten (Implementierungskosten) bezogen auf das einzelne Mitglied entstehen Ihnen. Bei steigenden Mitgliederzahlen steigen die Grundkosten nur noch degressiv, während die laufenden Kosten stark zunehmen.

 Allein die Kosten für die regelmäßige Kommunikation per Mailing nehmen bei steigenden Mitgliederzahlen drastisch zu. Berücksichtigen Sie bei Ihrer Budgetplanung, dass Kundenclubs dynamische Gebilde sind, die unvorhergesehene Kosten nach sich ziehen können. Mehr Planungssicherheit bekommen Sie, wenn Sie die Anzahl der Mitglieder reglementieren und neue Mitglieder nur aufnehmen, sofern Plätze durch Ausscheiden von Mitgliedern wieder frei werden. Betreuen Sie besser wenige Mitglieder effektiv, anstatt viele Mitglieder kompromisshaft und letztlich unbefriedigend zu betreuen.

Natürlich wird es langfristig zu einem Return of Invest (ROI) durch zusätzliche Umsätze mit Ihren Mitgliedern kommen. Das steigende Image Ihres Unternehmens zahlt zusätzlich auf die Wertschöpfung ein. Das wird Ihnen in den ersten Monaten und Jahren jedoch kaum ein Trost sein, wenn die finanziellen Gesamtbelastungen auf das Unternehmensergebnis drücken. Zudem sind Imageverbesserungen allein nur sehr schwer unmittelbar auf den Club zurückzuführen.

Viel besser können Sie Umsatzzahlen den Clubmitgliedern zuordnen, wenn diese bei Kauf-
vorgängen ihre Mitgliedsnummer angeben oder mit der Clubkarte bezahlen.

Das kostet Sie der Club

Einmalige Kosten:

✔ Konzeptentwicklung

✔ Einrichtung Servicecenter

✔ Ausstattung (Möbel, IT, Telefonanlage)

✔ Datenbank

✔ Software

✔ Bereitstellung Serviceleistungen

✔ Corporate Design, Basisauftritt

✔ Einführungskampagne

Laufende Kosten:

✔ Miete, Grundgebühren, Versicherungen etc.

✔ Personal

✔ Regelmäßige Schulungen

✔ Pflege der Datenbank

✔ Weiterentwicklung des Clubs (Strategie, Leistungen)

✔ Regelkommunikation

✔ Leistungsabwicklung

✔ Mitgliederbetreuung

✔ Mitgliedergewinnung (Werbung)

Refinanzierungschancen von Kundenclubs

Ihr Club sollte sich nach spätestens zwei Jahren selbst tragen. Zu einem soliden Finanzie-
rungskonzept gehören deshalb immer auch Überlegungen zur Refinanzierung des Clubs. Mit
anderen Worten, die Unternehmung Club muss nicht nur Kosten verursachen, es gibt auch
viele Einnahmemöglichkeiten:

Mitgliedsbeiträge

Die direkte Beteiligung durch einmalige Aufnahmekosten und/oder regelmäßige Beiträge der Mitglieder sind eine einfache und effektive Einnahmequelle. Natürlich wird das auch viele potenzielle Mitglieder abschrecken, doch sehen Sie das positiv. Sie werden auf dem Wege nur echte Interessenten als Mitglieder gewinnen.

Die Höhe des Beitrags sollten Sie nach der Finanzkraft Ihrer Mitglieder und dem Leistungsangebot Ihres Clubs ausrichten. Je exklusiver Zielgruppe und Leistungen, desto höhere Beiträge können Sie verlangen. Mitgliedsbeiträge von jährlich 10 bis 15 Euro für ein attraktives Angebot (zum Beispiel vierteljährliche Zeitschrift, Hotline, Events, Produktproben) werden durchaus akzeptiert.

Eintrittskartenverkauf

Clubevents sind besonders kostspielige Leistungen eines Clubs. Für hochklassige und exklusive Veranstaltungen werden Ihre Mitglieder bereit sein, angemessen zu bezahlen. Eintrittsgelder heben sogar den subjektiven Wert einer Veranstaltung.

Merchandising

Der Verkauf exklusiver Clubprodukte wie limitierte Neuauflagen alter Produktlinien werden von Clubfans gerne gekauft. Der Vertrieb von Merchandisingprodukten über den Clubshop hat hohes Refinanzierungspotenzial.

Kooperationen

Vernachlässigen Sie nicht die Möglichkeit der Refinanzierung über Kooperationspartner, deren Produkte im Club präsentiert werden. Sie bieten Ihren Mitgliedern attraktive Mehrwerte und kassieren nebenbei höchst attraktive Provisionen von Ihren Kooperationspartnern.

Fremdwerbung

Clubmagazine sind attraktive Werbeträger. Vor allem für Ihre Kooperationspartner, deren Produkte Bestandteil des Leistungsangebots des Clubs sind, sind Anzeigen im Clubmagazin interessant. Das Heft richtet sich an affine Zielgruppen mit bekannter Interessenlage. Das minimiert die Streuverluste für den Anzeigenkunden.

Mit Fremdanzeigen oder Fremdbeilagen können Sie wichtige Refinanzierungsbeiträge erwirtschaften. Eine echte Win-win-Situation. Neben dem Clubmagazin kommen weitere Möglichkeiten für Fremdwerbung in Frage, wie Bannerwerbung auf der Clubhomepage, Promotionwerbung bei Veranstaltungen oder Beilagen zu Clubmailings.

Halten Sie den Anteil an Fremdwerbung in engen Grenzen. Ansonsten besteht die Gefahr, dass Sie den Clubauftritt verwässern und Ihre Mitglieder den Eindruck bekommen, der Club betrachte sie primär als Werbeempfänger.

Kundenkarten

Kundenclubs ohne Kundenkarte sind die Ausnahme, Kundenkarten ohne Club sind die Regel. Im Falle des Kundenclubs ist die Angelegenheit einigermaßen klar: Die Clubkundenkarte hat sowohl Identifikationspotenzial als auch Legitimierungsfunktion. Wer im Clubshop einkaufen will, wer Clubveranstaltungen besucht oder sich mit seiner Mitgliedernummer auf der Homepage einloggen will, für den stellt die Karte einen praktischen Wert dar. Doch wie ist es bei den Karten ohne Clubanbindung?

Die Anzahl der reinen Kundenkarten hat enorm zugenommen. Man kann schon von einer wahren Karteninflation sprechen. War eine volle Brieftasche früher Synonym für Kaufkraft, dürfte es heute eher an den vielen Kundenkarten liegen, die einem die Brieftasche ausbeulen. Bringt mein Wettbewerber eine Karte heraus, muss ich nachziehen. So, oder so ähnlich, scheint das zu laufen.

Sind Kundenkarten also der neue Heilsbringer in Sachen Kundenbindung? Wohl kaum, zumindest sollten Sie sich vor der Herausgabe einer Karte die einfache Frage stellen, was die Karte für den Kunden so interessant machen könnte. Niemand wird eine Karte mit sich herumtragen, die keine Vorteile bietet. Ihnen stehen verschiedene Optionen zur Verfügung, echte Mehrwerte zu bieten und die Karte aufzuwerten.

Kundenkarten mit Zahlungsfunktion

Gegen eine geringe Jahresgebühr oder sogar kostenlos können Ihre Kunden mit dieser Karte in Ihren Filialen bargeldlos bezahlen. Die Attraktivität der Karte können Sie steigern, indem Sie für Transaktionen mit der Karte zusätzliche Rabatte gewähren. Karten mit Zahlungsfunktion erhöhen die Liquidität der Kunden, weil sie nicht sofort den Kaufpreis aufbringen müssen. Bargeldlose Bezahlung beflügelt die Kaufbereitschaft.

Für Sie hat die Karte einige ganz zentrale Vorzüge: Sie erhalten über die Auswertung der Transaktionsdaten sehr genaue Profilinformationen über Ihre Kunden. Sie können Trends sofort nachvollziehen und Ihre Angebote permanent optimieren. Verknüpfen Sie die Absatzinformationen noch mit Ihrem Warenwirtschaftssystem, können Sie Lieferengpässen frühzeitig vorbeugen.

 Datenschutz wird in Deutschland großgeschrieben. Entsprechend sensibel müssen Sie mit den kundenbezogenen Informationen umgehen. Während Sie eigene Daten für Marketingzwecke weitgehend problemlos verwerten können, dürfen Sie diese Daten nicht ohne Zustimmung der Kunden an Dritte weitergeben. Vertiefende Informationen hierzu finden Sie in Kapitel 7.

Die Herausgabe einer Karte mit Zahlungsfunktion verursacht in jedem Fall Verwaltungskosten. Dazu gehören Personalkosten, Kosten für die Antragsbearbeitung inklusive Bonitätsprüfung und die Kontoführung. Außerdem müssen Sie Kosten für die Bewerbung der Karte, den Versand der Kontoauszüge, die Auswertung der Transaktionsdaten und die technische Infrastruktur berücksichtigen.

Einige dieser Kosten können Sie einsparen, wenn Sie die Karte in Kooperation mit einem Kreditkartenunternehmen herausgeben (Co-Branding). Ganz nebenbei reduzieren Sie die eigenen Risiken bei Forderungsausfällen und Missbrauch. Ihre Kunden profitieren vom Co-Branding, weil sie mit der Karte nicht nur in Ihren Filialen bezahlen können, sondern auch dort, wo entsprechende Kreditkarten akzeptiert werden. Eventuell genießt der Kunde auch weitere Vorzüge, die der Kreditkartengeber gewährt.

 Bei Co-Branding-Karten besteht im Endeffekt eine wesentlich engere Beziehung des Kunden zum Kreditkartengeber als zu Ihrem Unternehmen. Außerdem gehören die Transaktionsdaten nicht Ihnen, Sie erhalten also keinen Zugriff auf Daten zur weiteren Marketingbearbeitung. Das ist ein handfester Nachteil.

Bonuskarten

Bonuskarten haben einen regelrechten Boom erlebt. Fast alle großen Handelsunternehmen von Modehäusern über Parfümerien und Drogerien bis hin zu Kaufhäusern geben Bonuskarten heraus. Auch in anderen Branchen sind Bonuskarten verbreitet, etwa bei der Deutschen Bahn, bei Fluggesellschaften, Hotels und Autovermietungen.

Nach einer Studie des Instituts TNS Emnid ist unter uns Deutschen quasi die Sammelwut ausgebrochen, denn jeder Zweite von uns hamstert fleißig Punkte, Meilen, Digits und was es sonst noch so gibt. Das mit Abstand größte Bonusprogramm ist Payback, bei dem sich eine Reihe von Unternehmen zusammengeschlossen hat.

Payback hat den größten Marktanteil und die höchste aktive Nutzung in Deutschland: Über die Hälfte aller Haushalte besitzt eine Payback-Karte. Mit einer Verbreitung von noch über 40 Prozent aller Haushalte folgt HappyDigets auf Platz zwei. Die Anzahl der Karten dürfte allein in Deutschland irgendwo zwischen 60 und 100 Millionen liegen. Verglichen mit Großbritannien und den USA stehen unsere Sammlergemeinschaften auf Kartenbasis aber noch am Anfang. Der Run auf die Karten hat gerade erst so richtig angefangen.

Obwohl viele Karten kursieren, wird rund ein Drittel davon überhaupt nicht eingesetzt. Der Experte spricht im gepflegten Marketingdeutsch gerne von sogenannten *Sleeping Cards*. Das Dumme ist, dass solche »Schläfer« bei Ihnen administrative Kosten verursachen, aber keinen Umsatz machen. Sie müssen solche Mitglieder weder mitschleppen noch rausschmeißen. Viel eleganter ist es, eine zeitliche Begrenzung bei der Mitgliedschaft einzuziehen, die sich bei unrentablen Kunden nicht automatisch verlängert.

Das Prinzip der Bonuskarten ist immer das gleiche. Der Kunde erhält für seine Einkäufe, Buchungen oder sonstige Geschäfte mit dem Kartengeber eine Belohnung (Bonuspunkte), die er nach Erreichen einer Mindestsumme in Form von Sachwerten oder Bargeld wieder einlösen kann. Karten sollen also die Loyalität fördern und das Kaufverhalten beeinflussen.

 Kritiker werfen gerne ein, dass viele Kartenprogramme als reine Cost-Center betrieben werden, was nichts anderes bedeutet, als dass sie viel Geld verschlingen und nichts einbringen. Tatsächlich werden viele Kartensysteme viel zu wenig nach ihrem betriebswirtschaftlichen Nutzen hinterfragt.

Lassen Sie sich nicht entmutigen, tatsächlich kann ein Kartenprogramm viel für Ihren Umsatz und die Kundenbindung leisten. Sie müssen sich allerdings ein knallhartes Messsystem verordnen und das Programm regelmäßig überprüfen. Nur wenn Sie unrentable Kunden identifizieren und in diese nicht investieren, können Sie das Programm tatsächlich schlagkräftig gestalten.

Das bringt Ihnen Ihr Bonusprogramm

Bonusprogramme bringen nicht nur Ihren Kunden Vorteile. Ihr Unternehmen profitiert ebenfalls, und das gleich mehrfach:

✔ Karteninhaber kaufen eher bei Ihnen ein als beim Wettbewerber, der auf die Herausgabe einer Karte verzichtet. Und sie kaufen mehr und häufiger bei Ihnen ein. Die Steigerung von schlechten Karten heißt keine Karten!

✔ Im Gegensatz zum normalen Kunden wechseln die Mitglieder Ihres Bonusprogramms nicht gleich für ein paar Euro Preisvorteil zur Konkurrenz. Das klingt paradox, denn eigentlich will der Punktesammler ja sparen. Die meisten Karteninhaber ziehen allerdings gedanklich die erworbenen Bonuspunkte vom Kaufpreis ab und sind deshalb mit etwas höheren Preisen einverstanden. Der tatsächliche Wert der Rabattpunkte wird in der Regel allerdings überschätzt. Als Kartengeber gewähren Sie, das ist der übliche Rahmen, zwischen 0,5 und 3 Prozent Rabatt auf den Kaufpreis. Das rechnet sich also tatsächlich, wenn auch nur für Sie!

✔ Die Kundenkarte wirkt sich positiv auf das Image Ihres Unternehmens auf. Die Kartenbesitzer identifizieren sich stärker mit der Marke und sprechen auch positiver über Ihre Servicequalität und Ihre Produkte. Der Grund liegt auf der Hand: Mit jedem Kauf kommt der Kunde der begehrten Prämie ein Stück näher. Honorieren Sie dann noch ein hohes Punktekonto mit besonderen Privilegien oder einem besonderen Status, wird man Sie lieben. Mit dem Plastikkärtchen können Sie also leicht mehr erreichen als mit so mancher Werbekampagne. Der Clou ist, dass »Post vom Bonusprogramm« von den meisten Karteninhabern nicht als Werbung betrachtet wird, sondern als nützlich, glaubwürdig und informativ (was gute Werbung ja immer sein sollte!).

✔ Wer gut über Ihr Unternehmen denkt, der spricht auch gut darüber. Der Wert der Mundpropaganda kann gar nicht hoch genug eingeschätzt werden, denn persönliche Empfehlungen sind viel glaubwürdiger als beispielsweise Werbung. So hilft Ihnen das Bindungsinstrument Kundenkarte auch gleich noch bei der Neukundengewinnung.

Entscheiden Sie sich für die Installation eines eigenen Bonusprogramms, sollten Sie eine klare Marketingstrategie vor Augen haben. Was wollen Sie konkret mit dem Kartenprogramm erreichen, beispielsweise in Bezug auf die Kundenverlustquote, den Umsatz und den Gewinn? Verglichen mit anderen Instrumenten wie dem Couponing sind Bonusprogramme zu aufwendig und teuer, als dass Sie einfach mal einen Versuchsballon starten lassen sollten. Setzen Sie das Instrument tatsächlich und nur dann ein, wenn Sie die gewonnenen Kundendaten mit gezielten Marketingaktionen – messbar – in bare Münze umwandeln können. Ein solcher Schritt muss gründlich vorbereitet und konsequent umgesetzt werden. Halbherzige Ansätze und Experimente führen Sie zum Erfolg.

Die fünf Erfolgsfaktoren von Bonusprogrammen

✔ Das Programm muss in erster Linie der Kundenentwicklung dienen. Das heißt, Sie wollen das Verhalten Ihrer Kunden beeinflussen und mit ihnen mehr Umsatz machen. Was sonst wollen Sie mit einem Kundenprogramm erreichen, wenn nicht mehr Umsatz? Zu verschenken haben Sie jedenfalls nichts. Setzen Sie konsequent auf Kunden mit hohem Deckungsbeitrag und vermeiden Sie Investitionen in Kunden mit geringem Potenzial.

✔ Das Programm muss zur Strategie Ihres Unternehmens passen. Die Übereinstimmung mit der Gesamtstrategie ist das wichtigste Erfolgskriterium für Ihr Kundenbindungsprogramm überhaupt. Ohne Akzeptanz nach innen werden Sie auch nach außen nicht lange bestehen können.

Ihre Maßnahmen erzielen die höchste Akzeptanz, wenn sie die Erwartungen Ihrer Kunden widerspiegeln. Setzen Sie auf Einfachheit und Transparenz. Dazu zählt ein einfacher Mechanismus für das Sammeln und Einlösen von Punkten. Legen Sie die Latte der Mindestumsätze zur Erreichung von Prämien nicht zu hoch, weil sonst der Anreiz leidet.

✔ Integrieren Sie das Bindungsprogramm konsequent in Ihren Marketingmix. So ein Programm will beworben werden. Verknüpfen Sie das Kartenprogramm auch mit Ihrem Vertrieb und dem Point of Sale. Mangelnde Abstimmung zwischen Marketing und Vertrieb senkt Ihre Erfolgsaussichten erheblich.

✔ Nutzen Sie die neu gewonnenen Daten, um Ihre Kunden individuell anzusprechen und spezifische Angebote zu unterbreiten. Ihre Dialogmarketing- und Promotionaktionen erhalten zusätzliche neue Impulse.

✔ Überprüfen Sie die Wirksamkeit der Maßnahmen mit Kennzahlen wie Kundenumsätze, Kauffrequenzen oder Return of Invest regelmäßig. Es wird immer Gegner in den eigenen Reihen geben, die den Nutzwert des Bonusprogramms in Frage stellen werden. Wenn Sie die positiven Effekte des Programms quantifizieren können, werden Sie Ihre Kritiker schnell zum Verstummen bringen.

Zum Schluss noch ein wichtiger Hinweis zum Thema Kundendaten und Datenschutz: Der Umgang mit den Daten, die Sie aus der Kundenkarte gewinnen, ist eine heikle Angelegenheit. Lesen Sie deshalb unbedingt auch Kapitel 7, das sich mit dem Thema Recht beschäftigt.

Fünf Fehler, an denen Kundenkarten scheitern

✔ Allerweltsprämien (keine Alleinstellung)

✔ Unerreichbare Prämien (zu hohe Umsatzschwelle)

✔ Prämien und Services nicht nach Kundenwert differenziert (sondern nur nach Umsatz)

✔ Kartenprogramm trifft nicht die Bedürfnisse der Kunden

✔ Kartenprogramm ist intransparent

✔ Die Karte wird nicht ausreichend promotet

Telefonmarketing

In diesem Kapitel

▷ Warum Telefonmarketing?

▷ Was ein Call Center für Sie leistet

▷ Wann sich ein eigenes Call Center für Sie rechnet

▷ Was Sie beim Outsourcing beachten sollten

Telefone sind beliebte Einbruchswerkzeuge, mit denen man sich auch außerhalb der Besuchszeiten Zutritt zu Privatwohnungen verschafft.

Ron Kritzfeld, deutscher Chemiekaufmann

In diesem Kapitel erfahren Sie, warum Telefonmarketing für die Kommunikation mit Kunden heute ein unentbehrliches Tool ist. Sie werden erkennen, ob Sie bereits heute die Voraussetzungen für einen funktionierenden Telefonservice mitbringen und was Sie bezahlen müssen, um eine professionelle Hotline zu betreiben. Natürlich wird Ihnen auch gezeigt, woran Sie gute Call Center erkennen können.

Warum Telefonmarketing?

Teure Verbindungskosten, endlose Warteschleifen, inkompetente Agenten, ständiges Weiterverbinden … Der Ruf von Call Centern ist nicht der beste. Unternehmen, die mit automatischen Telefon-Dialern auf Kundenfang gehen, sind leider genauso verbreitet wie solche, die Call Center als Puffer einsetzen, um lästige Kundenbeschwerden abzuwimmeln. Das sind natürlich die Ausnahmen, komisch nur, dass man selbst ständig an diese schwarzen Schafe gerät. Die Servicequalität ist, zumindest in der Wahrnehmung der Kunden – und nur das zählt – schlecht.

Hinzu kommt, dass viele Unternehmen ihren Kunden vorgaukeln, dass die Hotline um die Ecke sitzt. Stattdessen hat man es nicht selten mit miserabel bezahlten Kräften im Ausland zu tun. Von dort aus wird häufig auch das in Deutschland geltende Verbot von Kaltakquise (geregelt durch das UWG, Gesetz gegen den unlauteren Wettbewerb) per Telefon gegenüber Privatleuten umgangen. Sie werden sich gewiss selbst schon über die störenden Anrufe geärgert haben, die Sie für ein Zeitschriftenabo, die Teilnahme an einer Lotterie oder zum Versicherungswechsel animieren wollten.

Das Telefon als Vertriebsinstrument

Warum sollten Sie sich also angesichts dieser bisweilen ärgerlichen Umstände überhaupt mit dem Gedanken befassen, Telefonmarketing zu betreiben? Ganz einfach, weil Telefonmarketing, wenn Sie es richtig machen und Ihre Kunden nicht damit nerven, der schnellste und direkteste Weg ist, mit Ihren bestehenden Kunden ins Gespräch zu kommen. Wenn Sie zum ersten Mal in Kontakt mit Zielgruppen kommen, ist das Telefon als Vertriebsunterstützung sogar besonders stark. Sie können sehr kostengünstig neue Kontakte qualifizieren.

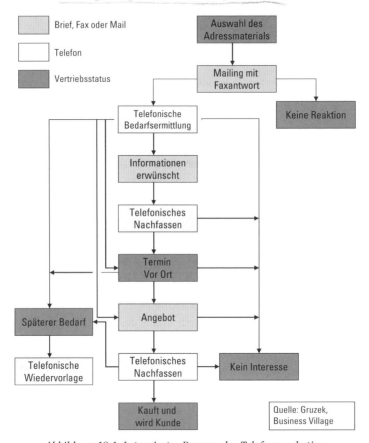

Abbildung 12.1: Integrierter Prozess des Telefonmarketing

Das Zusammenspiel verschiedener Kanäle und Maßnahmen erhöht die Effektivität Ihrer Aktivitäten und optimiert den Einsatz Ihrer Vertriebskräfte. Ein gut abgestimmtes Vorgehen zwischen Vertrieb und Call Center kann zu ganz erheblicher Effizienzsteigerung führen, die Ihnen Rationalisierungspotenzial eröffnet.

Telefonkontakt empfiehlt sich etwa im Vorfeld einer Mailingmaßnahme: Stimmt die Anschrift? Ist Ihr Kunde überhaupt an schriftlichen Informationen interessiert? Sie können mit korrekten Adressdaten teure Retouren bei unzustellbaren Sendungen vermeiden und die Anzahl der Aussendungen auf Kunden mit Bedarf beschränken. Dadurch sparen Sie Porto und werfen kein Geld beim Versand hochwertiger Präsentationsmaterialien zum Fenster raus.

Leider ist ein abgestimmtes Vorgehen noch viel zu selten der Fall, nach dem Motto »Die linke Hand weiß nicht, was die rechte gerade treibt«. Ungewollt werden Kunden dabei häufig mit Kontakten überfrachtet und die Aktionen sind schnell kontraproduktiv. Was Sie brauchen, ist eine intelligente Verknüpfung Ihrer Medien und Kontakte.

Das kann so weit gehen, dass Ihre verschiedenen Abteilungen mit Kundenkontakt miteinander vernetzt werden, um ein gemeinsames Bild vom Kunden zu erhalten. In der Regel ist eine zentrale EDV-Plattform das Hirn einer solchen Herangehensweise. Sie können bis zu 15 Prozent an Ressourceneinsatz einsparen, wenn Sie sich besser vernetzen. Das gilt auch für die Planung von Kampagnen. Abbildung 12.1 zeigt, wie so etwas in der Praxis ablaufen kann.

Was ein Call Center für Sie leistet

Die Aufgaben eines Call Centers sind vielfältig. Das kann ein Call Center für Sie leisten:

Aktives Telefonieren

Beim aktiven Telefonieren, dem sogenannten Outbound-Betrieb, ruft der Agent gezielt beim Kunden an. Die wesentlichen Aufgaben sind:

- ✔ Adressen qualifizieren
- ✔ Produkte und Dienstleistungen verkaufen
- ✔ Abo-Verkauf/ Rückgewinnung
- ✔ Termine für den Außendienst vereinbaren
- ✔ Messeeinladungen
- ✔ Zufriedenheit abfragen in der Nachkaufphase
- ✔ Reaktivieren inaktiver Kunden
- ✔ Kundenbefragungen/Marktforschung

Passives Telefonieren

Im Gegensatz zum Outbound-Betrieb ruft beim Inbound-Betrieb der Kunde bei Ihnen an.

Die Kapazitäten und die erforderliche Qualifikation der Agenten ist schwer zu planen, weil das Anrufvolumen, die Gesprächszeit, der Zeitpunkt und die Art der Anrufe unbekannt ist.

Die Aufgaben des Inbound-Betriebs sind:

✔ Anrufe entgegennehmen

✔ Bestellungen entgegennehmen

✔ Service- und Reklamationshotline

✔ Informationshotline

✔ Helpdesk (Kundenberatung)

✔ Teleshopping

✔ Gewinnspielaktionen

✔ Änderung Kundendaten

Call Center als Hirn und Muskel Ihres Vertriebs

Liegt Ihre Stärke eher im persönlichen Gespräch oder haben Sie keine Zeit für die telefonische Akquise, empfiehlt es sich, auf ein erfahrenes Call Center zurückzugreifen. Immer mehr Unternehmen setzen zur Erhöhung der Qualität und des Nutzens des telefonischen Kontakts auf professionelle Telefonierbetriebe.

 Call Center liegen im Trend, das beweist ein Blick auf die enormen Steigerungsraten. Die Anzahl der Call Center hat sich in den letzten zehn Jahren vervierfacht und lag 2006 bei etwa 5.500 Unternehmen mit rund 350.000 Mitarbeitern. 1998 waren es noch weniger als 50.000.

Dem Imageproblem der Branche versuchen die Dienstleister nun mit freiwilliger Selbstregulierung und qualifizierten Ausbildungsgängen zu begegnen. Call Center, eigenbetriebene oder externe, unterstützen Ihre Marketing- und Vertriebsaktivitäten auf vielfältige Weise, vorausgesetzt, der Dienstleister ist in der Lage, die Bedürfnisse Ihres Unternehmens mit Kenntnissen über Ihre Branche und den Markt zu verbinden.

Das hat für Sie durchaus handfeste wirtschaftliche Vorzüge. Erfolg im Markt hängt immer stärker von der Servicequalität ab, also auch davon, wie gut Sie erreichbar sind. Kunden erwarten mittlerweile ohne lange Warteschleifen schnell, freundlich und kompetent bedient zu werden. Und sie setzen voraus, dass Sie auch ohne lange Erklärungen wissen, wie ihr Kundenstatus ist, was sie bei Ihnen gekauft haben und ob sie schon einmal zum gleichen Thema angerufen haben. Kunden erwarten am Telefon

✔ schnelle Anrufentgegennahme,

✔ keine Weiterverbindungen,

✔ kompetente Mitarbeiter,

✔ freundliche und motivierte Mitarbeiter,

✔ schnelle Antworten und Lösungen,

✔ individuelle Betreuung.

Das Kerngeschäft der Call Center verschiebt sich immer mehr von einfach strukturierten Aufgaben mit hohem Anrufvolumen hin zu komplexen fachlichen Aufgaben mit hohem Anspruch an die individuelle Kundenbetreuung. Gerade bei beratungsintensiven Produkten ist die Qualifikation der Mitarbeiter am Telefon das A und O.

Eine sorgfältige Vorbereitung und am besten noch etwas Branchenkenntnis gehören zum Rüstzeug für den telefonischen Kundenkontakt. Der Agent muss darüber hinaus sofort im CRM-System erkennen, um welchen Kunden es sich handelt, Informationen während des laufenden Gesprächs einpflegen und fehlende Informationen erfragen. Die Messbarkeit der Qualität wird in den nächsten Jahren das zentrale Leistungskriterium eines Call Centers sein. Mit der steigenden Qualifikationsanforderung dürfte sich der Trend zur Verlagerung von Call Centern in Niedriglohnländer damit bald umkehren.

Klinken putzen per Telefon ist vielleicht nicht Ihre Sache. Es gibt aber mindestens zwei gute Gründe es dennoch zu tun:

✔ Sie sparen Zeit.

✔ Sie sparen Geld.

Ein Außendienstbesuch kostet Sie zwischen 250 und 400 Euro. Ein qualifiziertes Telefongespräch kostet Sie dagegen gerade einmal ein Fünftel bis ein Zehntel dessen. Natürlich hängt der Erfolg telefonischer Akquise sehr stark vom Schwierigkeitsgrad ab.

Je teurer und komplexer das Produkt ist, desto weniger ist das Telefongespräch für den Abverkauf geeignet. Doch selbst dann ist die Vorbereitung eines Termins per Telefon sinnvoll: Für die Terminvereinbarung und Bedarfsermittlung sparen Sie wertvolle Zeit, wenn Sie zum Telefon greifen. Erfahrungen zeigen, dass es bei erklärungsbedürftigen Angeboten schlauer ist, den Kunden in Etappen zum Kauf zu bewegen.

Nehmen wir an, Sie betreiben ein Fitnessstudio: Über einen Coupon-Gutschein, den Sie per Postwurfsendung im Umfeld Ihres Studios verteilen, erhalten Sie die Telefonnummer eines Interessenten. Sie vereinbaren telefonisch einen Besichtigungstermin oder ein Probetraining und informieren den Kunden erst im persönlichen Gespräch vor Ort ausführlicher.

Vieles geht auch ohne Call Center

Fragen Sie einmal jemanden, der in einem Call Center arbeitet, was er dort eigentlich macht. Es sollte Sie nicht erstaunen, wenn das Wort »Telefonieren« eine eher untergeordnete Rolle spielt. Heute laufen viele Kommunikationskanäle wie Internet und Extranet, E-Mail und Fax wie selbstverständlich im Call Center zusammen.

Natürlich wird im Call Center auch telefoniert, aber moderne Call Center sind keine schnöden Telefonierbetriebe, es sind vielmehr Kontaktcenter mit topgeschulten Telefonagenten, High-End-Kommunikationstechnik und datenbankgestütztem Kundenmanagement.

Das Call Center des 21. Jahrhunderts ist, um es einmal martialisch auszudrücken, der »War Room« im Kampf um Marktanteile und Kundentreue. Sollten Sie »das Pech haben«, zur großen Mehrheit der Unternehmen zu gehören, die noch persönlich mit dem Kunden telefonieren, sei erwähnt, dass Sie auch ohne professionelle Call-Center-Unterstützung erstklassigen Kundenservice leisten können. Mit einigen kleinen Tricks und Verhaltensregeln können Sie Ihr Telefon aber auch selbst schnell und effektiv für den Kundendialog auf Trapp bringen und gleichzeitig die Kundenzufriedenheit deutlich verbessern.

Tipps, wie Sie schnell Ihren Telefonservice besser organisieren

✔ Einer der wichtigsten Faktoren für die Zufriedenheit Ihrer Kunden ist die telefonische Erreichbarkeit des Unternehmens. Bieten Sie Ihren Kunden immer die Möglichkeit, mit Ihnen telefonisch in Kontakt zu treten.

✔ Geben Sie bei Ihrem Schriftwechsel, im Internet und in Broschüren stets Ihre Telefonnummer und die Zeiten der täglichen Erreichbarkeit an.

✔ Vermeiden Sie es, die Nummer der Zentrale anzugeben, weil das bedeutet, dass der Kunde in jedem Fall weiterverbunden werden muss. Das ist nicht nur lästig, sondern birgt immer die Gefahr, nicht an die richtige Stelle verbunden zu werden.

✔ Geben Sie immer die Nummer der sachlich zuständigen Stelle an, beispielsweise bei Rechnungen die Nummer der Rechnungsstelle.

✔ Ganz wichtig: Sprechen Sie mit den Kollegen, deren Nummer angegeben wird, und bereiten Sie sie auf den Kundenkontakt vor. Das geht bei ganz einfachen Sachen los: Die Haltung, dass Kundenanrufe lästig sind und nur von der Arbeit abhalten, ist weit verbreitet. Leisten Sie also, bevor Sie die Kollegen auf den Kunden loslassen, zunächst einmal Aufklärungsarbeit in Sachen Kundenorientierung. Erklären Sie, warum der Kunde das Recht hat, zu nerven und blöde Fragen zu stellen. Und dass gerade die blöden Fragen helfen, eigene Fehler und Defizite aufzudecken.

✔ Klären Sie verbindlich, wie der Kundenkontakt dokumentiert werden soll. Wichtige Informationen zum Gespräch, zum Beispiel Reklamationen, sollten Sie erfassen und für alle involvierten Bereiche in der Kontakthistorie der Kundendatenbank einsehbar machen. Verabschieden Sie sich am besten noch heute von Ihrem Karteikasten, der bringt es nicht!

✔ Wichtig ist der verzahnte Ablauf bei der Bestellung von Infomaterial oder beim Wunsch nach einem persönlichen Termin. Immer dann, wenn etwas zu veranlassen ist, sollte das schnell geschehen, weil der Kunde beim telefonischen Kontakt eine prompte Reaktion von Ihnen erwartet.

Tipps, wie Sie am Telefon punkten

✔ Sorgen Sie für eine einheitliche Begrüßungsformel am Telefon. Achten Sie einmal darauf, wie unterschiedlich sich Ihre Kollegen melden. Das Spektrum dürfte ziemlich breit gestreut sein. Ein genervtes »Hallo« oder ein mürrisches »Müller« sind jedenfalls atmosphärisch ungünstige Einstiege ins Kundengespräch. Eine einheitliche Ansprache und

Begrüßung vermittelt ein klares Profil nach außen. Bei der Begrüßung empfiehlt sich die Reihenfolge Unternehmensname vor Ansprechpartner (der letztgenannte Name bleibt besser haften).

✔ Konzentrieren Sie sich immer nur auf ein Ziel, etwa Terminvereinbarung, Adressqualifizierung oder Abverkauf.

✔ Sprechen Sie den Nutzen des Kunden an und versuchen Sie nicht, einfach etwas zu verkaufen (empfängerorientierte Ansprache). Halten Sie immer einen zweiten Nutzen in der Hinterhand, falls der Kunde auf den ersten Nutzen nicht anspringt.

✔ Kommen Sie zur Sache, um dem Kunden nicht die Zeit zu stehlen. In den ersten Sekunden des Gesprächs entscheidet sich, ob der Kunde anspringt. Bringen Sie gleich zu Beginn den Nutzen für den Kunden an.

✔ Überfordern Sie den Kunden nicht mit vielen Zahlen und Fakten. Ist er überfordert, wird er keine für Sie positiven Entscheidungen treffen können.

✔ Achten Sie auf positive Wortwahl und Sie-Botschaften. Durch aktives Fragen erhalten Sie wertvolle Informationen über die Bedürfnislage des Kunden.

✔ Nehmen Sie Einwände und Reklamationen ernst. Vermeiden Sie es, in eine Verteidigungshaltung zu gehen oder den Kunden partout überzeugen zu wollen. Das führt schnell zu Ablehnung.

✔ Setzen Sie bewusst Pausen im Gespräch. Ein Schweigen an der richtigen Stelle unterstreicht das Gesagte und bringt Ihren Gesprächspartner zum Sprechen.

✔ Bestätigen Sie den Kunden nach einem Kauf in seiner Entscheidung. Mit wenig Aufwand können Sie die Kauftreue erhöhen.

✔ Eigentlich überflüssig zu erwähnen (aber leider trotzdem notwendig), dass eine gewisse Freundlichkeit am Telefon selbstverständlich sein sollte.

✔ Nicht zuletzt: Beachten Sie, dass nicht jeder Ihrer Kollegen gleichermaßen ein Telefontalent ist. Es wird Kollegen geben, für die der direkte Kundenkontakt ein Gräuel ist. In diesem Fall suchen Sie besser nach einer Alternative, weil das den Kollegen, vor allem aber die Kunden, vor Frust bewahrt.

Kundeninformationen sind wichtig

Die Schatztruhe Ihres Unternehmens sind Ihre vorhandenen Kundendaten. Die Bedeutung von Kundendaten zeigt sich beim Telefonkontakt besonders deutlich. Nehmen wir an, ein Kunde möchte in Ihrem Hotel ein Nichtraucherzimmer reservieren. Leider müssen Sie ihm mitteilen, dass im gewünschten Zeitraum nur noch Raucherzimmer verfügbar sind. Schade, dass Sie nicht sofort auf dem Schirm hatten, dass der Kunde zu den Stammkunden Ihres Hauses gehört und eine bevorzugte Behandlung angezeigt wäre. Der Kunde dürfte zumindest verärgert sein, im schlechtesten Fall werden Sie einen Stammkunden verlieren.

Ein anderes Beispiel: Ein Kunde vereinbart telefonisch einen Beratungstermin in Ihrem Autohaus. Beim Termin vor Ort versuchen Sie herauszufinden, wie hoch seine Kaufkraft ist, wann und ob er bei Ihnen schon gekauft hat, welchen Autotyp er bisher gefahren hat, ob er sonstige Services in Anspruch genommen hat und so weiter. Das kostet Zeit und erfordert viel Geduld. Die ganze Arie könnten Sie sich sparen und Sie könnten sofort ins Beratungsgespräch einsteigen, wenn Sie die wichtigsten Informationen bereits telefonisch erfragt hätten.

 Nehmen Sie im Kundenkontakt immer auch Informationen auf, die Ihnen helfen, eine Abwanderungsgefahr sofort erkennen. Entwerfen Sie einen Gesprächsleitfaden, an dem Sie und Ihre Mitarbeiter sich orientieren können und der die für Sie wichtigsten Informationsfragen berücksichtigt. Sie haben damit ein effektives Frühwarnsystem.

Kundenwissen spielt im Vertriebsprozess leider noch zu selten eine Rolle. Sie können die Qualität Ihrer Kundenkontakte erst dann wirklich steigern, wenn Sie Ihr Wissen über den Kunden verbessern. Ersparen Sie es sich und Ihrem Kunden, im Gespräch erst herausfinden zu müssen, was er bisher bei Ihnen gekauft hat und was er eigentlich wirklich braucht. Erstens werden Ihnen die Kunden kaum so viel Zeit einräumen, eine Art Bestandsaufnahme machen zu können, und zweitens kommt es auch nicht gut an, wenn Sie Ihrem Kunden zeigen, wie wenig Sie von seinem Kundenstatus wissen.

Stellen Sie sich auf jeden Kunden neu ein, denn Sie haben es mit sehr unterschiedlichen Typen und Charakteren zu tun. Nicht zuletzt ist nicht jeder Kunde gleich wichtig für Sie. Scheuen Sie sich nicht, mehr Zeit auf umsatzstarke Kunden zu verwenden, die für Sie wichtiger sind als Gelegenheitskunden mit kleinen Umsätzen. Eine flexible Betrachtung nach Kundenwert, nämlich danach, welche Kunden für Sie die größten Potenziale in der Zukunft haben, ist wichtig, damit Sie schon heute auf die richtigen Pferde setzen können. Ausführliche Informationen zum Thema Kundenwert finden Sie im Kapitel 4.

Strategische Planung Ihrer Hotline

Am Anfang Ihrer Planung des telefonischen Kundendialogs steht die Frage, was eigentlich genau das Call Center für Sie leisten soll. Es macht für die Schulung des Personals einen Riesenunterschied, ob Sie bestehenden Kunden eine technische Beratungshotline anbieten wollen oder aktiv Produkte verkaufen möchten.

Unterschiedliche Zielsetzungen haben immer auch Auswirkungen auf die Kapazitätsplanung, die Zeiten der täglichen Erreichbarkeit, auf die technische Ausstattung und auf die Organisation Ihres Call Centers. Ausgangspunkt ist eine solide Situationsanalyse, mit der Sie sich bewusst machen, was Ihre Stärken und Schwächen sind, welche Risiken bestehen und wo Ihre Chancen liegen.

Hier fließen Ihre bisherigen Erfahrungen im Kundenkontakt ein. Das erlaubt Ihnen bereits eine erste Einschätzung darüber, ob und zu welchen Zeiten Ihre Kunden einen Bedarf nach telefonischem Kontakt haben und wie dieser aussehen kann.

Sinnvoll ist eine Aufzeichnung des bestehenden bisherigen Kundenkontakts. Das können Sie entweder schriftlich in Form einer chronologischen Prozessbeschreibung machen oder in Form von Ablaufdiagrammen, die zur Visualisierung hierarchischer und komplexer Strukturen besser geeignet sind. Wenn die Prozesse klar beschrieben sind, können Sie die Call-Center-Aktivitäten harmonischer in die bestehenden Strukturen einfügen.

Typische Zielsetzungen für Call Center sind die Verbesserung der Servicequalität, die Eröffnung eines zusätzlichen Vertriebskanals oder die Gewinnung neuer Kunden. Vermutlich werden Sie nicht nur ein einziges Ziel verfolgen, dennoch sollten Sie für sich ein Hauptziel identifizieren, an dem Sie die weitere Planung ausrichten können. Daraus leitet sich die Zielgruppe ab und deren Erwartungen und Ansprüche an die Leistungen des Call Centers. Beziehen Sie in Ihre Überlegungen immer auch die Leistungen Ihrer Wettbewerber aus. Was bieten diese ihren Kunden an Servicequalität, wo können Sie sich einen zusätzlichen Vorsprung in der Kundenorientierung verschaffen?

Mehr zum Thema Call Center finden Sie im Buch *Call Center für Dummies*, ebenfalls im Verlag Wiley-VCH erschienen.

Wann sich ein eigenes Call Center für Sie rechnet

Am Ende Ihrer Situationsanalyse werden Sie wissen, ob Sie die erforderlichen Kapazitäten für den Betrieb des Call Centers selbst erbringen können (inhouse) oder ob Sie den Kundenservice von einem externen Dienstleister erbringen lassen.

Das Inhouse-Call-Center kommt für Sie eher dann in Frage, wenn die zu erbringende Leistung hoch spezialisiertes Know-how erfordert, beispielsweise bei komplexen Softwareprodukten, bei denen die Unterstützung der Programmierer erforderlich wird. Die Inhouse-Lösung kommt aber auch dann ins Spiel, wenn die Tätigkeit der Agenten sehr eng mit den sonstigen Leistungsprozessen Ihres Unternehmens verwoben ist.

Ohne Sie entmutigen zu wollen: Es gibt beim eigenen Call-Center-Betrieb einige Fallstricke, juristischer und vor allem finanzieller Art. Zum einen gibt es eine Reihe rechtlicher Beschränkungen, denn Telefonmarketing unterliegt unter anderem dem Gesetz gegen den unlauteren Wettbewerb und dem Bundesdatenschutzgesetz. Da müssen Sie sich erst mal schlaumachen, damit Sie nicht ganz schnell abgemahnt werden. Beachten Sie hierzu auch Kapitel 7.

Eine eigene Servicezentrale ist mit erheblichen Investitionen verbunden. Technik, Organisation, Personal, Schulung und Qualitätsmanagement können Sie finanziell schnell an Ihre Grenzen bringen. Bevor es überhaupt zum ersten Mal klingelt, haben Sie bereits mehrere Hunderttausend Euro Anschubfinanzierung zu leisten.

Allein schon die vermeintlichen Kleinigkeiten läppern sich zu stattlichen Summen: Headsets, die in vernünftiger Ausführung locker 200 Euro pro Stück kosten, Adapterkabel und Flachbildschirme, PCs und Softwarelizenzen. Von den Möbeln mal ganz zu schweigen. Je nach Anzahl der Plätze sind Sie ruckzuck einige Zehntausend Euro los. Nicht zuletzt die ACD-Telefonanlage, für die Sie in solider und zeitgemäßer Ausfertigung etwa 75.000 Euro hinlegen müssen, schlägt ordentlich zu Buche. Die laufenden Posten wie Miete, Personalkosten, Strom, technischer Support und Telekommunikationskosten sind ebenfalls erheblich. Die Betriebskosten können die Investitionskosten schnell übertreffen.

 Angesichts dieser enormen Investitionssummen gilt die Faustformel, dass sich die Einrichtung einer eigenen Infrastruktur für Sie erst ab einem regelmäßigen täglichen Anrufvolumen von 400 bis 500 Anrufen lohnt.

Bei weniger Volumen und wenn Sie das Call Center nur zeitlich befristet für ein bestimmtes Projekt brauchen, geben Sie die Leistung besser in die Hände eines der vielfältigen Call-Center-Anbieter, die sich auf dem deutschen Markt tummeln. Der Kunde wird davon gar nichts mitbekommen, weil die Agenten anhand der Einwahl erkennen, welches Unternehmen gerade angerufen wird, und können den Kunden entsprechend begrüßen.

 Berücksichtigen Sie bei der Kalkulation der Kosten nicht nur die externen Kosten. Die durch den Betrieb gebundenen internen Kosten sind ebenfalls beachtlich und müssen in eine Vollkostenkalkulation unbedingt einfließen.

Wenn Sie folgende Fragen mit Ja beantworten, kann sich ein eigenbetriebenes Call Center für Sie lohnen:

✔ Wollen Sie Call-Center-Leistungen für mindestens drei Jahre anbieten?

✔ Ist Know-how für den Aufbau und Betrieb in Ihrem Haus vorhanden?

✔ Haben Sie geeignetes Personal oder sind Sie bereit, zusätzliche Kräfte einzustellen?

✔ Können Sie das Call Center organisatorisch in die bestehenden Prozesse einbinden?

✔ Können Sie hohe Service- und Leistungsstandards nachhaltig sicherstellen?

✔ Nicht zuletzt: Verfügen Sie über die finanziellen Ressourcen für die Personalschulung, die Organisation, die Anmietung von Räumlichkeiten und den Einkauf und Support der technischen Infrastruktur?

Falls Sie sich für ein eigenbetriebenes Call Center entscheiden, sollte Ihre weitere Planung folgende Fragen beleuchten:

✔ Gibt es Räumlichkeiten, die genutzt werden können, oder ist eine Standortauslagerung des Servicecenters erforderlich?

✔ Soll das Management des Call Centers von einer bestehenden Abteilung übernommen werden oder ist die Installation einer neuen Abteilung, eventuell sogar eine Ausgründung sinnvoller?

✔ Gibt es bereits Mitarbeiter, die im Call Center arbeiten könnten, oder ist die Rekrutierung neuer Mitarbeiter erforderlich?

✔ Welche technischen Voraussetzungen (Telefonie, Datenbank etc.) bestehen bereits und welche Technik muss neu beschafft werden? Wer übernimmt Installation und Pflege der Systeme?

Diese Grundüberlegungen bilden den Auftakt Ihrer Detailplanung für die Einrichtung eines eigenbetriebenen Call Centers.

Das richtige Call-Center-Personal

Sollten Sie zu dem Schluss kommen, dass sich ein eigenes Call Center lohnt, sollten Sie sich die Aufbaustruktur eines Call Centers einmal genauer ansehen. Ihr Call-Center-Betrieb ruht auf den Säulen Personal, Technik und Organisation (siehe Abbildung 12.2).

Zahlungsart	Ihre Vorteile	Ihre Nachteile
Überweisung (Vorkasse)	• Lieferung erfolgt erst nach Zahlungseingang • Niedrige Kosten	• geringe Kundenakzeptanz von Vorauszahlung. • Aufwand für Zuordnung von Zahlung und Bestellung
Nachnahme	• hohe Sicherheit: Lieferung gegen Zahlung	• geringe Käuferakzeptanz wegen hoher Gebühren • Sie bleiben eventuell auf den Versandkosten sitzen
Lastschriftverfahren	• Abbuchung vor Lieferung	• Teure Gebühren • Käufer kann sein Geld innerhalb von 6 Wochen zurückholen • Geringe Akzeptanz
Kreditkarte	• Zahlungssicherheit • Unkompliziert Abrechnung durch vollautomatische Abwicklung	• Teure Gebühren: Disagio von rund 4 Prozent • Geringe Kundenakzeptanz (Sicherheitsbedenken)
Rechnung		• hohes Risiko eines Zahlungsausfalls • Eventuell Zusatzkosten für Bonitätsprüfung

Abbildung 12.2: Die Säulen des Call-Center-Managements

Das Personal ist eine wichtige Säule des Call Centers. Auf der personellen Ebene sollten Sie daher keine falschen Kompromisse eingehen. Sie brauchen hier höchste Qualifikation. Die Zufriedenheit Ihrer Kunden hängt maßgeblich von der Qualifikation und Motivation Ihrer Mitarbeiter ab. Anders ausgedrückt: Ihr Call Center ist als Schnittstelle zum Kunden Ihre Visitenkarte für die gefühlte Serviceorientierung Ihres Unternehmens. Freundlichkeit, fachliche Kompetenz und Schnelligkeit sind die wesentlichen Faktoren, an denen sich die Zufriedenheit misst.

Grob lassen sich vier verschiedene Einsatzbereiche unterscheiden:

Der Call-Center-Manager

Er verantwortet die Strategie Ihres Call Centers. Seine Aufgaben sind das Leistungs- und Qualitätsmanagement, das Controlling sowie Benchmarking (Leistungsvergleiche mit dem Wettbewerb). Bei kleineren Call Centern kommt noch die Personalentwicklung hinzu. Der Call-Center-Manager stärkt Ihr positives Image nach außen.

Die Funktioner

Funktioner sind Experten für die Steuerung der technischen Betriebsabläufe, also der DV- und Telekommunikationsanlagen. Sie sind als Stabseinheiten immer für ein fest umrissenes Gebiet zuständig.

Die Teamleiter

Die Zufriedenheit Ihrer Telefonagenten hängt in erster Linie von der Qualifikation Ihrer Teamleiter ab. Sie führen, motivieren, schulen und kontrollieren die Teams. Sie stellen den Schulungsbedarf einzelner Kräfte oder Teams fest, steuern den Personaleinsatz und führen Mitarbeitergespräche. Zusammen mit dem Leiter tragen sie die fachliche und disziplinarische Verantwortung für das Personal.

Die Telefonagenten

Telefonieren will gelernt sein. Qualifiziertes Telefonieren im Inbound- oder Outbound-Einsatz ist nichts für Unterbringungsfälle und nichts, was man sich so nebenbei aneignen kann. Investieren Sie in die Telefonkompetenz Ihrer Agenten und gehen Sie keine faulen Kompromisse ein. Wichtige soziale und kommunikative Basisqualifikationen sind:

✔ Sensibilität im Umgang mit Kunden

✔ Stresstoleranz

✔ Sprachliches Ausdrucksvermögen

✔ Geistige Flexibilität

✔ Aktives Zuhören

Daneben ist die fachliche Qualifikation ein entscheidendes Kriterium für die Kundenzufriedenheit. Je komplexer die Aufgaben sind, desto mehr Gewicht bekommt die Kompetenz der Mitarbeiter.

Zu den fachlichen Kompetenzen gehört:

✔ Umfassende Kenntnisse über die Produkte und Leistungen Ihres Unternehmens

✔ Branchen-Know-how

✔ Wissen um die wichtigsten Wettbewerberangebote

✔ Kenntnis der Vertriebs- und Organisationsstruktur Ihres Unternehmens

Ein verbreiteter Mythos lautet, dass hoch qualifizierte und motivierte Agenten das Ergebnis einer intensiven Personalauswahl und einer professionellen Ausbildung sind. Dem ist aber nicht so. Während der Zugang zu den meisten qualifizierten Berufen vom Schulabschluss, der beruflichen Bildung und der Praxiserfahrung abhängt, ist der gewöhnliche Telefonagent häufig Quereinsteiger, der für die Tätigkeit im Grunde nicht ausgebildet ist. Im Vergleich mit einer Fachverbandsausbildung haben selbst die intensivsten Grundtrainings den Charakter von Crashkursen. Das muss kein Nachteil sein, wenn das Lernen als Training-on-the-Job mit der tatsächlichen Arbeit eng verknüpft wird. Die Praxisnähe bewirkt so direkt verwertbare Erfahrungen.

Neben der Förderung der fachlichen Kompetenz müssen Ihre Agenten natürlich auch im Umgang mit der Telekommunikationstechnik und der Hardware und Software geschult werden. Die Qualifikationsschulung ist ein permanenter Prozess der Personalentwicklung. Damit Ihre Mitarbeiter langfristig motiviert sind und Ihnen erhalten bleiben, sollten Sie auch in Anti-Stress-Seminare, leistungsbezogene Prämien und geldwerte Vergünstigen investieren. Bieten Sie Ihren besten Leuten auch die Möglichkeit, sich intern weiterzuentwickeln.

Selbst Erfahrungen zu sammeln ist in Anbetracht der hohen Kosten nicht empfehlenswert. Sofern Sie also keine fundierten Erfahrungen mit Call-Center-Implementierungen haben, dürfte es sich für Sie lohnen, einen unabhängigen Berater hinzuzuziehen, der Ihnen bei der Bedarfs- und Wirtschaftlichkeitsanalyse und bei der Einführung des Call Centers sowie bei der Einbindung in Ihre Gesamtstrategie zur Seite steht. Unabhängige Berater sind auch bei der Auswahl externer Partner und bei der Bewertung von Kostenkalkulationen und Vertragsentwürfen nützlich.

 Auch eine Beraterfirma sollten Sie kritisch begutachten. Ist sie wirtschaftlich mit Call-Center-Betreibern verflochten, ist die Unabhängigkeit passé. Da Sie solche Verbindungen kaum erkennen können, sollten Sie auf Nummer sicher gehen und sich schriftlich oder eidesstattlich erklären lassen, dass keine wirtschaftlichen Verflechtungen bestehen.

Wenn es um dauerhafte Kundenbindung geht, verlassen sich viele Unternehmen lieber auf die eigene Beratungskompetenz. Wenn da nicht die Kosten wären. Der Aufbau eines eigenen Call Centers lohnt sich nämlich selbst für große Unternehmen nur selten.

In der Regel werden Call-Leistungen projektbezogen bei einem Dialogspezialisten eingekauft. Während Ihre eigenen Agenten für Sie Fixkosten darstellen, sind sie für Sie beim externen Partner, nach Bedarf eingesetzt, variable Kosten. Eine schnelle Verfügbarkeit und hohe Qualitätsstandards sind wesentliche Vorteile für Sie als Kunden. Die Agenten werden normalerweise für mehrere Kunden gleichzeitig eingesetzt, um die Kapazitäten optimal auszunutzen. Das zahlt sich für Sie auf der Kostenseite spürbar aus.

Was Sie beim Outsourcing beachten sollten

Outsourcing, wie es so schön neudeutsch heißt, ist die Übernahme von Dienstleistungen durch externe Partner. Sobald es um standardisierbare Leistungen wie Telefonauskünfte oder die Bestellannahme geht, wird eine externe Vergabe der Leistung für Sie interessant. Vor allem, wenn der Dienstleister die Kundenbetreuung für verschiedene Kunden gleichzeitig durchführt, ist das die deutlich preiswertere Variante gegenüber der eigenen Telefonmannschaft.

Lautet Ihr Credo also »Lieber Call-Center-Leistungen kompetent eingekauft als schlecht selbst gemacht«, kommen verschiedene Varianten des Outsourcings für Sie in Frage. Das Spektrum der Angebote reicht von aufgabenbezogenen Einzelleistungen bis hin zum umfänglichen Komplettpaket.

Modelle und Mischformen des Outsourcings

Es gibt sechs Grundformen des Outsourcings:

Fullservice

Die »Plug & Play«-Variante einer vollständigen Ausgliederung hat den Vorteil, dass Sie sofort und aus dem Stand eine professionelle Rundumversorgung erhalten. Die technische Ausstattung, geschultes Personal und ein hohes Qualitätsniveau stehen Ihnen zur Verfügung. Außerdem erhalten Sie regelmäßige Reports und in der Regel auf Wunsch eine Anbindung an Lettershop-Leistungen wie Versand von Infomaterial etc. Um eine Servicenummer müssen Sie sich auch nicht kümmern. Aber das Ganze hat natürlich seinen Preis.

Kapazitätsabhängige Auslagerung

Wenn die Kapazitäten Ihres eigenen Call Centers erschöpft sind, können Sie Serviceengpässe durch einen »Überlauf« zu einem externen Dienstleister beseitigen. Damit lassen sich kurzfristige Anrufspitzen sehr gut auffangen und es gehen Ihnen keine Anrufer verloren, die sich ansonsten in langen Warteschleifen wiederfänden.

Kapazitätsabhängiges Outsourcing ist für Sie vor allem dann sinnvoll, wenn Sie nicht selbst flexibel zusätzliche Kräfte einsetzen können (freie oder teilzeitbeschäftigte Kräfte) und Ihnen auch nur eine eng begrenzte Anzahl an Telefonplätzen zur Verfügung steht. Ihre Anrufer bekommen von diesem Routing zum Dienstleister nichts mit. Die geschulten Agenten begrüßen und beraten die Anrufer wie Ihre eigenen Mitarbeiter.

Zeitliche Auslagerung

Je länger Ihr Call Center erreichbar ist, desto höher ist der Kundennutzen. Nur werden Sie mit eigenen Kräften Ihre Hotline aus wirtschaftlichen und aus arbeitszeitrechtlichen Gründen nicht rund um die Uhr besetzen können. Das ist auch gar nicht sinnvoll, weil die Auslastung in den Nachtstunden, am Wochenende oder an Feiertagen in der Regel gering ist. Dennoch kann eine 24-Stunden-Erreichbarkeit ein wichtiger Wettbewerbsvorteil für Sie sein. Es liegt also nahe, die Anrufer zu Zeiten schwachen Anrufvolumens an die Agentur zu routen.

Aufgabenbezogene Auslagerung

Bei eng umrissenen einfacheren Aufgaben und Projekten wie Adresserfassung für die Zusendung von Infomaterial, Bestellannahme oder Kundenzufriedenheitsabfragen können Sie Ihre eigenen Kapazitäten sinnvoll entlasten, indem Sie diese Aufgabe an eine Agentur delegieren.

Frontoffice-Auslagerung

Anrufentgegennahme und Weiterleitung an einen qualifizierten Mitarbeiter sind verbreitete Outsourcing-Aufgaben von Call-Center-Agenturen. Während die externen Agenten Standardanfragen, die wenig Fach-Know-how erfordern, selbst beantworten können, kommen Ihre eigenen Kräfte nur im sogenannten Backoffice-Bereich zum Einsatz und übernehmen die beratungsintensiven Gespräche.

Anmietung von Technik

Die technische Infrastruktur macht einen erheblichen Teil der finanziellen Belastung bei Call Centern aus. Ein externer Dienstleister stellt die Call-Center-Infrastruktur und Sie stellen die Mitarbeiter. Sofern Sie die Call-Center-Leistung zeitlich befristet oder projektbezogen testen wollen, ist die Anmietung der Betriebstechnik eine gute Möglichkeit, das finanzielle Risiko zu begrenzen. Das Modell kommt auch dann für Sie in Frage, wenn die Beratungsleistung nur mit eigenem Personal in der gewünschten Qualität erbracht werden kann.

Die Wahl des richtigen Call-Center-Partners

Kundenservice ist eine ungemein wichtige Sache. Wenn Sie den Kontakt zu Ihren Kunden in die Hände eines Dienstleisters geben, wird die Servicequalität vom Kunden automatisch als Ihre eigene Qualität wahrgenommen, mit allen Stärken und Schwächen. Die Qualitätskontrolle eines externen Call Centers ist deshalb enorm wichtig für Sie. Noch besser ist es natürlich, wenn Sie sich bereits vor einer Bindung sehr sicher sind, dass der Dienstleister Ihren Qualitätserwartungen entspricht. Das Leistungsspektrum und die Qualifikationen sind zum Teil sehr unterschiedlich und nicht jedes Call Center kommt für Ihre individuellen Einsatzzwecke in Frage.

 Richtig verstanden geht es weniger um Arbeitsverlagerung, sondern um Arbeitsteilung. Die Vernetzung des externen Partners mit Ihrer Organisation ist besonders wichtig, um einen reibungslosen Ablauf zu gewährleisten. Deshalb muss in Ihrem Haus die Fachkenntnis zur kontinuierlichen Steuerung des Dienstleisters vorhanden sein.

Wichtige Qualitätsmerkmale sind:

✔ Die technische Ausstattung (Hard- und Software)

✔ Das Know-how und die Kundenorientierung der Agenten

✔ Qualitätssicherung zur Gewährleistung des Servicelevels

✔ Transparente und flexible Abrechnungsmodalitäten

✔ Regelmäßige Reportings

Je klarer Sie Ihre Anforderungen definieren, desto eher sind konkrete und vergleichbare Angebote von Dienstleistern zu erwarten.

Vorsicht beim Vergleich der Angebote. Nicht der billigste ist auch der richtige Partner. Was nutzt Ihnen ein unschlagbares Angebot, wenn die Qualität nicht stimmt oder der Anbieter kurz vor der Insolvenz steht.

Eine Liste qualitätsgeprüfter Telekommunikationsagenturen kann beim Deutschen Dialogmarketing Verband bezogen werden. Anhand dieser Liste können Sie mögliche Partner genauer unter die Lupe nehmen, sich ein Bild von den Bedingungen und dem Leistungsspektrum direkt vor Ort machen, sich Referenzen zeigen lassen und Angebote auf Basis Ihrer Leistungsbeschreibung abfordern.

Checkliste für die Auswahl geeigneter Dienstleister

✔ Hat die Agentur Erfahrungen in Ihrer Branche, mit Ihren Produkten oder Dienstleistungen? Welche Referenzen liegen vor?

✔ Werden Zusatzservices wie Datenbankverwaltung, Rechnungsabwicklung, Versandservice, E-Mail- und Internet-Services geboten?

✔ Entsprechen die Reporting- und Analysetools Ihren Bedürfnissen?

✔ Vorort-Besichtigung: Sind technische Ausstattung und Datenbanksystem auf dem letzten Stand? Welchen Eindruck machen die Räumlichkeiten und die Arbeitsplatzgestaltung?

✔ Ist die Datensicherheit gewährleistet (zum Beispiel über einen Datenschutzbeauftragten)?

✔ Verfügt die Agentur bei Störungen über Back-up-Systeme? Gibt es eine Störungsabteilung?

✔ Sind die Mitarbeiter kompetent und geschult?

✔ Wie ist der Anteil von Festkräften im für Sie zuständigen Team? Haben Sie Einfluss auf die Teamzusammensetzung?

✔ Haben Sie einen festen und ständig erreichbaren Ansprechpartner auf Entscheiderebene?

✔ Wie soll die technische Anbindung an Ihr Unternehmen aussehen?

✔ Gibt es Qualitätssicherungsprogramme (zum Beispiel Mystery Calls, regelmäßige Kontrollen der Gesprächsführung)?

✔ Ist die Abrechnung transparent? Welche sonstigen Kosten für Verwaltung, Technik etc. entstehen Ihnen neben den operativen Kosten?

Projektabstimmung mit dem Call-Center-Dienstleister

Grundlage Ihrer Zusammenarbeit mit dem Partner ist Ihr Briefing, mit dem Sie die Zielsetzung, Aufgabenstellung und das Anforderungsprofil an die Serviceleistungen genau beschreiben. Auf dieser Basis kann der Gesprächsablauf definiert und der Gesprächsleitfaden für die Agenten erstellt werden.

 Bestehen Sie auf einer exakten Ablaufplanung für die Follow-up- Prozesse, etwa den Versand von Infomaterial, Reklamationen und Anrufe, die eine spezielle Kundenbetreuung erfordern. Die Zusammenarbeit mit Ihren eigenen Fachabteilungen muss klar geregelt sein. Nur so können Sie einen zügigen und reibungslosen Ablauf und einen gleichbleibend hohen Qualitätsstandard gewährleisten.

Damit Ihr Partner eine qualitativ gute Arbeit leisten kann, muss er die Ausgangslage (Istzustand) genau kennen. Dazu gehören die rechtlichen Rahmenbedingungen, die Besonderheiten Ihrer Branche und Ihrer Wettbewerber und natürlich das Profil Ihrer Kunden. Besonders sorgfältig sollten Sie Ihr eigenes Produkt- oder Dienstleistungsangebot schulen. Vor allem die wesentlichen Vorzüge Ihrer eigenen Leistungen sollten herausgearbeitet werden, weil dies die Voraussetzung für eine überzeugende Verkaufsargumentation ist.

Vorhersage über das zu erwartende Anrufvolumen

Das bisherige Anrufaufkommen ist nur ein vager Anhaltspunkt für die künftige Auslastung des Call Centers. Für den Dienstleister ist es sehr wichtig zu erfahren, ob das Anrufvolumen konstant sein wird oder ob es in die Höhe schnellen wird, weil Sie beispielsweise Ihre Hotline in Ihre Werbung integrieren und die Telefonnummer auf Ihren Werbemitteln aufdrucken. Die Kapazitätsplanung der Hotline wird davon maßgeblich abhängen. Folgende Faktoren beeinflussen das Anrufvolumen:

✔ **Die Verkaufsmenge:** Besteht eine Wechselwirkung zwischen Verkauf und Anrufen (zum Beispiel Servicehotline)? Wie viele Gespräche werden pro verkaufter Einheit geführt?

✔ **Der Produktlebenszyklus:** Neue Produkte benötigen eine größere Unterstützung per Hotline als etablierte und ausgereifte Produkte.

✔ **Der Kundentyp:** Neue Kunden brauchen mehr Unterstützung als Stammkunden.

✔ **Saisonale Einflüsse:** Die Auslastung des Call Centers wird vermutlich Schwankungen unterliegen. Gibt es Fluktuationen bei einzelnen Wochentagen, Monaten oder Jahreszeiten? Ist gegen Jahresende, vor oder nach Ferien mit besonderen Spitzen zu rechnen?

Kosten für Outsourcing

Die Preise sind unter anderem abhängig von der Auftragsmenge, der Qualität beziehungsweise dem erforderlichen Know-how der Mitarbeiter und der zeitlichen Erreichbarkeit. Sie sollten sehr genau wissen, welche Preise für welche Leistungen berechnet werden. Hier die wichtigsten Kostenfaktoren:

Initialkosten

In der Einführungs- oder Vorbereitungsphase entstehen Ihnen Kosten für die Projektorganisation wie Festlegung der Arbeitsabläufe, Planung der Personalkapazitäten und Schulungsbedarf, Verfassen der Gesprächsleitfäden. Hinzu kommen gegebenenfalls Kosten für die Installation der erforderlichen Hardware und die Programmierung der Software. In der Regel sind zur Absicherung auch Testläufe erforderlich.

Die Kosten der Vorlaufphase können bis zu 10.000 Euro betragen. Die Kalkulation dieser Vorkosten erfolgt entweder auf Stundenbasis oder pauschal. In jedem Fall sollten Sie sämtliche Leistungen genau spezifizieren lassen, um Missverständnisse auszuräumen.

Managementkosten

Hierzu zählen die Verwaltungskosten wie Projektbetreuung, Supervision, Qualitätskontrolle, statistische Auswertungen und Reportings. Die Abrechnung erfolgt entweder auf Stundenbasis, als Tagessatz oder als Monats- beziehungsweise Projektpauschale.

Betriebskosten

Das sind die Kosten für die Bereitstellung und Pflege der technischen Infrastruktur. Abgerechnet wird in der Regel pauschal oder, im Falle erforderlicher Umprogrammierungen, nach Aufwand.

Kosten im Servicebetrieb

Beim passiven Telefonmarketing erfolgt die Abrechnung nach Anzahl der Anrufe (Cost per Call). Hier sind Preisstaffelungen nach Anrufmenge üblich. Im aktiven Telefonmarketing ist eine Abrechnung pro erfolgreichem Anruf die Regel. Falsche Verbindungen oder nicht erreichte Nummern werden also nicht mitgezählt. Erfolgsabhängige Modelle für Abschlüsse (Abo-Verkauf oder Ähnliches) sind ebenfalls möglich. Die Preise sind nach Komplexität der Aufgabenstellung gestaffelt. Unterschieden werden in der Regel drei Servicelevel:

✔ **Level 1:** Einfache Gesprächsführung, Adressgenerierung, Bestellannahme

✔ **Level 2:** Mittleres Gesprächsniveau mit Produkt-Know-how und gegebenenfalls Mehrsprachigkeit

✔ **Level 3:** Spezialisten mit detaillierter Produktkenntnis, Einsatz zum Beispiel bei Beratungshotlines

Als grobe Richtschnur können Sie bei eingehenden Anrufen mit Minutenpreisen ab 0,70 Euro rechnen, ausgehende Anrufe gibt's pro Minute ab 1 Euro, wobei in der Regel der Einzelkontakt preislich nach oben begrenzt wird.

Im Outbound-Bereich lassen Sie sich besser nicht auf eine pauschale Verrechnung pro Call ein. Bei entsprechend allgemeinen Formulierungen wird unter Umständen bereits der Versuch der Kontaktaufnahme kostenpflichtig. Vereinbaren Sie grundsätzlich immer eine Honorierung für jeden erzielten Nettokontakt, also das tatsächliche Gespräch mit der Zielperson. Die Definition, was ein Nettokontakt ist, gehört in den Vertrag. Eine zusätzliche Erfolgsprämie ist ein enormer Motivationsanreiz für jeden Agenten. Auch hier müssen Sie auf die Details achten. Erfolgsprämien sollten immer abzüglich der Retouren und Rücktritte abgerechnet werden. So unterbinden Sie das »Pushen« von Bestellungen.

Häufig finden Sie unter der Bezeichnung »Gemeinkosten« die beliebten Pauschalen. Diese sind kaum zwischen verschiedenen Anbietern vergleichbar. Sie sollten sich unbedingt diese Position nach den einzelnen Kostentreibern aufschlüsseln lassen. Oft werden die allgemeinen Verwaltungs- und Grundkosten nicht verursachergerecht ermittelt, sondern einfach auf alle Kunden verteilt. Verliert das Call Center einen Kunden, werden die Kosten zulasten der verbleibenden Kunden aufgeteilt. Das sollten Sie von vornherein ausschließen.

Abrechnungsmodelle

Outsourcing-Angebote des Call Centers werden in der Regel mit folgenden Modellen versehen:

✔ Cost per Call [Anruf] (CpC)

✔ Cost per Duration [Dauer des Gesprächs] (CpD)

✔ Cost per Initialisation [Initialisierung] (CpI)

✔ Cost per Order [Bestellung] (CpO)

✔ Cost per Project [Projekt] (CpP)

✔ Cost per Customer [Fixkostensatz pro betreutem Endkunden]

Qualitätskontrolle im Call Center

Das Call Center ist die Visitenkarte für Ihr Unternehmen im Kundenkontakt. Klar, dass Qualität eine überragende Rolle spielt.

Was macht gute Qualität eigentlich aus? Das Empfinden für gute Qualität und die Erwartungen an eine Hotline sind von Mensch zu Mensch höchst unterschiedlich. Qualität entsteht gewissermaßen in den Köpfen des Kunden und zwar in dem Augenblick, in dem die Erwartungshaltung auf die Wahrnehmung der Leistung trifft. Kann die Wahrnehmung mit der Erwartung nicht standhalten, nennt man das Ergebnis Enttäuschung, Verärgerung oder Frust. Ihr Anspruch sollte also sein, eine Reaktion auszulösen, die sich ungefähr so ausdrückt: »Alle Achtung, das hätte ich gar nicht erwartet«.

Basis für eine gute Qualität sind:

✔ Fachlich kompetente und in der Kundengesprächsführung geschulte Agenten

✔ Kosten des Anrufs

✔ Erreichbarkeit der Hotline

✔ Wartezeiten in der Schleife

Hier zeigt sich ein gewisses Dilemma. Manche Anrufer werden eine Wartezeit von ein bis zwei Minuten noch als okay empfinden, während andere es schon als Zumutung empfinden werden, wenn sie nicht sofort den richtigen Ansprechpartner am Hörer haben.

Als Kompromissformel im Qualitätsmanagement hat sich eine Weiterverbindung innerhalb von 20 Sekunden als akzeptabler Zeitraum etabliert. Ähnlich unterschiedlich im Empfinden verhält es sich mit den Kosten einer Servicenummer. Allgemein akzeptiert sind kostenpflichtige Servicenummern nur dann, wenn dem ein entsprechender Servicenutzen entgegensteht und der Anruf nicht mit langen Wartezeiten verbunden ist.

Natürlich werden Ihnen die verschiedenen Call-Center-Betreiber höchstmögliche Qualität zusichern, und natürlich werden Sie darauf nicht blauäugig vertrauen. Das Call Center ist schließlich ein Wirtschaftsbetrieb, bei dem Kosteneffizienz eine große Rolle spielt. Bei Ihnen als Auftraggeber ist das ja nicht anders. Sie sollten deshalb sicherstellen, dass Sie beste Servicequalität für Ihr Geld erhalten.

Die Messbarkeit der Qualität ist deshalb ein wichtiges Kriterium in der Zusammenarbeit zwischen Ihnen als Auftraggeber und dem Call-Center-Betreiber. Vereinbaren Sie mit Ihrem Dienstleister verbindlich und ganz konkret Qualitätsstandards und fixieren Sie schriftlich, wie das Qualitätsmanagement aussehen soll.

 Gute Dienstleister bieten von sich aus Servicepakete inklusive Qualitätskontrollen wie etwa Mystery Calls an. Was sich vielleicht mysteriös anhört, ist nichts anderes als der branchenübliche Fachbegriff für Testanrufe.

Sporadische Kundenbefragungen und die Auswertung von Beschwerden sind zwar hilfreich, aber erst ein regelmäßiges und systematisches Qualitätsmonitoring gibt einen aussagekräftigen Einblick in die Kommunikation zwischen den Call-Center-Agenten und Ihren Kunden.

Monitoring bedeutet Qualitätskontrolle durch regelmäßige Überprüfungen der Gesprächsführung. Schwächen und Defizite im Kommunikationsverhalten der Agenten können Sie so schnell aufdecken. Ebenso Mängel in der fachlichen Beratung oder bei der Produktkenntnis. Qualifizierte Drittpersonen können Gespräche mithören und diese systematisch analysieren und auswerten. Die regelmäßige wöchentliche oder monatliche Analyse und Auswertung zeigt Ihnen, wo es beim Service Ihres Partners hakt. Gute Partner werden von selbst daran arbeiten, die Mängel schnell zu beseitigen. Fordern Sie ansonsten Nachbesserung innerhalb kürzester Zeit.

Die regelmäßigen statistischen Auswertungen sollten mindestens folgende Informationen umfassen:

✔ Gesprächsaufkommen und Anrufverteilung

✔ Status und Entwicklung des Servicelevels

✔ Art und Menge der Anfragen und Bestellungen

✔ Umfang und Art von Beschwerden

✔ Personaleinsatz zu bestimmten Zeiten

Monitoring

Es gibt verschiedene Arten der Qualitätsüberwachung und Aufzeichnung:

Kennzahlenmonitoring

Erfasst wird die Anzahl der Anrufe, die durchschnittliche Wartezeit bis zur Annahme des Gesprächs, die durchschnittliche Gesprächsdauer, die Abbruchrate der eingehenden Anrufe und so weiter.

 Erfasst werden sollten die Kennzahlen aller Kommunikationskanäle, also E-Mail, Webkontakt, Brief, Fax, Anruf, und im zeitlichen Verlauf dargestellt werden.

Gesprächsaufzeichnung

Gesprächsaufzeichnungen sind eine sehr effektive Methode, weil alle Details des Gesprächs festgehalten werden. Sie setzen allerdings die Zustimmung des Kunden voraus.

Die Gesprächsaufzeichnung bedarf aus Datenschutzgründen der Zustimmung der Arbeitnehmervertretung, also zum Beispiel des Betriebsrats. Im Bankenbereich ist die Gesprächsaufzeichnung Alltag, weil sie dort gesetzlich vorgeschrieben ist.

 Gesprächsaufzeichnungen sind eine gute Möglichkeit, die Qualität regelmäßig zu überprüfen und gegebenenfalls zu optimieren. Agenten sind grundsätzlich einem solchen Verfahren gegenüber aufgeschlossen, weil sie davon in ihren Kundengesprächen profitieren. Gehen Sie offen und aufrichtig mit dem Thema um und informieren Sie die Agenten über das Vorgehen.

Monitoring durch einen Coach

Hierbei hört der Coach das Gespräch offen mit und kann es direkt mit dem Agenten auswerten. Alternativ dazu ist das unbemerkte Mithören des Gesprächs möglich. Die Auswertung mit dem Agenten erfolgt dann später. Beim sogenannten Tape-Coaching entscheidet der Agent selbst, welches Gespräch aufgezeichnet und ausgewertet werden soll. Natürlich muss auch hier der Angerufene und der Betriebsrat zustimmen.

Mystery Calls

Ein Coach oder ein involvierter Dritter ruft den Agenten über eine externe Leitung an und simuliert einen Kundenanruf. Das bedarf einer guten Vorbereitung, weil erfahrene Agenten unechte Kundenanrufe schnell durchschauen.

Zum Schluss noch ein paar Links zum Thema Call Center:

✔ Suchservice für Call-Center-Dienstleister: www.call-center-experts.de

✔ Call Center Forum e.V., der Verband der Call-Center-Branche: www.ccf-ev.de

✔ Dienstleistersuche einfach gemacht: www.callcenter-ausschreibung.com

✔ Plattformen im Überblick: www.call-center.de

Onlinemarketing

In diesem Kapitel

- Verkaufen mit dem eigenen Onlineshop
- Werben im Internet: Banner, Suchmaschinen, Partnerprogramme
- Mit Wegblogs Kunden zu Verbündeten machen
- E-Mail-Marketing

Wenn Sie heute auf dem Klo sitzen und reißen das letzte Blatt ab, sind Sie doch irgendwie enttäuscht, wenn da nicht eine Internet-Adresse draufsteht und Sie zum Klopapier vertiefende Informationen anfordern können.

Friedrich Küppersbusch, deutscher Journalist und Fernsehmoderator

E-Business, E-Commerce, E-Mail-Marketing und was es an Bindestrich-Marketing sonst noch gibt, all das steht für neue virtuelle Kundenbeziehungen über das World Wide Web. Es ist aber nur vordergründig etwas revolutionär Neues. Nüchtern betrachtet haben wir zunächst einmal einige interessante neue Vertriebswege und Ansprachekanäle hinzubekommen. Das eröffnet zweifellos neue Möglichkeiten, Kunden zielgerichtet anzusprechen. Dabei geht es um den ewig gleichen Marketingkreislauf aus Aufmerksamkeit erzeugen, Interesse halten, Vertrauen gewinnen, Kundenwünsche wecken, Verkaufen und Kunden halten. Egal, ob Sie Ihre Produkte im Shoppingcenter oder im virtuellen Raum verkaufen, die Spielregeln gelten hier wie dort, immer geht es um die altbewährte Verkaufsspirale.

Klassische Medien		Online-Medien	
Direct Mail	Events	Affiliate-Programme	Banner-Kampagnen
Kino	Plakate	E-Mail-Marketing	Keyword-Advertising
PR	Printmedien	Listung in Directories	Mobile Marketing
Sponsoring	Telefon/Fax	Portal Partnerschaften	Produkt-Suchmaschinen
Teletext	TV & Radio	Suchmaschinen-optimierung	Quelle: Bundesverband Digitale Wirtschaft, Leitfaden Marketing

Abbildung 13.1: Werbemedien im Überblick

Kunden gehen ins Netz – auch in Ihr Netz

Kundenbindung im Internet wird neuerdings mit dem Modebegriff Web 2.0 verknüpft. Hinter dieser albernen Versionsnummer verbirgt sich im Grunde nur die Ausrichtung auf die Bedürfnisse und Interessen der Internetnutzer. Jetzt entdecken Unternehmen also auch im Internet den einzelnen Kunden.

Marketer investieren im Internet nach wie vor am meisten in klassische Onlinewerbung. Dabei ist das Dialogmarketing schon längst im Internet angekommen. Plötzlich stellen sich altbekannte Fragen: Wie kann man Mehrwerte schaffen, wie sich gegenüber der Konkurrenz im Netz abgrenzen? Die Interaktivität des Mediums bietet gewaltige Möglichkeiten und birgt enorme Risiken. Die Bestie Kunde ist gierig. Ständig werden Aktualisierungen und eine Steigerung des Gebotenen erwartet. Dressieren können Sie Ihre Kunden kaum, aber Sie können sich mit ihnen austauschen. Die von Marketinggurus verwendeten Schlüsselbegriffe sind Dialogfähigkeit, Partizipation und Interaktion. Mit anderen Worten: Treiber und Mittelpunkt Ihres Auftritts im Web ist der aktive Kunde.

 Das Spannende daran ist: In Communities, Blogs (private Onlinetagebücher) und Podcasts (Audio- und Videobeiträge) offenbart Ihnen der Kunde mehr als in der realen Welt. Wenn Sie hinhören, erfahren Sie, was Ihre Kunden wirklich von Ihnen denken und erwarten.

Die Wünsche Ihrer Kunden verändern sich sehr schnell. Nutzen Sie also permanent die Chance einer Rückmeldung auf Ihre Produkte oder Services. Ganz nebenbei erhöht sich die Loyalität Ihrer Kunden, die sich in ihren Bedürfnissen ernst genommen fühlen. Ihre Internetpräsenz ist nicht nur Umsatzbringer für Ihr Unternehmen. Sie ist auch Kaufanbahner, Informationsgeber, Feedbackforum, Mitmachplattform und Barometer für die Bedürfnisse und Stimmungen Ihrer Kunden.

Bieten Sie Ihren Kunden die Möglichkeit, auf Ihrem Portal aktiv mitzumachen, durch

✔ Kundenbewertungen nach Transaktionen,

✔ FAQ-Listen,

✔ Call-Back-Button,

✔ Diskussionsforen,

✔ Experten-Chats,

✔ Downloadcenter,

✔ Linkverzeichnisse.

Das Allerwichtigste für die Akzeptanz Ihrer Website ist die Benutzerfreundlichkeit. Der Kunde möchte mit wenigen Klicks zum gewünschten Ergebnis kommen und nicht beim Suchen nach einem Produkt oder einer Dienstleistung in der Irre geraten.

Was der freundliche Fachverkäufer im Geschäft ist, ist die Benutzerfreundlichkeit im Web. Der Kunde wird sich gegenüber Ihren Angeboten viel positiver verhalten, wenn er die für ihn relevanten Informationen einfach und bequem findet. Wenn er nicht das findet, was er sucht, wechselt er schnell zu einer anderen Seite, vielleicht zu der Ihrer Konkurrenz. Eine nutzeroptimierte Webseite kann also für Sie zum entscheidenden Wettbewerbsvorteil werden.

Das sollten Sie wissen, wenn Sie eine eigene Website aufbauen

Ihre Website ist ein wichtiger Baustein Ihres Marketings. Es reicht deshalb nicht, dass Sie »der Pflicht genügen« und einen lieblosen und letztlich ungeliebten Auftritt zimmern. Schlechte Webseiten schaden mehr, als sie nutzen. Die wichtigsten Faktoren Ihres Internetauftritts stellen wir Ihnen im Folgenden kurz vor. Wenn Sie diese berücksichtigen, sind Sie in jedem Fall auf einem guten Weg zu einem starken vernetzten Auftritt, der gerne besucht wird.

Orientierung geben

Niemand will lange suchen, wo er was findet. Versetzen Sie Ihre Besucher in die Lage, mit wenigen Klicks zu den gewünschten Informationen zu gelangen. Eine leichte und transparente Benutzerführung und eine nachvollziehbare Navigationsstruktur sind das A und O Ihres Auftritts. Ganz wichtig ist, dass Sie sich in die Lage des Besuchers versetzen. Die wichtigsten Informationen wie Leistungen, Produkte und Preise müssen sofort auffindbar sein. Die Vorteile, bei Ihnen zu kaufen, sollten dem Besucher plakativ ins Auge fallen. Weniger ist hier häufig mehr.

Optik verbessern

Das Layout Ihres Auftritts sagt sehr viel über Ihre Professionalität und Ihr Bild aus, das Sie nach außen abgeben möchten. Fragen Sie sich deshalb von Beginn an, welches Image Sie nach außen tragen wollen. Unübersichtliche Layouts, verspielte Grafiken und schlecht lesbare blinkende Farben und Schrifttypen nerven den Besucher und wirken amateurhaft. Aufwendige Animationen und Bildelemente verlängern übrigens auch die Ladezeiten. Niemand hat Lust, darauf zu warten, dass sich Ihre tollen Seiten endlich aufbauen.

Ein reduzierter Auftritt muss nicht zwangsläufig langweilig sein, er kann auch Ruhe und Souveränität, Vertrauenswürdigkeit und Seriosität vermitteln. Ihre Website ist Teil Ihrer Unternehmenskommunikation. Daran sollte sich die Gestaltung messen lassen.

Texte optimieren

Was für das Layout gilt, gilt auch für die Texte. Mal ehrlich, Sie werden wahrscheinlich die Oberflächen lieber von einem gelernten Grafiker bauen lassen, als sich selbst daran zu versuchen. Und wie ist es beim Text? Seltsamerweise wird am Text gerne gespart und selbst Hand angelegt.

Bedauerlicherweise wissen die wenigsten Websitebetreiber, wie verkaufsstarke Werbetexte geschrieben sein müssen. Trotzdem wird völlig enthemmt drauflos getextet und das sieht man den Ergebnissen leider auch an. Eignen Sie sich durch Selbststudium und viel Übung einen nutzenorientierten und flüssigen Schreibstil an oder geben Sie diese Aufgabe gleich in die Hände eines erfahrenen Texters.

Anreize bieten

Eine gute und bedürfnisorientierte Darstellung Ihres Angebots ist wichtig. Doch eine Webseite ohne Mehrwerte, Kaufverstärker und sonstige Zusatznutzen ist allein kaum mehr konkurrenzfähig. Wichtig ist, dass Sie Ihren Kunden über die eigentlichen Angebote hinaus interessante kostenlose Anreize bieten: Beratungsservices, Gewinnspiele, Testversionen, Abos etc. Bitte vergessen Sie nicht, dass das Anreize sein müssen, die für Ihre Zielgruppe interessant sind.

Ziele setzen

Im Internet präsent zu sein, ist kein Selbstzweck. Sie sollten sehr genaue Vorstellungen davon haben, was Sie mit der Website eigentlich erreichen wollen. Allgemeine Aussagen wie »Ich will für meine Kunden rund um die Uhr erreichbar sein« oder »Wir wollen uns als modernes Unternehmen präsentieren« sind im Dialogmarketing nicht hilfreich, weil die Zielerreichung zu breit und kaum zu messen ist. Belastbare Ziele können sein:

✔ Anzahl der Besucher pro Woche/Monat/Jahr

✔ Umsatz absolut oder prozentual über den Onlinekanal

✔ Anzahl der Kontakte/Bestellungen/Downloads in einem bestimmten Zeitraum

Auf Basis solch konkreter Ziele können Sie Ihre Website planen und Ihre Maßnahmen präzisieren. Was müssen Sie tun, damit Ihre Website genau diese Ziele erreichen kann?

Kontakt suchen

Jeder Besuch Ihrer Website ist eine Chance zum Kundendialog. Zeigen Sie Ihren Nutzern, dass Sie sich über einen Kontakt freuen, und verstecken Sie E-Mail-Adresse, Anschrift oder Telefonnummer nicht. Kunden haben Fragen, wollen reklamieren und etwas mitteilen. Das liegt in der Natur des Menschen.

Vermitteln Sie Ihren Kunden, dass Sie für sie da sind, und machen Sie es ihnen leicht, mit Ihnen ins Gespräch zu kommen. Das schafft Vertrauen und gibt Ihnen ganz nebenbei eine Vielzahl wichtiger Erkenntnisse über die Bedürfnisse Ihrer Kunden.

Verkaufen mit dem eigenen Onlineshop

Die Wirtschaft hat mit dem Internet den direkten Draht zum Kunden neu entdeckt. Zwangsläufig, denn der Kunde ist mittlerweile online auf Shoppingtour unterwegs und die Macht ist mit ihm. Was früher schwer vorstellbar war, ist mittlerweile alltägliche Shoppingpraxis: Entfernungen und Öffnungszeiten spielen in der neuen Einkaufswelt keine Rolle mehr.

Die Unternehmen rücken im Web zusammen, Ihre Leistungen, Preise und Produkte werden in Sekundenschnelle mit denen Ihrer Wettbewerber verglichen. Warum sollte man das zweitbeste Produkt oder einen höheren Preis akzeptieren, wenn man im Shop einen Klick entfernt besser bedient wird? Entziehen können Sie sich schon gar nicht. Im Gegenteil: Wer heute nicht im Internet vertreten ist, ist der Verlierer von morgen. Immer mehr Menschen machen ihre Kaufentscheidungen nicht nur vom Image einer Marke abhängig, sondern auch vom Ergebnis ihrer Recherchen im Internet. Während der stationäre Einzelhandel stagniert, ist die Welt des E-Commerce mehr als in Ordnung.

 Die Deutschen kaufen immer häufiger im Internet ein. Die überwiegende Anzahl aller deutschen Unternehmen ist bereits mit einem eigenen Internetauftritt präsent. Selbst klassische Filialketten wie Drogerien, Supermärkte und Kaufhäuser setzen mittlerweile auf den Umsatz im Web.

Ausgangsbasis Ihrer Planung für den eigenen Onlineshop ist die Frage, ob Sie Ihre Zielgruppe im Internet überhaupt erreichen. Zwar sind die meisten Deutschen mindestens viermal wöchentlich im Internet, ob das aber auch auf Ihre spezielle Kundschaft zutrifft, müssen Sie selbst bewerten. Einen wichtigen Hinweis dafür, dass es sich lohnt, liefern Ihre Wettbewerber. Sind diese bereits im Internet aktiv, sollten Sie sich beeilen, den Vorsprung nicht zu groß werden zu lassen. Mit welchen Produkten ist die Konkurrenz vertreten, wie ist deren Preisgestaltung, welche Bezahlverfahren und Gewährleistungen werden angeboten?

Ihr Shop sollte ein möglichst eigenständiges Verkaufsportal darstellen und eine eigene URL (Uniform Resource Locator, Internetadresse) haben. Das hat den Vorteil, dass sich der Käufer sofort auf Ihrer Verkaufsseite befindet. Der Shop muss im Look and Feel, also im Erscheinungsbild, Ihrem sonstigen Unternehmensauftritt entsprechen. Eine eindeutige Absenderkennung ist wichtig für die Orientierung des Nutzers. Selbstverständlich bieten Sie in Ihrem Shop Verlinkungen zu Ihrem Unternehmensauftritt an.

Sie können Ihren Shop natürlich auch direkt in Ihre Unternehmenswebsite integrieren, dann allerdings müssen Sie dem Besucher sofort auf der Startseite einen prominenten Einstieg in den Shop bieten. Eine eigene URL für den Shop ist aber auch in diesem Fall sinnvoll. Besucher müssen dann nicht extra über die Homepage gehen, sondern können den Shop direkt erreichen. Dann landet der Besucher per Redirect automatisch auf der entsprechenden Seite in Ihrem Unternehmensauftritt.

Als kleinerer Anbieter werden Sie sich kaum als Preisführer positionieren können. Für Sie gilt deshalb die Devise: Wenn Sie nicht die Nummer eins beim Preis sein können, dann müssen Sie einzigartige Angebote schaffen, die sich unterscheiden. Die Einzigartigkeit Ihrer Leistungen sollte natürlich dem Käufer einen echten Nutzen bringen, zum Beispiel besondere Zahlungskonditionen, Garantien und Beratungsservices. Ganz weit vorn sind Sie, wenn Sie

Ihren Shop mit dem stationären Geschäft verbinden, etwa durch Abhol-, Rücknahme oder Reparaturservices. Solche Zusatznutzen rechtfertigen dann auch einen etwas höheren Preis. Bei Konsumenten, die überdurchschnittlich häufig im Internet einkaufen, spielt der Preis nur eine untergeordnete Rolle. Sie sind sehr kompetent beim Vergleich von Produkteigenschaften und lassen sich in ihrer Kaufentscheidung emotionell beeinflussen. Viele Käufer schätzen den bequemen Einkauf im Internet und lassen sich von gut gemachten E-Shops beeinflussen.

 Prüfen Sie, ob Sie als Existenzgründer vom Bundeswirtschaftsministerium Zuschüsse für den Aufbau Ihres Onlineshops erhalten können. Nutzen Sie zusätzlich Hilfestellungen. Das Netzwerk für den elektronischen Geschäftsverkehr (www. ec-net.de) beispielsweise gibt Mittelständlern eine kostenlose Erstberatung und Informationen zum Thema E-Commerce.

In sechs Etappen zum eigenen Onlineshop

1. **Legen Sie Ihr Produktangebot fest.**

2. **Holen Sie Angebote zur Erstellung des Onlineshops ein.**

3. **Beauftragen Sie die Erstellung des Shops.** Eine individuelle kleine bis mittlere Lösung mit eigenem Seitenlayout und Anbindung Ihrer Datenbank kostet Sie einmalig etwa 3.000 Euro. Kalkulieren Sie zusätzlich laufende Kosten für Wartung und Pflege der Seiten. Preiswerter sind standardisierte einfache Shoppakete, die Sie schon für rund 20 Euro im Monat haben können.

4. **Präsentatieren Sie Ihr Produkt:** Erstellen Sie möglichst professionell digitale Fotos Ihrer Verkaufsprodukte. Das kostet Sie bei einem Fotografen und abhängig von der Anzahl der Bilder zwischen 200 und 300 Euro. Genaue Beschreibungen, am besten mit Testergebnissen und Kundenbewertungen sind für neue Kunden die besten Referenzen. Stellen Sie alle wesentlichen Produktfeatures und technischen Informationen bereit, idealerweise stellen Sie die Gebrauchsanleitung als PDF ein. Je mehr Infos Sie Ihren potenziellen Kunden zur Verfügung stellen, desto eher werden sie bei Ihnen kaufen.

5. **Planen Sie die Logistik:** Bauen Sie sich eine effiziente Lagerhaltung auf und organisieren Sie den Versand, gegebenenfalls auch in Kooperation mit einem Lettershop oder einer Spedition.

6. **Bewerben Sie Ihren Shop:** per Banner, in Suchmaschinen und über Partnerlinks. Das kostet Sie bis zu 5.000 Euro. Hinzu kommen gegebenenfalls Kosten für Anzeigen oder Mailings.

Mietshops sind eine gute Alternative zum Aufbau eines eigenen Shops, wenn Sie erst einmal in die Materie hineinschnuppern wollen. So testen Sie, ob sich Ihre Angebote erfolgreich im Netz vermarkten lassen, und sparen sich größere Investitionen in einen eigenen Shop.

Bei einem guten Mietshop besteht absolute Transparenz über die Kosten des Shops. In der Regel sind das Monats- oder Jahrespauschalen. Lange Bindungsfristen von beispielsweise 24 Monaten sind für Sie nachteilig, achten Sie darauf. Eine einfache Bedienung der Software sollte selbstverständlich sein, denn Sie haben Besseres zu tun, als sich mit komplizierten Systemen abzumühen.

Die meisten Shopanbieter bieten Ihnen kostenlose Testshops an. Sie können dann unverbindlich ausprobieren, ob die Funktionalitäten, das Handling und die grafischen Oberflächen Ihren Anforderungen entsprechen.

Das leistet eine gute Mietshop-Software:

✔ Eine eigene Internetadresse

✔ Designmanager für flexible Shopgestaltung

✔ Warenkorb abspeichern und Einkauf später fortsetzen

✔ »Ampelsystem« für Lagermengenverwaltung

✔ »Artikel weiterempfehlen«-Funktion

✔ Verknüpfung mit Excel (Artikeldatenimport)

✔ Versand von Bestätigungs-E-Mails an den Kunden und an Sie

✔ Bestellübersicht mit Statusanzeige für die Kunden

✔ Automatische Rechnungserzeugung und Statuszuweisung mit E-Mail-Benachrichtigungen

✔ Kundenverwaltung

✔ Brutto- oder Nettopreisbetrieb

✔ Standardmäßig verschlüsselte Datenübertragung

✔ Statistische Auswertungen

Gute Mietshopanbieter bieten Ihnen einen kostenlosen Testshop, Referenzen und Beispiele (siehe auch die Linkliste am Ende dieses Kapitels).

Mietshops können aber auch zu einer Sackgasse werden, denn sie sind häufig an lange Laufzeiten gebunden und eine spätere Migration in eine eigene professionelle Lösung ist oft schwer oder gar nicht möglich.

Versuchen Sie es einmal als Power-Seller bei eBay. Profitieren Sie von der großen Bekanntheit des Auktionsmarktplatzes und ziehen Sie für geringe Gebühren regelmäßig eine Vielzahl Kaufwilliger auf Ihren Shop. Sie können Ihre Produkte versteigern oder zum Festpreis verkaufen. Sie erzielen mit der Auktion in der Regel höhere Stückerlöse, dafür haben Sie beim Verkauf zum Festpreis Margensicherheit.

Während die Einstellgebühr bei einem Sortiment von 100 bis 200 Artikeln kaum ins Gewicht fällt, wird sie zu einem Kostenfaktor für größere Shops. Bei großen E-Commerce-Anbietern haben Sie im übertragenen Sinne eine 1a-Verkaufslage. Weitere mögliche E-Commerce-Partner für Ihren Internetverkauf: Amazon, Neckermann, Otto.

Welche Produkte lassen sich online vermarkten?

Im Internet können Sie vieles verkaufen, was sich auch im Versandhandel verkaufen lässt. Standardisierte und selbsterklärende Produkte wie Bücher, Kinotickets, Flüge, CDs und Software sind immer noch der Renner beim Einkauf im Internet.

Sehr gut verkaufen sich aber auch Leistungen, für die eine qualifizierte Beratung bisher obligatorisch war. Dazu zählen Urlaubsreisen und Computer. Sofern Sie bereits im stationären Handel aktiv sind, müssen Sie sich überlegen, welche Ihrer Produkte sich zusätzlich im E-Shop verkaufen lassen. Dabei gilt zu berücksichtigen, dass Ihre Artikel grundsätzlich versandfähig und möglichst selbsterklärend sein müssen. Bei komplexeren Leistungen ist die persönliche Beratung nach wie vor unentbehrlich. Hier greifen virtueller und realer Vertrieb ineinander.

Es gibt auch echte Hürden beim Onlineverkauf. Je umfangreicher Ihr Angebot im Internet wird, desto schwieriger kann es für den Besucher Ihrer Seite werden, sich zurechtzufinden. Was im Supermarkt oder im Kaufhaus als Einkaufserlebnis durchgeht, kann beim Onlineshopping zu einem echten Frusterlebnis werden. Eine intelligente Suchfunktion, einfache Bedienung und gute Produktpräsentationen sind das A und O eines Shops.

Die wirtschaftliche Tragfähigkeit hängt in erster Linie von der Wiederkaufrate ab. Neukundengewinnung ist mühsam und teuer. Nur mit regelmäßigen Kunden bleiben Sie im Geschäft. Ihr Angebotssortiment hat darauf maßgeblichen Einfluss. Es kommt dabei weniger auf die Vielfalt der Angebote an, sondern vor allem darauf, dass Sie Produkte anbieten, die aufeinander abgestimmt sind. Nur so können Sie Käufern immer auch ergänzende Angebote machen, die zum gekauften Produkt passen. Wer Hundefutter kauft, ist möglicherweise auch an einem Flohmittel, einem Halsband oder einer Hundebürste interessiert.

Machen Sie schon kurz nach dem Kauf neue Kaufangebote per E-Mail. Schnelligkeit zählt, denn je länger der letzte Kontakt zurückliegt, desto geringer ist die Wahrscheinlichkeit, dass der Käufer wieder vorbeischaut. Aus scheinbar anonymen Besuchen auf Ihrer Seite können Sie individuelle Kundenprofile erstellen und Ihren Auftritt und die Angebote Schritt für Schritt optimieren.

Vorteile beim Onlineverkauf

Nutzen Sie diese fünf Vorteile beim Onlineverkauf:

- ✔ Verkaufen Sie maßgeschneiderte, kundenindividuelle Produkte (zum Beispiel Kleidung, Computer).

- ✔ Spezialisieren Sie sich auf Nischenprodukte und bieten Sie eine besondere Vielfalt und hohe Kompetenz in speziellen Segmenten.

- ✔ Bieten Sie Mehrwerte (Zahlungsmöglichkeiten, Garantien etc.).

- ✔ Ködern Sie mit kostenlosen Zugaben.

- ✔ Schaffen Sie Vertrauen durch Referenzen.

Der Onlineversandhändler Amazon ist das Musterbeispiel für gezielte Marketingmaßnahmen auf Basis von Kundenprofilen. Das Einkaufsverhalten jedes einzelnen Kunden fließt in die Datenbank ein und ermöglicht es Amazon, dem Kunden von Besuch zu Besuch präzisere Einkaufsvorschläge zu machen.

Sie können sehr genau feststellen, welche Seiten Ihres Webauftritts wie lange besucht werden, welche Rubriken aufgerufen und welche Angebote betrachten werden. Die Bedeutung Ihres digitalen Auftritts sollten Sie aber nicht allein an quantitativen Messgrößen wie Page Impressions, Visits und Umwandlungsrate (Kauf) festmachen. Solche objektiven Kriterien werden häufig überbewertet. Nicht weniger wichtig für den Erfolg Ihrer Präsenz im Internet ist die Qualität und die Nachhaltigkeit Ihres Kundendialogs. Die weichen, emotionalen Faktoren sind es, die Ihnen auf lange Sicht einen Vorsprung verschaffen und Ihre Umsätze sichern.

 Nicht zu unterschätzen sind die Logistikkosten und der Versandaufwand Ihres Shops. Der administrative Aufwand bei der Vielzahl von Einzelbestellungen ist erheblich. Als Einsteiger können Sie zudem nur bedingt einschätzen, wie groß die Nachfrage ist. Lagerhaltungsprobleme und Lieferengpässe können die Folge sein.

Es mag banal klingen, aber im Internet können Sie nur Produkte verkaufen, die gesucht werden und die auch gefunden werden können. Das macht den Verkauf exotischer, völlig neuer oder unbekannter Produkte extrem schwierig.

Mitnahmeeffekte funktionieren im stationären Handel mitunter recht gut. Da können Sie Ihre Exoten notfalls am Grabbeltisch vor der Kasse verhökern. Im Internet ist das mit dem Wecken von Bedürfnissen etwas schwieriger. Selbst wenn Sie ein wirklich tolles Produkt zu einem unschlagbaren Preis anbieten, können Sie darauf sitzen bleiben.

Nehmen wir an, Sie verkaufen einen genialen, überaus praktischen, völlig neuen Gartenschlauch-Rückholmechanismus mit integriertem Tropfenfänger. Wer kommt auf die Idee, nach etwas zu suchen, von dem er nicht weiß, dass es so was gibt? Und selbst wenn, unter welchem Namen sollte man das Teil suchen? Was glauben Sie, auf welcher Trefferseite der Suchmaschine Ihr Angebot auftauchen wird, wenn jemand zumindest schon mal den Begriff »Gartenschlauch« eingibt? Auf Seite 72? Nur unter massivem Einsatz von Anzeigen- und Bannerwerbung könnten Sie versuchen, Ihren Exoten dem Volk schmackhaft zu machen. Und dann müssen Sie mit den Besuchern schon ordentlichen Umsatz machen, damit sich die Investitionen für Sie bezahlt machen.

Machen wir's kurz: Für bestimmte Produkte ist das Internet schlicht der falsche Kanal. Das zeigt einmal mehr, dass das Internet kein Allheilmittel ist und andere Instrumente nicht überflüssig macht. In der Wahl des jeweils richtigen Ansprachekanals und in der Vernetzung mit anderen Kanälen liegen die besten Chancen.

Die Bezahlverfahren Ihres Shops

Sie können Ihren Shop glanzvoll wie ein Schloss und sicher wie eine Festung bauen. Am Ende, wenn es um die Bezahlung geht, müssen Ihre Kunden über eine wacklige Brücke gehen. Der größte Schwachpunkt im Onlineverkauf an Endkunden liegt nämlich immer noch beim Zahlverfahren, dem E-Payment (um einen weiteren »E«-Begriff ins Spiel zu bringen). Das Problem auf den Punkt gebracht: Beide Seiten, Käufer wie Verkäufer, wollen größtmögliche Sicherheit. Der Kunde würde die Ware am liebsten auf Rechnung bekommen, Sie als Verkäufer ziehen dagegen einen Zahlungsweg mit geringerem Risiko vor. Die Wahrheit liegt also irgendwo dazwischen.

Die wichtigsten Onlinezahlungsverfahren sind schnell aufgezählt:

✔ Überweisung

✔ Nachnahme

✔ Rechnung

✔ Lastschriftverfahren

✔ Kreditkarte

Der einfachste und sicherste Weg ist die Zahlung per Kreditkarte, nur findet dieser Weg hierzulande noch wenig Akzeptanz. Überweisung, Lastschrift und Nachnahme sind die beliebtesten Zahlungswege.

Zahlungsart	Ihre Vorteile	Ihre Nachteile
Überweisung (Vorkasse)	• Lieferung erfolgt erst nach Zahlungseingang • Niedrige Kosten	• geringe Kundenakzeptanz von Vorauszahlung. • Aufwand für Zuordnung von Zahlung und Bestellung
Nachnahme	• hohe Sicherheit: Lieferung gegen Zahlung	• geringe Käuferakzeptanz wegen hoher Gebühren • Sie bleiben eventuell auf den Versandkosten sitzen
Lastschriftverfahren	• Abbuchung vor Lieferung	• Teure Gebühren • Käufer kann sein Geld innerhalb 6 Wochen zurückholen • Geringe Akzeptanz
Kreditkarte	• Zahlungssicherheit • Unkompliziert Abrechnung durch vollautomatische Abwicklung	• Teure Gebühren: Disagio von rund 4 Prozent • Geringe Kundenakzeptanz (Sicherheitsbedenken)
Rechnung		• hohes Risiko eines Zahlungsausfalls • Eventuell Zusatzkosten für Bonitätsprüfung

Abbildung 13.2: Onlinezahlungsverfahren

Die Lösung könnten die neuen elektronischen Bezahlverfahren bringen. Anbieter wie PayPal, Click&Buy oder T-Pay fungieren als Treuhänder, die bei der elektronischen Bezahlung zwischengeschaltet werden. Käufer und Verkäufer lassen sich registrieren und minimieren somit ihr Risiko im anonymen Ferngeschäft. Für Sie als Anbieter reduziert sich das Risiko eines

Zahlungsausfalls auf ein Minimum, weil der Treuhänder die Kreditwürdigkeit des Käufers prüft. Der Kunde andererseits hat die Gewissheit, dass Sie die gekaufte Ware tatsächlich liefern werden. Diese Art der Bezahlung hat zwar noch eine geringe Verbreitung, erfreut sich aber steigender Beliebtheit und dürfte künftig zum E-Payment-Standard gehören.

Shop oder Flop

Das macht Sie zum Bestseller:

✔ Kundenrezensionen zu Produkten

✔ Dynamische FAQs

✔ Individuelle Suchprofile

✔ Kaufempfehlungen

✔ Sicherheitsverschlüsselung bei der Übertragung

✔ Verschiedene Bezahloptionen

✔ Transparente Nutzerführung

✔ Bewertungsforum

✔ Virtuelle Berater

✔ Plastische und transparente Warenpräsentation

✔ Schnelle Lieferung

✔ Unkompliziertes Einkaufen in wenigen Schritten

✔ Große Produktauswahl

✔ Ein guter Preis

✔ Zusätzliche Informationen zu den Produkten

Im Fachgeschäft kann man das Produkt genau unter die Lupe nehmen und es testen. Falls man weitere Informationen braucht, steht einem ein Verkäufer beratend zur Seite. Hier ist der Onlineshop natürlich im Nachteil. Diesen Nachteil müssen Sie kompensieren, indem Sie genügend Informationen über das Produkt bereitstellen. Dazu gehören nicht nur eine gute optische Präsentation, sondern auch Beschreibungen über Funktionsweise, Nutzen und technische Spezifikationen. Liefern Sie alle wichtigen Details für eine Kaufentscheidung. Je mehr Infos Sie Ihren potenziellen Kunden zur Verfügung stellen, desto eher kommen Sie mit ihm ins Geschäft.

Natürlich gibt es auch Risiken für Ihren Onlineshop. Vermeiden sollten Sie:

✔ Unübersichtliche Oberfläche

✔ Intransparente Nutzerführung

✔ Unklares Bestellverfahren

✔ Unsicheres Bezahlverfahren

✔ Keine klare Zielgruppenausrichtung

Stolperfalle Impressumspflicht

Das Impressum auf Ihrer Website muss leicht erkennbar und schnell auffindbar sein. Das heißt, ohne langes Suchen und Scrollen muss es ständig auf der Homepage verfügbar sein. Zu den notwendigen Angaben gehören

✔ Name und Anschrift,

✔ Angabe zur Rechtspersönlichkeit (natürliche oder juristische Person),

✔ bei juristischen Personen der Namen des Vertretungsberechtigten,

✔ E-Mail-Kontaktadresse und Telefonnummer,

✔ gegebenenfalls Aufsichtsbehörde, Handelsregister, Umsatzsteuernummer,

✔ berufsrechtliche Angaben (Kammer, gesetzliche Berufsbezeichnung).

Zu den weiteren rechtlichen Pflichtangaben gehören die Haftungshinweise (Disclaimer) und Hinweise zum Widerruf/Rückgaberecht nach dem Fernabsatzgesetz.

 Bei Preisangaben im Onlineshop müssen Sie immer Endpreise, also inklusive Mehrwertsteuer, ausweisen. Sofern zusätzliche Kosten für Versand und Nachnahme entstehen, müssen Sie auch darauf hinweisen.

So werben Sie im Internet für sich

Zunächst einmal steht Ihnen natürlich der klassische Werbeweg offen, um Ihre Website zu bewerben: Mit Printanzeigen, Mailings und Wurfsendungen. Das ist sinnvoll und aufwendig zugleich. Werben Sie zusätzlich in jedem Fall auch dort, wo Sie gefunden werden sollen: im Internet. Wenn Sie im Informationsdschungel Internet gefunden werden wollen, müssen Sie viel von Tarzan haben: das Organ, die Ausdauer und die Fähigkeit, mit anderen Kreaturen zu kooperieren. Im Netz bedeutet das:

✔ Bannerwerbung

✔ Suchmaschinenmarketing

✔ Verlinkung von Partnerseiten (Affiliate-Marketing)

Greifen Sie zur Liane und schwingen Sie zu den verschiedenen Möglichkeiten, die wir Ihnen im Folgenden aus der Nähe zeigen werden.

Bannerwerbung

Bannerwerbung ist das Brüllen im Walde. Das funktioniert ganz einfach, jedenfalls theoretisch. Sie schalten Werbung auf Internetseiten, auf denen Sie potenzielle Kunden vermuten, und animieren die Nutzer, Ihre Seite per Mausklick zu besuchen.

Sechs Bannerformate bestimmen fast 80 Prozent der Werbeeinblendungen: Das Super-Banner, das Fullsize-Banner, das Rectangle, das Medium-Rectangle, der Skyscraper und der Wide-Skyscraper. Einen Überblick über diese Formate finden Sie in Abbildung 13.3. Hinter den Namen, die teilweise wie schlimme Krankheiten klingen, verbergen sich vor allem jene Bannerformate, die den Einsatz von multimedialen Inhalten ermöglichen. Durch die inzwischen starke Verbreitung von Breitband-Internetanschlüssen, die Onlinewerbung mit hohen Datenmengen ohne Störungen und Wartezeiten ermöglichen, werden Banner immer häufiger für unterhaltsame und aufmerksamkeitsstarke Inszenierungen genutzt.

✔ **Das Super-Banner:** Super-Banner nutzen mit ihrer überdurchschnittlichen Größe die ganze Seitenbreite einer Webseite aus. Dadurch haben sie eine Alleinstellung in der Bannerleiste und die ungeteilte Aufmerksamkeit des Besuchers.

✔ **Das Fullsize-Banner:** Das Fullsize-Banner (Volle-Größe-Banner) ist der Klassiker unter den Bannern. Wegen seiner flexiblen Einsatzmöglichkeiten, vorzugsweise im Kopf der Webseite, ist es sehr verbreitet.

✔ **Das Rectangle:** Das Rectangle eignet sich hervorragend als Instrument für Ihre dialogorientierten Werbekampagnen.

✔ **Das Medium-Rectangle:** Das Medium-Rectangle wird in den redaktionellen Inhalt gesetzt, genau zwischen Einleitungstext und Haupttext. Eine solche Platzierung kann kein Leser ignorieren. Ob es ihn eventuell nervt, ist eine andere Frage.

✔ **Der Skyscraper:** Der Skyscraper ist eine der größten permanent sichtbaren Werbeformen und erinnert stark an eine Ein-Drittel-Hochformat-Anzeige im Printbereich. Der Skyscraper ist immer an der rechten Seite der Webseite installiert. Durch das große Format bietet der Skyscraper viel Platz für Kreativität und Information.

✔ **Der Wide-Skyscraper:** Das extra breite Hochformat ist besonders aufmerksamkeitsstark. Die Platzierung erfolgt rechts neben den Inhalten der Webseite.

Größere Formate bieten naturgemäß mehr Gestaltungsmöglichkeiten, sie sind selbstverständlich auch teurer in der Schaltung. Im Gegensatz zu Pop-up-Fenstern, die ohne Zutun der Nutzer »aufpoppen« und die sich lästigerweise über die redaktionellen Inhalte legen, gibt es gegenüber Bannerwerbung kaum Ablehnung der Besucher.

Werbung im Internet ist – wie Werbung generell – kein Störfaktor, wenn sie sehr genau auf das Umfeld der jeweiligen Zielgruppe abgestimmt ist. Die Grenzen zwischen Werbung und redaktionellen Inhalten werden ein Stück weit verschwinden, weil gezielte Werbung für den Nutzer unter Umständen sogar der relevante und nützliche Inhalt einer Seite sein kann.

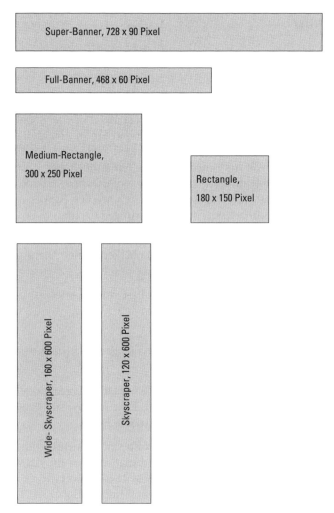

Abbildung 13.3: Bannerformate

Nehmen wir an, Sie verkaufen Digitalkameras. Was liegt näher, als Ihre Bannerwerbung dort zu platzieren, wo sich Ihre potenziellen Käufer tummeln, zum Beispiel auf dem Fotoportal Flickr. Werbung, die interessiert, wird auch beachtet. Suchmaschinenanbieter wie Yahoo haben reagiert. Sie unterstützen Unternehmen dabei, Werbung entsprechend den persönlichen Interessen der jeweiligen Nutzer einzublenden.

Suchmaschinenmarketing – da werden Sie gefunden

Im schier undurchdringlichen Informationsdschungel Internet gibt es keine Laufkundschaft, die zufällig auf Sie aufmerksam wird. Vielmehr müssen Sie Ihren Laden zum Kunden tragen. Dazu brauchen Sie einen langen Atem und gute Platzierungen in Suchmaschinen.

Auf der Suche nach der richtigen Information und dem passenden Angebot setzen Surfer heute vor allem auf Suchmaschinen. Deshalb müssen Sie an den Stellen im Internet präsent sein, wo sich der Interessent informiert. Wenn Sie bereits gute Erfahrungen mit den Gelben Seiten oder mit Inseraten in der Lokalpresse gemacht haben, sollten Sie jetzt den nächsten Schritt gehen und sich den verändernden Recherchegewohnheiten Ihrer potenziellen Kunden anpassen. Rund ein Viertel aller Mittelständler in Deutschland setzt bereits auf Suchmaschinenmarketing.

Der Einstieg ins elektronische Geschäft scheint so leicht: Sie stellen einfach Ihre Homepage mit Ihren Angeboten ins Netz und schon rollt der Rubel. Weit gefehlt! Wenn es Ihnen heute als Unternehmer egal ist, ob Sie in Suchmaschinen präsent sind oder nicht, dann können Sie auch gleich das Schild an Ihrem Laden abschrauben oder sich aus dem Telefonbuch streichen lassen. Es reicht leider noch nicht einmal aus, dass Sie im Index-Listing, also als Treffer bei einem bestimmten Suchbegriff, auftauchen. 90 Prozent der Besucher sehen sich nämlich nicht einmal mehr die zweite Seite der Suchergebnisse an.

Bezahlte Suchmaschineneinträge (Sponsored Links) die rechts neben den regulären Treffern auftauchen, werden deshalb neben der Suchmaschinenoptimierung immer wichtiger für Werbetreibende. Die Sponsored Links empfindet der Konsument in erster Linie als Service und nützliche zusätzliche Informationsquelle – nicht als Werbung. Die Erklärung ist einfach: Die Anzeige trifft auf eine Klientel, die genau nach dem angezeigten Artikel sucht.

Sponsored Links sind nicht der berühmte »Schuss ins Blaue«, sondern treffen auf kaufbereite Interessenten. Und die Relevanz ist bei kommerziell eingebuchten Anzeigen in der Regel deutlich höher als bei nicht kommerziellen Treffern. Der Erfolg dieser Maßnahme ist leicht messbar und einen Test ist es in jedem Fall wert.

Unter finanziellen Gesichtspunkten ist Suchmaschinenmarketing zudem eine relativ risikofreie Angelegenheit, denn Sie bezahlen nur für Treffer, also für Klicks auf Ihren Link.

Bei Google AdWords beispielsweise können Sie einen täglichen Maximalbetrag festlegen, damit Ihnen Ihr Budget nicht aus dem Ruder läuft. Sie könnten damit sogar für einige Ihrer Anzeigen gar nicht bezahlen. Sie haben die Möglichkeit, Ihre Anzeigen zu testen und zu modifizieren und in kurzer Zeit sehr gute Ergebnisse zu erzielen. Google berechnet darüber hinaus pro IP-Adresse nur den ersten Klick auf eine Anzeige. Missbrauch ausgeschlossen. (Mehr zu AdWords finden Sie im Buch *Google AdWords für Dummies*, ebenfalls im Verlag Wiley-VCH erschienen.) Auch Yahoo, ein weiterer Suchmaschinenanbieter, lockt mit attraktiven Angeboten, damit Sie mit lokalen Angeboten gefunden werden. Hierzu kooperiert das Unernehmen sogar mit »Das Örtliche«.

 Buchen Sie Keywords mit regionalem Bezug. Damit vermeiden Sie Streuverluste und werden auch dann gefunden, wenn Schlüsselbegriffe wie »Kfz-Werkstatt« von den großen Unternehmen belegt sind, die über hohe Finanzkraft verfügen. Buchen Sie lokale Schlüsselbegriffe wie »Kfz-Werkstatt Niederkassel« und erhöhen Sie Ihre Erfolgschancen.

Haben Sie vor allem Businesskunden und vertreiben Sie sehr spezielle Produkte, lohnen sich Einträge in Business-to-Business-Suchmaschinen. Im Unterschied zu den allgemeinen

Suchmaschinen, die das Netz mit Robotern durchforsten und die Ergebnisse automatisch nach einem Rankingverfahren auflisten, werden die Ergebnisse bei den speziellen Business-Suchmaschinen von Menschen bewertet. Wer Monitore sucht, erhält nicht Hunderte Treffer, in denen der Begriff Monitor auftaucht, sondern bekommt nur die Anbieter von Monitoren angezeigt.

 Bei Business-Suchmaschinen wie den Lieferantensuchmaschinen `www.wer-liefert-was.de` oder `www.businessdeutschland.de` vermeiden Sie unnötige Streuverluste und Kosten durch private Besucher, die Ihren bezahlten Textlink anklicken (Pay-per-Click-Abrechnungen), die für Sie als Kunde aber uninteressant sind. Mittlerweile gibt es eine Vielzahl branchen- und berufsspezifischer Suchmaschinen.

Im Suchmaschinenmarketing können Sie zwischen zwei Preismodellen auswählen:

✔ Auktionsprinzip

✔ Jahresgebühr für Rubrikeinträge

Bei der Auktion geben Sie für den Suchbegriff, bei dem Sie gelistet werden wollen, ein Gebot für jeden Klick ab. Kosten entstehen Ihnen also nur für tatsächliche Klicks auf den Link zu Ihrer Seite. Das Mindestgebot beträgt in der Regel nur wenige Cent, für begehrte und stark nachgefragte Begriffe werden teilweise aber mehr als 10 Euro pro Klick bezahlt. Der höchste Bieter wird unter »Sponsored Links« an erster Stelle gelistet, wenn ein Nutzer den entsprechenden Begriff sucht. Die Gesamtkosten sind bei diesem Modell relativ schwer zu kalkulieren. Bestimmte Suchmaschinen, vor allem Business-Suchmaschinen, bieten Einträge in Produkt- und Dienstleistungsrubriken auch zu Festpreisen an. Für kleine und mittlere Unternehmen ist das sicherlich die solidere Kalkulationsbasis.

Welches Preismodell auch immer für Sie in Frage kommt, der Erfolg wird von der Wahl des richtigen Suchbegriffs abhängen. Fragen Sie sich deshalb zunächst, nach welchem Begriff Ihre Zielgruppe suchen wird. Generische Begriffe wie »Computer«, »Service« oder »Beratung« werden zwar häufig nachgefragt, sprechen aber selten genau Ihre spezielle Zielgruppe an. Sie sind zudem besonders teuer in der Buchung, wenn Sie auf der ersten Seite gelistet werden wollen.

Tipps für eine bessere Suchmaschinenplatzierung

✔ Das Wesentliche gehört an den Anfang der Seite. Die Suchmaschinen zeigen häufig die ersten Zeilen Ihrer Webseite als Ergebnis an.

✔ Suchmaschinen bewerten neuere Webseiten höher. Aktualisieren Sie Ihre Webseiten mindestens einmal im Monat.

✔ Zentrales Gewichtungskriterium für Ihre Seite ist die Anzahl externer Links zu Ihrer Seite. Bitten Sie Ihre Geschäftspartner, auf Ihre Seite zu verlinken.

✔ Erstellen Sie für jede Seite eigene Überschriften und Schlüsselwörter. Suchmaschinen lesen auch den unsichtbaren »Head«, der jeder Ihrer Seite voransteht. Hier können Sie

Schlüsselbegriffe hinterlegen, etwa Produktbeschreibungen, Branche, Zielgruppen, Firmenname.

✔ Berücksichtigen Sie bei Schlüsselwörtern alternative Schreibweisen (Zusammenschreibungen, Bindestriche etc.) und Synonyme.

✔ Verzichten Sie auf Intro-Seiten und zu viele Rahmen, Fenster und Flash-Animationen auf Ihren Seiten. Solche Seiten können Suchmaschinen schwer analysieren.

✔ Stellen Sie zentrale Aussagen immer in ganzen Sätzen dar. Aufzählungen sind zwar übersichtlicher, werden aber nicht so stark von Suchmaschinen gewichtet wie vollständige Sätze.

Versuchen Sie lieber gar nicht erst, die Maschinen auszutricksen und Ihr Ranking künstlich nach oben zu treiben. Suchmaschinen sind sehr versiert im Aufdecken von Manipulationen. Werden Sie entdeckt, werden Sie komplett aus dem Ranking rausgeschmissen.

Mehr dazu, wie Sie Ihre Webseite so gestalten, dass Suchmaschinen sie gut platzieren, finden Sie im Buch *Suchmaschinen-Optimierung für Dummies,* ebenfalls im Verlag Wiley-VCH erschienen.

Partnerprogramme

Den Dschungel Internet durchdringen Sie am besten, indem Sie sich mit anderen zusammenschließen. Als Alternative zu Bannern auf den diversen Werbeplattformen, sind virtuelle Vertriebsnetzwerke (Affiliate-Marketing) affenstarke Verkaufsförderungsmaßnahmen. Dabei bieten Sie Ihre Produkte und Dienstleistungen direkt auf Partnerseiten an beziehungsweise bietet der Partner Ihre Leistungen für Sie an.

Die Klickraten liegen bei Affiliate-Programmen deutlich über denen von Bannerwerbung. Und das funktioniert so: Sie sind auf Partnerwebseiten vertreten, die ergänzende Produkte und Dienstleistungen anbieten oder eine ähnliche Zielgruppe ansprechen wie Sie. Wer eine Trekkingreise bei einem Reiseveranstalter bucht, hat vermutlich auch Interesse an Ausrüstung oder an Reiseversicherungen. Schön, wenn Sie auf der Seite des Veranstalters gleich mit Ihrem Angebot als Empfehlung vertreten sind.

Partnerangebote auf Ihrer Seite wiederum stellen für Ihre Kunden einen attraktiven Mehrwert dar, für den Sie nicht einmal in die eigene Infrastruktur investieren müssen. Ein Partner, der Ihre Produkte oder Dienstleistungen auf seiner Webseite bewirbt, wird als »Empfehler« für dieses Angebot wahrgenommen. Dieses Buschtrommeln wirkt wie die Mund-zu-Mund-Propaganda im richtigen Leben.

Das Tolle daran ist: Es muss noch nicht einmal was kosten, denn wenn beide Seiten vom Linktausch profitieren, dann ist es eine perfekte Win-win-Situation.

Wenn eher Sie davon profitieren als Ihr Partner, dann können Sie ihn geschickt an den über seine Webseite entstandenem Zusatzeinnahmen beteiligen: Sie stellen Ihrem Vermarktungspartner Textlinks, Produktabbildungen oder auch ganze Webseiten oder Shopmodule zur Verfügung, die dieser in seine Webseite einbaut. Über einen speziellen HTML-Code werden alle Aktionen der Besucher festgehalten und registriert. Für jede erfolgreiche Aktion beziehungsweise vermittelte Transaktion erhält der Partner eine Provision.

Die Vergütung der Partnervermittlung ist erfolgsabhängig und ist der Höhe nach Verhandlungssache. Beim Affiliate-Marketing profitieren beide Seiten. Die Nutzung von bestehenden Vertriebskanälen anderer Anbieter eröffnet Ihnen breiten Zugang zu neuen Zielgruppen. Umgekehrt kassieren Sie selbst Provisionen auf Verkäufe von Kooperationspartnern, wenn die Käufer über einen Link von Ihrer Homepage kamen.

Provisionsmodelle

✔ **Pay per Click:** Sie zahlen Ihren Partnern für jeden Klick auf ein Werbemittel, das der Partner auf seiner Seite oder in seinem Newsletter eingebunden hat, einen fixen Betrag. Klickprovisionen liegen in der Regel zwischen 2 und 10 Cent.

✔ **Pay per Lead:** Sie zahlen für jede vorher bestimmte Aktion, die ein Besucher auf der Partnerseite zu Ihren Gunsten vornimmt, einen fixen Betrag. Das kann die Anforderung von weiterführenden Informationen sein, die Bestellung Ihres Newsletters oder die Teilnahme an einem Gewinnspiel. Die Provisionen hängen von der Kontaktqualität ab und können wenige Cent bis mehrere Euro betragen.

✔ **Pay per Sale:** Sie zahlen dem Partner für jede Transaktion, die auf der Partnerseite vorgenommen wird, eine prozentuale Provision oder einen fixen Betrag. Eine Transaktion kann der Kauf von Produkten ebenso sein wie die Inanspruchnahme einer kostenpflichtigen Leistung. Die prozentualen Provisionen variieren in Abhängigkeit vom Angebotstypus sehr stark.

Bevor Sie ein Affiliate-Programm starten, sollten Sie genau definieren, welche Zielgruppen Sie mit welcher Zielsetzung erreichen wollen. Das hat Einfluss auf die Auswahl von Partnern. Bei der Wahl Ihrer Partner geht Qualität vor Quantität. Nur Webseiten, die einen Mehrwert schaffen (Inhalte, Zielgruppenaffinität, ergänzende Produkte und Leistungen) sind geeignete Partner.

 Affiliate-Marketing ist Teil Ihrer Gesamtstrategie und sollte nicht losgelöst betrachtet werden. Ihre Maßnahmen müssen zu Ihrem Markenauftritt und zu den sonstigen Vertriebs- und Marketingaktivitäten passen.

Partnerprogramme gut vorbereiten

Fragen Sie sich auch, ob Sie ein eigenes Partnerprogramm initiieren und das Ganze aufwendig selbst organisieren und technisch aufsetzen wollen oder ob die Teilnahme an bestehenden, zumeist kostenfreien Partnerprogrammen für Sie nicht die bessere Lösung ist. Weiterführende Hinweise zu Partnerprogrammen finden Sie im Linkverzeichnis am Ende dieses Kapitels.

Am wenigsten Stress werden Sie mit professionellen Netzwerken haben. Bei erfahrenen Programmbetreibern nutzen Sie eine Reihe von Services wie automatisierte Provisionszahlungen, unkomplizierte Partnerregistrierungen und teilweise sogar Anwerbung neuer Partner für Ihr Programm. Hier sind Sie sofort im Geschäft und mit einer Reihe interessanter Partner vernetzt.

Der Service professioneller Netzwerke kostet Sie allerdings auch einiges, nämlich in der Regel zusätzlich 30 Prozent zu den fälligen Provisionen an Ihre Partner. Das kann sich unter dem Strich für Sie trotzdem lohnen, zumindest wenn Sie Besseres zu tun haben, als sich mit der monatlichen Abrechnung und Auszahlung der Provisionen aufzuhalten.

Für Partnerprogramme sind Sie als kleiner Shopbetreiber möglicherweise aber gar nicht interessant. Programmbetreiber wollen möglichst effektiv Geld verdienen und das läuft über Währungen wie Visits, Klicks und Kaufaktionen. Seiten mit viel Traffic und Umsatz sind daher bevorzugte Teilnehmer.

 Von Multi-Level-Provisionsmodellen (auch Pyramidensystem genannt) lassen Sie besser die Finger. Hier werden auch für indirekt angeworbene Kunden Provisionen fällig. Die Teilnahme an Partnerprogrammen sollte für Sie auch grundsätzlich kostenlos sein und nicht an Bedingungen wie Eintrittsgebühren, Kauf von Handbüchern und so weiter gebunden sein.

Mit Weblogs machen Sie Kunden zu Ihren Verbündeten

Früher waren Tagebücher eine intime und sehr persönliche Angelegenheit. Heute wollen immer mehr Internetnutzer ihre Ideen, Erfahrungen und Meinungen in sogenannten Weblogs (oder Blogs) mit anderen teilen. Dabei handelt es sich um chronologisch geordnete Einträge von Nutzern.

Einst als »Toilettenschmierereien des Internets« verschrien, setzen immer mehr Unternehmen Weblogs gezielt als Kommunikationsinstrument ein. Charakteristisch für Blogger ist die intensive Vernetzung mit anderen Blogs. Weblogs sind digitale Mundpropaganda. Die Autoren zitieren, verweisen und verlinken fröhlich untereinander.

 Bevor Sie an dieser Stelle weiterblättern, weil das irgendwie nichts mit Ihrem Geschäft zu tun hat, lesen Sie noch das: Ohne dass Sie es wissen, werden sich Ihre Kunden wahrscheinlich schon in irgendeinem Blog über Sie auslassen. Es dürfte Sie interessieren, wie Ihre Kunden so zufrieden sind. Schauen Sie mal unter www. technorati.com (oder unter Googles »Blogsearch«), wer sich gerade über Sie auslässt.

Und hier wird's für Sie interessant, denn Suchmaschinen bewerten Webseiten unter anderem nach der Anzahl der Links auf eine Seite. Was liegt also näher, als Unternehmensweblogs (neudeutsch Corporate Blogs) einzusetzen, um sich ins Gespräch zu bringen.

Unternehmensblogs können die Zahl der Anfragen schnell mal verdoppeln. Bedenken Sie aber, dass solche Tagebücher nicht für Suchmaschinen geschrieben werden, sondern tatsächlich einen sittlichen Nährwert haben sollten. Niemand wird auf Ihren Weblog verweisen, wenn darin keine interessanten Informationen enthalten sind.

Das Beste, was Ihnen passieren kann, ist eine Online-Community, die ihre Inhalte selbst erstellt. Der Kunde als Multiplikator und Hardcore-User kennt die Vorzüge und Tücken Ihrer Produkte oft besser als Sie selbst. Er begibt sich in eine Art soziales Netzwerk mit Gleichgesinnten und tauscht sich über Ihre Produkte und Angebote aus.

Sie fördern das Netzwerk mit nützlichen Informationen, Gewinnspielen und anderen Anreizen zur Interaktion sowie mit zusätzlichen Expertenforen. Behandeln Sie Ihre Kunden wie gute Freunde, die man an den kleinen Missgeschicken und großen Erfolgen teilhaben lässt. Solche Plattformen sind für den Verbraucher viel authentischer und vertrauenswürdiger als reine Unternehmens-PR.

Kontrollieren können Sie Blogs kaum. Lassen Sie kritische Haltungen ruhig zu. Ihr Blog wird erst durch Reibung und Diskurs interessant und glaubwürdig. Mit Weblogs zielen Ihre Marketingmaßnahmen immer direkt auf die Interaktion und den Dialog mit dem Kunden. Eine strikte Trennung Ihrer Maßnahmen nach klassischem Marketing ohne Kontaktangebot und digitalem Marketing mit intensivem Austausch mit Ihrer Zielgruppe ist unrealistisch. Der Kunde unterscheidet in der Wahrnehmung Ihres Unternehmens nicht nach den Anspracheканälen. Wenn Sie also den Kontakt zur Zielgruppe suchen, dann sollten Sie das konsequent und authentisch tun, und zwar über alle Kanäle.

 Sorgen Sie dafür, dass Ihre Weblog-Adressen »sprechend« sind. Suchmaschinen können URLs wie `www.mein-blog.de/tipps_autokauf.html` ganz einfach besser zuordnen als kryptische Adressen wie `www.mein-blog.de/articlephp?=54573`. Begrenzen Sie Ihren Blog auf ein bestimmtes Thema und geben Sie Ihrer Seite einen entsprechenden Titel. Das erhöht Ihre Chance auf eine gute Suchmaschinenplatzierung.

Fünf Regeln für Weblogs

Wenn Sie einen Weblog planen, sollten Sie die folgenden fünf Aspekte beachten:

✔ **Relevanz:** Sorgen Sie dafür, dass Ihre Texte lesbar und Ihre Themen lesenswert sind. Das heißt auch, dass Sie aktuell bleiben und Ihre Inhalte am besten täglich pflegen.

✔ **Schnelligkeit:** Interaktion mit den Besuchern heißt ganz einfach spontan und kurzfristig zu reagieren.

✔ **Offenheit:** Wägen Sie ab, wie Sie mit Kritik in Ihrem Blog umgehen wollen. Konstruktive Kritik gibt Ihnen nützliche Hinweise für Verbesserungen. Destruktive Kritik schadet Ihnen, aber Zensur kann ebenfalls negative Auswirkungen haben.

✔ **Partizipation:** Beteiligen Sie sich gegebenenfalls an Diskussionen auf fremden Weblogs, sofern es Ihre eigenen Themen berührt. Gehen Sie mit Fingerspitzengefühl vor, wenn Sie Ihren eigenen Blog ins Spiel bringen.

✔ **Sicherheit:** Halten Sie Ihren Blog juristisch sauber. Verleumdungen, Hetze und beleidigende Kommentare haben nichts in Ihrem Blog zu suchen. Eliminieren Sie konsequent Links zu Seiten mit strafbaren Inhalten.

 Je interessanter und spannender die Inhalte Ihres Corporate Blogs sind, desto eher greifen andere Blogs und Medien Ihre Themen auf und verschaffen Ihnen zusätzliche Interessenten.

E-Mail-Marketing

E-Mails sind eine preiswerte Möglichkeit, Ihre Kunden zu verprellen. Sie können mit etwas Fingerspitzengefühl aber auch eine kostengünstige Möglichkeit sein, mit Ihren Zielgruppen schnell und regelmäßig in Kontakt zu treten. Wenn Sie ein paar Regeln beachten, werden Sie mit vergleichsweise geringem Aufwand sehr effektives Dialogmarketing betreiben.

Der Vorteil liegt in der einfachen Personalisierung und Individualisierung von elektronischen Mails. Sie können den Empfänger persönlich mit Namen ansprechen und die Textbausteine auf seine persönlichen Belange zuschneiden.

Wie beim postalischen Mailing sollten Sie Ihre Kunden nicht mit standardisierten Zusendungen, die nichts mit deren Bedürfnislage zu tun haben, nerven. Ohne großen technischen und finanziellen Aufwand erstellen Sie eine Vielzahl unterschiedlicher Varianten Ihres Newsletters.

Der Erfolg Ihrer E-Mail-Kampagne hängt vom Timing, der Frequenz und dem Inhalt Ihrer Aussendungen ab. Lassen Sie den Nutzer selbst bestimmen, ob und wie oft er Post von Ihnen erhalten möchte. Damit stellen Sie sicher, dass Ihre Mails willkommen sind und aufmerksam gelesen werden. Zustimmung (Permission) ist beim E-Mail-Versand ganz wichtig. Mit dem sogenannten Opt-In-Verfahren stimmt Ihr Interessent explizit dem Empfang Ihrer regelmäßigen E-Mails durch einmaliges Eintragen in die Abonnentenliste zu.

 Um zu verhindern, dass fehlerhafte Daten oder missbräuchlich falsche Personen in die Opt-In-Liste eingetragen werden, versenden Sie eine E-Mail-Nachricht mit der Bitte um Bestätigung an die eingetragene Kontaktadresse (Double-Opt-In-Verfahren). Wer nicht reagiert, fliegt wieder aus der Liste raus.

Warum sollte sich überhaupt jemand für Ihren Newsletter anmelden? Ganz einfach, weil Sie aktuelle und relevante Informationen, Tipps und Tricks, Checklisten, Veranstaltungskalender, Downloads und andere Mehrwerte für den Leser bereithalten. Das ist gegenüber Registrierungsanreizen wie Gewinnspielen, die vor allem Schnäppchenjäger anlocken, der für Sie qualitativ wertvollere Ansatz. Sagen Sie dem Besucher, warum es sich lohnt, sich anzumelden. Im besten Fall empfindet der Empfänger Ihre E-Mails nicht als Werbung, sondern als nützliches Angebot. Schließlich geht es nicht nur darum, neue Leser zu gewinnen, Sie wollen die Empfänger auch langfristig bei der Stange halten.

Vertrauen ist die Schwester der Verantwortung.

(Asiatisches Sprichwort)

Erlaubnis lebt vom Vertrauen. Die Zustimmung für den Bezug eines Newsletters berechtigt Sie nur für den Versand genau dieses Newsletters. Schicken Sie Ihren Newsletter-Abonnenten nicht plötzlich Verkaufsbriefe. Das verschreckt Ihre Bezieher und kann schnell zur Abmeldung vom Newsletter führen. Bauen Sie Ihre werblichen Angebote besser ins redaktionelle Umfeld per Link ein.

Widerstehen Sie der Versuchung Massenmails zu versenden, nach dem Motto: Ein Interessent wird schon dabei sein. Ihr E-Mail-Server kann bei verärgerten Empfängern und in Unternehmen ganz schnell auf Spam gesetzt und ausgefiltert werden, was Ihre Kommunikation per Mail nachhaltig beeinträchtigen kann. Das richtige Angebot für die richtige Zielgruppe ist das A und O erfolgreicher E-Mail-Kampagnen.

Die goldenen Regeln beim Versand von E-Mail-Newslettern

Beachten Sie folgende Regeln beim Versand von Newslettern per E-Mail:

✔ Versenden Sie keine Newsletter ohne Erlaubnis des Empfängers.

✔ Geben Sie dem Empfänger die Möglichkeit, sich vom Newsletter abzumelden.

✔ Identifizieren Sie sich in Ihrer E-Mail-Adresse (zum Beispiel `newsletter@firma.de`).

✔ Verwenden Sie immer einen aussagekräftigen Betreff.

✔ Mit einem Inhaltsverzeichnis geben Sie Schnelllesern eine gute Orientierung.

✔ Die wichtigste Meldung stellen Sie ganz nach oben.

✔ Formulieren Sie kurze Sätze. Das erhöht die Lesefreundlichkeit.

✔ Peppen Sie Ihre E-Mails nur dann mit HTML (Rich Media) auf, wenn Sie sicher sind, dass die Empfänger formatierte Mails lesen können.

✔ Stellen Sie den automatischen Zeilenumbruch auf maximal 65 Zeichen ein.

✔ Gliedern Sie den Newsletter in die Bereiche Kopfteil, Textkörper und Fußteil.

✔ Wahren Sie die Form mit einer Begrüßung (Hallo) und einer Verabschiedung (Gruß).

✔ Verzichten Sie auf große Dateianhänge, die nur das Postfach der Empfänger verstopfen.

✔ Vergessen Sie nicht das Impressum.

Checkliste für die Planung eines E-Mail-Newsletters

Erfolgreich E-Mail-Newsletter zu versenden ist ganz einfach. Sie müssen nur an die wichtigsten Meilensteine denken.

Folgende Punkte sollten Sie bei der Planung berücksichtigen:

✔ Definieren Sie Ihre Zielgruppen eindeutig.

✔ Holen Sie die Genehmigung zum Versand des Newsletters ein (Permission).

✔ Bieten Sie die Möglichkeit zur Weiterempfehlung des Newsletters.

✔ Definieren Sie klare und überprüfbare Ziele (zum Beispiel Absatz, Image, Informationsgewinnung, Responsequote).

✔ Legen Sie ein regelmäßiges Erscheinungsintervall fest (wöchentlich, monatlich und so weiter).

✔ Klären Sie die finanziellen und personellen Ressourcen.

✔ Ordnen Sie die Aufgaben klar bestimmten Personen zu.

✔ Sammeln Sie Ideen für Inhalte und regelmäßige Rubriken.

✔ Definieren Sie die Reaktionskanäle und Links zu Webseiten.

✔ Organisieren Sie regelmäßige Redaktionssitzungen.

✔ Implementieren Sie die Prozesse für die Reaktionsbearbeitung (Anfragen, Bestellungen, Gewinnspiele und so weiter).

Erfolgsmessung im E-Mail-Marketing

Ob Ihre E-Mail-Kampagne erfolgreich für Sie arbeitet, können Sie anhand weniger Messgrößen schnell kontrollieren. Die im Deutschen Dialogmarketing Verband (DDV) organisierten E-Mail-Marketingdienstleister wenden die folgenden Messgrößen an.

Absolute Messgrößen:

✔ Klicks auf angegebene Links

✔ Öffnungen von Mails

Da viele Empfänger eine Mail mehrmals öffnen, ist die absolute Öffnungsmenge allein nur bedingt aussagekräftig. Messen Sie zusätzlich

✔ Unique User (Anzahl der Empfänger, die mindestens einmal geöffnet oder geklickt haben).

Und folgende relative Messgrößen:

✔ Klickrate (Klicks pro zugestellte Mail-Menge) beziehungsweise

✔ Brutto-Klickrate (Klicks pro Aussendungsmenge),

✔ Öffnungsrate (Öffnungen pro zugestellte Menge an Mails) beziehungsweise

✔ Brutto-Öffnungsrate (Öffnungen pro Aussendungsmenge).

Stellen Sie alle Newsletter-Ausgaben in einem Download-Archiv auf Ihrer Homepage zur Verfügung. Sie bieten einen Mehrwert, erhöhen die Qualität Ihrer Inhalte und verbessern nebenbei Ihr Suchmaschinen-Ranking.

E-Mails für den regelmäßigen Kundenkontakt sind nur dann wirklich effektiv, wenn sie sich im Mix mit Ihren sonstigen Aktivitäten wie Mailings oder Kundenzeitschriften ergänzen und somit gegenseitig verstärken. Printmedien sind weniger flüchtig und das haptische Erlebnis ist nicht zu unterschätzen. Webseiten werden beispielsweise auch besser gefunden, wenn die Kundenzeitschrift darauf verweist. Andersherum ist der interaktive und aktuelle Charakter elektronischer Medien unschlagbar. Gemeinsam sind die Medien mehr als die Summe ihrer Teile. Tauschen Sie nicht einfach das eine gegen das andere Medium ein, weil jedes seine besonderen Vorzüge und Funktionen hat.

Das Internet ist praktischerweise ein Dialoginstrument mit eingebautem Rückkanal. Mit Ihrem Internetauftritt können Sie den Kunden auf vielfältige Weise zur Reaktion einladen, etwa durch Angabe von E-Mail-Adressen, Telefonnummer oder einer Onlinebestellmöglichkeit.

Die Zukunft des Internets liegt, noch einmal, in der Verknüpfung mit anderen Dialogmarketing-Instrumenten. Richtig eingesetzt verstärken sich Mailing, Katalog, Handy und Internet gegenseitig. Ihre Werbung wird erfolgreicher sein, wenn Sie genau jene Kanäle einsetzen, die von Ihrer Zielgruppe genutzt werden.

Wenn Ihre Kunden sechs oder sieben verschiedene Medien regelmäßig nutzen, sollten Sie nicht nur auf einen Kanal setzen. Damit Sie beim Einsatz mehrerer Instrumente nicht den Überblick verlieren, empfiehlt sich die Zusammenarbeit mit Agenturen, die auf integrierte Ansprachekonzepte spezialisiert sind. Und Sie müssen ja auch nicht jeden Tag in allen Kanälen präsent sein. Wichtiger als das Medium selbst ist die Botschaft. Sie muss klar, unterhaltsam und stringent aus einem Guss transportiert werden.

Und hier noch ein paar nützliche Links zum Thema Onlinemarketing für Sie:

✔ www.shopmarketing.info/glossary#term120

✔ online-marketing-praxis.de

Grundlagen und Informationen zu Suchmaschinen und Webverzeichnissen:

✔ www.at-web.de

✔ www.suchlexikon.de

Shoppakete zur Miete:

✔ www.shopfactory.com

✔ metashop24.de

✔ www.strato.de/shops

Elektronische Bezahlverfahren:

✔ www.paypal.de

✔ www.clickandbuy.com

✔ www.giropay.de

Bundesverband Digitale Wirtschaft e.V. (unter anderem Wissenspool zum Onlinerecht):

✔ www.bvdw.org

Aktuelle Informationen zur Rechtslage im E-Mail-Marketing:

✔ www.recht-im-Internet.de/themen/spam/rechtslage.htm

Informationen rund ums Affiliate-Marketing:

✔ www.100partnerprogramme.de

Verzeichnis kostenloser Partnerprogramme:

✔ www.partnerprogramme.de

✔ www.affiliate.de

Teil IV

Praxisbeispiele

The 5th Wave — By Rich Tennant

»Also Jungs, ich sehe die Sache folgendermaßen. Von rechts kam
eine geballte Ladung Werbebriefe, von links haben ihn dann zwei
Kundenmagazine erwischt, eine Spam-Mail kam wohl direkt von vorn,
als er am Schreibtisch saß, und schließlich wurde er auch noch
von einer massiven Telefon-Marketing-Attacke am Ohr erwischt.

In diesem Teil ...

Grau ist alle Theorie. Bringen wir also etwas Farbe ins Spiel. In diesem Teil zeige ich Ihnen drei Beispiele, wie Unternehmen Dialogmarketing in der Praxis einsetzen.

Die preisgekrönte Kampagne von Lamy widerlegt das Vorurteil, das Dialogmarketing kreativ platt und langweilig ist. Überzeugen Sie sich in Kapitel 14 davon, wie man sein eigenes Angebot mit einer überraschenden und intelligenten Inszenierung gegenüber Konkurrenzangeboten abgrenzen und die Zielgruppe zu einer schnellen Reaktion bewegen kann.

Neukundenansprache at it's best: Das Beispiel Permadental Zahnersatz in Kapitel 15 zeigt, wie man mit Dialogmarketing werbekritische Zielgruppen, die mit klassischer Werbung kaum zu erreichen sind, hervorragend ansprechen und in einen Dialog einbinden kann.

In Kapitel 16 schließlich erleben Sie, dass Dialogmarketing auch interne Zielgruppen hervorragend involvieren und motivieren kann. Der mehrstufige Abverkaufswettbewerb der EUROPÄISCHEN Reiseversicherung ist ein Musterbeispiel für die Vernetzung verschiedener Medien und die kreativen Möglichkeiten direkter Kommunikation.

Die nächste Erfolgsgeschichte schreiben Sie dann selbst. Ich habe Ihnen hier schon mal etwas Platz gelassen.

Praxisbeispiel: Lamy

In diesem Kapitel

▶ Wie man mit Dialogmarketing selbst Kugelschreiber
überraschend und modern inszenieren kann

▶ Wie man mit bestehenden und neuen Kunden
spielerisch in Dialog treten kann

▶ Wie vernetzte Online-/Offlinekommunikation
erfolgreich funktionieren kann

Zu den beliebtesten Werbegeschenken, mit denen Unternehmen ihre Kunden beglücken, zählt zweifellos der Kugelschreiber. Als Werbegeschenk ist er zwar nicht gerade die originellste Idee, gilt aber als »Sicherheitslösung«. In der Regel handelt es sich dabei allerdings um die billige Plastikvariante, die nach wenigen Einsätzen den Dienst versagt, weil die Feder klemmt, der Druckknopf abbricht oder die Mine keine Farbe mehr abgibt. Aus diesem Grund lösen Kugelschreiber der Marke Wegwerfartikel auch nicht gerade Begeisterung bei den Beschenkten aus. In vielen Fällen dürfte die angestrebte Wirkung ziemlich deutlich vom erzielten Effekt abweichen. Zumindest dürfen Sie keinen Imagezuwachs erwarten, wenn sich Ihr Kunde gerade darüber ärgert, dass Ihr tolles Incentive nichts taugt. So viel zum Thema Sicherheitslösung.

Dabei spricht überhaupt nichts gegen einen Kugelschreiber als Werbegeschenk, selbst für die wirklich wichtigen Kunden. Solange es sich um ein qualitativ hochwertiges Produkt handelt. Folgendes Beispiel beweist eindrucksvoll, wie man das Werbepräsent Kugelschreiber gegenüber der Zielgruppe der Werbemittelentscheider überraschend und neu in Szene setzen kann. Dabei muss es sich nicht zwangsläufig um Kampagnen mit Mega-Etats handeln. Die crossmediale Kampagne für den LAMY pico ist ein gelungenes Beispiel für die Vernetzung von Online- und Offlinekommunikation.

Die Kampagne »Lamy. Suchtfaktor«

Das Familienunternehmen Lamy aus Heidelberg ist mit einer Jahresproduktion von über 6 Millionen Schreibgeräten und einem Umsatz von über 50 Millionen Euro nicht nur Marktführer in Deutschland, sondern gehört auch zu den deutschen Designmarken, deren Produkte weltweit eine Sonderstellung einnehmen. Einen Teil seines Umsatzes macht Lamy im Business-to-Business-Bereich. Jahr für Jahr gilt es, die Zielgruppe der Einkäufer von Werbeartikeln mit einem konkreten Angebot für die Idee zu gewinnen, einen Lamy als Incentive oder Firmengeschenk zu nutzen – in diesem Fall den LAMY pico.

Der Werbemittelmarkt unterliegt einem hohen Wettbewerbsdruck. Eine große Zahl von Anbietern konkurriert um stetig sinkende Budgets der Einkäufer. In der Hochphase der Werbemittelbeschaffung zwischen Oktober und Dezember werden die Entscheider mit allen möglichen Werbemittelkatalogen und Incentive-Angeboten konfrontiert. Erschwerend kommt hinzu, dass der LAMY pico kein neues Produkt ist und im schwierigen gehobenen Preissegment um 20 Euro liegt.

Die Herausforderung für Lamy besteht vor allem darin, das eigene Angebot mit einer aufmerksamkeitsstarken und überraschenden Kampagne gegenüber den sonstigen Angeboten abzugrenzen, das Produkt überraschend, attraktiv und hochwertig zu präsentieren und die Zielgruppe zu einer schnellen Reaktion zu bewegen.

Beauftragt wurde die »Hausagentur« OgilvyOne worldwide aus Frankfurt, die mit Lamy bereits seit vielen Jahren zusammenarbeitet. Der Zeitraum zwischen dem ersten Briefing und dem »going live« betrug etwa zwei Monate.

Die Kampagnenidee

Lamy-Produkte stehen für ein unverwechselbares Design und für hohe Qualität. Das ist für sich gesehen schon ein großer Vorteil, wenn sich ein Unternehmen gegenüber vergleichbaren Angeboten positionieren will. Im Falle des LAMY pico geht man darüber hinaus. Die zusätzliche Botschaft lautet, dass er nicht allein durch sein Design und seine Funktionalität besticht. Was noch mehr fasziniert, sind seine Haptik und die raffinierte Druckmechanik, die nachhaltig den Beschäftigungs- und Spieltrieb weckt.

Damit wird der LAMY pico zu einem einzigartigen Schreibinstrument stilisiert, das nicht nur über einen Grundnutzen (schreibt zuverlässig) und ein entsprechendes Image (hochwertiges Design) verfügt. Es wird ihm ein zusätzlicher Nutzen verliehen, nämlich das sinnliche Erlebnis, sich mit dem Gerät zu beschäftigen. Der Alleinstellungsanspruch gipfelt in der provozierenden Aussage: »Macht leider süchtig«.

Die kreative Umsetzung

Die Botschaft »Macht leider süchtig« wird dadurch verstärkt, dass man sich visuell und textlich an die bekannten Warnhinweise auf Zigarettenschachteln anlehnt. In Form einer Aufklärungskampagne wird die Zielgruppe auf die Risiken beim Gebrauch eines LAMY pico hingewiesen.

Ein zentraler Baustein der Kampagne ist ein einfaches, schnelles und plakatives 20-Gramm-Mailing, das sich bewusst von den oft opulenten Aussendungen des Wettbewerbs abhebt. Das Fulfilment wurde komplett über die Produktionsfachleute der Agentur gemanagt.

Zum Einsatz kommen außerdem begleitende Anzeigen, Bannerwerbung und Promotions. Die Onlineprogrammierung erfolgte über den Lamy-Webdienstleister.

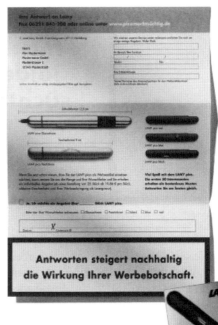

Abbildung 14.1: Das Lamy-Mailing

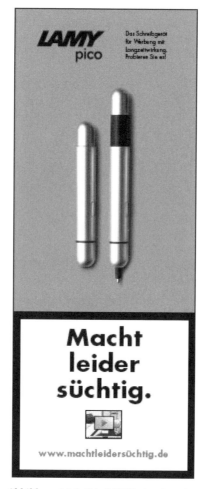

Abbildung 14.2: Die LAMY pico-Anzeige

Den anschaulichen Beleg für den hohen Suchtfaktor gibt es dazu als Video im Web unter www.picomachtsüchtig.de. Damit erzielt man eine hohe Aufmerksamkeitsstärke durch eine plakative und unerwartete Aussage im Zusammenhang mit dem Produkt. Gleichzeitig erzeugt man ein erhöhtes Interesse (Stichwort Involvement), weil der Leser wissen will, was sich hinter der offenkundig ironischen Kampagne verbirgt, vor allem was es mit dem beschworenen Suchtfaktor tatsächlich auf sich hat.

Die Zielgruppe

Umworben wird die Zielgruppe der Werbemitteleinkäufer aus der Industrie sowie Entscheider und Inhaber aus mittelständischen Unternehmen und Agenturen. Lamy selektiert die Zielgruppen aus den eigenen Kunden- und Interessentenadressen. Daneben wird dem Zielgruppenprofil entsprechendes zusätzliches Interessentenpotenzial bei ausgewählten Fremdlisten angemietet.

Der Dialogansatz

Das Bedürfnis der Zielgruppe, mehr über den Suchtfaktor des LAMY pico zu erfahren, wird durch einen sogenannten Early Bird für Frühreagierer verstärkt. Die ersten 50 Reagierer erhalten ein kostenloses Muster des hochwertigen Produkts. Als Responseweg stehen die Faxantwort und die Onlinebestellung zur Verfügung.

Auf der eigens eingerichteten Pico-Microsite gibt es ein Video in der 30-Sekunden-Kurzfassung oder als Director's Cut in einer 60-Sekunden-Version. Der Film demonstriert anschaulich, welchen Spiel- und Beschäftigungstrieb das Schreibwerkzeug auslöst. Gezeigt wird eine Büroszene, in der ein Mitarbeiter in virtuoser Weise das Schreibgerät zwischen seinen Fingern rotieren lässt. Die Botschaft ist unmissverständlich. Die besondere Druckmechanik und das außergewöhnliche Design verleiten dazu, den LAMY pico immer und immer wieder zur Hand zu nehmen und sich damit zu beschäftigen.

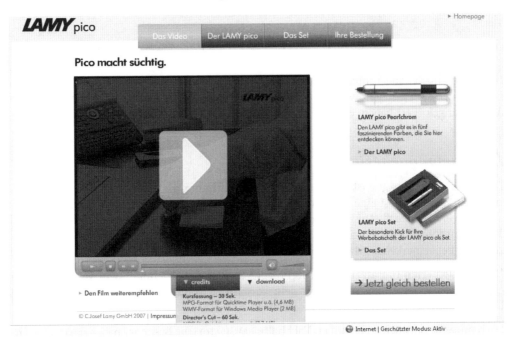

Abbildung 14.3: Pico-Microsite-Videoshow

Die Besucher haben die Möglichkeit, den Artikel sofort in gewünschter Menge und Farbe zu bestellen.

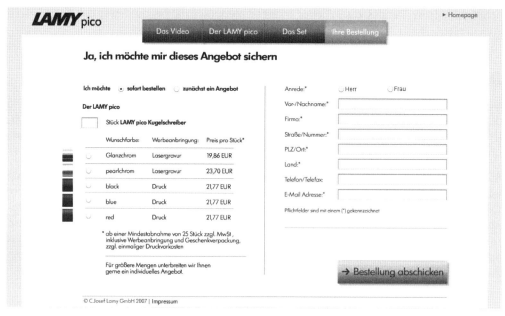

Abbildung 14.4: Pico-Microsite-Bestellfunktion

Über eine angebotene Empfehlungsfunktion können zudem andere Interessenten auf den Film aufmerksam gemacht werden. Bei allen Reagierern, die ein Muster beziehungsweise ein Angebot angefordert haben, erfolgte ein telefonischer Nachfass.

Der Kampagnenerfolg

Der Erfolg der Kampagne ist eindrucksvoll. Vor dem Hintergrund der beschriebenen schwierigen Marktsituation ist eine Bestellquote von 4,26 Prozent der angeschriebenen Entscheider außergewöhnlich hoch. Auf Basis vergleichbarer Kampagnen erwartete man außerdem rund 10 Prozent Filmabrufe. Tatsächlich lag die Clickrate auf der Pico-Microsite im Kampagnenzeitraum bei bemerkenswerten 46 Prozent.

Die ambitionierten Umsatzziele von 30 Prozent Steigerung gegenüber dem Vorjahr wurden ebenfalls weit übertroffen. Gegenüber dem Vorjahreszeitraum konnte der Umsatz mit dem LAMY pico um 88 Prozent gesteigert werden

Die Kampagne hat auch einen hohen Nachhaltigkeitsfaktor. Die Besucher haben durch eine angebotene Empfehlungsfunktion die Möglichkeit, andere auf den Film aufmerksam zu machen. Durch diesen viralen Effekt konnten noch Monate nach Abschluss der Kampagne viele neue Interessentenadressen generiert werden. Für Lamy wurde diese Directsales-Kampagne zu einer der erfolgreichsten Kampagnen der letzten zehn Jahre.

Abbildung 14.5: Pico-Microsite-Empfehlungsfunktion

Die Lamy-Kampagne zeigt, dass auch mit kleinem Budget sehr erfolgreiche crossmediale Werbung möglich ist. Für die Kampagne gab es beim Deutschen Dialogmarketing Preis, dem Branchen-Oskar der Dialogmarketing-Szene, folgerichtig gleich drei Awards: Gold für die beste Arbeit in der Kategorie »Gebrauchs- und Investitionsgüter«, Bronze in der Kategorie »Integrierte Kampagne« und noch einmal Bronze in der Kategorie »Audio & Video«.

Praxisbeispiel: Permadental Zahnersatz

In diesem Kapitel

▶ Wie man mit Dialogmarketing selbst werbekritische Zielgruppen erreicht

▶ Wie man in Kooperation mit anderen Unternehmen den Erfolg steigern kann

---

In diesem Beispiel steht eine Businesszielgruppe im Mittelpunkt, die bei vielen Menschen nicht besonders beliebt ist, aber als Marketingzielgruppe außerordentlich begehrt ist: Zahnärzte. Sie reagieren erfahrungsgemäß reserviert auf Werbung. Mit einem Mailing zum Firmenjubiläum überwand Permadental Zahnersatz die Vorbehalte der skeptischen Zielgruppe. Mit sensationellem Erfolg.

Der Fall beweist, dass Dialogmarketing selbst bei werbekritischen Zielgruppen und in hart umkämpften Branchen hervorragend wirken kann. Es ist gleichzeitig ein Paradebeispiel für Werbung in Kooperation mit anderen Unternehmen. Erfahren Sie in diesem Praxisbeispiel, wie man mit einem gemeinsamen Auftritt die eigene Marke stärken und Mehrwerte gegenüber der Zielgruppe schaffen kann.

Die Kampagne »Von Null auf Hundert«

Von Kronen und Brücken über Knirscherschienen bis hin zur Vollprothese bietet Permadental Zahnersatz ein breites Produktspektrum. »Gute Qualität zum kleinen Preis«, mit diesem Anspruch fertigt das niederländische Unternehmen auch für deutsche Kunden hochwertige Produkte. Sein 20-jähriges Jubiläum nahm das Unternehmen zum Anlass, um per Mailing seine Bekanntheit bei Zahnmedizinern zu steigern und neue Interessenten zu gewinnen.

Man wählte sich für diese Aktion Kooperationspartner aus, die zum eigenen Unternehmen passen. Die Zahnersatzpflegeprodukte der Marke Kukident der Firma Reckitt Benckiser Deutschland und die Zahncrememarke Pearls & Dents des Unternehmens Dr. Liebe waren hierfür die idealen Ergänzungen, weil sie zum eigenen Angebot und zur Zielgruppe passen.

Die Kampagnenidee

Die sensible Zielgruppe der Zahnärzte sollte mit einem hochwertig wirkenden und gleichzeitig auffallenden Geburtstagsmailing zum Firmenjubiläum angesprochen werden. Mit einem attraktiven Gewinnspiel wollte man sich für zwanzig Jahre erfolgreiche Zusammenarbeit mit deutschen Zahnärzten bei der Zielgruppe bedanken. Eine bequeme und schnelle Antwortmöglichkeit sollte integriert werden. Bevor die beauftragte Agentur »Ampark« mit dem Entwurf begann, schlug sie dem Kunden einen Besuch im Direkt Marketing Center der Deutschen Post in Essen vor, um den Rat der Dialogmarketing-Spezialisten einzuholen.

Die Dialogmarketing-Experten der Deutschen Post erörterten mit Permadental und der Werbeagentur die Vor- und Nachteile verschiedener Vorschläge, bis eine Lösung entwickelt wurde, die alle Anforderungen des Kunden erfüllte und trotzdem einen günstigen Versand erlaubte.

Die kreative Umsetzung

Zum Einsatz kam ein Mailing unter der Überschrift »100 Jahre. Von Null auf Hundert«. Damit wurde einerseits auf die beteiligten Partner hingewiesen, die zusammengerechnet einhundert Jahre aktiv sind. Informationen zur unterschiedlich langen Erfolgsgeschichte der einzelnen Partner konnten im Mailing nachgelesen werden.

Abbildung 15.1: Geburtstagsmailing

Zum anderen wurde bereits ein Bezug zum ausgelobten Hauptpreis hergestellt, einen VW Polo Tour. Visuell wurde die Verbindung aus Firmengeburtstag und Gewinnspiel durch die Abbildung eines VW Polo mit Geschenkschleife umgesetzt. Ein roter Stern mit dem Hinweis »Jetzt gewinnen« sollte die Teilnahme zusätzlich verstärken.

Integriert war eine Antwortkarte, die von den Teilnehmern des Gewinnspiels als Werbeantwort an den Absender zurückgeschickt werden konnte.

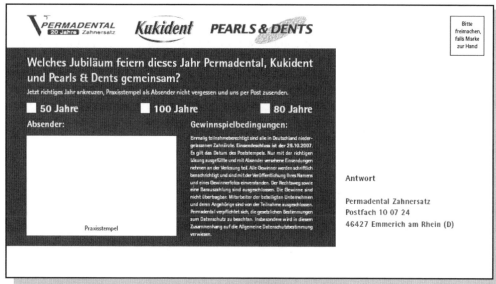

Abbildung 15.2: Antwortkarte Permadental-Mailing

Die Zielgruppe

Angesprochen werden sollten alle in Deutschland niedergelassenen Zahnärzte. Zahnärzte sind eine interessante Zielgruppe für Werber, denn dem Rat der Doktoren folgen viele Patienten – sei es für Zahncreme, die richtige Zahnbürste oder Zahnpflegeprodukte. Nicht nur für das Dentallabor Permadental sind Zahnärzte die wichtigsten Multiplikatoren, sondern auch für die

Hersteller von Zahnpflegeprodukten ist die Zielgruppe interessant. Doch die Mediziner sind eine schwierige Zielgruppe, denn sie stehen Werbung eher skeptisch oder sogar ablehnend gegenüber. Es bedarf deshalb eines besonders wirkungsvollen Dialogangebots, um Zahnärzte zu einer Reaktion zu bewegen.

Der Dialogansatz

Zur Mobilisierung der zurückhaltenden Zielgruppe musste ein hoher Reaktionsreiz von dem Werbebrief ausgehen: Die Jubilare lobten hundert Preise im Gesamtwert von 25.000 Euro aus. Der Hauptgewinn war ein VW Polo. Daneben wurden unter anderem Navigationsgeräte und Gutscheine verlost. Sie empfahlen eine integrierte Antwortkarte, die von den Teilnehmern des Gewinnspiels als Werbeantwort an den Absender zurückgeschickt werden konnte. Beantwortet werden sollte die Frage, welches Jubiläum Permadental, Kukident und Pearls & Dent gemeinsam feiern. Zur Auswahl standen drei Jahresangaben, wobei die richtige – 100 Jahre – leicht auszumachen war. Im Fokus stand eine hohe Teilnehmerzahl, die Reaktionsschwelle war entsprechend niedrig gesetzt.

Nachdem die Deutsche Post auch die Automationsfähigkeit zur maschinellen Bearbeitung in den Briefzentren geprüft hatte, wurde ein sechsseitiges quadratisches Mailing mit Informationen über die drei Unternehmen als Infopost Groß an 41.000 Zahnärzte verschickt.

Der Kampagnenerfolg

Das Mailing löste eine Response von fast 22 Prozent aus, mit der alle Kooperationspartner hochzufrieden waren. Permadental erhielt in Folge der Jubiläumsaktion 1.200 Anfragen und gewann mehr als 300 neue Kunden. Permadental plant nun weitere Investitionen im Dialogmarketing.

Praxisbeispiel: EUROPÄISCHE Reiseversicherung

16

In diesem Kapitel

▶ Wie die Vernetzung verschiedener Dialogmarketing-Maßnahmen und Kommunikationskanäle erfolgreich funktionieren kann

▶ Wie wirkungsvoll Dialogmarketing in der Kommunikation mit Vertriebspartnern sein kann

*W*as fällt Ihnen spontan ein, wenn Sie ans Verreisen denken? Wahrscheinlich Dinge wie Urlaub, Erholung, Sonne, Strand und Berge. Der Begriff Reiseversicherung wird vermutlich nicht dabei sein. Doch spätestens wenn es an die Buchung Ihrer Reise geht, werden Sie sich vermutlich eine der folgenden Fragen stellen: Brauche ich eine Reiserücktrittsversicherung? Was, wenn mein Gepäck verloren geht? Wie komme ich nach Hause, wenn ich im Ausland einen Unfall erleide? Um es kurz zu machen: Wollen Sie sich gegen Risiken, die vor und während einer Urlaubs- oder Geschäftsreise auftreten, absichern, brauchen Sie eine Reiseversicherung.

Der Markt der Reiseversicherer ist groß und die Angebote vielfältig. Es ist entsprechend schwer, eigene Angebote zu positionieren. Reiseversicherungsprodukte sind zudem häufig erklärungsbedürftig. Die Mitarbeiter in den Reisebüros müssen die Leistungen überzeugend und qualifiziert verkaufen können. Eine gute Produktkenntnis und Motivation sind die wichtigsten Erfolgspfeiler des Vertriebs von Reiseversicherungen.

Mit einem internen Verkaufswettbewerb setzte die EUROPÄISCHE Reiseversicherung genau an diesem Punkt an. Die Kampagne »EuroGlobe« ist ein Musterbeispiel für die Vernetzung verschiedener Maßnahmen und Kommunikationskanäle. Vor allem zeigt sie, wie wirkungsvoll Dialogmarketing auch in der Kommunikation mit Vertriebspartnern, in diesem Fall mit der Zielgruppe Expedienten in Reisebüros, funktioniert.

Die Kampagne »EuroGlobe«

Die Europäische Reiseversicherung AG versteht sich über ihre Kompetenz als Reiseversicherer hinaus als innovatives Dienstleistungsunternehmen. Die Gesellschaft hat 100 Jahre Reiseschutz-Geschichte geschrieben und ist heute Marktführer unter den Reiseversicherern. Die EUROPÄISCHE ist derzeit in 23 Ländern vertreten. Reiseprofis wie DERTOUR, Deutsche Bahn und Lufthansa und über 13.000 Reisebüros setzen in Sachen Reiseschutz auf die EUROPÄISCHE.

Die Kampagne hat das Ziel, den Absatz von Reiseversicherungsprodukten der EUROPÄISCHEN zu fördern. Hierfür soll der Ehrgeiz der Expedienten geweckt werden, ihren Kunden Reiseschutz aktiv anzubieten. Gleichzeitig soll die Produktkenntnis der Verkäufer für Produkte der EUROPÄISCHEN verbessert und die Bindung an die Versicherung gefestigt werden.

Die Strategie sieht vor, den Vertriebspartnern über einen attraktiven Verkaufswettbewerb einen Anreiz für verstärkte Verkaufsaktivitäten mit Reiseversicherungsprodukten der EUROPÄISCHEN zu bieten. Nebenbei soll in spielerischer Form das notwendige Produktwissen erweitert und eine durchgängige Kommunikation unter einem Dach gewährleistet werden.

Die Agentur Interone Worldwide Office München entwickelte für diese Aufgabenstellung ein aufmerksamkeitsstarkes und originelles mehrstufiges Motivationsprogramm.

Die Kampagnenidee

Die Idee des EuroGlobe Sales Award ist ganz einfach: Das Verkaufsteam, das die meisten Reiseversicherungsprodukte im Kampagnenzeitraum verkauft, gewinnt. Die monatlichen Umsatzsteigerungen des Teams und zusätzliche Engagements in Form von Produktaktionen und Reiseschutzfragen werden honoriert. Am Ende wird abgerechnet. Die Gewinnerteams erhalten hochkarätige Preise und werden zur finalen Preisverleihung mit großem Showprogramm nach Berlin eingeladen.

Für die Bewerbung des Verkaufswettbewerbs wird eine spektakuläre Analogie genutzt: die große Welt des Films, mit ihren Stars und Kassenknüllern. Unter dem Motto »Verrückt nach Globy. Die Verleihung des EuroGlobe.« werden Verkaufsteams wie Filmcrews angesprochen. Die Assoziation mit dem internationalen Golden-Globe-Filmpreis ist also durchaus beabsichtigt und soll die Hochwertigkeit des Wettbewerbs symbolisieren. Entsprechend ist die gesamte Aufmachung der Kampagne wie die Ankündigung eines großen Filmpreises inszeniert.

Für den begehrten Oskar der Reisebüros, den Globy, müssen die »Filmteams« möglichst viele Versicherungen verkaufen. Für ihre Verkäufe erhalten sie virtuelle Filmrollen. Die Anzahl der Filmrollen entscheidet über den Sieg. Je höher der monatliche Umsatz im Vergleich zum Vorjahr ist, umso höher ist die Zahl der Filmrollen, die das Team kassiert.

Jedes Team, aus dem mindestens ein Teammitglied die Reiseschutz-Interviews meistert, erhält eine weitere Filmrolle – plus die Chance auf Sofortgewinne für alle, die an den Interviews teilnehmen. Noch mehr Rollen erhält das Team, wenn es die Drehbücher (Aktion, bei der ein bestimmtes Produkt verstärkt verkauft werden soll) liest und die jeweiligen Produkte promotet.

In bester Member-get-Member-Manier kassieren die Teams eine zusätzliche Rolle für jede weitere Agentur, die sie als Teilnehmer für den Globy anwerben.

Die kreative Umsetzung

In einer exakt getakteten Dramaturgie werden die verschiedenen Kampagnenschritte umgesetzt und die verschiedenen Kommunikationskanäle aufeinander abgestimmt.

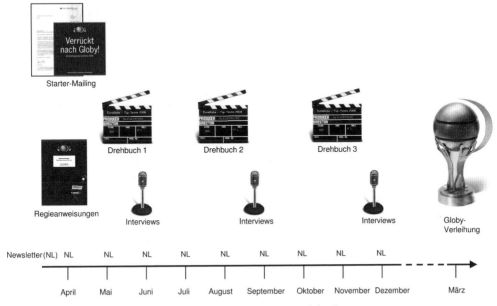

Abbildung 16.1: Der Kampagnenfahrplan

Zum Auftakt wird ein Starter-Mailing inklusive einer Regieanweisung, in der die Fakten zum Wettbewerb zusammengefasst wurden, an rund 13.000 Reisebüros versendet.

Abbildung 16.2: Starter-Mailing

Abbildung 16.3: Regieanweisungen

Dreimal im Jahr versendet die EUROPÄISCHE als sogenannte Academy zusätzlich Drehbücher an alle teilnehmenden Teams. Dabei gilt es, spezielle Produkte der EUROPÄISCHEN zu vermarkten. Die Teams haben damit die Chance, noch mehr Filmrollen zu sammeln und zusätzlich attraktive Einzelpreise für jedes Teammitglied zu gewinnen. Jeder einzelne Expedient kann bei den Reiseschutz-Interviews Fragen zu bestimmten Produkten beantworten und sich somit weitere Sachpreise wie zum Beispiel ein professionelles Fotoshooting sichern.

Die Drehbücher zu den Produkten, die verkauft werden sollen, werden über spezielle Aktionsmailings und über die Kampagnenwebseite zur Verfügung gestellt. Sie bleiben in der Tonalität in der Welt des Films und sind bewusst unterhaltsam und kurzweilig gehalten. Das erste Drehbuch steht beispielsweise unter dem Motto »In 365 Tagen sorglos um die Welt«. Verkauft werden sollen in einem definierten Zeitraum von zwei Monaten möglichst viele RundumSorglos-Jahrespakete der EUROPÄISCHEN. Das zweite Drehbuch bewirbt den Quick & Easy-Reiseschutz. Da dieses Versicherungspaket nur am Tag der Reisebuchung abgeschlossen werden kann, trägt es den Titel: »Buche an keinem anderen Tag«. James Bond lässt grüßen! In den Drehbüchern werden die Leistungen des Produkts genau beschrieben. Die Teilnehmer können sich damit ganz gezielt fit für den Verkauf machen.

Am Ende des Team Sales Award steht die Verleihung des Globy in Berlin, verbunden mit einem unvergesslichen Auftritt im Rampenlicht auf dem roten Teppich und der Überreichung der Geld- und Sachpreise.

Die Konzeption und Gestaltung von zwei Mailings und der ersten Printanzeigen sowie die Entwicklung der Kampagnen-Microsite www.verkaufstalente.de wurde von der Werbeagentur Interone Worldwide Office München betreut. Bemerkenswert ist, dass ein Großteil der Maßnahmen von der EUROPÄISCHEN selbstständig durchgeführt wurde, zum Beispiel Gestaltung und Versand des monatlichen Newsletters an alle teilnehmenden Agenturen, Konzeption und Gestaltung der Drehbuch-Mailings, Anzeigenwerbung, Online-Banner, Pressearbeit und die Organisation der Abschlussveranstaltung.

Abbildung 16.4: Kampagnen-Microsite

Die Zielgruppe

Die Kampagne richtet sich an Reisebüros, in denen Reiseversicherungen der EUROPÄISCHEN verkauft werden. Anmelden können sich Reisebüroteams mit maximal 25 Expedienten. Die Büroleiter bzw. Inhaber haben die Rolle des Regisseurs. Sie registrieren die Teilnehmer auf der Kampagnenseite `www.verkaufstalente.de` und motivieren ihr Verkaufsteam für die gemeinsame Herausforderung. Hierfür erhalten die Büroleiter ein Regiehandbuch, in dem sie ausführliche Informationen zum Programm finden.

Einer für alle, alle für einen! Das Team ist der Star – und der Verkaufserfolg ist immer eine Gemeinschaftsproduktion. Jeder Teilnehmer erhält eine Informationsbroschüre. Schließlich sollen die Expedienten als Darsteller bestens instruiert sein, denn sie sind die Erfolgsgaranten.

Eingebunden in die Kampagne sind die Regionalverkaufsleiter, die als Mitglied der »Experten-Jury« wertvolle Verkaufstipps geben können und als Ansprechpartner mit nützlichen Tipps zur Seite stehen. Im Zuge dessen wurde jedem Regionalverkaufsleiter zusätzlich eine Autogramm-karte als Experte der Jury erstellt.

Die teilnehmenden Teams gehen in vier verschiedenen Teilnehmergruppen, so genannten Kategorien, an den Start. In welcher Kategorie die Mannschaft startet, richtet sich nach dem Versicherungsumsatz der Agentur im Vorjahr. Je nach Umsatzklasse spielen die Teams in der Kategorie A-, B-, C-Movie oder Newcomer. Jede der Kategorien hat ihren eigenen, gehaltvollen Preis. Das Team, das in seiner Kategorie die meisten Filmrollen gesammelt hat, gewinnt den EuroGlobe.

Der Dialogansatz

Für den Wettbewerb wurde eine eigene Kampagnenwebseite eingerichtet. Unter www.verkaufstalente.de können sich die Teams aus den Verkaufsagenturen registrieren und ihre maximal 25 Expedienten (= Hauptdarsteller) melden. Sie erhalten nach der Registrierung eine Bestätigung sowie eine schriftliche Anmeldebestätigung zugesandt. Auf der Onlineseite erhalten die Teilnehmer zusätzlich hilfreiche Insiderinfos.

Regelmäßige Newsletter informieren die Teams über den Stand ihrer Filmrollen und aktuelle Aktionen wie Gewinnchancen für die Teams. Die Teilnehmer können ihre Fragen, Anregungen und Bemerkungen an ein E-Mail-Postfach schicken; die E-Mails werden vom Projektteam täglich beantwortet.

Der Kampagnenerfolg

Innerhalb weniger Wochen registrierten sich von den 13.000 angeschriebenen Agenturen über 3.800 Reisebüros mit rund 13.000 Expedienten. Damit macht jedes dritte Reisebüro in Deutschland beim Team Sales Award mit.

Anerkennung und Belohnung für die zusätzlichen Verkaufsanstrengungen ist die glanzvolle Abschlussveranstaltung in Berlin. Der Event erfüllt gleich mehrere Funktionen. Zuallererst ist die Veranstaltung natürlich der krönende Abschluss der Aktion, bei dem die Gewinner der Kampagne gefeiert und wertgeschätzt werden. Daneben ist es eine Incentive-Maßnahme, weil weitere Mitarbeiter aus den Reisebüros die Chance haben, im Rahmen zusätzlicher Aktionen eine Wild-Card für die Veranstaltung zu gewinnen. Gleichzeitig ist es ein Get-together von Mitarbeitern der EUROPÄISCHEN und den touristischen Partnern der Versicherung.

Neben der Partnerbindung ist die Forcierung des Umsatzes mit Produkten der EUROPÄISCHEN der wichtigste Effekt des EuroGlobe.

Teil V

Der Top-Ten-Teil

The 5th Wave — By Rich Tennant

»Ich glaube, diese Art Werbebrief wird bei unseren Kunden einiges
Aufsehen erregen.«

In diesem Teil ...

Ich könnte Ihnen zehn gute Gründe nennen, warum Sie diesen Teil unbedingt lesen sollten. Das werde ich aber nicht tun. Stattdessen liefere ich Ihnen gleich 40 gute Gründe, und zwar in den folgenden vier Kapiteln.

Wenn Sie einen Motivationsschub brauchen, dieses Buch von der ersten Seite an zu lesen, dann fangen Sie einfach hier hinten beim Top-Ten-Teil an. In diesem Teil erhalten Sie in kompakter Form – und damit gewissermaßen als Appetithäppchen – wichtige Tipps für besseres Dialogmarketing, Anregungen für Ihren Geschäftserfolg in der Zukunft und nützliche Hinweise auf Stolperfallen. Ausführlicher nachzulesen ist das alles dann im vorangegangenen Teil des Buches.

Ich wette, Sie werden Ihren eigenen Top-Ten-Teil zusammenstellen können, sobald Sie selbst Dialogmarketing machen. Sehen Sie diesen Teil des Buches als Auftakt zu einer wunderbaren Sammlung Ihrer größten, besten, erfolgreichsten Dialogmarketing-Erfahrungen.

Zehn Gründe, warum Mailings mehr Erfolg bringen

17

In diesem Kapitel

▶ Warum Sie mit Mailings näher an Ihren Kunden dran sind

▶ Was Mailings so einzigartig macht

▶ Warum Sie mit Mailings nichts dem Zufall überlassen

Für Ihre Kundengewinnung und Kundenbindung ist der Klassiker Mailing ein hervorragendes Instrument und für Ihren zielgerichteten individuellen Kundenkontakt unverzichtbar. Das wird deutlich, wenn Sie sich die speziellen Vorzüge des persönlich adressierten Werbebriefs einmal genauer ansehen.

Die persönliche Ansprache Ihrer Kunden

Nichts ist wirkungsvoller, als wenn Sie Ihren Kunden persönlich ansprechen. Die Personalisierung der einzelnen Bestandteile, insbesondere die Ansprache des Lesers mit seinem Namen, ist einer der wichtigsten Schlüsselreize.

In puncto Werbewirksamkeit rangiert der eigene Name ganz weit vorn. Da müssen andere Werbemittel schon viel nackte Haut zeigen, um ähnliche Aufmerksamkeitswerte zu erzielen. Im Unterschied dazu sind den Möglichkeiten der Personalisierung praktisch keine Grenzen gesetzt. Und die persönliche, individuelle Ansprache signalisiert eine größere Nähe zum Leser. Natürlich ist den Empfängern heutzutage sehr wohl bewusst, dass sie es mit einer Massenaussendung zu tun haben. Trotzdem erreichen Sie mit einem adressierten und personalisierten Werbebrief erheblich höhere Reaktionsquoten als mit unadressierter Post. Wenn Sie auf eine Personalisierung verzichten, begehen Sie eine Dialogmarketing-Sünde, die mit deutlich geringerer Response bestraft wird.

 Bestraft werden Sie allerdings auch dann, wenn Sie den Empfängernamen falsch schreiben. Einen solchen Fehler verzeiht Ihnen der Empfänger kaum. Wer Mayer heißt, möchte nun mal nicht als »Herr Meier« angesprochen werden. So kann der Name, der eigentlich ein Verstärker ist, sehr schnell kontraproduktiv wirken. Aktuell gepflegte und korrekte Kundenadressen sind deshalb das A und O Ihrer Mailingkommunikation.

Die Erreichbarkeit Ihrer Zielgruppe

Es mag banal klingen, aber mit einem Mailing erreichen Sie praktisch jeden Menschen, der über eine postalische Anschrift verfügt. Also jeden Ihrer (potenziellen) Kunden. Wer keine Postanschrift hat, ist für Sie mit Sicherheit auch nicht interessant. Das ist ein enormer Vorteil gegenüber einer ganzen Reihe von anderen Ansprachekanälen, sei es gegenüber der Printwerbung, die immer nur von einem kleinen Teil der potenziellen Interessenten wahrgenommen wird, oder gegenüber E-Mails oder dem Telefon, bei denen die explizite Zustimmung zur Kontaktaufnahme vorliegen muss.

Sofern der Empfänger nicht ausdrücklich der Zusendung Ihrer Werbesendungen widerspricht, unterliegt die adressierte Werbung per Post keiner Einschränkung. Sie dürfen dann jeden Ihrer Kunden und mögliche neue Interessenten ganz gezielt ansprechen. Natürlich sollten Sie Ihre Kunden auch nicht mit allen möglichen Angeboten nerven, sondern in verträglichen Abständen relevante Mailings verschicken.

Das sinnliche Erlebnis

Ein Mailing ist ein fühlbar und physisch erlebbares Werbemedium. Es präsentiert sich nicht elektronisch-virtuell, sondern dreidimensional und spricht Augen, Ohren, Nase und Tastsinn gleichermaßen an. Es ermöglicht vielfältige sinnliche Eindrücke durch das gewählte Materialkonzept und mögliche Beigaben wie Warenproben (Samples), die ein unmittelbares Produkterlebnis ermöglichen.

Der Fantasie sind praktisch keine Grenzen gesetzt: Der Einsatz von Düften, Faltmechaniken, Aufklapptechniken und dreidimensionalen Versandkartons kann Ihr Mailing zu einem Festival für alle Sinne machen und die Wirkung Ihrer Werbung eindrucksvoll verstärken.

Die universellen Einsatzmöglichkeiten

Kein anderes Zielgruppenmedium ist so universell und flexibel einsetzbar wie das Mailing. Ob bei Aussendungen in Millionenauflage oder bei der gezielten Ansprache an Ihre kleinsten Kundengruppen: Das Mailing ist für Unternehmen jeder Größenordnung, vom Handwerksbetrieb bis hin zum internationalen Konzern, ein geeignetes Kommunikationsinstrument. Mailings bewähren sich in allen Branchen und bei privaten und geschäftlichen Zielgruppen gleichermaßen zuverlässig.

Mailings funktionieren eigentlich immer. Das trifft allerdings nur zu, wenn die Rahmenbedingungen stimmen. Mit einem schlechten Produkt, dem falschen Preis oder der falschen Adressauswahl kann auch das schönste Mailing für Sie wenig erreichen. Das passende Angebot richtig verpackt und zum richtigen Zeitpunkt versendet, ist für Sie deshalb die halbe Miete.

Die vielfältigen Reaktionsangebote

Bezüglich der Reaktionsmöglichkeiten, kann ein gut gemachtes Mailing Ihre Empfänger fast schon vor die Qual der Wahl stellen. Neben der auch bei anderen Dialoginstrumenten möglichen Angabe von Internetadresse, Telefonnummer oder E-Mail-Adresse kann Ihr Mailing noch mit Antwortkarte, Faxantwortbogen, Coupon und Rückumschlag aufwarten. Für jeden Ihrer Empfänger ist somit sein bevorzugter Reaktionsweg dabei. Vorpersonalisierte Responseelemente erleichtern die Reaktion Ihrer Zielgruppe zusätzlich und erhöhen die Chance auf eine Bestellung.

Die Vermeidung von Streuverlusten

Je höher die Affinität Ihrer Empfänger zum Angebot ist, desto größer ist das Interesse. An Hochhausbewohner werden Sie kaum einen Rasenmäher verkaufen. Die Zielgruppenauswahl spielt deshalb eine große Rolle bei der Vermeidung von Streuverlusten.

 Die höchste Affinität können Sie in der Regel bei Ihren bestehenden Kunden voraussetzen. Die haben immerhin schon mal bei Ihnen gekauft. Mit diesen Kunden können Sie normalerweise ein Mehrfaches an Umsatz gegenüber sogenannten »kalten«, also gemieteten, Adressen erzielen.

Der Erfolg Ihrer Mailingaktion hängt maßgeblich von der Qualität Ihrer Adressen ab. Ihre eigene Kundendatenbank sollte deshalb stets aktuell gepflegt sein. Die zum Angebot passende Zielgruppe können Sie mit einer gut geführten Datenbank sehr präzise nach verschiedenen Kriterien wie Produktaffinität, Wohnsituation, Alter, Branche und so weiter selektieren. So können Sie die verschiedenen Zielgruppen sehr differenziert mit dem passenden Angebot versorgen.

Bei der Neukundengewinnung kommen Sie allerdings um die Anmietung zusätzlicher Adressen nicht herum. Hier sind Ihre eigenen Kundeninformationen ebenfalls sehr wertvoll, weil sie Hinweise liefern, nach welchen Merkmalen mögliche Neukunden zu suchen sind.

Mithilfe einer professionellen Adressanalyse können Sie auf Basis Ihrer eigenen Adressen zusätzliche Adressen mit Potenzial bei Adressverlagen oder Adressbrokern anmieten. So vermeiden Sie Streuverluste, können die Auflagenhöhe optimieren und sparen unnötige Produktions- und Zustellkosten. Nicht zuletzt verbessert sich der Return of Invest (ROI), also die den Aufwendungen gegenüberstehenden Umsatzerlöse. Die Rechnung ist ganz einfach:

Treffsichere Adressen = geringe Streuverluste = höhere Responsequoten

Eine präzise Erfolgskontrolle

Erfolgsmessung und Erfolgskontrolle sind für Ihre Werbeaktionen von zentraler Bedeutung. Welche Mailingvariante hat am besten funktioniert? Ist das Angebot mit Ratenzahlung erfolgreicher gewesen oder die Variante mit dem Aktionspreis?

Den Erfolg Ihrer Hauptaussendung können Sie exakt messen. Die Reaktionen geben Ihnen Auskunft über das tatsächliche Interesse Ihrer Zielgruppe. Mailings bieten Ihnen zudem die Möglichkeit, die Kosten Ihrer Aktion sehr genau den Umsätzen (Kauf, Bestellungen) oder den erzielten Reaktionen (Terminwünsche etc.) gegenüberzustellen. Je präziser Sie messen, desto genauer können Sie Schlüsse für mögliche Folgeaktionen ziehen. Die wichtigsten Erfolgsparameter sind die Responsequote (prozentualer Rücklauf gemessen an der Gesamtauflage), die Kosten pro Reaktion (CpI, Cost per Interest) und die Kosten pro Bestellung (CpO, Cost per Order).

Der Ausschluss störender Einflüsse

Täglich kämpfen Tausende von Werbebotschaften um unsere Aufmerksamkeit, im Radio, auf Plakaten, in Anzeigen und im Fernsehen. Ihr Mailing muss nicht in einem umkämpften Werbeumfeld um Beachtung ringen, sondern genießt die unmittelbare Aufmerksamkeit des Adressaten, wenn er Ihre Post aus dem Briefkasten holt. Ein Mailing kann man zur Seite legen, man kann es aber nicht ignorieren. Das Umfeld der Wahrnehmung Ihrer Werbebotschaft ist ungestörter, weil der Werbebrief im Unterschied zu den meisten anderen Medien nicht in einem unmittelbaren Wettbewerbsumfeld gelesen wird.

Mailingaktionen sind für Ihre Konkurrenten oft »unsichtbar«, was deren Wettbewerbsbeobachtung und schnelle Reaktion auf Ihre Aktion erschwert.

Ein nicht zu unterschätzender Vorteil ist die schlichte Tatsache, dass der Empfänger selbst entscheidet, ob und wann er Ihren Werbebrief öffnen und sich mit dem Inhalt beschäftigen möchte. Wer nicht in Stimmung ist oder keine Zeit hat, wird Ihr Mailing zunächst zur Seite legen und es später lesen.

Während man bei den meisten anderen Werbemedien nicht die Wahl hat, ob und wann man mit Werbung konfrontieren wird, kann man den Zeitpunkt beim Mailing frei wählen. Das vermeidet Ablehnung und schafft im Gegensatz zu »aufgezwungener« Werbung eine wesentlich positivere Grundstimmung für die Wirkung Ihrer Werbebotschaft.

Die Testmöglichkeiten

Der Erfolg Ihrer Mailings wird von zahlreichen Faktoren bestimmt:

✔ Passt das Produkt und die Darstellung zur Zielgruppe?

✔ Ist der Preis für die Zielgruppe akzeptabel?

✔ Ist der Text leicht und verständlich?

✔ Sind die verschiedenen Bestandteile kreativ optimal gestaltet?

✔ Stimmen die Adressen und ist der Versandzeitpunkt richtig gewählt?

Wichtige Fragen, denn ein Flop, zumal bei größeren Auflagen, ist unter wirtschaftlichen Gesichtspunkten schmerzhaft. Zum Glück sind Schüsse in den blauen Werbehimmel nicht nötig. Wenn Sie wissen wollen, ob Sie Ihr Werbebudget richtig einsetzen, müssen Sie nicht blind der Euphorie Ihrer Werbeagentur nach dem Motto »Das wird eine echte Knallerkampagne« vertrauen.

Im Vorfeld Ihrer Aussendung können Sie durch gezielte Testaussendungen überprüfen, welche Mailingbestandteile am besten funktionieren. Dabei werden an Teile der Gesamtzielgruppe Mailings versendet, die sich in jeweils einem Merkmal (zum Beispiel Preis, Bilder, Text) unterscheiden.

Welche Reaktion aus welcher Aussendung stammt, lässt sich anhand der kodierten Reaktionselemente lückenlos feststellen. So weisen Antwortkarten eine spezielle Kennzeichnung je Variante auf, die eine Zuordnung der Reaktionen leicht möglich macht. Die so gegeneinander getesteten Mailingvarianten geben ziemlich genau Aufschluss darüber, welche Bestandteile funktionieren und welche nicht. Schon geringe Modifikationen beim Text, bei den verwendeten Bildern, bei der Gestaltung des Reaktionselements oder bei ausgelobten Zugaben (Verstärker) können erstaunliche Unterschiede in der Response bewirken. Die wesentlichen Testvariablen sind

✔ das Angebot (zum Beispiel Preis, Produkt, Lieferbedingungen, Garantien),

✔ das Konzept (zum Beispiel Kreation, Intervall, begleitende Maßnahmen),

✔ die Zielgruppe (zum Beispiel eigene oder fremde Adressen),

✔ der Zeitpunkt (zum Beispiel jahreszeitliche Anlässe, Saison).

Mailingtests sind erst bei einer Auflage von etwa 2.000 Sendungen pro Variante wirklich valide. Haben Sie große Adressbeständen und versenden Sie Mailings in hoher Auflage, sind Tests normalerweise kein Problem.

Bei geringem Adresspotenzial und knapp bemessenem Budget ist das für Sie schon schwieriger. Dann kommen Tests unter Umständen gar nicht in Frage. Was bleibt Ihnen in dem Fall übrig? Am Ende doch der Schuss ins Blaue? Augen zu und durch? Nein, im Gegenteil: Augen aufhalten und genau hinsehen, wie es die anderen machen.

Wie sehen denn beispielsweise die Mailings Ihrer Wettbewerber aus? Es ist nicht verwerflich, sich von erfolgreichen Mailingkonzepten anderer Unternehmen inspirieren zu lassen. Quellen für eigene Mailingideen gibt es viele. Im Internet, bei Verbänden und in Werbefachzeitschriften werden immer wieder erfolgreiche Konzepte prämiert und vorgestellt. Die Adaption fremder Konzepte ist ein Spiel mit Unsicherheiten, allein schon hinsichtlich der etwas anderen Kundengruppen und Angebote. Das Risiko eines Flops können Sie zumindest reduzieren. Und zuletzt gilt auch hier: Erfahrungen sammeln, aus Fehlern lernen und es beim nächsten Mal noch besser machen.

Erfolgsregeln für das optimale Mailing

Die langjährigen Erfahrungen mit Werbebriefen haben eine außerordentlich zuverlässige wissenschaftliche und empirische Grundlage für die Konzeption und Gestaltung Ihrer Mailings geschaffen. Es haben sich Grundregeln herausgebildet, die Ihnen Sicherheit bei der Durchführung Ihrer Mailingaktionen bieten. Der Vorteil: Diese Erkenntnisse sind branchen- und zielgruppenübergreifend und sie sind leicht vermittelbar. Es gibt eine Vielzahl von Literatur, Studien, Beratungs- und Seminarangeboten rund um die optimale Mailingkonzeption. Die wichtigsten Grundregeln und Methoden zum Mailing können Sie in Kapitel 8 nachlesen.

Die zehn gängigsten Vorurteile gegenüber Dialogmarketing

18

In diesem Kapitel

▶ Warum Dialogmarketing nicht nur für große Unternehmen interessant ist

▶ Was Dialogmarketing für Ihr Unternehmensimage tun kann

▶ Was Dialogmarketing mit Sexappeal zu tun hat

Müll besteht aus Abfällen, die aus Haushalten stammen. Und Müll besteht aus Einfällen, die aus Werbeagenturen stammen und in Haushalten landen!

Spießer Alfons, Kultfigur der Fachzeitschrift Horizont

Gründe, warum Dialogmarketing in vielen Unternehmen noch keine Rolle spielt, gibt es viele. Unkenntnis, Hilflosigkeit beim Umgang mit die Materie, Trägheit, die bewährten, aber ausgetretenen Wege zu verlassen und einmal neue Wege einzuschlagen, manchmal auch die falschen Berater … All das mag eine Rolle spielen, doch die Gründe sind eine Sache. Die Begründung, warum man nicht auf Dialogmarketing setzt, ist eine andere Sache. Hier die gängigsten Vorurteile gegenüber Dialogmarketing.

Für Dialogmarketing ist mein Unternehmen zu klein

Falsch! Die Relevanz von Dialogmarketing hat nichts mit der Unternehmensgröße zu tun. Gerade für kleine und mittelständische Unternehmen ist zielgerichtete, persönliche Dialogkommunikation häufig die einzige Chance, sich auch ohne großes Werbebudget gegen das Marktgeschrei der »Großen« direkt Gehör bei der Zielgruppe zu verschaffen.

Sie können sogar sehr genau messen, welche Ihrer Maßnahmen für Sie erfolgreich arbeiten und welche nicht. Rund 80 Prozent der kleinen Unternehmen sind bereits im Dialogmarketing aktiv, auch wenn sie dies häufig intuitiv tun. Für den Rest gilt: Wer mit wenig Budget viel erreichen will, wird sich früher oder später mit Werbung beschäftigen müssen, die seine Kunden auch wirklich erreicht.

Mit Dialogmarketing kann ich keine Imagewerbung machen

Auch falsch! Sollten Sie jemandem begegnen, der beim Begriff Dialogmarketing das Gesicht verzieht und behauptet, dass Dialogmarketing doch dieser Werbemüll sei, der die Briefkästen verstopft und die E-Mail-Server lahmlegt, und auch noch behauptet, ohne die großen Bilder und Emotionen einer breit gestreuten Print- und TV-Werbung gehe gar nichts, dann arbeitet er mit Sicherheit in einer klassischen Werbeagentur. Dort ist die Werbewelt noch in Ordnung. Solche Einschätzungen rangieren im großen Handbuch der populären Irrtümer zwischen »Die Erde ist eine Scheibe« und »Frauen gehören an den Herd«.

Generationen von klassischen Werbern haben sich jedenfalls von ihrem Vorurteil bestens ernährt. Von denen hat allerdings auch noch niemand den Beweis angetreten, dass man mit Dialogmarketing keine emotionalen Kampagnen hinkriegt. Das dürfte auch schwerfallen, denn zahlreiche preisgekrönte und erfolgreiche Dialogmarketing-Imagekampagnen belegen das Gegenteil. Jeder Kundenkontakt hat Einfluss auf das Markenimage, das gilt für die Serviceorientierung der Mitarbeiter genauso wie für die Qualität der Produkte und für die Kommunikation. Deshalb sind pfiffige Individualkonzepte genauso relevant für das Image wie klassische Werbung.

Dialogmarketing ist kompliziert und aufwendig

Jedenfalls scheint es so. Nehmen wir eine typische Mailingaussendung. Woran man alles denken muss und was man da alles wissen muss: Adressbeschaffung, Adressbereinigung, Kuvertieren, Porto optimieren, Postauflieferung, Retouren und Rückläufer bearbeiten …

Wie einfach ist dagegen eine Anzeigenschaltung. Tatsächlich? Sind Mediaplanung, Werbemittelbuchung, Fotoshooting, Layout, Grafik, Lithografie erstellen, Druckunterlagen bereitstellen und Responsemanagement bei Anzeigen wirklich einfacher? Und machen Sie das alles selbst? Wohl kaum. Die Komplexität ist ähnlich hoch. Sie richtet sich nach der Anzahl der involvierten Dienstleister. Je mehr das sind, desto höher ist der Koordinationsaufwand. Beim Dialogmarketing aus einer Hand ist der Aufwand immer geringer, unabhängig vom Werbemittel.

Dialogmarketing-Kampagnen haben lange Vorlaufzeiten

Die Planungs- und Kreationsphase ist bei allen Werbemitteln ähnlich lang. Solide Planungen, kreative Ausarbeitungen, Werbemitteltests und Produktion brauchen eine gewisse Vorlaufzeit. Das gilt für Anzeigen in Zeitschriften genauso wie für Mailings und Kundenzeitschriften. Schnelle Umsetzungen sind im Dialogmarketing dennoch möglich. E-Mail-Newsletter und Call-Aktionen können Sie innerhalb weniger Tage auf den Weg bringen. Und selbst Mailings können Sie in kurzer Zeit auf den Weg bringen, erst recht wenn es sich um die Wiederholung von Aktionen handelt.

Dialogmarketing hat ein schlechtes Image

Schlechtes Dialogmarketing hat zu Recht ein schlechtes Image. Das gilt für schlechte Radio- und TV-Spots übrigens genauso. Gutes Dialogmarketing hingegen spricht mich immer dann an, wenn ich Interesse für ein bestimmtes Angebot habe. Je relevanter die Werbung für mich ist, desto mehr freue ich mich darüber.

 Untersuchungen zeigen, dass weit über 80 Prozent der Empfänger ihre Werbepost lesen und dass ein hoher Anteil darauf auch reagiert.

In den 70er-Jahren hatte die Direktwerbung per Brief ein schlechtes Image. Überquellende Briefkästen und jede Menge unerwünschte Werbesendungen nervten die Empfänger, die sich ohnmächtig einer schier unaufhaltsamen Werbeflut gegenübersahen.

Mit der Einführung der Robinsonliste, in die sich Empfänger eintragen können, wenn sie keine Werbepost erhalten möchten, und mit immer zielgenauerer Kundenansprache der Absender wandelte sich das Image der Werbepost drastisch. Vor ähnlichen Problemen steht heute das Telefonmarketing und die E-Mail-Werbung. E-Mail-Spam der Marke »Penis Enlargement« und Dialer-Terror von Telefonautomaten (»Herzlichen Glückwunsch, Sie haben gewonnen!«), können eine ganze Branche in Misskredit bringen.

Die Verbände wehren sich nach Kräften gegen schwarze Schafe in den eigenen Reihen mit Selbstverpflichtungen, Qualitätssiegeln und Aufklärungsarbeit. Gegen Missbrauch kann man sich selbst mit Gesetzen nur mühsam zur Wehr setzen, zumal wenn die Absender in der Südsee sitzen.

Dialogmarketing ist zu teuer

Teuer sind Maßnahmen immer dann, wenn Sie für das gleiche Geld Ihre Kommunikationsziele effektiver erreichen können. Eine zielgenaue Ansprache mit Dialogmarketing ist unter Effizienzgesichtspunkten jedenfalls erste Wahl. Sie optimieren Ihre Kontakte zur Zielgruppe, in dem Sie nur diejenigen ansprechen, die Ihr Angebot mit hoher Wahrscheinlichkeit interessiert. Sie vermeiden Streuverluste und reduzieren beispielsweise Ihre Mailingauflagen. So sparen Sie Kosten bei der Produktion und bei den Versandkosten.

Die Erfolgsmessung ist im Dialogmarketing auch sehr einfach und präzise. Anhand des Rücklaufs können Sie den Erfolg sehr schnell messen. Durch Variantentests Ihrer Werbemittel (Gestaltung, Produkte oder Preise) stellen Sie fest, welches Angebot in der Hauptaussendung oder bei Folgeaktionen besonders erfolgreich für Sie arbeiten wird.

Dialogmarketing ist nur etwas für Spezialisten

Mit etwas Know-how können Sie erstaunlich schnell und wirksam Dialogmarketing selbst machen. Doch es gibt Grenzen. Ohne Kundendatenbanken geht kaum etwas. Hierfür brauchen

Sie jemanden, der Ihnen hilft, die geeigneten Adressen zu selektieren. Adressauswahl, Texterstellung, Portooptimierung, Versandvorbereitung, Responsemanagement. Es gibt viele Dinge, die im Dialogmarketing zu beachten sind.

Vielleicht werden Sie es neben Ihren sonstigen Aufgaben hinkriegen, einen Werbebrief zu schreiben, die beste Versandart auszuwählen und das optimale Porto zu ermitteln. Wenn es nur um 50 Infobriefe geht, werden Sie die Briefe sicher auch noch selbst konfektionieren und freimachen können. Was machen Sie aber bei 3.000 Sendungen, oder bei 30.000? Irgendwann werden Sie Profis brauchen, die Ihnen helfen, Ihre Direktwerbung auf den Weg zu bringen. Im Dialogmarketing ist der Aufwand gering, wenn Sie mit einem Fullservice-Dienstleister zusammenarbeiten.

Dialogmarketing macht mich unflexibel

Gender-Marketing, Best-Ager-Marketing, Jugend-Marketing, Interkulturelles Marketing, all diese Marketingvarianten zeigen die zielgruppengenauen Möglichkeiten des Dialogmarketings. Das heißt, Sie sprechen mit Ihrer Kampagne die Bedürfnisse Ihrer potenziellen Kunden sehr exakt an. Angebote, die für einzelne Empfänger uninteressant sind, schließen Sie so aus und vermeiden Streuverluste.

Die Gestaltung Ihrer Werbemittel können Sie auf Ihre Zielgruppe abstimmen, beispielsweise mit größeren Abbildungen und Texten für Senioren oder mit virtuellen Verstärkern bei jungen Zielgruppen. Dabei sprechen Sie Ihre Kunden auf genau dem Wege an, der für sie der geeignete ist. Sie differenzieren Ihre Ansprache sehr genau, weil Sie manche Kunden besser per E-Mail erreichen, andere besser per Post und wieder andere am Telefon oder per SMS. Im Dialogmarketing gibt es kaum Grenzen. Das ist echte Flexibilität.

Dialogmarketing ist nicht »sexy«

Werbung soll sexy sein. Für Ihre Kunden? Oder für Sie selbst? Ich will Sie gar nicht langweilen, von wegen »sexy ist, was verkauft« und so. Vermutlich machen Sie in Ihrem Bekanntenkreis mit einer Anzeige mehr Eindruck als mit einem Werbebriefchen. Obwohl es sehr pfiffige und aufmerksamkeitsstarke Mailingkonzepte gibt. Nur, der Köder muss dem Fisch schmecken und nicht dem Angler. Die Frage ist nämlich, was Sie mit Ihrer Maßnahme erreichen wollen und wie Sie es am besten erreichen. Und vielleicht zeigt sich ja, dass Sie mit Anzeigen Ihre Zielgruppe nicht oder nur sehr begrenzt erreichen. Vielleicht zeigt sich auch, dass breit gestreute Anzeigen den Abverkauf per Mailing optimal unterstützen. Das wäre ja wohl richtig sexy!

Dialogmarketing ist weniger erfolgreich als klassische Werbung

Ob eine Maßnahme erfolgreich ist, hängt von der Zielerreichung Ihrer Aktion ab. Das gilt für Dialogmarketing genauso wie für die klassische Werbung. Einer der wesentlichen Vorteile von Dialogmarketing allerdings ist die exakte Messbarkeit des Erfolgs. Anhand der Reaktionen (Terminvereinbarungen, Bestellungen und so weiter) können Sie leicht feststellen, ob sich die Aktion unter Kosten-Nutzen-Gesichtspunkten für Sie gerechnet hat. Ihre Werbung wird dadurch »gläsern«, weil Sie anhand der Daten und Zahlen zum reagierenden Kunden Rückschlüsse für mögliche Folgeaktionen ziehen können. Der kontrollierbare Erfolg führt also zur Kalkulierbarkeit Ihrer Werbung.

Die zehn wichtigsten Umsatztrends im Dialogmarketing

19

In diesem Kapitel

▶ Wie Sie mehrere Verkaufskanäle nutzen

▶ Wie Sie Ihren Umsatz pro Kunde steigern

▶ Wie Sie mehr Umsatz durch Kooperation erreichen

Ob Kundenbindung oder Neukundengewinnung: Welche Ziele Sie mit Dialogmarketing auch immer verfolgen, im Kern geht es für Sie immer darum, Umsätze zu sichern oder neue Absatzpotenziale für Ihr Unternehmen zu eröffnen. Der Dialog mit Ihren Kunden ist kein Selbstzweck. Im Folgenden erfahren Sie, welche Trends im Dialogmarketing den größten Einfluss auf Ihren Umsatz haben.

Mehr Umsatz mit Emotionen

In Märkten mit vergleichbaren Leistungen und Preisen gewinnen Emotionen enorm an Bedeutung. Als Konsumenten reden wir uns zwar ständig ein, dass wir von sachlichen Kauferwägungen geleitet werden, aber das ist natürlich Quatsch. Die Hirnforschung spricht von einer »Benutzerillusion«. Wir finden den Porsche Cayenne geil, obwohl wir in der Stadt nun wirklich kein Offroadfahrzeug brauchen. Wenn Sie dieses Beispiel nicht anspricht, dann schauen Sie vielleicht mal in Ihren Schuhschrank und fragen Sie sich, ob die zwei Dutzend Schuhe nach rein rationellen Motiven ausgewählt wurden. Testosteron und Östrogen heißen unsere hormonellen Kaufberater.

Tatsächlich ist der Mensch ein Belohnungsjunkie und nahezu jeder Kaufakt ist ein emotionaler Vorgang. Wir wollen uns einfach gut fühlen beim Einkaufen und deshalb lassen wir unser Geld in bestimmten Geschäften lieber als in anderen. Und deshalb wählen wir eine ganz bestimmte Marke, obwohl vergleichbare Produkte anderer Marken objektiv nicht schlechter und womöglich sogar preiswerter sind. Wir lieben es einfach, uns ein bestimmtes Image einzukaufen. Finden Sie heraus, welche emotionalen Faktoren das Belohnungssystem Ihrer Zielgruppen stimulieren und Sie werden die Nase vorn haben beim Verkauf guter Gefühle.

Mehr Umsatz mit Multi-Kanal-Ansprache

Wenn Sie mit mehreren Vertriebswegen gleichzeitig am Start sind, können Sie das Einkaufsverhalten steuern. Beispiel Umfeldpromotion per Post: Wenn Sie gezielt Werbeflyer an relevante Haushalte im Einzugsgebiet Ihres Geschäfts versenden, können Sie die Kundenströme gezielt lenken. Viele Verteilunternehmen bieten Ihnen hierzu intelligente Selektionsmöglichkeiten an. Bestimmen Sie einfach den Kundentyp und die geografische Verteilung und los geht's.

Es gibt eine Wechselwirkung zwischen den Verkaufskanälen. So profitiert der stationäre Handel von der steigenden Bedeutung des Internets bei der Verkaufsanbahnung. Andererseits wird es zu deutlichen Umsatzverschiebungen von der Filiale ins Netz kommen. Nur wenn Haptik oder Emotionen mit ins Spiel kommen, etwa bei Mode oder Schmuck, rückt das Web in den Hintergrund.

Untersuchungen zeigen, dass Kunden, die im Internet und im realen Geschäft shoppen, deutlich mehr Umsatz machen als Kunden, die immer nur einen Vertriebskanal nutzen. Ein Produkt im Internet bestellen und es im Laden abholen, wird künftig genauso selbstverständlich sein wie die Rückgabe oder Reparatur eines online gekauften Produkts in der Filiale.

Die persönliche Kundenansprache und das Herausfinden von Kundenwünschen werden durch das Internet zum Kinderspiel. Kundendaten, die Sie bisher im stationären Handel nur über Kundenkarten gewinnen können, werden künftig, mit Zustimmung des Kunden, per Internet erhoben. Auf Basis der Profile Ihrer bestehenden Kunden können Sie dann wieder gezielt potenzielle Neukunden per Werbeaussendung ansprechen. So sieht die Multi-Kanal-Ansprache der Zukunft aus.

Mehr Umsatz mit Ihren besten Kunden von morgen

Einer der populärsten Marketingirrwege ist es, seine Ressourcen vor allem auf die bestehenden besten Kunden (sogenannte VIPs) zu konzentrieren. Exklusive Bindungsprogramme und Betreuung für Schlüsselkunden sind Ausdruck dieser besonderen Zuwendung. Dieser besonderen Wertschätzung liegt die Annahme zugrunde, dass die heutigen Umsatzträger auch in Zukunft die wichtigsten Kunden des Unternehmens sein werden.

Dabei ist die Betrachtung der Kundenumsätze ausschließlich vergangenheitsbezogen. Über das zukünftige Kaufverhalten Ihrer Kunden wird damit noch rein gar nichts ausgesagt. Faktisch bedanken Sie sich also mit einer besonderen Zuwendung gegenüber Ihren guten Kunden lediglich für das bisherige Kaufverhalten.

Ihr Geld ist allerdings besser angelegt, wenn Sie sich um Ihre Umsatzträger der Zukunft kümmern. Nur wie erkennen Sie die wichtigsten Kunden von morgen? Mit Analysetools, die den künftigen Wert Ihrer Kunden ermitteln. Balanced-Scorecard-Modelle werden künftig die ausschließlich rückgerichtete Betrachtungsweise nach dem augenblicklichen Kundenstatus ablösen. (Wenn Sie mehr über dieses Thema erfahren wollen, lesen Sie *Balanced Scorecard für Dummies,* ebenfalls im Verlag Wiley-VCH erschienen.)

Wer verspricht Ihnen aber, dass heute gute und profitable Kundenbeziehungen morgen auch noch gewinnbringend sind? Die wirtschaftlichen Rahmenbedingungen ändern sich permanent. Die Dynamik der Märkte betrifft alle Marktteilnehmer gleichermaßen und es liegt auf der Hand, dass auch das Einkaufsverhalten Ihrer Kunden starken Schwankungen unterliegt. Vor diesem Hintergrund laufen Sie Gefahr, Ihre Energien auf die falschen Kunden zu konzentrieren und die eigentlichen Umsatzträger der Zukunft außer Acht zu lassen. Vor allem im Business-to-Business-Bereich können heutige Kleinkunden in kurzer Zeit zu Ihren wichtigen Partnern heranreifen, andere können dagegen künftig kaum noch eine Rolle spielen oder sogar ganz vom Käufermarkt verschwinden.

Mehr Umsatz mit individuellen Angeboten

Mit individueller Kundenkommunikation sparen Sie Geld, weil Sie Streuverluste vermeiden und nur die tatsächlichen potenziellen Interessenten ansprechen. Mit einer zielgerichteten Dialogkommunikation, die auf eine Reaktion der Kunden abzielt (Response), lernen Sie deren Bedürfnisse besser kennen.

Sie erfahren, welche Angebote für welche Kundengruppen am interessantesten sind, über welche Medien sie am besten zu erreichen sind, wie preisflexibel sie sind und was Sie ihnen sonst noch verkaufen können. Sie lernen gleichzeitig, worauf Ihre Kunden allergisch reagieren. Als Produzent, Händler oder Dienstleister können Sie den Fokus viel besser auf persönliche Services, spezielle Angebote und individuelle Beratung legen.

Mehr Umsatz mit Beschwerdemanagement

Das zeichnet professionelles Beschwerdemanagement aus:

✔ Sie bieten Dialogwege für eine Reklamation (Kummerkasten, Internet, E-Mail, Meldung über Mitarbeiter etc.).

✔ Sie informieren alle betroffenen Stellen über die Reklamation.

✔ Sie reagieren umgehend und informieren den Kunden über die getroffenen Maßnahmen.

✔ Sie dokumentieren die Reklamation als wertvolle Zusatzinfo zum Kunden.

 Freuen Sie sich über jede Beschwerde! Reklamationen sind wertvolle Hinweise auf Störungen beim Service oder bei der Produktqualität. Beschwerden sind für Sie so nützlich wie eine Marktforschung, kosten Sie aber nichts. Im Gegenteil, wenn Fehler schnell abgestellt werden und Sie sich für die Hinweise bedanken, fühlen sich Ihre Kunden ernst genommen. Mit Wertschätzung machen Sie aus unzufriedenen Kunden langfristig treue Kunden.

Mehr Umsatz durch Einbeziehung Ihrer Kunden

Wenn Sie Ihre Kunden befragen, wie sie Ihre Produkte und Leistungen bewerten und was sie verbessern würden, wenn Sie also Ihren Kunden zuhören, können Sie Fehlentwicklungen frühzeitig erkennen und darauf reagieren.

Als Unternehmen bleiben Sie mit Ihren Kunden auf Tuchfühlung und bieten weniger Angriffsfläche für die Verlockungen Ihrer Wettbewerber. Gleichzeitig erhöhen Sie die Wertschätzung gegenüber Ihren Kunden, wenn Sie ihnen vermitteln, dass Sie ihre Meinung interessiert. Das erhöht die Loyalität und die Zufriedenheit mit dem Preis-Leistungs-Verhältnis. Die Konsumenten werden zu aktiven Teilhabern an der Entwicklung Ihres Unternehmens. Kundenbewertungen unterstützen direkt Vertrieb und Marketing. Sie erhöhen Ihr Innovationstempo drastisch, weil Ihre Kunden Sie zu immer neuen Bestleistungen anspornen.

Die Möglichkeiten, Ihre Kunden einzubeziehen, sind vielfältig:

✔ Kundenbefragung per Fragebogen

✔ Produktbewertungen im Internet

✔ Virtuelle Plattformen wie Weblogs und Diskussionsforen

✔ Beteiligung Ihrer Kunden an der Produktentwicklung

Auch in vielen Clubkonzepten spielt die Einbeziehung der Kunden eine zentrale Rolle. In Sachen Markenführung sollten Sie sich allerdings nicht hineinreden lassen. Das Erfolgsmuster Ihrer Marke kennt niemand besser als Sie.

Mehr Umsatz mit Werbung, nach der Ihre Kunden verlangen

Messgrößen wie Reichweite und Zielgruppenabdeckung werden künftig nur noch die zweite Geige spielen. Im Vordergrund wird der Wettbewerb um die Aufmerksamkeit und um die Beschäftigungsdauer Ihrer Kunden mit Werbung stehen.

Wenn Werbung zunehmend als irrelevant und störend empfunden wird, ist es nur konsequent, wenn Sie in Erfahrung bringen, welche Werbeinformationen Ihre Kunden eigentlich interessieren. Scheuen Sie sich nicht, Ihren Empfängern von Zeit zu Zeit die Frage zu stellen, ob sie Ihre Mailings oder Newsletter künftig noch erhalten wollen. Sie verlieren nichts, sparen aber viel Geld, wenn Sie nur diejenigen anschreiben, die damit einverstanden sind (sogenanntes Permission-Marketing).

Vor allem im Internet, dem Leitmedium der Zukunft, wird der Kunde eine extrem starke Position bekommen, weil er in Sekundenbruchteilen entscheiden kann, ob er sich mit einem Angebot auseinandersetzen will oder nicht. Gerade die Interaktivität der neuen Medien eröffnet Ihnen Riesenchancen, schnell und mit wenig Aufwand mehr über die Verhaltensweisen und Einstellungen Ihrer Kunden zu erfahren.

Ihre Werbung kann noch so sexy, lustig oder schrill sein, wenn die Botschaft nicht die Interessenlage Ihrer Zielgruppe trifft, wird sie letztlich verpuffen. Imagewerbung allein reicht nicht mehr aus, sie muss auch einen für den Empfänger relevanten Inhalt transportieren.

Eine Werbeform gewinnt dabei besonderes Gewicht, das *Keyword-Advertising*. Im Gegensatz zur Bannerwerbung bezieht Keyword-Advertising den Nutzer und seine Interessen unmittelbar ein. Nur Botschaften, die auf Basis seiner Suchanfrage bei einer Suchmaschine bedeutsam sind, werden eingeblendet.

Mehr Umsatz mit Wahlfreiheit bei der Bezahlung

Bieten Sie Ihren Kunden immer verschiedene Zahlungsmöglichkeiten an. Ob auf Rechnung oder per Nachnahme, Lastschrift, Kreditkarte oder Vorkasse, die Vorlieben sind sehr unterschiedlich.

 90 Prozent aller privaten Onlineeinkäufe, heute schon ein Umsatzvolumen von bis zu 10 Milliarden Euro, werden noch traditionell per Kreditkarte oder Überweisung bezahlt.

Vor allem unerfahrene Shopper ziehen ein traditionelles Bezahlverfahren vor. Der Nachteil: Als Händler entstehen Ihnen bei der Zahlung per Kreditkarte oder beim Lastschriftverfahren Gebühren von bis zu vier Prozent, auf denen Sie sitzen bleiben.

Andererseits hat die Zahlung per Kreditkarte den Vorteil, dass die Abwicklung und Abrechnung vollautomatisch erfolgt, was sehr praktisch ist und wiederum Ihre Verwaltungskosten senkt. Neue Onlinebezahlverfahren wie PayPal, Google Checkout und T-Pay senken das Risiko für den Käufer zusätzlich. Die Anbieter fungieren dabei als Zahlungsabwickler zwischen dem Kunden und dem Verkäufer.

Mehr Umsatz mit Kooperationen

Vernetzen Sie sich mit anderen Unternehmen. Kooperationen sind die am stärksten wachsende unternehmerische Organisationsform. Selbst Handelsriesen gehen untereinander Allianzen ein, um Synergien zu nutzen. Die Kooperation mit anderen (Affiliate-Marketing) verleiht Ihnen zusätzliche Schlagkraft.

Bei gemeinsamen Vermarktungs- oder Vertriebsaktivitäten werden die Kosten für Entwicklung und Umsetzung von Konzepten durch alle Teilnehmer geteilt. Was Sie allein nie stemmen könnten, wird plötzlich machbar. Ganz nebenbei profitieren Sie vom Image der anderen Teilnehmer und bekommen Zugang zu deren Vertriebskanälen. Unter den Kooperationsmedien finden Kundenzeitschriften, Couponhefte und Koop-Mailings immer mehr Verbreitung.

Mehr Umsatz durch Marketing für alle Sinne

Die Werbewelt ist schrill und sie ist bunt. Und sie ist buchstäblich wie von Sinnen, denn drei unserer Sinne werden konsequent ausgeblendet. Traditionelle Werbung geht uns immer wieder auf die Augen und die Ohren – und auf die Nerven!

Was ist eigentlich mit unseren anderen Sinnen? Fühlen, Schmecken und Riechen wird in der Kundenkommunikation zumeist vornehm ignoriert: Weil Emotionen eine immer größere Rolle spielen, reicht es nicht mehr aus, unsere Augen und Ohren mit Anzeigen, TV-Spots und Plakatwerbung zuzukleistern. Wenn Werbung konsequent alle unsere fünf Sinne anspricht, dann spricht der Fachmann von multisensorischem oder Sinnesmarketing.

Studien belegen, dass wir uns Dinge besser merken, wenn verschiedene Sinne gereizt werden. Generationen von Schülern wurden nach diesem Prinzip unterrichtet. Motto: Leichte Schläge auf den Hinterkopf erhöhen die Merkfähigkeit. Doch zurück zum Marketing. Markenbekanntheit und Loyalität steigen, wenn sich die Konsumenten an mehrere Sinneseindrücke erinnern.

Audiovisuelle Logos, also die Kombination von Bildmarke mit Jingles, wie bei T-Com oder Intel, sind ein Schritt in Richtung mehrdimensionale Markenerlebnisse. Je nach Situation und Zielsetzung sind manche Sinnesreize wichtiger als andere. Chips müssen nicht nur kross schmecken, sie müssen auch kross klingen. Sounddesign spielt in vielen Branchen eine große Rolle, selbst der Klang einer schließenden Autotür fließt unbewusst in die Qualitätsbewertung eines Fahrzeugs ein.

Immer öfter gibt es auch was auf die Nase, denn Gerüche und Düfte haben eine zentrale Bedeutung für das persönliche Wohlbefinden. Der Duft eines Autos repräsentiert viel stärker seine Neuheit als der tadellose Zustand der Karosserie. Der erforderliche Neuheitsgeruch kommt natürlich aus der Spraydose. Immer mehr Geschäftsräume sind parfümiert, weil das die Verweildauer und die Konsumfreudigkeit durch Wohlgerüche steigert. Die Fluggesellschaft Singapore Airlines hat sogar einen eigenen Duft entwickelt, mit dem die Flugzeugkabinen dezent parfümiert werden. Selbst die Stewardessen der Fluggesellschaft riechen nach Singapore Airlines. Das geht nun doch etwas zu weit, oder?

Die zehn größten Erfolgskiller

In diesem Kapitel

▶ Wie Sie Fehlerquellen erkennen

▶ Wie Sie Fehler vermeiden

▶ Wie Sie aus Fehlern lernen

Der Erfolg hat bekanntlich viele Väter. Der Misserfolg allerdings auch. Hier die zehn sichersten Möglichkeiten, Ihre Dialogmarketing-Kampagne gegen die Wand zu fahren.

Die falsche Zielgruppe

Der Erfolg Ihrer Werbeaktion hängt zu mehr als 50 Prozent von der Auswahl der richtigen Zielgruppe ab. Sprechen Sie Ihre eigenen Kunden an, die kennen Sie am besten. Das funktioniert meist besser, als wenn Sie auf fremde Adressbestände (Kaltadressen) zurückgreifen.

Veraltetes Adressmaterial

Etwa 10 Prozent Ihrer Adressen veralten pro Jahr durch Umzug und Wechsel der Ansprechpartner. Veraltetes Adressmaterial kann Sie teuer zu stehen kommen, wenn die Aussendungen zahlreiche unzustellbare Sendungen und Retouren nach sich ziehen. Und ganz nebenbei verlieren Sie auch viele Ihrer Kunden. Eine postalische Adresskorrektur, ein Dublettenabgleich sowie der Abgleich mit einer aktuellen Umzugsdatenbank sollte obligatorisch sein und Ihren Aussendungen regelmäßig vorgeschaltet werden.

Zu hoch gesteckte Reaktionsziele

Stecken Sie sich hohe Ziele, gehen Sie mit Ihren Erwartungen aber realistisch um. Ihre Reaktionsziele müssen der Zielgruppe angemessen sein. Richtet sich Ihr Angebot an neue Käuferpotenziale, kann es sinnvoll sein, die Reaktionsschwelle im ersten Schritt niedrig zu setzen und zunächst weiteres Infomaterial anzubieten. Denkbar sind auch Angebote, die den neuen Käufern mehr Sicherheit geben, etwa erweiterte Rückgaberechte. Grundsätzlich gilt: Je höher der Preis und je erklärungsbedürftiger das Angebot, desto höher ist die Reaktionsschwelle. Wenn Sie verschiedene abgestufte Reaktionsmöglichkeiten gleichzeitig anbieten und nicht ausschließlich auf die Kaufoption setzen, können Sie mit mehr Response rechnen.

Das falsche Kreativkonzept

Die optische Gestaltung und der Text müssen zum Angebot und zu Ihrer Zielgruppe passen. Die falsche Tonalität kann zu Irritationen und Ablehnung führen. Ist die Sprache verständlich oder werden zu viele Fachbegriffe oder Fremdwörter verwendet? Achten Sie auch auf die gute Lesbarkeit des Textes. Ist die Schriftgröße ausreichend, sind die wesentlichen Informationen hervorgehoben? Und: Weniger ist meistens mehr. Niemand will »Bleiwüsten« lesen.

Der falsche Zeitpunkt

Versenden Sie Ihre Super-Familien-Sonderaktion in den Sommerferien, also zu einem Zeitpunkt, zu dem Ihre Zielgruppe verreist ist, brauchen Sie sich über einen Misserfolg nicht zu wundern. Der Zeitpunkt der Aussendung hat auf den Erfolg Ihrer Mailingaktion großen Einfluss. Saisonale Einflüsse wie Feiertage und Ferien sind ebenso zu berücksichtigen wie der Wochentag, an dem Ihr Mailing den Empfänger erreicht. Bei der Zielgruppe Geschäftskunden sind Freitage und Montage, also die Tage vor und nach dem Wochenende, eher ungünstige Zeitpunkte. Anders bei Privatkunden; an Wochenenden oder Feiertagen sind private Empfängern besonders empfänglich für Ihre Mailings.

Die falsche Frequenz

Das optimale Kontaktintervall mit Ihrer Zielgruppe spielt eine nicht zu unterschätzende Rolle. Bei regelmäßigen Aussendungen, beispielsweise Newslettern, sollte der Zeitraum nicht zu groß sein, damit der wiederkehrende Charakter spürbar bleibt. Alle zwei Monate ist bei periodischen Aussendungen ein guter Zeitraum. Zu enge Frequenzen können auf der anderen Seite schnell zur Ablehnung führen, erst recht wenn Sie Ihren Lesern nichts wirklich Neues mitzuteilen haben.

Die falsche Konzeptstrategie

Bei hochwertigen Produkten und längerfristigen Bindungen haben zwei- oder mehrstufige Kampagnen gegenüber Einzelmailings große Vorteile. Die Kombination und gegenseitige Verstärkung von vorgeschalteter Ankündigung (Teaser-Mailing), Hauptaussendung und bei Nicht-Reagierern einem Nachfassmailing, bieten Ihnen gute Möglichkeiten, Ihrem Angebot eine gewisse Dramaturgie zu verleihen. Nicht immer sollten Sie aber mehrstufige Aktionen einem Solomailing vorziehen. Die Entscheidung über die richtige Strategie hängt von Ihrer Zielsetzung, der Höhe der Auflage und dem zur Verfügung stehenden Werbebudget ab. Die Vernetzung mit anderen Kanälen wie Internet und Telefonhotline bietet dann zusätzliche Synergieeffekte.

Verzögerung in der Responsebearbeitung

Wer einen Beratungstermin bei Ihnen anfordert, aber erst Wochen später zurückgerufen wird, kann sich an seinen Kontaktwunsch womöglich kaum noch erinnern. Zumindest wird man sich bei einer solch schleppenden Kontaktaufnahme fragen, ob Ihr Unternehmen schlecht organisiert ist. Ein Gefühl der Wertschätzung wird sich erst recht nicht einstellen. So wird der gute Eindruck, den Ihr Mailing hinterlassen hat, schnell wieder zunichtegemacht. Das Gleiche gilt für den Versand von angefordertem Infomaterial.

Wenn Sie Ihre Interessenten zu lange auf das Infopaket warten lassen, müssen Sie sich nicht wundern, wenn Sie von ihnen nichts mehr hören. Bereits wenige Tage nach einer Bestellung sinkt das Interesse am Angebot wieder signifikant ab. Als Faustregel bei Mailings gilt: Infoversand innerhalb von sieben Tagen, persönliche Kontaktaufnahme innerhalb von drei Tagen.

 Geradezu tödlich ist die Angabe von Telefonnummern, unter denen keiner erreichbar ist. Ganz schlecht ist es auch, wenn eine zentrale Telefonnummer angegeben wird, von wo aus man erst an den richtigen Ansprechpartner weitervermittelt werden muss.

Die Prozesse der Responsebearbeitung, inklusive Information aller involvierten Stellen und Bevorratung von Versandmaterial in ausreichend hoher Auflage müssen Sie bereits vor der Aussendung geklärt haben, um eine zügige Bearbeitung sicherzustellen.

Reaktionshemmnisse

Die Bereitschaft, auf Ihr Mailing zu reagieren, hängt maßgeblich davon ab, ob Sie es Ihrer Zielgruppe leicht oder schwer machen, mit Ihnen in Kontakt zu treten. Haben Ihre Empfänger nur einen Reaktionsweg zur Auswahl, beispielsweise per Internet, verschenken Sie Kontaktchancen. Manche Ihrer Kunden antworten am liebsten per Fax, andere lieber per Antwortkarte, wieder andere greifen lieber zum Telefon oder antworten per E-Mail. Die Vorlieben hinsichtlich der Reaktion sind sehr unterschiedlich ausgeprägt. Darauf müssen Sie sich beim Responseangebot einstellen und immer mehrere Reaktionswege anbieten.

Ein weiteres Hemmnis kann die Gestaltung der Responseelemente darstellen. Verlangen Sie ohne Not eine Unterschrift für die Bestellung von Infomaterial, bauen Sie einen Reaktionsfilter ein. Grundsätzlich drückt die Angabe »Bitte freimachen« bei Antwortkarten sowie eine kostenpflichtige Hotline ebenfalls auf die Reaktionsbereitschaft. In bestimmten Fällen kann eine solche Maßnahme aber auch ein gewünschter Qualitätsfilter sein.

Ladenhüter

Unausgereifte oder gegenüber dem Wettbewerb zu teure Produkte können Sie auch mit den pfiffigsten Mailings nicht erfolgreich vermarkten. Vor einer Werbemaßnahme sollten Sie Ihr Profil schärfen: Was unterscheidet Ihr Angebot vom Angebot der Wettbewerber? Wo liegen die einzigartigen Verkaufsargumente (USP – Unique Selling Proposition), die dem Angebot eine Alleinstellung geben. Was können Sie tun, um eine bessere Performance zu erzielen (Garantien, Lieferkonditionen, Zahlungsbedingungen oder Ähnliches)?

Stichwortverzeichnis